헤븐

헤븐

2006년 12월 15일 · 제1판 1쇄 발행
2010년 12월 30일 · 제1판 9쇄 발행
2023년 3월 24일 ·제1판 15쇄 발행

지은이	랜디 알콘
옮긴이	김광석
발행인	김용성
펴낸 곳	요단출판사
기획	(02)2643-9155
보급	(02)2643-7290 Fax (02)2643-1877
등록	1973. 8. 23. 제13-10호
주소	07238 서울특별시 영등포구 국회대로 76길 10

ⓒ 요단출판사 2006

값 19,000원
ISBN 978-89-350-1000-4 03230

이 저작물의 한국어판 저작권은 KCBS Literary Agency를 통하여 Tyndale House Publishers, Inc.사와 독점 계약한 요단출판사에 있습니다. 신저작권법에 의하여 한국 내에서 보는 저작물이므로 무단 전제와 무단 복제를 금합니다.

랜디 알콘 지음 ─ 김광석 옮김

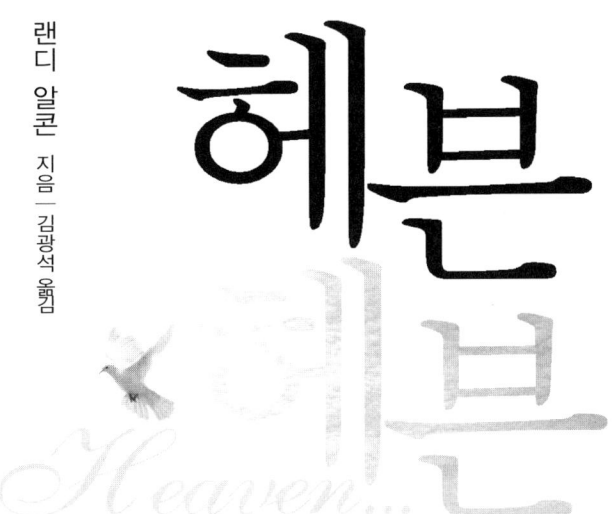
헤븐

요단

***Heaven*, Korean**

Copyright ⓒ 2004 by Randy Alcorn
Korean edition ⓒ 2006 by Jordan Press of KBCDB
with Permission of Tyndale House Publishers, Inc.

All rights reserved.
Translated and used by the permission of Tyndale House Publishers
through the arrangement of KCBS Literary Agency, Seoul, Korea

"분명한 것 한 가지는 땅은 자신이 약속한 것을 지킬 수 없다는 사실이다. 그러나 천국은 약속한 것을 지키니 기쁘지 않은가? 오! 영화로운 새 몸과 함께 죄에서 자유로운 마음을 누리게 될 기쁨의 그 날이여! 랜디는 죽음 저 너머에 존재하는 세상에 대한 가장 어려운 질문들을 탁월하게 답한다. 이 책은 구주께서 자기를 믿는 자들을 위해 준비하신 모든 것을 알려 주는 이해하기 쉽고 분명한 안내서이다."

조니 에릭슨 타다, 「하나님의 눈물」의 저자

"랜디 알콘의 철저한 사고와 세밀한 필치에서 천국에 관한 보화가 탄생했으니, 이 책은 오랫동안 나의 저술활동에 많은 정보를 제공해 줄 것이다."

제리 젠킨스, 「레프트 비하인드」의 저자

"랜디 알콘이 말하면 나는 듣는다. 그가 쓰면 나는 읽는다. 그것은 알콘이 탁월한 커뮤니케이션의 은사를 지녔을 뿐만 아니라 또한 언행이 일치하기 때문이다."

행크 헤너그라프, 「다 빈치 코드 진실인가? 허구인가?」의 저자

"나는 같은 사람에게서 진정한 천재성과 겸손을 동시에 목격한 적이 거의 없다. 랜디 알콘은 그리스도께 자신을 온전히 드린 제자이다. 나는 하나님께서 그분의 주권에 따라 그의 생애에 걸쳐 천국에 관한 이 책을 쓰도록 준비시키셨다고 믿는다. 오랫동안 그는 이 주제를 묵상해 왔으며, 이 책은 그가 훈련을 통해 얻은 성경 연구와 그의 거룩한 상상력의 열매이다. 랜디의 사상은 놀라우리만치 독창적이지만 그럼에도 불구하고 철저히 성

경적이다. 아마도 당신이 읽게 될 책 가운데 성경을 제외하고서 이 책은 당신의 생을 가장 많이 바꿔줄 책이 될 것이다. 확실히 이 책은 나의 영혼에 불을 지폈으며 나에게 신선한 목적의식과 감동을 주었다. 이 책을 읽은 후 나는 결코 이전과 같은 사람이 될 수 없었다."

스투 웨버, 「남자들이여, 부드러운 전사가 되라」의 저자

"방금 전 나는 이 책의 마지막 페이지를 읽었다. 너무나 만족스럽다. 나의 심장은 나의 미래의 집에 대한 흥분과 또한 나를 위해 천국을 고안하신 창조주 하나님께 대한 사랑으로 벅차오른다. 이전에 내가 어물쩍 얼버무리며 넘어갔던 성경의 진리를 생각하면 나의 마음은 기쁨으로 가득 찬다. 나의 영은 하나님과 함께 걷기를 사모한다. 우리 모두는 무덤 너머에 우리를 기다리고 있는 것이 무엇인지를 알아야만 한다. 랜디 알콘은 하나님의 말씀으로 우리를 가까이 데리고 가서는 따라가기에 아주 쉬운 형태로 이 계획들을 자세히 설명해 준다. 이 책을 놓치지 말라. 아마도 이 책은 당신의 인생과 관점, 심지어 당신의 영원한 운명을 바꿔놓을 것이다."

안젤라 헌트, 「크리스마스에 관한 여섯 가지 숨은 이야기」의 저자

케빈 버틀러, 제시 힉먼, 게리 스텀프,

캐미 노퀴스트, 제리 하딘, 그랙 카피,

루실 알콘, 레오나 브라이언트, 데이비드 리브즈,

다니엘 트로거트, 린리 허버트, 스테퍼니 세인트,

레이첼 터빈, 엘리 허바드, 조나단 코번,

에밀리 킴볼, 앨 베일리스 주니어., 존 스와첸드러버,

밥 위트슨, 오웬 레이놀, 조이스 켈리,

자크 에반스, 라이언 데커, 코우디 오우글,

필립 히긴스, 돈 레클러, 셀리 터핀,

로라 리비, 마이크 시마러스티, 카일 스피어,

매튜 피어슨, 조나단 머피,

그리고 수많은 사람들에게 이 책을 바친다.

이들은 "일찍" 이 세상보다 훨씬 더 좋은 세상으로 떠난 사람들이다.

그러나 그 세상은 앞으로 다가올 세상에 비하면 훨씬 못하다.

왕이신 예수님을 아는 우리 모두는 놀라움에 입을 다물지 못하고

새 땅의 첫아침에 그것을 함께 목도할 것이다.

차례

감사의 글 ••• 12

서문: 이 책에 관하여 ••• 15

들어가는 글: 천국이라는 주제 ••• 18

Part 1. 천국 신학

● 제1부_ 우리의 운명 알기
제1장 | 당신은 천국을 고대하는가? ••• 25
제2장 | 천국은 우리의 상상을 초월하는가? ••• 34
제3장 | 우리의 정해진 운명은 천국인가 아니면 지옥인가? ••• 44
제4장 | 당신이 천국에 갈 것을 알 수 있는가? ••• 49

● 제2부_ 중간 천국 이해하기
제5장 | 중간 천국의 성격은 무엇인가? ••• 55
제6장 | 중간 천국은 물리적 장소인가? ••• 64
제7장 | 중간 천국에서의 삶은 어떤 것인가? ••• 68

● 제3부_ 더 넓은 차원에서 구속의 은혜 이해하기
제8장 | 이 세상은 우리의 집인가, 아닌가? ••• 79
제9장 | 땅의 구속이 왜 하나님의 계획에 그리 중요한가? ••• 92
제10장 | 저주가 걷혔다는 의미는 무엇인가? ••• 107

- 제4부_ 부활을 고대하며

  제11장 | 왜 부활은 그렇게도 중요한가? ··· 119

  제12장 | 왜 모든 피조물은 우리의 부활을 기다리는가? ··· 131

- 제5부_ 회복된 땅 바라보기

  제13장 | 우리의 구원은 언제 어디서 올 것인가? ··· 141

  제14장 | 옛 땅은 파괴될 것인가 아니면 새롭게 될 것인가? ··· 147

  제15장 | 새 땅은 집처럼 편안할 것인가? ··· 153

- 제6부_ 우리와 하나님과의 관계 축하하기

  제16장 | 하나님을 본다는 것은 무슨 의미인가? ··· 163

  제17장 | 하나님께서 우리 가운데 거하신다는 것은 무슨 의미인가? ··· 174

  제18장 | 우리는 어떻게 하나님을 경배할 것인가? ··· 180

- 제7부_ 새 땅에서 통치하기

  제19장 | 하나님의 영원한 나라는 무엇과 관련이 있는가? ··· 190

  제20장 | 실제로 우리는 그리스도와 함께 통치할 것인가? ··· 197

  제21장 | 우리는 하나님의 나라를 어떻게 다스릴 것인가? ··· 207

차례

Part 2. 천국에 관한 질문과 대답

- **제8부_ 부활한 땅은 어떠할 것인가?**

  제22장 | 새 땅은 에덴의 낙원일 것인가? ···217

  제23장 | 위대한 도성은 무엇과 같을 것인가? ···223

  제24장 | 공간과 시간이 있겠는가? ···228

- **제9부_ 우리의 삶은 어떠할 것인가?**

  제25장 | 우리는 우리 자신일 것인가? ···235

  제26장 | 우리의 몸은 어떠할 것인가? ···243

  제27장 | 우리는 새 땅에서 먹고 마실 것인가? ···252

  제28장 | 우리는 죄를 지을 수 있겠는가? ···257

  제29장 | 우리는 무엇을 알고 배우겠는가? ···262

  제30장 | 우리의 일상생활은 어떠할 것인가? ···275

- **제10부_ 우리의 관계는 어떠하겠는가?**

  제31장 | 우리는 하나님 외에 다른 이와의 관계를 원할 것인가? ···286

  제32장 | 결혼, 가족, 우정 같은 것이 있겠는가? ···295

  제33장 | 우리가 만날 사람들은 누구이며

  　　　　우리가 함께 경험하는 것은 무엇이겠는가? ···302

  제34장 | 우리는 서로와 어떤 관계를 맺을 것인가? ···312

  제35장 | 새 땅에서의 사회는 어떠할 것인가? ···319

- 제11부_ 동물들은 어떤가?

  제36장 | 동물들도 새 땅에 살 것인가? ···333

  제37장 | 우리의 애완동물을 포함해 동물들도 부활할 것인가? ···341

- 제12부_ 우리는 천국에서 무엇을 할 것인가?

  제38장 | 천국에서도 심심할 수 있겠는가? ···350

  제39장 | 예술, 엔터테인먼트, 스포츠가 있겠는가? ···362

  제40장 | 우리의 꿈들은 성취되고 이 세상에서 잃었던 기회들을
  다시 얻을 수 있겠는가? ···371

  제41장 | 우리는 세공, 기술, 새로운 형태의 여행을 고안할 것인가? ···385

Part 3. 천국의 빛 가운데 살기

제42장 | 천국을 우리의 집으로 삼기 위한 재오리엔테이션 ···398

제43장 | 위대한 모험을 기대하며 ···409

후주 ···419

감사의 글

이 책을 읽고서 천국에 관한 질문을 보내 준 수많은 독자들에게 감사한다. 수많은 사람들이 임종을 맞은 사랑하는 사람들의 이야기, 자신이 죽음과 대면하고 있는 이야기, 그리고 천국을 준비시켜 주시는 하나님의 은혜에 관한 이야기를 내게 보내 왔다. 어떤 이들은 가장 심오한 질문들에 대한 해답을 찾았기에 나는 하나님의 말씀을 더 깊이 연구해야만 했다.

학자인 (그리고 친구인) 게리 브레쉬어즈, 저스틴 테일러, 그레그 알리슨에게 감사한다. 고맙게도 이들은 내가 찾던 신학적 비평을 해주었다. 날카로운 비판과 더불어 너무나 형편없는 원고가 최선의 것이 되도록 기꺼운 마음으로 교정해 준 것에 대해 감사한다. 또한 내게 모든 좋은 자료들을 가져다 준 저스틴에게도 감사의 마음을 전한다.

초고를 읽은 후에 아낌없이 큰 격려를 해준 좋은 친구 스투 웨버에게도 감사한다. 그의 격려 때문에 최종 원고가 좋아질지 모른다는 소망 가운데 계속 책을 교정할 수 있는 힘을 얻었다.

감사의 글에 늘 나의 친구인 스티브 닐즈를 언급하는데 이번에도 그렇다. 진정한 우정의 모델이 되어준 스티브에게 감사한다. 장시간의 내세에 관한 토론이 너무 좋았고 (이 땅에서 그리고 저 천국에서) 앞으로도 그런 시간을 자주 갖길 소원한다. 스티브의 말대로 내가 새 땅에서 그의 정원사가 된다면 그것을 나의 특권으로 여기겠다.

랜디 버틀러, 래리 개드보, 마샬 버레타, 키스 크렐, 베리 아놀드, 매트 게리노, 루사나 메즈거, 스키츠 노퀴스트, 에이미 캠벨, 스캇 티니, 데이브 쉬츠, 데이브 마틴, 폴 마틴의 도움에도 감사한다. 나의 친구인 엔지 헌트, 치리브리스에서 온 데이브 잭슨은 동물에 관해 유용한 통찰력을 제공해 주었다. 사라 볼렌거는 잘못된 후주들을 교정해 주었다. 커다란 용기를 준 다이앤 메이어에게도 감사의 마음을 전한다.

세상에서 가장 좋은 친구인 아내 낸시와 자녀인 댄과 안젤라 스텀프, 그리고 댄과 카리나 프랭클린에게도 깊은 감사의 마음을 전하며, 그들과의 대화는 무척 유익하였다. 특히 서투른 초고를 교정해준 카리나에게 고마움을 전한다. 이 엄청난 과업을 지속할 수 있도록 하나님께서 나의 초고에 대해 낸시의 격려를 사용하신 것을 깊이 감사드린다.

예배에 대한 관심을 천국의 하나님께 돌렸던 서버린 그레이스 미니스트리즈(Sovereign Grace Ministries)의 뮤지션들에게도 감사를 드리며, 나의 친구인 존 지. 엘리엇에게도 감사를 드린다. 수년간 계속된 이 프로젝트를 수행하면서 나는 그의 곡인 "끝없는 찬양"(The Praise Goes On and On)과 그리스도를 노래한 다른 곡들과 함께 많은 시간을 보냈다.

틴데일 하우스 편집자인 데이브 린드스테트와 린 반데잠의 근면함과 통찰력, 그리고 그들의 우정에 감사한다. 우리 모두에게 꽤 긴 시간이었지만 신실하게 행해준 데이브, 린에게도 감사한다. 캐롤 트래버의 모든 수고에 대해서도 감사한다. 또한 제작 편집자인 마이클 니드햄, 메리 린 레이먼, 히더 하우스, 그리고 제프 에릭슨에게도 감사의 마음을 전한다. 특별히 나의 친구이자 틴데일 하우스의 발행인인 론 비어스에게 감사한다. 그는 처음으로 "천국에 관한 대작을 써 볼 것"을 제안했던 사람이다. 론의 독촉이 없었다면 이 프로젝트를 맡지 않았을지도 모른다.

나의 친구이자 EPM의 스태프인 보니 히스탠드, 케시 노퀴스트, 제닛 알버스, 린다 제프리스, 쉐론 미센히머에게 이 책을 작업을 할 수 있도록 나를 자유롭게 해준 모든 일에 대해 감사한다. 150개 이상의 자료에서 많은 인용문을 친절하게 타이핑해준 에이미 캠벨, 켈시 칼, 폴리 칼, 주디 드레이스, 로리 더빈, 페미 길럭스, 앤드류 헤일, 산다 호즐러, 티나 이데, 리나루스 젠슨, 데비 레어, 크리스티 미즈너, 폴린 메리트, 크리스티 스트레이트, 다나 탐슨, 팜 튜넬, 쉐리 웨이다에게도 감사한다.

웨스턴 신학대학원의 수업인 "천국 신학"의 수강생인 데니 젠킨스, 앤드류 머클

레란, 마크 베이커, 캐서린 버램, 홀리 클로우, 잰 드와이어, 조프 하트, 리처드 헤럴드, 제임스 워릭에게도 감사한다. 그들의 과제물을 통해 나는 다양한 통찰력을 얻었다.

여러 주간 동안 오리건 주 샌디에 위치한 강변의 아늑한 통나무집을 선뜻 제공해 준 랜디, 수 모네즈에게 특별히 감사한다. 나의 친구인 멜리사와 마이크 킹에게도 감사한다. 이들은 이웃인 나를 가족처럼 늘 편안하게 대해줬다.

가장 깊은 감사를 수백 명의 중보기도 팀원들에게 돌리고 싶다. 이들은 나의 이메일을 읽고 나와 이 책을 위해 시간을 내어 기도해 주었다. 이 책을 통해 수많은 생명들이 영원의 손길을 경험했다면 그들의 공로 때문이다. 하나님께서 충성된 그들에게 갚아 주실 것이다.

무엇보다도 왕이신 예수님께 감사를 드린다. 그분은 내가 글을 쓰고 고치고 끝없는 교정 작업과 또한 성경을 찾고 세밀한 부분을 수정하는 길고도 외로운 수고의 시간 동안에 나와 함께해 주셨다. 이것이 엄청나고 고생스러운 프로젝트라는 것을 알았지만 무릎을 꿇고 기도해야 할 만큼 그렇게 방대할 줄은 미처 몰랐다. 수많은 밤 주님의 능력을 구했을 때에 예수 그리스도께서는 얼마나 큰 위로를 내게 주셨던가!

은혜를 베푸시는 주님께 감사를 드린다. 천국이 주는 모든 기쁨은 기쁨 자체이신 주님으로 말미암은 것이다. 주님은 너무나 놀라운 분이시기에 천국은 흥분의 모험이 될 것이다. 새로운 우주에서 우리를 기다리고 있는 사람들과 함께 이 모든 위대한 모험의 근원이 되신 것에 대해 주님께 감사를 드린다.

나는 주님이 너무나도 보고 싶다.

서문: 이 책에 관하여

서점에는 임종의 경험과 사후 경험에 관한 책들이 넘쳐난다. 심지어 천국을 안내하는 천사까지 등장하여 구색을 맞춘다. 이 중에서 몇 권은 사실이겠지만 대부분은 비성경적이어서 오해를 불러일으킨다.

하나님의 말씀을 믿는 우리에게도 책임이 있다. 왜 그런가? 우리는 성경이 말하는 장엄한 천국의 가르침을 탐구하고 설명하는 데 실패했다. 그 진공 상태를 비성경적인 것들이 몰려와 채운 것은 너무나 당연하다. 인간의 마음이 사후 세계에 대한 답을 원함에도 불구하고 천국에 대해 함구한 우리의 침묵은 정말 특이하다.

사실 신학교, 교회, 가정에서도 우리가 영원히 그리스도와 그의 백성들과 함께 살게 될 새로운 우주의 새 땅에 대해 이상하리만큼 관심이 없다. 이 영원한 천국이 이 책의 중심 주제이다. 나의 경우에 그것은 매혹적이고, 흥분되며, 삶을 변화시키는 주제이다.

성경으로 이 책을 시험하라

처음부터 나는 성경에 비춰 볼 때에 이 책이 사실이라는 점을 꼭 짚고 넘어가고 싶다. 심지어 기존의 복음주의자들의 주장에서 상당히 벗어난 결론들이라 할지라도 대부분의 나의 결론들은 성경의 사실과 일치한다고 믿는다. 그러나 어쩔 수 없이 어떤 경우에는 그렇지 않을 수 있다. 예언적 배경을 가진 맥락에서 사도 바울은 "모든 것을 시험해 보라. 범사에 헤아려 좋은 것을 취하라"(살전 5:21)고 말한다. 나의 말을 하나님의 말씀으로 시험해 보고서 좋은 것은 취하고 나쁜 것은 버려야 하는데 그것은 당신의 몫이다.

이 책의 많은 부분은 성경에 능한 독자에게 조차도 새로운 개념일 것이다. 새로운 개념은 종종 이단적인 요소가 있기 때문에 의심받는 것은 당연하다. 그러나 성경의 진리들이 오랫동안 무시되고 경시되어 왔던 상황에서 그 진리들을 제시하면 너무 이상하게 들릴 수 있다. 겉으로 보기에 이 진리들은 성경을 보태거나 성경을 잘못 해석하는 것처럼 보인다. 그러나 실제로는 성경이 그 동안 계속해서 말해왔던 것이고 우리가 그 의미를 파악하지 못했던 것을 단순히 다시 설명한 것뿐이다. 이 책에서 나는 오랫동안 무시되어 왔거나 영해해서 그 본래의 의미와 풍성함을 잃어버린 성경의 진리들을 소개하고자 한다.

책의 구조와 내용

Part 1 "천국 신학"에서는 현재 혹은 중간 천국(이곳은 그리스도인이 죽어서 가는 곳이다)과 궁극적이고 영원한 천국(이곳은 하나님께서 새 땅에서 그의 백성들과 함께 거하시는 곳이다)과의 차이를 설명할 것이다. 신학이란 말에 겁먹지 말라. 이 말은 단지 이 세상과 하나님과의 관계에 관한 연구라는 의미이다. 그리고 하나님께서 그분의 말씀을 통해 당신에게 계시하신 것을 이해할 수 있는 당신의 능력을 과소평가하지 말라. 우리는 현재의 천국이 물리적인 곳인지, 사람들이 그곳에서 땅에서의 삶을 기억하는지, 그들이 땅에 남아 있는 사랑하는 자들을 위해 기도하며 실제로 땅에서 일어나고 있는 일들을 볼 수 있는지 등에 관해 토론할 것이다. 그리고 천국에 있는 사람들이 고통뿐만 아니라 땅의 사건들을 인지한다면 그곳이 어떻게 천국이 될 수 있는가? 하는 질문에 대해서도 답할 것이다.

Part 1의 중심은 이 책의 중심주제인 "새 땅"에 관한 것이다. 나는 구속에 있어서 하나님의 보다 광대한 계획에 관한 성경의 기초적 진리들을 제시할 것이며, 특별히 죽은 자의 부활의 교리와 그것이 새 땅에 대해 지니는 의미를 제시할 것이다. 나는 '하나님을 본다는 것이 무엇인지, 사람들과 우리의 관계는 어떠할 것인지, 그리고 그리스도와 함께 땅을 통치한다는 것은 무엇을 의미하는지'에 대해서도 대답할 것이다.

Part 1의 내용은 패러다임의 전환을 위한 것이다. 그러나 기본 원리들을 이해하지 못할 경우에 다른 가정을 가지고 책의 나머지 부분을 대하므로 내가 말하고자 하는 것이 이해가 되지 않을 수 있다. 질문과 이에 대한 대답 부분에서 내 결론의 건전성은 내가 Part 1에서 제시한 성경적 기초에 근거한다.

Part 2 "천국에 관한 질문과 대답"에서는 Part 1의 기초적 가르침에서 발생한 새 땅에서의 삶에 대한 구체적인 질문들을 다룰 것이다. 예를 들어, 새 땅은 에덴 동산과 같은가? 새 땅에도 동물들이 있는가? 예루살렘은 어떤 종류의 도시인가? 우리의 몸은 어떠할 것인가? 우리는 먹고 마시는가? 일을 하는가? 기계를 사용할 것인가? 놀 수 있는가? 공부하며 배우는가? 예술, 음악, 문화 등이 있는가? 등의 질문들을 다룰 것이다.

Part 3 "천국의 빛 가운데 살기"에서 나는 천국의 교리가 우리를 변화시켜서 기쁨에 찬 기대감이 우리를 가득 채울 수 있도록 권면할 것이다.

이 책에는 모든 사람이 다 동의할 수 없는 내용이 많다. 그러나 나는 이들 대부분이 성경에 비춰 사실이며, 이 책을 통해 장엄한 내세에서 하나님의 자녀들을 기다리고 있는 모든 것을 상상하고 기대하도록 해주는 흥분의 문을 열게 되길 소망한다.

들어가는 글: 천국이라는 주제

> 너희는 마음에 근심하지 말라 하나님을 믿으니 또 나를 믿으라. 내 아버지 집에 거할 곳이 많도다. 그렇지 않으면 너희에게 일렀으리라. 내가 너희를 위하여 거처를 예비하러 가노니 가서 너희를 위하여 거처를 예비하면 내가 다시 와서 너희를 내게로 영접하여 나 있는 곳에 너희도 있게 하리라.
>
> 요한복음 14:1-3

장차 어디에선가 영원히 산다는 생각은 인간 역사의 모든 문명을 형성하였다. 호주 원주민들은 천국을 서쪽 지평선 너머 멀리 있는 섬으로 생각했다. 고대 핀란드인들은 멀리 동방의 섬으로 여겼다. 멕시코인들과 폴리네시아인들은 죽은 뒤에 자신들이 태양이나 달에 간다고 믿었다.[1] 아메리카 원주민들은 죽은 뒤에 자신들의 영혼이 버펄로의 영혼을 사냥할 것이라고 믿었다.[2] 고대 바벨론 전설인 길가메시 서사시는 천국을 영웅들의 안식처로 언급하며, 생명나무 가에 있다고 말한다. 이집트의 피라미드에서 미라들 곁에는 지도가 놓여 있는데 그것은 미래 세계의 안내도였다.[3] 로마인들은 의인들이 죽은 후에 극락(Elysian field)으로 소풍을 가며 그들의 말은 주변에서 풀을 뜯어 먹는다고 믿었다. 로마의 철학자 세네카는 "당신이 마지막인지 알고 두려워하는 그 날은 영원에서 탄생하는 날이다"라고 했다. 사후세계에 관한 이런 묘사들은 다르지만 역사 속에 나타난 공통점은 죽음 뒤에 삶이 존재한다는 믿음이었다. 모든 문화에는 하나님께서 주신 본래적인 영원의 개념, 즉 이 세상이 전부가 아니라는 개념이 있음을 인류학이 증거하고 있다.[4]

초대 교인들의 천국에 대한 생각

많은 기독교 순교자들의 시신이 묻힌 로마의 카타콤에는 다음과 같은 비문이 적혀 있다.

- 그리스도 안에서 알렉산더는 죽은 것이 아니라 살아 있다.
- 하나님과 함께 사는 사람
- 그는 영원한 집으로 들림 받았다.[5]

한 역사가는 기록하길 "카타콤 벽화의 천국은 아름다운 자연 배경과 뛰노는 어린아이들, 그리고 잔치를 벌이는 사람들을 그리고 있다"고 말한다.[6]

주후 125년에 아리스티데스라 불리는 그리스 사람이 친구에게 기독교에 관해 편지를 쓰면서 왜 이 "신흥 종교"가 큰 성공을 거둘 수 있는지 그 이유를 설명했다. "의로운 기독교인이 이 세상을 떠나면 그들은 기뻐하며 하나님께 감사를 드리고, 마치 그가 한 곳에서 가까운 곳으로 이사를 가는 것처럼 찬송을 부르고 감사하면서 운구를 한다네."[7]

3세기의 교부였던 키프리안은 다음과 같이 말했다. "우리 각 사람이 집으로 돌아가게 될 그 날에 인사합시다. 그 날 우리는 이 세상을 떠나 세상의 함정에서 해방되고, 낙원이 우리를 맞이할 것입니다. 낯선 땅에 있던 사람들은 누구나 고향땅으로 돌아가길 사모합니다…우리의 고향은 낙원입니다."[8]

이와 같은 초대 교인들의 관점은 오늘날 거의 낯설게 들린다. 그러나 이들의 신앙은 성경에 뿌리를 두고 있다. 바울은 성경에서 "이는 내게 사는 것이 그리스도니 죽는 것도 유익함이라…내가 그 둘 사이에 끼었으니 차라리 세상을 떠나서 그리스도와 함께 있는 것이 훨씬 더 좋은 일이라 그렇게 하고 싶으나"(빌 1:21, 23)라고 쓰고 있으며, 또한 그는 "그러므로 우리가 항상 담대하여 몸으로 있을 때에는 주와 따로 있는 줄을 아노니…우리가 담대하여 원하는 바는 차라리 몸을 떠나 주와 함께 있는 그것이라"라고 썼다(고후 5:6, 8).

예수님이 제자들에게 "내 아버지 집에 거할 곳이 많도다…내가 너희를 위하여 거처를 예비하러 가노니"(요 14:2)라고 말씀하셨을 때 그분은 의도적으로 생활 속의 물리적인 용어들(집, 거할 곳, 거처)을 선택하여 가시는 곳이 어디인지, 우리를 위해 무엇을 준비하시는지를 설명해 주셨다. 주님은 제자들에게 (그리고 우리에게) 바라더라도 구체적으로 만질 수 있는 것—주님과 함께 있을 실제 장소—을 주고 싶어하셨다.

그곳은 육체가 없이 영만 존재하는 비물리적 세계가 아니다. 인간은 그러한 세계에 적합하지가 않다. 본질상 인간이 물리적인 존재인 것처럼 처소(place)도 물리적이다. (그러면서도 우리는 영적인 존재이다.) 우리에게 적합한 곳—우리를 위해 특별히 고안한 곳— 은 하나님이 우리를 위해 만드신 장소, 땅이다.

이 책에서 당신은 흥분되는 진리임에도 불구하고 이상하게 무시되고 있는 진리, 즉 하나님은 인간이 땅에 거하도록 한 처음 계획을 결코 포기하신 적이 없다는 사실을 성경을 통해 알게 될 것이다. 실제로 역사의 절정은 새 하늘과 새 땅이 창조된다는 것이다. 그곳은 부활한 우주로서 부활한 성도들이 부활하신 예수님과 함께 살게 될 곳이다(계 21:1-4).

죽음에 이르는 병

인간인 우리는 사망이라고 불리는 불치병을 앓고 있다. 현재 사망률은 100퍼센트이다. 그리스도가 곧 재림하시지 않는다면 우리 모두는 죽는다. 우리는 죽음에 관해 생각하기를 좋아하지 않는다. 그러나 전세계에서 매초마다 3명, 매분마다 180명, 매시간마다 거의 11,000명이 죽는다. 사후에 일어날 일에 대해 성경이 바르게 말하고 있다면 날마다 250,000명 이상의 사람들이 천국이나 지옥 중 한 곳을 간다.

다윗은 말했다. "여호와여 나의 종말과 연한이 언제까지인지 알게 하사 내가 나의 연약함을 알게 하소서 주께서 나의 날을 한 뼘 길이만큼 되게 하시매 나의 일생이 주의 앞에는 없는 것 같사오니 사람은 그가 든든히 서 있는 때에도 진실로 모두가 허사뿐이니이다"(시 39:4-5).

하나님은 우리를 금생에서 해방하여 우리의 마음을 저편 너머에 두기 위해 고난과 다가오는 죽음을 사용하신다. 나는 죽음이라는 불치병의 판정을 받은 자들과 많은 이야기를 나눴다. 이들과 이들이 사랑하는 자들은 갑자기 사후 세계에 대해 지칠 줄 모르는 관심을 갖는다. 대부분의 사람들은 죽음에 대해 무방비로 살아간다. 그러나 지혜로운 자들은 저편 세상에 무엇이 있는지를 탐구하려고 신빙성 있는 자료를 찾는다. 만일 그들이 잠시 사는 이 세상에서 내린 선택이 내세와 관련이 있음을 알게 되면, 그들은 이에 따라 선택을 바꾸고 싶을 것이다.

예수님은 우리를 죽음의 공포에서 구원하려고 오셨다. "자녀들은 혈과 육에 속하였으매 그도 또한 같은 모양으로 혈과 육을 함께 지니심은 죽음을 통하여 죽음의 세력을 잡은 자 곧 마귀를 멸하시며 또 죽기를 무서워하므로 한평생에 매여 종 노릇 하는 모든 자들을 놓아 주려 하심이니"(히 2:14-15).

죽은 자들의 임박한 부활을 바라보면서 사도 바울은 묻는다. "사망아 너의 승리가 어디 있느냐 사망아 네가 쏘는 것이 어디 있느냐?"(고전 15:55).

무엇이 우리를 사망의 공포로부터 구원해 주는가? 무엇이 사망의 쏘는 것을 없애는가? 우리를 위해 죽으신 분과의 관계이다. 그분은 우리와 함께 살 거처를 마련하시러 먼저 가셨다. 우리가 예수님을 모른다면 우리는 사망과 그의 쏘는 것을 두려워할 것이며 당연히 그렇게 된다.

해변을 보라

당신이 이 책을 만났을 때 지치고 낙담되어 우울하거나 심지어 충격 가운데 있을지 모르겠다. 아마도 당신의 꿈들―결혼, 직업, 야망―이 무너졌을지도 모른다. 당신은 냉소적으로 변했거나 희망이 사라졌을지도 모르겠다. 천국에 대한 성경의 진리를 이해한다면 이 모든 것은 바뀔 수 있다.

1952년에 젊은 플로렌스 채드윅은 카타리나 섬에서 태평양으로 걸어 들어갔다. 그녀는 캘리포니아 해변까지 수영해 가기로 결심했다. 그녀는 이미 영국 해협을 왕복 수영한 최초의 여성이었다. 날씨는 안개가 끼고 추웠다. 그녀는 자기를 호위하는 배를 거의 볼 수 없었다. 지금 그녀는 15시간째 수영을 하고 있다. 그녀가 도중에 물에서 나가게 해달라고 호소했을 때 곁의 배에 타고 있던 그녀의 어머니는 거의 다 왔으니까 해낼 수 있다고 그녀에게 말했다. 마침내 육체적으로 정신적으로 탈진한 그녀는 수영을 중단하고 물에서 나왔다. 그녀가 배에 오르자 해변이 반마일 밖에 있다는 것을 알게 되었다. 다음 날 기자회견에서 그녀는 말했다. "제게 보이는 것은 오직 안개뿐이었습니다…만일 해변이 보였다면 저는 완주했을 것입니다."[9]

"만일 해변이 보였다면 저는 완주했을 것입니다"라는 말을 생각해 보라. 믿는 자들에게 그 해변은 예수님이시며 또한 주님이 우리를 위해 준비하겠다고 약속하신 곳이다. 우리는 그곳에서 주님과 영원히 함께 살 것이다. 우리가 기다리는 해변은 새 땅의 해변이다. 우리가 안개를 뚫고 마음의 눈으로 영원한 집을 그릴 수만 있으면 그것은 우리에게 위로와 힘을 준다.

당신이 지쳐서 계속 갈 수 없다면, 이 책이 당신에게 비전과 용기 그리고 소망을 줄 수 있기를 기도한다. 인생이 아무리 힘들어도 그 해변을 보고 그리스도에게 갈 힘을 얻을 수 있다면 당신은 완주할 것이다.

그 해변을 볼 수 있도록 이 책이 당신을 도와줄 수 있기를 기도한다.

Part 1
천국 신학

● 제1부 우리의 운명 알기 ● 제2부 중간 천국 이해하기
● 제3부 더 넓은 차원에서 구속의 은혜 이해하기 ● 제4부 부활을 고대하며
● 제5부 회복된 땅 바라보기 ● 제6부 우리와 하나님과의 관계 축하하기
● 제7부 새 땅에서 통치하기

제1부 우리의 운명 알기

제1장 · 당신은 천국을 고대하는가?

제2장 · 천국은 우리의 상상을 초월하는가?

제3장 · 우리의 정해진 운명은 천국인가 아니면 지옥인가?

제4장 · 당신이 천국에 갈 것을 알 수 있는가?

제1장 | 당신은 천국을 고대하는가?

> 이주민으로서 호주나 뉴질랜드로 떠나려고 하는 사람은 자연히 미래의 그의 집, 그곳의 기후, 그곳의 고용상태, 거주자들, 문화 등에 관해 알고 싶어할 것이다. 이 모든 것들은 그의 큰 관심사들이다. 당신은 당신이 태어난 곳을 떠나 당신의 여생을 새로운 반구에서 보내려고 한다. 만일 당신이 살게 될 새로운 곳에 관한 정보를 원하지 않는다면 그것은 정말 이상한 일일 것이다. 우리가 "더 나은 본향, 곧 하늘에 있는 것"에 영원히 거하길 소망한다면 우리는 반드시 그곳에 관해 우리가 얻을 수 있는 모든 정보를 얻어야만 한다. 우리의 영원한 본향에 가기 전에 우리는 그곳을 잘 알도록 노력해야만 한다.
>
> — 제이. 씨. 라일

위대한 청교도 전도자였던 조나단 에드워드는 종종 하늘에 관해 언급했다. "우리는 오로지 천국으로 여행하기 위해 이 땅에서 살고 있습니다…그러기에 우리는 생의 다른 관심사들을 이곳에 복종시켜야만 합니다. 우리의 진정한 행복이 있는 이곳 외에 다른 그 어떤 곳을 위해 애를 쓰거나 마음을 둘 이유가 무엇입니까?"[1]

에드워드는 그의 나이 약관 20대에 평생 동안 지킬 결심들을 기록하였다. 그 중에 하나는 "가능한 한 내세에서의 행복을 내 자신 스스로가 많이 얻도록 노력하기로 결심한다"이다.[2]

어떤 이들은 에드워드가 그렇게 스스로 천국의 행복을 추구하기로 결심한 것에 대해 이상하게 생각할지 모른다. 그러나 파스칼이 "모든 인간은 행복을 추구한다. 거기에는 예외가 없다. 사람마다 취하는 방법이 다르다 할지라도 모든 이들은 이 목적을 위해 사는 경향이 있다"[3]고 했을 때에 그의 말은 옳다. 우리 모두가 행복을 추구한다면 에드워드가 실제로 행복을 찾을 수 있었던 곳, 즉 예수님과 천국이라 불리는 곳에서 찾아야 하지 않겠는가?

그러나 불행하게도 대부분의 사람들은 그리스도와 천국에서 기쁨을 찾지 않는다. 실제로 많은 사람들이 천국을 생각해도 전혀 기쁨을 발견하지 못한다.

한 목사님이 일전에 나에게 고백한 적이 있다. "저는 천국에 관해 생각할 때마다 우울해져요. 저는 제가 죽으면 없어졌으면 좋겠어요."

"왜요?"라고 내가 물었다.

"저는 그 끝없는 지루함을 생각할 때에 참을 수가 없어요. 구름을 타고 하프를 튕기는 것 외에는 아무것도 할 일이 없는 그곳은 너무 너무 지루해요. 천국이 지옥보다 더 낫게 들리지 않아요. 그런 곳에서 영원을 보내느니 차라리 없어지고 말겠어요."

성경을 믿고 신학교에서 교육을 받은 목사님이 도대체 천국에 대한 이러한 관점을 어디서 배웠단 말인가? 분명히 성경에서는 아니다. 바울은 말하길 죄로 저주 받은 땅에서 사느니 차라리 몸을 떠나 그리스도와 함께 있는 것이 더욱 좋다고 말했다(빌 1:23). 그 목사님은 천국에 관해 다른 사람들보다 더 정직했지만 나는 많은 그리스도인들이 천국에 관해 동일한 오해를 하고 있다는 것을 알았다.

천국을 실제의 장소로 그리고 너무 신나는 곳으로 묘사한 나의 소설「데드라인」(*Deadline*)을 읽은 후에 한 부인이 나에게 편지를 보냈다. "저는 5살 때부터 그리스도인이었어요. 저는 청소년 담당 목회자와 결혼을 했습니다. 제가 7살 때에 교회 선생님은 천국에 가면 제가 땅에서 알았던 사람들이나 물건들은 하나도 기억이 나지 않을 거라고 말씀하셨어요. 천국과 영생에 대한 이 두려움 때문에 저는 그리스도인으로서 성장하기가 정말 어려웠습니다."

"천국과 영생에 대한 두려움"이란 말을 기억하라. 최근에 변화된 그녀의 관점을 언급하면서 그녀는 "저의 어깨에서 벗겨진 그 무게를 당신은 모르실 거예요. 지금 저는 천국에 가고 싶어 미치겠어요"라고 말했다.

천국에 관한 우리의 비성경적 관점

한 성공회 신부가 동료신부로부터 죽은 뒤에 무엇을 기대하느냐는 질문을 받자 그는 "글쎄요, 그 주제에 답한다면 제 생각에 영원한 축복 가운데로 들어갈 것 같은데요. 그렇지만 저는 정말 당신이 그런 우울한 주제를 꺼내지 않았으면 좋겠어요"[4]라고 대답했다.

지난 15년간 나는 천국에 관한 수천 통의 편지를 받았으며 수백 번의 대화를 나눴다. 교회들과 컨퍼런스에서 천국에 관해 강연도 했다. 나는 천국에 관해 집필했으며 "천국 신학"이란 과목으로 신학교에서도 가르쳤다. 내가 모르는 부분이 아직도 많지만 한 가지 내가 아는 것은 사람들이 천국에 관해 생각하고 있는 것이 무엇인가 하는 것이다. 솔직히 나는 경악했다.

나는 작가 존 엘드리지가 「욕망으로의 여행」(The Journey of Desire)에서 한 다음의 말에 동의한다. "내가 대화를 나눈 거의 모든 그리스도인들은 영원을 끝이 없는 교회 예배 정도로 생각합니다…하늘에서 끝없이 불리는 찬송과 영원히 계속되는 위대한 찬양들, 그리고 아멘으로 화답하는 이미지가 우리 마음속에 각인되어 있습니다. 그리고 우리의 마음은 무너집니다. 영원히 그리고 영원히라고요? 그것이 다예요? 그것이 기쁜 소식이란 말입니까? 그런 뒤에 우리는 한숨을 내쉬고 우리가 보다 더 '영적'이지 못하기 때문에 죄의식을 느낍니다. 우리는 낙심되어 우리가 찾을 수 있는 생명을 찾기 위해 다시 한 번 더 현실 세계로 돌아갑니다."[5]

게리 랄슨은 그의 만화 「반대쪽」(Far Side)에서 천국에 관한 일반적인 오해를 잘 그려냈다. 그 만화에서 천사의 날개를 달고 머리에 후광이 비치는 한 남자가 구름 위에 아무 일도 하지 않고 앉아 있다. 그리고 주변에는 아무도 없다. 그는 외딴 섬에서 빈둥거리면서 무료하고 지루한 표정을 짓고 있다. 만화의 글은 그의 마음의 생각을 보여준다. "잡지라도 가지고 올걸?"

「허클베리 핀의 모험」에서 마크 트웨인도 천국에 관해 비슷한 관점을 그린다. 노처녀 기독교도인 왓슨은 재미있는 것을 좋아하는 허클베리를 무시했다. 허클베리의 말을 들어 보자. "그녀는 계속해서 그 좋은 곳에 대해 말했어요. 그녀는 제가 할 일은 단지 하프를 가지고 하루 종일 돌아다니면서 노래하면 된다고 했어요. 그것도 영원히 그리고 영원히 말이에요. 그래서 저는 그곳에 대해 별로 생각하지 않았어요…제가 그녀에게 톰 소여도 그곳에 갈 것 같냐고 묻자 그녀는 그러지 못할 것 같다고 말했어요. 저는 얼마나 기뻤는지 몰라요. 왜냐하면 저는 그와 함께 있고 싶었거든요."[6]

경건한 왓슨 양은 천국에 대해 허클베리에게 매력적인 것을 하나도 얘기하지 않았다. 그에게 매력적인 곳이란 의미 있고 즐거운 일들을 함께 즐길 사람들이 있는 곳이다. 실제로 그것이 천국을 훨씬 더 잘 설명해 주는 그림이다. 왓슨 양이 허클베리에게 부활한 몸을 가지고 정원과 강과 산과 들어보지 못한 모험들로 가득한 부활 후의 새 땅에서 사랑하는 사람들과 함께 사는 것에 대한 성경의 증언을 말해줬다면 분명히 그의 관심을 끌었을 것이다!

비물질의 천국에서 몸이 없는 존재로 있고 싶어한다는 것은 자갈을 맛있게 먹으려고 하는 것과 같다. 우리가 아무리 진지하게 노력한다 할지라도 그런 일은 없다. 그리고 그렇게 되어서도 안 된다.

우리가 무엇인가를 원하는 것은 실제로 하나님이 우리로 그렇게 원하도록 만드셨기 때문이다. 우리가 이 사실을 인정한다면, 우리가 원하는 것은 바로 하나님께서 예수 그리스도를 따르는 자들에게 약속하신 것과 같다. 그것은 우리가 부활한 몸으로 부활하신 그리스도와 함께 부활한 새 땅에서 부활의 생명을 사는 것이다. 우리의 열망은 정확하게 하나님의 계획과 일치한다. 우리가 무엇인가를 원해서 우리가 원하는 것이 존재했으면 하고 바라는 생각이 드는 것이 아니다. 그것은 정반대이다. 우리가 어떤 것을 원하는 이유는 바로 하나님이 그것이 존재하도록 계획하셨기 때문이다. 우리가 앞으로 알게 되겠지만 부활한 우주에서 사는 부활한 사람들은 우리의 아이디어가 아니다. 그것은 하나님의 아이디어이다.

19세기의 영국 신학자였던 제이. 씨. 라일은 "저는 천국에 대해 전혀 생각해 본 적이 없는 사람에 대해 연민을 느낍니다"라고 말했다.[7] 우리도 "저는 천국에 관해 정확하게 생각해 본 적이 없는 사람에 대해 연민을 느낍니다"라고 말할 수 있다. 내가 믿기에 천국에 관해 그렇게 생각을 적게 하도록 하는 이유는 우리의 부정확한 생각 때문이다.

천국에 관한 신학적 무지

존 칼빈은 계시록에 관한 주석을 쓰지 않았으며 영원의 상태에 대해 자세히 다루지도 않았다. 그의 저서 「기독교 강요」에서도 천국에 관해 묵상해 볼 것을 권하긴 했지만 그의 천국 신학은 신론, 기독론, 구원론, 성서론, 교회론에 비해 너무 약하다. 이것은 당시에 중요한 신학적 이슈들을 비춰 보았을 때에 이해할 만하다. 그러나 칼빈이 그 간격을 메우려고 시도한 이래로 수세기 동안 놀랍게도 그렇게 한 신학자들은 거의 없었다. 상당한 저서들이 말세를 연구하는 종말론에 관한 것이었으며 천국에 관한 것은 상대적으로 적었다.

윌리엄 쉐드는 3권짜리 「교리 신학」(*Dogmatic Theology*)에서도 영벌에 대해서는 87페이지 분량을 썼지만 천국에 관해서는 단지 2페이지밖에 쓰지 않았다.[8]

마틴 로이드 존스의 900페이지짜리 저서 「성경의 위대한 교리들」(*Great Doctrines of the Bible*)에서 그는 영원한 상태와 새 땅에 관해 단지 2페이지도 채 못 되는 양을 할애하였다.[9]

루이스 벌크호프도 고전 「조직 신학」(Systematic Theology)에서 창조에 대해서는 38페이지, 세(침)례와 성찬에 대해서는 40페이지 그리고 중간 상태에 대해서는 15페이지를 할애하였다. 그러나 지옥에 관해서는 단지 2페이지, 그리고 영원한 상태에 대해서는 1페이지만을 할애하였다.

벌크호프의 737페이지 분량의 「조직 신학」에서 영원한 천국에 관한 내용은 마지막 737페이지 한 페이지에만 국한되어 있다. 이때에 다음과 같은 질문이 생긴다. 정말로 성경은 그렇게도 할 말이 없는가? 이 주제에 관한 신학적 의미가 그렇게도 적은가? 내가 믿기에 성경의 대답은 절대로 그렇지 않다.

「천국의 일식」(Eclipse of Heaven)에서 신학 교수인 에이. 제이. 코니어스는 다음과 같이 썼다. "역사에서 가장 위험한 파도를 헤쳐 나가는 이 세상의 항해법은 종교적 헌신과 신학적 확신이 없는 사람에게 조차도 불안해 보인다. 세상은 2천 년 동안 변하지 않는다고 믿었던 북극성을 이제 무시하기로 결정했다. 심판의 확실성, 천국에 대한 소망, 지옥에 대한 두려움이 바로 그것이다. 인생의 중요한 문제들을 토론할 때에 이런 것들은 현대에서 주요 내용들이 아니다. 그러나 이런 것들은 한 때 매우 중요한 문제들이었다."[10]

코니어스는 최근까지 천국의 교리는 교회에 있어 무척 중요했다고 주장한다.[11] 천국에 관한 믿음은 과거에는 멋진 장식품이 아니었다. 그것은 가장 중심에서 생명을 유지해 주는 확신이었다.

슬프게도 수많은 그리스도인들에게 있어서 그것은 더 이상 사실이 아니다.

레이더 스크린에서 사라지다

당신이 5년 동안 NASA의 화성 탐사 개발팀원이라고 상상해 보라. 일정 기간의 여러 훈련들을 받은 후에 마침내 발사일이 다가왔다. 로켓이 발사된 후에 동료 우주비행사 한 사람이 당신에게 말한다. "화성에 대해 아는 것이 있습니까?"

당신이 어깨를 으쓱하면서 "아무것도 모르는데요. 우리는 화성에 대해 이야기한 적이 없잖아요. 우리가 그곳에 도착하면 알게 될 겁니다"라고 답한다고 상상해 보라. 이런 일은 상상도 할 수 없는 일이 아닌가? 훈련 가운데 최종 도착지에 관한 광범위한 연구와 준비가 들어 있지 않다는 것은 상상할 수도 없다. 그런데 전세계의 신학대학원, 성경대학, 교회들은 우리의 종착지인 새 하늘과 새 땅에 대해 거의 가르쳐 주지 않는다.

장년으로서의 세월을 모두 교회에서 보낸 많은 그리스도인들(특히 50대 이하)은 천국에 관한 설교를 단 한 번이라 들은 적이 있는지 기억하지 못한다. 가끔씩 언급은 되었지만 강조한 경우는 거의 없고, 한 주제로 발전된 경우도 거의 없다. 우리는 천국에 가는 법과 그곳이 지옥보다 더 나은 곳이라는 말을 듣긴 했지만 놀랍게도 천국 자체에 대해서는 거의 배우지 못했다.

천국은 우리의 레이더 스크린에서 사라졌다. 천국에 관한 신학이 약한데 어떻게 우리의 마음을 천국에 둘 수 있겠는가? 어떻게 우리의 자녀들이 천국에 관해 흥분하고 그들이 장성해서도 계속해서 천국에 관해 기뻐할 수 있겠는가? 우리가 천국에 관해 이야기할 것이 그렇게도 적은 이유는 무엇인가? 그리고 왜 우리가 말한 적은 것조차도 그렇게 애매모호하고 생명력이 약한가?

우리의 오해는 어디서 생겨났는가?

나는 그렇게 많은 하나님의 자녀들이 천국에 대해 그토록 애매모호하고 부정적이며 영감이 없는 견해를 갖게 된 것은 사단의 역사 때문이라고 믿는다.

예수님도 사단에 대해 "거짓을 말할 때마다 제 것으로 말하나니 이는 그가 거짓 말쟁이요 거짓의 아비가 되었음이라"라고 말하셨다(요 8:44). 사단이 가장 좋아하는 거짓말은 천국에 관한 것이다. 계시록 13:6은 우리에게 사단적인 짐승이 "입을 벌려 하나님을 향하여 비방하되 그의 이름과 그의 장막 곧 하늘에 사는 자들을 비방하더라"라고 말해 준다. 우리의 원수는 세 가지, 즉 하나님, 하나님의 사람들, 하나님의 처소인 천국을 비방한다.

강제로 천국에서 쫓겨난 후에(사 14:12-15) 마귀는 하나님께만 화가 난 것이 아니라 인류와 더 이상 자신의 처소가 아닌 천국 그 자체에 대해서도 화가 났다. 그가 쫓겨난 곳을 우리가 차지하게 되자 그는 더욱 화가 났음에 틀림없다. 하나님이 우리의 마음과 생각을 두라고 명하신 바로 그곳에 대해 거짓말을 속삭이는 것보다 사단과 그의 귀신들이 우리를 공격하는 더 좋은 방법이 있을까?

사단은 우리에게 천국이 없다고 설득할 필요가 없다. 대신 천국은 지루한 곳이고 땅과 다른 곳이라고 확신만 시키면 되는 것이다. 우리가 그 거짓말을 믿으면 우리는 우리의 기쁨과 기대감을 잃게 되고 우리의 마음을 내세가 아니라 금세에 두게 되어 우리의 믿음을 나누고 싶어하지 않을 것이다. "우리조차도" 기대하지 않는 지루하고 희미한 곳에서 사람들이 영원히 산다는 "복음"을 나눌 이유가 어디에 있단 말인가?

독재자가 자기의 정부를 대신할 새 나라와 새 정부를 싫어하듯이 사단도 새 하늘과 새 땅을 싫어한다. 사단은 그리스도의 구속 사역을 멈추게 할 수는 없지만 땅과 그 너머에까지 이르는 구속의 깊이와 넓이를 보지 못하게 한다. 그는 그리스도가 자기를 패배시키는 것을 금할 수는 없지만 그리스도의 승리가 단지 부분적이고 하나님이 인류와 땅에 대한 본래의 계획을 버리셨다고 우리를 설득시킬 수 있다.

사단은 우리를 미워하기 때문에 하나님께서 웅대한 내세에 관해 우리에게 말씀하신 것을 믿었을 때에 우리가 소유하게 될 기쁨을 약탈하기로 작정하였다.

이 어둔 세상에 앉아 있는 우리는 성경이 천국에 관해 이야기하고 있는 바를 스스로 일깨워야 한다. 언젠가 우리는 우리를 실제 세계와 분리시키는 이와 같은 무지로부터 해방될 것이다. 그때에 우리는 천국이 그렇게 멀리 느껴지고 비현실적인 것으로 보이게 한 혼미의 마법을 깨닫게 될 것이다. 하나님의 은혜로 말미암아 우리는 그 어느 때보다도 왕이신 그리스도와 그의 나라인 천국에 관해 자유하게 하는 진리를 더욱 더 선명하게 보게 될 것이다.

제2장 | 천국은 우리의 상상을 초월하는가?

"천국을 상상한다"는 것은 천국이 거친 일상의 현실을 고의로 무시함으로써 생겨난 공상이라는 뜻이 아니다. 그것은 구조를 세운 후에 하나님의 현실(reality)에 관해 마음속에 그려진 그림 속으로 들어갈 수 있는 하나님이 주신 인간의 중요한 능력을 확증해 주는 것이다. 그 그림들은 성경과 또한 묵상과 개발이라는 일련의 전통의 중재를 통해 생겨난다. 우리는 우리가 창조한 마음의 이미지들 안에 살 수 있으며 그로 인해 이러한 이미지들에 해당되는 보다 큰 현실 속으로 마침내 들어가는 기쁨을 맛볼 것을 기대한다.

—알리스터 맥그래스

마르코 폴로가 쿠빌라이 칸의 궁정을 보고 이태리로 돌아왔을 때에 그는 청중들이 전혀 본 적이 없는 세계를 설명했다. 그것은 상상의 눈이 없으면 이해할 수 없는 것이었다. 중국은 상상의 세계가 아니지만 그곳은 이태리와 매우 달랐다. 그럼에도 불구하고 지구상의 두 곳은 인간들이 사는 곳이기에 공통점이 많았다. 이태리에서의 기준은 중국을 이해하는 데 기초가 되었으며, 차이점도 그곳에서부터 찾아낼 수 있었다.[1]

성경의 기자들은 천국을 정원, 도시, 왕국 등 여러 가지로 제시한다. 정원, 도시, 왕국 등은 우리에게도 친숙하기 때문에 그것들은 우리에게 천국을 이해할 수 있는 가교역할을 해준다. 그러나 많은 사람들은 이것을 단순히 비유라고 생각하고 실제로 천국에는 그러한 것이 없다고 생각하는 실수를 범한다(이럴 때에 이러한 비유들은 빈약한 것이 되고 만다). 비유는 남용될 수 있지만 성경은 분명하게 예수님이 지금 우리를 위해 처소를 예비하고 계시며 하나님의 나라가 이 땅에 임할 것이고 육체의 부활이 우리를 기다리고 있다고 말하기 때문에 땅의 것을 들어 설명한 천국에 관한 모든 설명을 영적으로 해석하거나 알레고리로 해석할 이유는 없다. 실제로 그들 중 어떤 것들은 명료한 사실적 표현들일 수 있다. 너무나 자주 우리는 천국은 비물질의 세계이기 때문에 실제로 정원, 왕국, 건물, 연회, 혹은 몸과 같은 것들은 있을 수 없다고 배워왔다. 그래서 우리는 성경이 천국을 우리에게 친숙하고 물리적이며 눈에 보이는 장소로 말하는 것들을 진지하게 받아들이지 못한다.

하나님은, 육체이면서 동시에 영적인 존재인 우리가 비물리적 세계에서 살도록 만들지 않으셨다. 정말로 우리는 그러한 장소(혹은 장소가 아닌 장소)를 상상할 수조차 없다. 몸이 없는 상태는 우리의 경험과 생소할 뿐만 아니라 또한 하나님이 주신 체질과도 일치하지 않는다. 플라톤의 생각처럼 우리는 육체 안에 일시적으로 갇힌 단순한 영적 존재가 아니다. 아담은 몸과 영 둘이 만나기 전에는 "생령"—히브리어로 "네페쉬"(nephesh)—이 되지 않았다(창 2:7). 우리는 영적인 존재인 것만큼 물리적 존재이다. 그래서 몸의 부활은 영원한 의의 인간성을 우리에게 부여하는 데 필수불가피하며, 우리를 죄와 저주와 사망에서 해방시킨다.

우리의 상상력 사용의 중요성

상상할 수 없는 것은 기대하거나 바랄 수 없다. 그래서 나는 하나님이 성경을 통해 우리에게 천국을 살짝 보여 주셨다고 믿는다. 이로써 우리의 상상력에 불이 붙고 우리의 마음속에는 천국에 대한 뜨거운 갈망이 일어난다. 그래서 사단은 언제나 우리의 상상력을 낙담시키려 하거나 아니면 상상력을 성경과 다른 비물질의 개념으로 돌리려 한다. 부활한 우주가 바람직하지 않고 상상할 수 없는 것으로 남아 있는 한 사단은 천국에 대한 우리의 사랑을 성공적으로 좌절시킬 것이다.

천국에 관한 나의 소설들을 읽고서 사람들은 나에게 "천국의 모습들은 정말 흥분됩니다. 그런데 성경적인 근거가 있나요?"라는 말을 자주 한다. 내가 아는 한 그렇다. 성경은 직간접적으로 천국에 관해 많은 정보를 우리에게 제공해 준다. 마음에 그릴 수 있을 정도로 상세하게 제공하긴 하지만 완벽하게 그려낼 정도는 아니다. 상상력이 지닌 한계와 약점을 알고 있지만 하나님은 우리가 우리의 상상력을 사용하길 기대하신다고 나는 믿는다. 천국이 어떻게 생겼는지 우리가 상상하길 하나님이 원하지 않으신다면 천국에 관해 그렇게 많이 말씀하시지는 않았을 것이다.

상상력을 무시하기보다는 성경을 가지고 그 상상력에 불을 붙이고 상상력을 통해 성경이 열어 놓은 문으로 들어가야 한다고 믿는다. 내가 처음 성경을 대했을 때 천국에 관한 견해는 지금의 견해와 달랐다. 그때에 젊은 그리스도인이며 목사였던 나의 견해는 지금 내가 거부하는 그런 전형적인 것이었다. 현재 내가 포용하는 관점은 오랫동안의 성경공부와 묵상 그리고 이 주제에 관한 연구에서 비롯된 것이다.

이 책에 나오는 거의 모든 천국에 관한 개념들은 성경구절을 통해 자극을 받고 강화된 것들이다. 나의 해석과 사변 중에 분명히 잘못된 것들도 있을 수 있지만 근거가 없지는 않다. 맞든 안 맞든 대부분은 성경의 직간접적인 가르침에서 나온 것들이다. 천국에 관한 토론은 너무 상상에 치우치거나 아니면 완전히 상상을 무시하는 경향이 있다. 성경을 믿는 사람들은 후자의 성향이 강하지만 양쪽 모두 부적절하고 위험하다. 우리에게 필요한 것은 성경의 영감을 불어넣은 상상력이다.

성경을 이해하기 위해서는 천국에 관한 선입견을 제거해 달라고 하나님께 기도로 도움을 청해야만 한다. 사도 바울은 "내가 말하는 것을 생각해 보라 주께서 범사에 네게 총명을 주시리라"(딤후 2:7)고 했다. 나도 당신에게 "내 눈을 열어서 주의 율법에서 놀라운 것을 보게 하소서"(시 119:18)라고 기도하도록 권하고 싶다.

나는 천국에 관한 책을 150권 이상 수집했다. 그 중 많은 부분은 아주 오래된 책들이고 출판되지 않은 것들도 있다. 나는 이 책 거의 모두를 다 읽어 보았다. 내가 발견한 사실은 천국에 관한 책들 모두가 한결같이 천국의 모습이 어떤지 알 수 없지만 우리가 상상할 수 있는 것보다 훨씬 더 놀라울 것이라고 말한다는 것이다. 그러나 천국을 상상할 수 없다고 말하는 순간 영원한 집에 관해 하나님이 우리에게 계시하신 모든 것들은 찬물 세례를 받는다. 마음으로 천국을 그릴 수 없다면 우리는 그것을 기대할 수 없다. 천국이 상상할 수 없는 곳이라면 뭐 때문에 상상을 해야만 하는가?

땅의 삶에서 우리가 아는 모든 즐거운 일들은 우리의 오감을 통해 경험된다. 그러므로 천국을 오감으로 알 수 없다고 묘사한다면 아무도 초대에 응하지 않을 것이다. 오히려 천국은 우리를 소외시키고 심지어 공포를 가져다 줄 것이다. 천국을 단지 "영적인 것"(즉 비물리적인 것)으로 만든다면 천국을 매력 없는 곳으로 만들 뿐이다.

천국을 그리라

처음으로 보게 될 천국이 어떨까 기대할 때에 나는 처음 스노클링(snorkeling—호스가 달린 물안경을 쓰고 물밑을 보는 것—역주)을 했던 때를 기억한다. 나는 여러 모양과 크기의 형형색색의 수많은 물고기들을 보았다. 가장 멋진 물고기를 보았다고 생각하는 바로 그 순간에 더 멋진 물고기가 나타났다. 나의 뇌리에 한 소리가 새겨졌다. 그 소리는 수중 세계의 숨막히는 광경을 내 눈이 목도했을 때 "헉" 하고 스노클의 호스를 통과하는 나의 탄성이었다.

처음 천국을 볼 때에 우리도 놀라움과 환희 속에서 같은 "헉" 소리를 내지 않을까 상상해 본다. 그 "헉" 소리에 이어 계속해서 그 무한한 놀라움의 장소를 여행할 때에 더 많은 "헉" 소리가 들릴 것이다. 그것은 단지 시작일 뿐이다. 왜냐하면 죽은 자들이 부활한 후에 나타날 우리의 영원한 집—새 땅—을 우리가 볼 것이기 때문이다. 그 모습은 우리가 본 그 어떤 것보다 더 멋질 것이다.

창밖을 내다보라. 눈을 감고 당신이 그려 본 중에서 가장 아름다운 장소를 마음속에 그려 보아라. 야자수와 힘 있게 흐르는 강, 높은 산과 폭포, 그리고 흩날리는 눈을 상상해 보라. 산책을 해보라. 친구와 이야기를 나눠 보라. 하나님이 주신 솜씨를 사용하여 그림을 그리거나 오두막을 세우고 책을 써보라. 타락 이전의 본래의 만물의 모습을 상상해 보라. 꼬리를 살랑거리는 행복한 개를 상상해 보라. 시들지 않는 꽃, 마르지 않는 풀, 무공해의 푸른 하늘, 분노, 우울, 공허 대신에 미소를 지으며 즐거워하는 사람들을 상상해 보라.

예수님을 사랑했고 지금은 주님과 함께 있는 친구들과 가족들을 생각하라. 그들과 함께 그곳에서 거니는 모습을 그려 보라. 우리 모두는 올림픽 10종 경기 선수보다 더 강건한 몸을 가졌다. 웃고, 뛰놀며, 추억을 이야기한다. 사과와 오렌지를 따기 위해 나무에 오른다. 한 입을 베어문다. 너무나 달콤해서 놀라울 정도다. 이전에 이렇게 맛있는 과일을 먹어 본 적이 없다. 누군가가 당신에게 다가온다. 예수님이시다. 그분의 얼굴에 미소가 가득하시다. 당신은 무릎을 꿇어 경배한다. 주님은 당신을 일으켜 세우시며 안아주신다.

마침내 당신은 그분과 그곳에서 함께한다. 당신은 그분을 위해 지음을 받았으며 그곳은 당신을 위해 만들어졌다. 가는 곳마다 즐길 만한 새로운 사람들과 새로운 장소들이 즐비하며 새 것을 발견한다. 이 냄새는? 잔치가 열렸다. 곧 파티가 시작되며 당신은 초대를 받았다. 과업과 연구과제도 있다. 그러나 당신은 그것들이 너무 좋아서 그 일을 시작하는 날을 손꼽아 기다린다.

이 모든 것들은 성경적 근거를 지니고 있으며 그 근거는 부지기수다. 성경의 증거를 검증한 후에, 누군가가 "천국이 어떤 곳인지 상상할 수 없습니다"라고 말한다면, 당신은 "나는 할 수 있습니다"라고 말할 수 있기를 바란다.

그러나 계속 전진하기 전에 자주 등장하는 반대 의견들을 다뤄야만 한다.

"눈으로 보지 못하고"라고 했는데 어떻게 알 수 있는가?

목사님 한 분이 내 사무실을 방문해서 내가 무슨 책을 저술하고 있는지 물었다. "천국에 관한 두꺼운 책입니다"라고 나는 대답했다.

"그런데 성경은 '하나님이 자기를 사랑하는 자들을 위하여 예비하신 모든 것은 눈으로 보지 못하고 귀로 듣지 못하고 사람의 마음으로 생각하지도 못하였다'고 했는데 어떻게 된거죠? 하나님이 천국에서 우리를 위해 준비하신 것을 분명히 알 수 없습니다"라고 그가 말했다(그는 고린도전서 2:9을 언급했다.)

나는 언제나 하는 말을 그에게 해주었다. "그 구절을 다 읽지 않았군요. 10절을 읽어 보세요." 그 문장을 다 읽으면 다음과 같다. "기록된 바 하나님이 자기를 사랑하는 자들을 위하여 예비하신 모든 것은 눈으로 보지 못하고 귀로 듣지 못하고 사람의 마음으로 생각하지도 못하였다 함과 같으니라. 오직 하나님이 성령으로 이것을 우리에게 보이셨으니." 문맥으로 볼 때에 이 계시는 분명히 하나님의 말씀이며(13절), 하나님께서 우리를 위해 준비하신 것이 무엇인지 말해 준다. 천국에 관한 수십 권의 책을 읽은 후에 나는 고린도전서 2:9를 볼 때마다 본능적으로 움츠린다. 이 구절은 놀라운 말씀이지만 거의 언제나 오용되는 구절이다. 이 구절은 입증하려고 인용한 내용과 정반대의 것을 말한다!

우리가 천국을 보지 못하기 때문에 천국에 관해 알 수 없을 뻔했던 것을 하나님께서는 친히 성령님을 통해 우리에게 계시해 주셨다고 말씀하신다. 이것은 하나님께서 천국이 어떠한 모습인지 설명해 주셨다는 것을 의미한다. 완전히 설명해 주신 것은 아니지만 정확하게 설명해 주셨다. 하나님께서는 그분의 말씀을 통해 우리에게 천국에 관해 말씀하신다. 그러므로 우리는 어깨를 으쓱하면서 무지한 상태로 남을 수가 없다. 대신에 그분께서는 우리가 앞에 놓인 것을 알고 고대하길 원하신다.

마찬가지로 다른 성경 구절들도 천국에 관한 토론을 좌초시킬 때에 인용된다. 예를 들어, "감추어진 일은 우리 하나님 여호와께 속하였거니와"(신 29:29)라는 말씀이 있다. 천국은 "감추어진 일"(secret thing)로 여겨진다. 그러나 나머지 구절—이 구절도 매우 드물게 인용된다—이 있어야 생각이 완성된다. "나타난 일은 영원히 우리와 우리 자손에게 속하였나니 이는 우리에게 이 율법의 모든 말씀을 행하게 하심이니라."

천국에 관한 비밀이 많다는 것도 사실이지만 하나님께서 우리를 위해 너무나 많은 놀라운 선물들을 예비하고 계시다는 사실도 받아들여야 한다. 하나님께서 천국에 대해 이미 계시하신 것들은 우리와 우리의 자녀들에게 속하였다. 이들을 연구하고 이해하는 것은 매우 중요하다. 하나님께서 이것들을 계시하신 이유가 바로 이것이다!

우리의 생각과 마음을 천국에 두라

"그러므로 너희가 그리스도와 함께 다시 살리심을 받았으면 위의 것을 찾으라. 거기는 그리스도께서 하나님 우편에 앉아 계시느니라"(골 3:1). 이 말씀은 우리의 마음을 천국에 두라고 하시는 직접 명령이다. 천국을 중심으로 사는 것의 중요성을 놓치지 않도록 하기 위해 다음 구절에서 "위의 것을 생각하고 땅의 것을 생각하지 말라"고 말씀하신다. 하나님께서는 우리의 생각과 마음을 천국에 두라고 명하신다.

그리스도를 사모한다는 것은 천국을 사모하는 것이다. 그곳은 우리가 그분과 함께 있을 곳이기 때문에 그렇다. 하나님의 백성들은 "더 나은 본향을 사모한다"(히 11:16). 천국에 우리의 눈을 고정하지 않으면 그리스도에게 눈을 고정할 수 없으며 그리스도에게 눈을 고정하지 않으면 우리의 눈을 천국에 고정할 수 없다. 그러므로 우리가 명심해야 할 것은 그리스도와 "위의 것"이다.

"찾으라"로 번역된 헬라어 원어는 제테오(zeteo)이다. 이 말은 "인간의 일반적인 철학적 탐구나 추구"를 의미한다.² 같은 단어가 복음서의 "인자가 온 것은 잃어버린 자를 찾아 구원하려 함이니라"(눅 19:10)는 말씀에서 사용되었다. 또한 목자가 자기의 잃어버린 양을 찾고(마 18:12), 여인이 잃어버린 동전을 찾으며(눅 15:8), 상인이 값비싼 진주를 찾을 때(마 13:45)에도 이 단어가 사용되었다. 이 말은 부지런히 적극적으로 한마음을 품고 찾는 것을 말한다. 그러므로 바울의 골로새서 3:1의 권면을 다음과 같이 이해할 수 있다. "부지런히, 적극적으로 한마음을 품고 위의 것—한 마디로 천국—을 찾으라."

동사 제테오의 시제는 현재 진행형이다. "계속해서 천국을 찾으라." 명령을 한 후에 이 명령을 반복해서 언급한 것은 천국에 마음을 고정시키는 일이 저절로 이뤄지지 않음을 말한다. 실제로 대부분의 명령은 그 명령에 순종하지 않는 저항을 전제로 하기 때문에 명령형으로 할 수밖에 없다. 우리에게는 성적 부도덕의 성향이 있기 때문에 이를 피하라는 명령을 듣는다. 빌딩에서 뛰어내리지 말라는 명령은 들은 적이 없다. 정상인이라면 그러한 유혹과 싸우지 않기 때문이다. 천국을 생각하라는 명령은 날마다 여러 방법으로 공격을 받는다. 만사가 천국을 대항하여 전투를 벌인다. 우리의 마음은 너무나도 땅에 고정되어 있어서 하늘의 생각에 익숙하지 않다. 그러므로 우리는 이 문제를 해결해야만 한다.

어쩌면 당신은 "너무 천국에 몰두하면 이 땅에서 유익한 사람이 되지 못할까" 두려워할지도 모르겠다. 안심하라. 걱정을 붙들어매도 좋다! 거꾸로 많은 사람들은 땅의 생각에 너무 골몰하여 하늘에서도 땅에서도 유익하지 못하다. 씨. 에스. 루이스는 다음과 같은 사실을 발견했다. "역사를 읽어 보면 금생을 위해 가장 많은 일을 한 사람들은 바로 내생을 가장 많이 생각한 사람들임을 알 수 있습니다. 로마제국을 발로 회심시키려 했던 사도들, 중세시대를 건설한 위인들, 그리고 노예제도를 폐지한 영국의 복음주의자들 모두는 이 땅에 그들의 발자취를 남겼습니다. 그것은 그들의 마음이 천국에 사로잡혔기 때문이었습니다. 이생에서 그리스도인들이 능력을 발휘하지 못하게 된 것은 그들 대부분이 내세에 관해 생각하기를 중단했기 때문입니다. 천국을 목표로 삼으십시오. 그러면 세상을 '뒤집어엎을' 것입니다. 땅을 목표로 삼으십시오. 그러면 그 어디에도 도달하지 못할 것입니다."[3]

우리에게는 인간과 땅 자체를 그들의 현재 모습으로가 아니라 하나님께서 그들을 의도하신 모습대로 바라보는 하늘의 마음을 지닌 세대가 필요하다.

우리의 상상력에 불을 붙이라

우리는 하나님께서 계시하신 진리에서 추론을 시작해야만 한다. 그러나 추론을 하려면 성경으로 강화된 상상력을 사용해야만 한다. 논픽션 작가이며 성경교사인 나는 성경이 실제로 말하고 있는 것을 봄으로써 이를 시작한다. 소설가로서 나는 이 계시를 취했고 그 계시에 상상력의 생동감을 덧붙였다. 루이스가 말한 대로 "이성이 진리의 자연스러운 기관(器官)인 것처럼 상상력은 의미의 기관이다."[4] 프란시스 쉐퍼의 말대로 "그리스도인은 진정한 의미에서의 자유인이다. 그는 상상하기 때문에 자유롭다. 이것은 우리의 유산이다. 그리스도인은 상상력으로 인해 별들 너머로 날아가는 존재이다."[5]

쉐퍼는 언제나 하나님이 계시하신 진리에서 출발하였다. 그러나 그는 우리에게 그 진리를 통해 상상력에 불을 붙이도록 권했다. 상상력은 진리로부터 멀어져서 날아가면 안 되고 진리를 근거로 날아야만 한다.

당신이 큰 고통과 상실 가운데 있는 그리스도라면 주님께서는 "담대하라"고 말씀하신다(요 16:33). 새 집이 당신을 위해 거의 다 준비되었다. 이사날짜가 다가오고 있다. 어두운 겨울이 이제 신기하게 봄으로 바뀌려 한다. 어느 날 갑자기 당신은 집에 가게 될 것이다- 그것도 처음으로. 그때까지 당신이 천국에 관한 성경의 진리들을 묵상하기를 권한다. 당신의 상상력으로 날아올라 당신의 마음이 기쁨으로 가득하길 바란다.

제3장 | 우리의 정해진 운명은 천국인가 아니면 지옥인가?

> 가장 안전한 지옥행 길은 한걸음 한걸음 가게 되어 있다. 그 길은 경사가 완만하고 걷기도 쉬운데다가 갈림길도 없고 이정표도 표지판도 없다.
>
> — 씨. 에스. 루이스

여론조사에 따르면 자신이 지옥에 간다고 믿는 사람 1명 당 120명의 사람들이 천국에 간다고 믿는다.[1] 이러한 낙관론은 마태복음 7:13-14의 그리스도의 말씀과 너무나 큰 대조를 이룬다. "좁은 문으로 들어가라 멸망으로 인도하는 문은 크고 그 길이 넓어 그리로 들어가는 자가 많고 생명으로 인도하는 문은 좁고 길이 협착하여 찾는 자가 적음이라."

천국에 가지 못하는 것은 보편적인 이유 때문이다. "모든 사람이 죄를 범하였으매 하나님의 영광에 이르지 못하더니"(롬 3:23). 죄로 인해 우리는 하나님과의 관계에서 분리되었다(사 59:2). 하나님은 너무나 거룩하셔서 죄를 용납하실 수가 없다. "주께서는 눈이 정결하시므로 악을 차마 보지 못하시며 패역을 차마 보지 못하시거늘"(합 1:13). 우리는 죄인이기 때문에 하나님의 존전에 들어갈 자격이 없다. 현재 우리의 모습으로 우리는 천국에 들어갈 수 없다.

그러므로 천국은 자동으로 가는 종착역이 "아니다." 어느 누구도 그곳에 저절로 가지 못한다. 우리의 죄 문제를 해결하지 않는다면 우리가 자동으로 가야 할 곳은 오직 한 곳…지옥이다.

내가 지금 이 문제를 다루는 이유는 천국에서 예수님과 함께하고, 가족, 친구들을 다시 만나는 천국의 위대한 모험에 관해 이 책에서 말하려고 하기 때문이다. 잠재된 가장 큰 위험은 독자들 자신이 지금 천국을 향해 가고 있다고 추측하는 것이다. 대부분의 장례식장에서 듣는 말처럼 당신은 거의 대부분의 사람들이 천국에 간다고 생각할 것이다. 그렇지 않은가? 그러나 예수님께서는 대부분의 사람들이 천국에 가지 못한다고 분명하게 말씀하셨다.

지옥: 천국의 무서운 반대

지옥은 그리스도 안에서 하나님의 구속의 선물을 받지 않은 사람들이 살게 될 곳이다(마 25:41-46). 그러나 그곳은 또한 그리스도 안에 있는 하나님의 구속의 선물을 받지 못한 사람들이 살게 될 곳이다(계 20:12-15). 그리스도께서 재림하신 후에는 천국의 영생으로 들어가는 신자들의 부활과 영원한 지옥으로 들어가는 불신자들의 부활이 있을 것이다(요 5:28-29). 구원 받지 못한 자들—어린 양의 생명책에 그 이름이 기록되지 않은 모든 사람들—은 천국책에 기록된 그들의 행위대로 하나님께 심판을 받을 것이다(계 20:12-15). 그 행위는 죄로 인한 것이기에 그리스도 없이 자기 마음대로 행한 사람들은 거룩하고 의로우신 하나님의 존전에 들어갈 수 없고 대신 영멸의 장소로 들어가게 될 것이다(마 13:40-42).

지옥은 만화에 나오는 그런 곳이 아니다. 만화에서 사람들은 음료를 마시면서 간간히 지구를 탈출한 이야기를 나눈다. 오히려 그곳은 엄청난 비극의 현장이 될 것이다(마 13:42; 13:50; 22:13; 24:51; 25:30; 눅 13:28). 그곳은 죄를 자각하고 벌을 받는 곳이며 생명에 대한 소망을 다시는 가질 수 없는 곳이다. 그래서 단테는 「신곡」에서 지옥의 문 위에 "이곳에 들어오는 자여 모든 소망을 버리라"고 조각한 현판이 있다고 말한다.[2]

지옥의 현실은 우리의 마음을 아프게 하며 우리로 무릎을 꿇게 만들고, 그리스도가 없는 사람들의 집을 방문하게 만든다. 그러나 오늘날 불신자들 가운데 지옥은 자주 말하지 않는 "욕"(the H word)이 되고 말았다. 지옥이란 말은 많은 복음주의자들의 책에서도 보기 힘들다. 지옥에 관한 성경의 분명한 가르침에 대한 부정이나 무시는 다반사이다.

사단은 분명히 영원한 형벌을 부정하도록 부추기고 싶어한다. 그는 불신자들이 두려움 없이 그리스도를 거부하고 그리스도인들에게서 그리스도를 전하고자 하는 마음을 갖지 못하도록 하길 원한다. 그리고 그는 그리스도의 혁명적인 대속의 은혜로 인하여 하나님이 영광을 받으시길 원하지 않는다.

예수님은 지옥에 대해 뭐라고 말씀하셨는가?

지옥을 부인하는 책들이 많이 있다. 어떤 책들은 모든 사람들이 결국에는 구원을 받는다는 만인구원론을 수용한다. 어떤 책들은 지옥을 하나님의 진노에 사로잡힌 분노의 선지자들의 발명품으로 여긴다. 이들은 그리스도인들은 그리스도의 보다 더 높은 사랑의 길을 택해야 한다고 말한다. 그러나 이러한 관점은 현실을 무시한 것이다. 성경에서 예수님은 그 누구보다도 지옥에 관해 더 많이 말씀하셨다(마 10:28; 13:40-42; 막 9:43-44). 주님께서는 지옥이 문자 그대로 실제의 장소이며 이를 생생하게 표현—타오르는 불꽃, 죽지 않는 구더기 등—하셨다. 그리스도께서는 구원을 받지 못한 자들은 "바깥 어두운 데 쫓겨나 거기서 울며 이를 갈게 되리라"(마 8:12)고 말씀하신다. 부자와 나사로의 이야기에서도 예수님은 지옥에서 악인이 심한 고통을 받고 이를 의식하며, 원함과 기억, 이성이 있어서 구조를 원하지만 위로를 받을 수 없고 고통을 피할 수 없으며 소망이 없어질 것이라고 가르치셨다(눅 16:19-31). 구세주께서 이보다 더 참혹하고 생생하게 지옥의 그림을 그릴 수 있으실까?

지옥은 얼마 동안 계속되는가? 주님께서는 불의한 자들은 "영벌에" 그리고 의인들은 "영생에 들어가리라"고 말씀하셨다(마 25:46). 같은 곳에서 그리스도께서는 천국과 지옥의 기간을 설명하시기 위해 "영원한"으로 번역된 "아이오노스"(aionos)란 단어를 사용하신다. 따라서 천국이 의식이 또렷한 가운데 경험되는 영원이라면 지옥도 의식이 또렷한 가운데 경험되는 영원이다.

성경이 분명히 그리고 단정적으로 말하지 않으면서 선택하라고 했다면 나는 분명히 지옥을 믿지 않았을 것이다. 지옥을 믿지 않았을 것이라는 내 말을 믿어 달라. 그러나 내가 원하는 것—혹은 다른 사람들이 원하는 것—을 나의 믿음의 기초로 삼는다면 나는 나 자신과 나의 문화를 따르는 자이지 그리스도를 따르는 자가 아니다. 소설가인 도로시 세이어는 말한다. "지옥의 교리는 모든 근원을 망각하게 하고 봉쇄하려는 일종의 음모처럼 보인다. 그러나 지옥의 교리는 사람들에게 겁을 주어 교회에 돈을 헌금하도록 하기 위해 '중세시대에 성직자들이 만들어 낸 것'이 아니다. 그것은 그리스도께서 죄를 의도적으로 심판하시는 것이다…우리는 그리스도를 부인하지 않고 지옥만을 부인할 수 없다."[3] 「고통의 문제」(The Problem of Pain)에서 씨. 에스. 루이스는 지옥에 관해 다음처럼 쓰고 있다. "만일 나에게 권세가 있다면 기독교에서 이것보다 더 제거하고 싶은 교리는 없다. 그러나 성경이 이를 전적으로 지지하며 특히 우리 주님 자신이 말씀으로 지지하신다. 기독교는 언제나 지옥의 교리를 주장했으며 그것은 이성(reason)의 지지를 받았다."[4]

하나님께서는 우리를 너무 사랑하셔서 우리에게 진리를 말씀해 주신다. 이 세상에는 하나가 아니라 두 개의 종착역이 있으며 우리가 천국에 가려면 바른 선택을 해야만 한다. 모든 길이 다 천국행이 아니다. 오직 한 길 예수 그리스도를 통해서만 그곳에 갈 수 있다. 그분께서는 "나로 말미암지 않고는 아버지께로 올 자가 없느니라"(요 14:6)고 말씀하셨다. 다른 모든 길들은 지옥으로 인도한다.

천국과 지옥 사이의 선택의 결과는 너무나 크다. 그러므로 우리는 천국에 대해 깊이 감사해야 하며, 절대로 그것을 당연히 여기지 않고, 언제나 우리가 마땅히 가야만 하는 곳에서 우리를 구원하사 자격 미달인 우리에게 영원한 천국을 주신 하나님의 은혜를 찬양해야만 한다.

땅: 중간에 있는 세상

땅은 천국과 지옥이 연하여 만나는 중간세계이다. 땅은 천국과도 연결되어 있으며 또한 지옥과도 연결되어 있어서 우리는 둘 중 하나를 선택할 수 있다. 땅에서의 가장 멋진 삶이라 할지라도 천국의 그림자에 불과하며, 땅에서의 최악의 삶이라 할지라도 지옥의 그림자에 불과하다. 그리스도인의 경우에 금생은 가장 가까운 지옥이며 불신자들의 경우에 금생은 가장 가까운 천국이다.

다음의 신비를 생각해 보라. 하나님은 우리 없이 천국에 사느니 차라리 우리를 대신해서 지옥에 가기로 작정하셨다. 그분은 우리가 지옥에 가지 않기를 그렇게도 원하셨기 때문에 우리가 갈 필요가 없도록 십자가에서 무서운 대가를 치르셨다.

예수님은 마가복음 8:36-37의 질문을 계속하신다. "사람이 만일 온 천하를 얻고도 자기 목숨을 잃으면 무엇이 유익하리요. 사람이 무엇을 주고 자기 목숨과 바꾸겠느냐?"

대가는 지불되었다. 그래도 우리는 여전히 선택해야만 한다. 모든 선물이 그러하듯이 용서의 선물이 주어져도 우리가 그것을 받기로 정하기 전에는 우리 것이 아니다. 주지사는 유죄판결을 받은 범죄자를 사면해 줄 수 있지만 그가 그 사면을 거절할 경우 아무 소용이 없다. 그는 사면을 받아들여야만 한다. 마찬가지로 그리스도도 우리 각 사람에게 용서와 영생의 선물을 주신다고 말씀하신다. 그러나 그 제안 자체가 우리의 것이 되지는 않는다. 그것을 소유하기 위해서 우리는 그것을 받기로 선택해야만 한다.

그런데 당신이 죽으면 천국에 가리라는 것을 실제로 알 수 있는가? 천국의 주제를 더 깊이 탐구하기 전에 먼저 이 문제를 다음 장에서 다루도록 하자.

제4장 | 당신이 천국에 갈 것을 알 수 있는가?

당신은 곧 내가 죽었다는 소식을 신문을 통해 읽게 될 것이다. 그러나 조금이라도 그 사실을 믿지 말라. 나는 그 어느 때보다도 더 생생하게 살아 있을 것이다.

— 디. 엘. 무디

땅이 물러간다…내 앞에 천국이 열리는구나!

— 디. 엘. 무디(임종의 침상에서)

고대 도시국가에는 시민들의 명단이 있었다. 문지기는 도시의 성문에 서서 이 명단과 사람의 이름을 대조하여 범죄자와 적군을 물색했다. 계시록 21:27의 맥락이 이와 같다. "무엇이든지 속된 것이나 가증한 일 또는 거짓말하는 자는 결코 그리로 들어오지 못하되 오직 어린 양의 생명책에 기록된 자들만 들어가리라."

성악가 루산나 메츠거의 일화는 이름이 책에 기록되는 것이 얼마나 중요한지를 보여 준다. 몇 년 전 그녀는 갑부의 결혼식에 축가를 불러달라는 초청을 받았다. 초청장에 따르면 피로연은 북서부에서 가장 높은 시애틀 콜롬비아 타워의 맨 위 두 층에서 열리기로 되어 있었다. 그녀와 그녀의 남편인 로이는 그곳에 참석한다는 생각에 들떴다.

피로연에서 턱시도를 입은 웨이터들은 달콤하고 이국적인 음료들을 날라다 주었다. 신랑과 신부는 유리와 동으로 된 멋진 계단으로 다가갔다. 그 계단은 위층과 연결되어 있었다. 누군가가 축하를 위해 계단 아래쪽에 가로질러 걸쳐진 벨벳 리본을 절단했다. 그들은 결혼식 연회가 이제 막 시작될 것이라고 선포했다. 신랑과 신부는 계단을 올라갔으며 뒤를 이어 하객들이 잇따랐다.

계단의 맨 위에 도달하자 지배인이 제본된 책을 들고서 문 밖에서 하객들에게 인사를 하고 있었다.

"존함이 어떻게 되십니까?"

"저는 루산나 메츠거이고, 이쪽은 저의 남편 로이입니다."

그는 M란을 찾았다. "찾을 수가 없습니다. 이름의 철자를 말씀해 주시겠습니까?"

루산나는 자신의 이름의 철자를 천천히 말해 주었다. 책을 찾아본 뒤에 지배인은 그녀를 쳐다보며 말했다. "죄송합니다만 당신의 이름이 여기에 없군요."

"뭔가 착오가 있는 것 같습니다"라고 루산나가 대답했다. "저는 성악가입니다. 저는 아까 이 결혼식에서 축가를 불렀습니다!"

그 신사는 대답했다. "당신이 누구이고 어떤 일을 했던 간에 상관없습니다. 이 책에 당신의 이름이 없으면 당신은 연회에 입장하실 수가 없습니다."

그는 웨이터를 손짓으로 불러 말했다. "이분들께 특별 엘리베이터를 안내해 드려요."

메츠거 부부는 그 웨이터를 따라 아름답게 장식된 식탁과 새우, 통째로 훈제한 연어, 그리고 멋지게 깎은 얼음 조각상들을 지나갔다. 연회장소에 다가가자 오케스트라가 연주를 준비하고 있었으며 모든 음악가들은 빛나는 흰 턱시도를 입고 있었다.

웨이터는 루산나와 로이를 특별 엘리베이터로 안내한 후에 그들을 태우고서는 주차장이 있는 지하 버튼을 눌렀다.

자신들의 차를 타고서 몇 마일을 말없이 운전한 후에 로이는 손을 뻗어 루산나의 팔에 얹었다. "여보, 어떻게 된 거요?"

"초대장을 받았을 때에 저는 무척 바빴어요"라고 루산나가 대답했다. "저는 파티에 참석할 의사가 있으면 반드시 연락을 달라는 말에 신경을 쓰지 않았어요. 게다가 저는 축가를 부를 사람이잖아요. 저는 답신을 보내지 않아도 피로연에 갈 수 있다고 생각했어요."

루산나는 울기 시작했다. 그녀가 이제까지 초대받은 파티 중에서 가장 화려한 파티를 놓쳤을 뿐만 아니라, 어느 날 갑자기 사람들이 그리스도 앞에 섰는데 그들의 이름이 어린 양의 생명책[1]에 기록되지 않은 것을 발견했을 때 그 느낌이 어떨지 조금은 알게 되었기 때문이었다.

오랜 세월에 걸쳐 수많은 사람들이 그리스도의 초청을 받지만 너무 바빠서 응답할 시간을 내지 못한다. 많은 사람들은 자신들의 선행―교회 출석, 세(침)례, 성가대 찬양 혹은 부엌 봉사 등―으로 천국에 충분히 들어갈 수 있다고 생각한다. 그러나 자신들의 죄를 용서하신 그리스도의 초청에 응하지 않는 사람들은 그들의 이름이 어린 양의 생명책에 기록되어 있지 않다. 천국 혼인잔치에 입장하지 못하는 것은 단지 특별 엘리베이터를 타고 내려오는 것과는 다르다. 그것은 천국 밖 지옥으로 영원히 쫓겨나는 것을 의미한다.

그날에는 어떤 변명이나 해명도 통하지 않는다. 중요한 것은 오직 우리의 이름이 그 책에 기록되었는가 안 되었는가이다. 만일 기록이 안 되어 있다면 우리는 쫓겨날 것이다.

당신은 그리스도의 초청에 응하여 혼인잔치에 참석해서 그분의 집에서 영원히 그분과 함께 살기 위해 "예"라고 말했는가? 만일 그렇다면 당신은 즐거워해도 좋다. 천국 문이 당신에게 열리기 때문이다.

만일 응답을 미루고 있다면 당신이 그리스도의 초청에 응답하지 않아도 천국에 들어갈 수 있다고 생각한 것을 어느 날 깊이 후회하게 될 것이다.

새 하늘과 새 땅에 관해 책을 쓴 사도 요한에 따르면 우리에게 영생이 있음을 확실히 알 수 있다고 한다. "내가 하나님의 아들을 믿는 너희에게 이것을 쓴 것은 너희로 하여금 너희에게 영생이 있음을 알게 하려 함이라." 우리가 죽으면 천국에 갈 것을 우리는 분명히 알 수 있다. 당신도 그런가?

당신이 알고 실천해야만 하는 것

죄란 하나님의 거룩한 기준에 미치지 못하는 것을 말한다. 죄는 에덴의 낙원을 종식시켰다. 아담과 이브처럼 우리 모두는 죄인이다. 그러므로 당신도 죄인이다. 이는 당신이 알아야 할 첫 번째 진리이다. 죄는 우리를 속여서 우리에게 그른 것을 옳다고 하고 옳은 것은 그르다고 생각하게 만든다(잠 14:12).

죄에는 결과가 따르기 마련이지만 하나님께서는 우리의 죄에 대한 해결책을 제공하셨다. "죄의 삯은 사망이요 하나님의 은사는 그리스도 예수 우리 주 안에 있는 영생이니라"(롬 6:23). 하나님의 아들 예수 그리스도는 우리를 너무나 사랑하셔서 우리를 죄에서 구하시기 위해 사람이 되셨다(요 3:16). 그분께서는 우리처럼 사람의 모양을 입고 연약함을 입으셔서 우리와 같이 되셨지만 우리와 같은 죄, 자기기만, 도덕적 결함으로 더럽혀지지 않으셨다(히 2:17-18; 4:15-16).

"하나님이 죄를 알지도 못하신 이[그리스도]를 우리를 대신하여 죄를 삼으신 것은 우리로 하여금 그 안에서 하나님의 의가 되게 하려 하심이라"는 말씀을 우리는 듣는다(고후 5:21). 이것은 비록 우리가 죄 때문에 하나님의 진노 아래에 있지만 예수님이 우리를 대신해서 속전으로 십자가에서 죽으셨음을 의미한다. 우리를 대신해서 서신 그리스도는 그분의 의를 우리에게 전해주셨다. 이는 우리가 모든 죄에서 깨끗함을 입고 의롭게 되어 천국에 계신 하나님의 존전에 들어가 그분과 함께 살도록 하기 위함이다.

하나님의 아들이신 예수님 이외에 어느 선지자나 혹은 종교적 인물도 하나님의 거룩하심이 요구하는 죄의 형벌을 대신 지불할 만한 자격이 없다(계 5:4-5, 9-10). 우리의 죄가 그리스도 안에서 처리되어야만 우리는 천국에 들어갈 수 있다. 우리는 스스로 이를 지불할 능력이 없다. "다른 이로써는 구원을 받을 수 없나니 천하 사람 중에 구원을 받을 만한 다른 이름을 우리에게 주신 일이 없음이라"(행 4:12).

예수 그리스도는 무덤에서 일어나 죄를 멸하시고 사망을 이기셨다(고전 15:3-4, 54-57). 그리스도께서 우리를 위해 십자가에서 죽으셨을 때에 그분은 "다 이루었다"라고 말씀하셨다(요 19:30). "다 이루었다"로 번역된 헬라어는 빚이 청산되었을 때에 일반적으로 부채증서에 가로질러 썼던 말이었다. 이 말은 "완불되었다"라는 의미이다. 그리스도께서 죽으셨을 때에 그분은 우리의 죄의 명세가 적힌 부채증서에 단번에 그리고 영원히 "완불되었다"고 표하셨다. 성경은 말한다. "만일 우리가 우리 죄를 자백하면 그는 미쁘시고 의로우사 우리 죄를 사하시며 우리를 모든 불의에서 깨끗하게 하실 것이요"(요일 1:9).

그리스도께서는 용서와 구원 그리고 영생의 선물을 모든 이에게 베푸신다. "목마른 자도 올 것이요 또 원하는 자는 값없이 생명수를 받으라 하시더라"(계 22:17).

우리의 행동 중에 천국에서 우리가 자리를 얻을 수 있는 의는 없다(딛 3:5). 우리는 빈손으로 그리스도에게로 나온다. 구원을 위해 우리가 할 수 있는 것은 아무것도 없다. "너희는 그 은혜에 의하여 믿음으로 말미암아 구원을 받았으니 이것이 너희에게서 난 것이 아니요 하나님의 선물이라 행위에서 난 것이 아니니 이는 누구든지 자랑하지 못하게 함이라"(엡 2:8-9).

그리스도의 몸인 교회에 나가기

용서받은 우리는 그리스도와 그리고 우리의 영적 가족들과 함께 영원히 천국에서 보낼 것을 기대할 수 있다(요 14:1-3; 계 20:11-22:6). 믿음이 성장하려면 그리스도 중심이면서 성경을 믿고 가르치는 지역교회의 일원이 되어야만 한다. 좋은 교회는 진리를 가르쳐 주고, 사랑과 도움 그리고 지원을 아끼지 않을 것이다. 예수님과 천국에 관해 질문이 있다면 그곳에서 답을 찾을 수 있다.

제2부 중간 천국 이해하기

제5장 · 중간 천국의 성격은 무엇인가?

제6장 · 중간 천국은 물리적 장소인가?

제7장 · 중간 천국에서의 삶은 어떤 것인가?

제5장 | 중간 천국의 성격은 무엇인가?

> 피핀: "이런 식으로 끝날 거라고 생각하지는 않아…"
>
> 그랜달프: "끝이라고? 아니야. 여정은 여기가 끝이 아니야. 죽음은 또 다른 시작이야…우리 모두가 가야 할 길이지. 이 세상의 잿빛 방수 커튼이 걷히면 모든 것이 은빛 유리로 변해…그리고 그게 보일 거야."
>
> 피핀: "뭐라고? 그랜달프? 뭐가 보인다고?"
>
> 그랜달프: "흰 모래해변…그리고 그 너머가 보이지. 해가 빨리 뜨는 신록의 먼 나라야."
>
> 피핀: "그래, 나쁘진 않군."
>
> 그랜달프: "그래…그래, 나쁘지 않아."
>
> — 피터 잭슨의 「왕의 재림」 중에서

사도 바울은 우리가 죽을 때에 무슨 일이 일어날지 아는 것이 중요하다고 생각했다. "형제들아 자는 자들에 관하여는 너희가 알지 못함을 우리가 원하지 아니하노니 이는 소망 없는 다른 이와 같이 슬퍼하지 않게 하려 함이라"(살전 4:13).

"자는 자들"이라는 완곡어법을 사용하면서 바울은 죽은 자들을 이야기한다. 그리스도께서 재림하실 때에 우리가 살아 있다면 "그들과 함께 구름 속으로 끌어 올려 공중에서 주를 영접하게 하시리니 그리하여 우리가 항상 주와 함께 있으리라. 그러므로 이러한 말로 서로 위로하라"고 그는 확신 있게 말한다(살전 4:17-18).

이 책의 대부분에서 중심 주제는 영원한 천국이다. 우리는 마지막 부활 후에 영원히 그곳에서 산다. 그러나 우리 모두의 경우에 우리의 사랑하는 자들이 죽었고 또한 우리 자신도 그리스도께서 먼저 재림하지 않으신다면 죽는다. 그러기에 우리는 그리스도인들이 죽으면 가는 중간 천국(intermediate Heaven)에 대한 성경의 가르침을 상고해야만 한다.

중간 천국의 임시성

그리스도인이 죽으면 소위 신학자들이 말하는 중간 상태(intermediate state)에 들어간다. 중간 상태란 과거 땅에서의 삶과 미래 새 땅에서의 부활의 삶 중간의 과도기이다. 보통 "천국"이라고 말할 때에는 그리스도인들이 죽으면 가는 이 장소를 가리킨다. 우리가 우리의 자녀들에게 "할머니는 지금 천국에 계신단다"라고 할 때 그것은 바로 이 중간 천국이다.

중간 상태 혹은 중간 위치라고 하는 것은 정의상 임시적이다. 우리가 죽어서 가고, 또한 몸의 부활 전까지 거하게 되는 이 천국의 삶은 저주 아래 있고 하나님의 직접적인 임재와 동떨어져 있는 이 땅에서의 삶보다는 "훨씬 좋다"(빌 1:23). 그러나 여전히 이 중간 천국은 우리가 거할 최종 목적지가 아니다. 놀라운 곳이긴 하지만 중간 천국은 우리가 이를 위해 지음을 받은 장소, 즉 하나님께서 우리로 영원히 살도록 다시 지으시겠다고 약속하신 그 장소가 아니다. 하나님의 자녀들은 부활한 땅에서 부활한 존재로 영생을 누리기로 예정되어 있다.

우리는 천국에서 영원히 사는가?

우리는 천국에서 영원히 사는가?라는 질문에 대한 답은 천국을 어떤 의미로 사용했느냐에 따라 다르다. 우리는 주님과 영원히 함께하는가? 물론이다. 우리는 현재 천국이 있는 바로 그곳에서 늘 주님과 함께하는가? 그렇지 않다. 중간 천국에서 그리스도와 함께하며 즐거워하겠지만 우리는 몸이 부활하면서 새 땅으로 영원히 이동할 것이다.

너무나 많은 오해들 때문에 다시 말하지만, 그리스도를 믿는 신자들이 죽으면 그들은 영원히 살게 될 천국으로 가지 않는다. 대신에 우리는 중간 천국으로 간다. 중간 천국에서 우리는 그리스도의 이 땅으로의 재림과 우리 몸의 부활, 최후 심판, 새 하늘과 새 땅의 창조를 기다릴 것이다. 이 진리를 붙들지 않으면 성경이 말하는 천국의 가르침을 이해하지 못한다.

우리가 죽어서 가는 천국이 영원하지 않다는 말이 이상하게 들릴지 모르지만 사실이다. 신학자 웨인 그루뎀은 말한다. "그리스도인들은 종종 '천국에서' 영원히 하나님과 함께 산다고 말한다. 그러나 실제로 성경의 가르침은 그보다 더 풍부하다. 성경은 말하길 완전히 새롭게 된 피조세계인 새 하늘과 새 땅이 있을 것이며, 우리는 그곳에서 하나님과 영원히 살 것이라고 한다…또한 하늘과 땅의 새로운 통일이 있을 것이다…이 새로운 피조 세계에서 하늘과 땅은 하나로 통일될 것이다."[1]

당신이 마이애미에 있는 노숙자 센터에서 살고 있다고 가정해 보자. 어느 날 당신은 캘리포니아의 산타 바바라가 내려다보이는 멋진 언덕위에 살림살이를 다 갖춘 근사한 집을 유산으로 상속받는다. 그 집과 더불어 당신이 늘 하고 싶어했던 일도 같이 할 수 있게 된다. 뿐만 아니라 오래 전에 이미 마이애미에서 이사 온 가족과 가까이서 살 예정이다.

비행기를 타고 산타 바바라로 가면서 댈러스에서 환승하기 위해 그곳에서 오후를 보낸다. 오랫동안 보지 못했던 다른 가족들이 댈러스 공항으로 당신을 마중 나오고 당신과 함께 산타 바바라행 비행기를 탈 예정이다. 당신은 댈러스에서 그들을 만날 것을 고대한다.

이제 마이애미행 비행기표를 검사하는 직원이 "어디로 가십니까?"라고 물을 때에 당신은 "댈러스요"라고 말하겠는가? 산타 바바라가 최종 목적지이기 때문에 아마도 산타 바바라라고 말할 것이다. 당신이 댈러스를 넣어 말한다면 "댈러스를 경유해서 산타 바바라로 갑니다"라고 말할 것이다.

마이애미에 있는 친구들에게 당신이 살게 될 집을 말한다면 댈러스에 초점을 맞추겠는가? 아니다. 당신은 댈러스에 몇 시간 체류하긴 하지만 댈러스를 말하지 않을 것이다. 댈러스에서 일주일을 보낸다 할지라도 그곳은 당신의 관심의 대상이 아니다. 댈러스는 단지 도중에 잠시 머무르는 곳일 뿐이다. 당신의 진짜 목적지는 당신의 영원한 새 보금자리 산타 바바라이다.

마찬가지로 우리가 죽어서 가는 천국은 중간 천국으로서 임시 거처이고, 우리의 최종 목적지인 새 땅으로 가는 중에 잠시 머무르는 곳이다.

또 다른 비유가 있는데 더 정확하긴 하지만 상상하기가 무척 힘들다. 왜냐하면 우리 대부분의 사람들은 그런 경험을 한 적이 없기 때문이다. 마이애미에 있는 노숙자 센터를 떠나 중간 기착지인 댈러스로 갔다가 다시 완전히 새롭게 수리된 당신의 본래의 집—뉴 마이애미—으로 돌아왔다고 상상해 보자. 이 뉴 마이애미에서 당신은 더 이상 노숙자 센터에서 살지 않고 공해와 범죄가 없는 영광스러운 이 도시의 아름다운 집에서 살게 된다. 당신은 새 집 대신에 완전히 개조한 당신의 옛집에서 산다.

성경이 약속하고 있는 것이 바로 이것이다. 우리는 그리스도와 그리고 다른 이들과 영원히 함께 산다. 그러나 그곳은 중간 천국이 아니라 새 땅이다. 그곳에서 하나님은 그의 백성들과 함께 거하신다.

미래의 새 땅을 말할 때, 이 책의 대부분은 이에 대한 것이겠지만, 우리가 말하는 대부분이 중간 천국에는 적용이 되지 않을 수 있다. (예를 들어, 새 땅에서는 부활의 몸으로 먹고 마시지만 중간 천국에서도 우리가 먹고 마신다는 의미는 아니다.) 그리고 중간 천국을 설명할 때에 그것이 반드시 영원한 천국, 즉 새 땅의 모습과 일치할 필요도 없다. 천국은 변할 수 없다는 가정을 일단 포기하면 그 모든 것이 이해가 된다. 하나님은 변하지 않으신다. 그러나 하나님은 분명히 천국이 변한다고 말씀하신다. 최종 위치는 새 땅이 될 것이다(계 21:1). 마찬가지로 지금 우리가 지옥이라고 부르는 것도 그 위치가 바뀐다. 크고 흰 보좌 심판 후에 지옥은 영원한 불못에 던져진다(계 20:14-15).

현재 천국과 미래 천국 구분하기

천국의 모습은 어떠한가? 하는 질문과 천국의 미래의 모습은 어떠한가? 하는 질문은 별개의 대답이 필요하다. 현재 중간 천국은 천사들의 영역에 속하며, 땅과 분명히 구분된다(앞으로 알게 되겠지만 우리가 생각하는 것보다 훨씬 더 물리적인 성질을 많이 보인다). 대조적으로 미래 천국은 인간의 영역인 땅에 속한다. 하나님의 장막은 부활한 우주에서 인간의 장막이 된다. "또 내가 새 하늘과 새 땅을 보니 처음 하늘과 처음 땅이 없어졌고 바다도 다시 있지 않더라. 또 내가 보매 거룩한 성 새 예루살렘이 하나님께로부터 하늘에서 내려오니 그 준비한 것이 신부가 남편을 위하여 단장한 것 같더라. 내가 들으니 보좌에서 큰 음성이 나서 이르되 보라 하나님의 장막이 사람들과 함께 있으매 하나님이 그들과 함께 계시리니 그들은 하나님의 백성이 되고 하나님은 친히 그들과 함께 계셔서"(계 21:1-3). 하나님의 장막, 천국이 어느 날 새 땅 위에 있을 것이다.

천국에 있던 새 예루살렘이 천국에서 하나님으로부터 내려온다는 사실에 주의하라. 천국은 어디로 가는가? 새 땅으로 간다. 그 후로 계속해서 "하나님의 장막"은 구속 받은 사람들과 함께 땅 위에 있게 된다.

어떤 이들은 새 땅을 천국이라고 불러야만 한다고 주장할 것이다. 그러나 만일 하나님의 특별 장막을 정의상 천국이라고 하고 "하나님의 장막"이 사람들과 함께 땅 위에 있을 것이라고 한다면, 결국 천국과 새 땅은 동일 장소가 될 것이 분명하다. 우리는 "하나님의 보좌와 어린 양의 보좌"가 새 예루살렘에 있을 것이라는 이야기를 듣는다. 그리고 이 보좌는 새 땅으로 내려온다(계 22:1). 다시 말해 하나님은 그분의 백성들과 함께 거하시고 그분이 보좌에 앉아 계신 곳이 어디든 간에 그곳을 천국으로 부르는 것은 너무나 자명하다.

나는 신학자인 안토니 호케마의 의견에 동의한다. "'새 예루살렘'은 공간 멀리 '하늘'에 있지 않고 새롭게 된 땅으로 내려온다. 그곳에서 구속 받은 자들은 부활한 몸으로 영생한다. 그러므로 지금 분리되어 있는 하늘과 땅은 그때에 하나가 되며 하나님은 자기의 백성들과 함께 그곳에 거하실 것이기에 새 땅은 또한 하늘이 될 것이다. 다른 말로 영화롭게 된 신자들은 천국에 계속해서 있지만 그들은 새 땅에서 산다."[2]

하나님이 우리와 살려고 새 땅으로 내려오신다는 사실은 하나님의 본래 계획과도 완벽하게 일치한다. 하나님은 아담과 이브를 천국으로 데리고 가서 그분과 함께 그의 세계를 방문하도록 하실 수도 있었다. 그러나 그분은 그들의 세계로 내려와서 그들과 걸으셨다(창 3:8). 예수님도 자신의 제자가 되려는 사람들에게 말씀하셨다. "내 아버지께서 그를 사랑하실 것이요 우리가 그에게 가서 거처를 그와 함께 하리라"(요 14:23). 우리를 데리고 올라가서 그분을 위해 만드신 영역에서 사는 것이 아니라 내려오셔서 우리를 위해 만드신 영역에서 우리와 함께 사는 것이 하나님의 궁극적인 계획이다.

천국에 관한 대부분의 견해들은 성육신과 어긋난다. 이러한 견해들은 천국이 하나님께서 우리와 함께 거하시는 곳이라는 개념을 만족시키지 못한다. 성육신은 인간으로서 공간과 시간 속에 거하시는 하나님과 관련이 있다. 새 하늘과 새 땅은 공간과 시간을 그분의 영원한 집으로 삼으시는 하나님과 관련이 있다. 예수님께서 성육신하신 하나님이시라면 새 땅도 성육신한 천국이다. 계시록 21:3이 우리에게 말하는 것을 생각해 보라. 하나님께서는 그분의 백성들을 재배치하시고 천국에서 내려오셔서 우리와 함께 새 땅에 거하신다. "하나님은 친히 그들과 함께 계셔서." 우리가 올라가 하나님의 집에서 영원히 살기보다는 하나님께서 내려오셔서 우리의 집에서 영원히 사신다.

죽은 후에도 계속해서 의식이 있는가?

"흙은 여전히 땅으로 돌아가고 영은 그것을 주신 하나님께로 돌아가기 전에 기억하라"(전 12:7). 죽으면 인간의 영은 천국이나 지옥으로 간다. 그리스도도 나사로와 부자가 죽은 뒤에 천국과 지옥에서 의식이 있는 것으로 묘사하신다(눅 16:22-31). 예수님께서는 십자가에서 죽어가는 강도에게 "오늘 네가 나와 함께 낙원에 있으리라"고 말씀하셨다(눅 23:43). 사도 바울도 죽는 것이 그리스도와 함께하는 것이라고 했으며(빌 1:23), 몸을 떠나는 것이 주와 함께하는 것이라 했다(고후 5:8). 순교자들도 죽은 후에 천국에서 하나님께 땅을 심판해 주시도록 부르짖고 있는 것으로 묘사된다(계 6:9-11).

이러한 구절들은 "영혼이 잠자는 것"(soul sleep)이나 혹은 땅 위에서의 삶과 천국에서의 삶 사이에 장기간의 무의식 상태가 없다는 것을 분명히 말해 준다. "잠을 잔다"(살전 4:13과 또한 다른 유사 구절들)는 말은 죽음의 완곡어법으로서 우리 몸의 외양을 묘사한 것이다. 영이 몸을 떠나면 땅에서의 우리의 존재는 종말을 맞이한다. 우리의 육체는 부활 때까지 "잠을 자지만" 우리의 영은 천국에서 의식이 있는 존재로 재배치된다(단 12:2-3; 고후 5:8). 구약의 몇몇 구절들(예를 들어, 전 9:5)은 외양의 문제들을 다루고 있지만 죽음 후의 중간 재배치(intermediate relocation)와 의식(consciousness)에 관해서 신약만큼 온전한 계시를 보여주진 않는다.

계시록은 죽은 자들이 부활하기 전에 천국에서 말을 하고 예배하는 모습을 말하고 있는데 이 모든 말씀들은 우리의 영이 죽은 뒤에 자지 않고 의식이 있음을 입증해 준다.

우리는 죽으면 소위 믿음의 심판을 받게 된다. 이 심판의 결과에 따라 우리는 중간 천국으로 갈지 아니면 중간 지옥으로 갈지 결정된다. 우리가 우리를 대신해 죽으신 그리스도의 죽음을 받아들였다면 우리는 천국에 갈 것이다.

중간 천국은 우리 우주의 일부분인가 아니면 다른 세계인가?

현재의 천국은 보통 땅에 사는 자들에게는 보이지 않는다. 보이지 않는 세계를 수용하는 데 문제가 있는 사람들은 스트링 이론(string theory)을 포용하는 최첨단 과학자들의 견해를 생각해 봐야 한다. 대학들 가운데 예일대, 프린스턴대, 스탠포드대의 과학자들은 관측 불가능한 10차원이 있으며 무한수의 인지할 수 없는 우주가 있을 수 있다고 가정한다. 최고의 과학자들이 이렇게 믿는다면 관측은 안 되지만 천사, 천국, 지옥이 있을 수 있다고 믿기를 왜 꺼려해야만 하는가?[3]

성경은 가끔씩 인간에게 천국을 보여 주었다고 가르친다. 스데반은 그리스도에 대한 믿음 때문에 돌에 맞아 죽을 때에 천국을 보았다. "스데반이 성령 충만하여 하늘을 우러러 주목하여 하나님의 영광과 및 예수께서 하나님 우편에 서신 것을 보고 말하되 보라 하늘이 열리고 인자가 하나님 우편에 서신 것을 보노라"(행 7:55-56). 성경은 스데반이 꿈을 꾼 것이 아니라 실제로 천국을 보았다고 말한다.

웨인 그루뎀은 다음을 지적한다. "스데반은 어떤 존재상태의 단순한 상징들을 보지 않았다. 오히려 영적 차원의 실재가 그의 눈에 보였다. 하나님께서는 그 차원을 현재 우리에게 보여주지 않으시지만 그것은 시간과 공간의 우주에 실제로 존재하는 차원이며, 그 안에 지금 그리스도께서 물리적으로 부활하신 몸을 가지고 살고 계시며 땅으로의 재림의 때를 기다리고 계시다."[4]

나는 중간 천국이 시간과 공간을 지닌 우주라는 사실에 그루뎀과 동의한다. 그것이 우리 우주의 한 부분이라는 그의 주장은 사실일지 모르며, 아니면 다른 우주일 수도 있다. 그 우주는 우리 가까이에 있는 보통 때는 가려져 있으나 가끔씩 열리는 우주이다. 어떤 경우이든 간에 하나님께서는 마치 천국이 물리적인 것처럼 보이기 위해 스데반에게 단순히 환상을 지어내 보여주신 것 같지는 않다. 하나님께서는 실제로 스데반에게 중간 천국이 물리적인 곳임을 보여 주신 것이다.

선지자 엘리사는 하나님께 그의 종 게하시가 보이지 않는 세계를 볼 수 있게 해 달라고 청했다. "기도하여 이르되 여호와여 원하건대 그의 눈을 열어서 보게 하옵소서 하니 여호와께서 그 청년의 눈을 여시매 그가 보니 불말과 불병거가 산에 가득하여 엘리사를 둘렀더라"(왕하 6:17). 이 (천사가 탄) 불말과 불병거들이 우주에서 우리 곁에 존재한다고 주장할 수도 있다. 하지만 보통 때는 우리 눈에 보이지 않는다. 이 우주는 우리 곁에 있고 우리에게 열려 있어서 천사들과 불말들이 이 두 우주 사이를 왔다 갔다 하는지도 모른다.

중간 천국이 물리적인 곳이라는 문제는 중요하고 논쟁의 여지가 있기 때문에 우리는 다음 장에서 이를 더 자세히 살펴볼 것이다.

제6장 | 중간 천국은 물리적 장소인가?

> 위대한 세계로 들어가는 문은 넓고 확실하다. 답답함과 고통을 겪었던 사람들이 그로부터 벗어나 커다란 방으로 기쁨과 영생을 가지고 들어갈 때에 그들은 경탄할 것이다.
>
> — 에이미 카미카엘

내가 저술한 책 한 권을 읽은 선교사가 나에게 편지를 썼는데 그는 내가 천국을 물리적인 장소로 생각하기 때문에 심각한 고민에 빠졌다고 말했다. 서로 편지를 주고받으면서 많은 성경 구절을 인용했지만 아무 소용이 없었다. 그는 언제나 천국은 "영적인 것"이기 때문에 물리적일 수 없다고 배워왔다. 다른 주장은 그의 생각에 이단이었다.

나의 우려는 그가 중간 천국을 물리적인 곳으로 믿지 않는다는 데 있지 않다(그가 맞을지도 모른다). 그보다는 만일 천국이 물리적인 곳이라면 덜 거룩할 것이라고 그가 확신하는 것 같아 보이는 데 있다. 그는 물리적인 것과 영적인 것을 반대 개념으로 보았다.

물리적인 새 땅은 우리의 최후 거처가 될 것이다. 그러나 그 전에 하나님께서 물성을 지닌 대기 장소를 준비하기로 하셨다고 해서 놀랄 필요는 없다. 인간인 우리가 존재하려면 공간을 차지해야 한다. 우리가 차지하게 될 공간이 물리적인 곳이라고 추측해도 괜찮을 것 같다. 현재의 중간 천국이 하나님과 천사, 그리고 사람이 거하는 장소라면 천국이 사람들을 위한 곳이라는 말이 맞는다. 왜냐하면 하나님은 거처가 필요하시지 않기 때문이다. 천사들은 천국에서뿐만 아니라 이 세상에서도 존재하기 때문에 물리적인 세계에서 존재할 수 있다는 사실을 우리는 알고 있다. 실제로 천사들은 가끔씩-아마도 자주-사람의 모양을 취한다(히 13:2).

천국이 물리적일 수 있다는 개념에 왜 그렇게도 저항감을 보이는가? 그 대답은 영적 세계는 선하고 물질세계는 악하다는 비성경적인 믿음 때문이다. 나는 이것을 기독교 플라톤주의(Christoplatonism)라고 부른다. 이 장의 목적에 따라 나는 천국의 견해에 검은 먹구름을 드리우는 이 믿음을 간략히 설명하고자 한다.

그리스의 철학자인 플라톤은 인간, 몸, 땅과 같은 물질은 악하고 영혼, 천국과 같은 비물질은 선하다고 믿었다. 이러한 견해를 플라톤주의라고 부른다. 여러 사람들 중에 필로(ca. 20 BC-AD 50)와 오리겐(AD 185-254)의 가르침을 통해 플라톤의 영향을 많이 받은 교회는 인간의 영은 몸이 없을 때에 훨씬 좋고 천국도 몸이 없는 "영적인" 상태라는 견해를 수용하였다. 이들은 천국은 물리적 세계라는 개념을 배척하고 부활한 사람들이 부활한 땅에서 살 것이라는 성경의 가르침을 영해하거나 아니면 완전히 무시하였다.

기독교 플라톤주의는 천국에 관한 성경의 내용을 이해하는 데 치명적인 영향을 미쳤다. 특히 영원한 천국인 새 땅에 관해서는 더욱 그러하다. 어떤 훌륭한 그리스도인이 나에게 말했다. "몸으로 음식을 먹고 땅에서처럼 있다는 생각은 너무나 영적이지 않게 들립니다." 자신은 잘 모르지만 그는 기독교 플라톤주의의 영향을 받았다. 우리가 거의 무의식적으로 몸, 땅과 같은 물질은 영적이지 않기에 악하다고 믿는다면 당연히 몸의 부활이나 새 땅의 물성에 관한 성경의 계시를 배척하거나 영해할 것이다. 지금 대부분의 교회 가운데 일어나는 현상이 바로 이것이다. 그리고 이것은 우리가 천국에 관한 성경적 교리와 조화를 이루지 못한 가장 큰 이유 중 하나이다.

히브리서 12:22은 새 땅에 내려올 새 예루살렘이 현재 중간 천국에 있다고 말한다. 새 예루살렘이 물리적으로 새 땅 위에 있을 예정이고 또한 그것이 현재 중간 천국에 있음을 안다면 새 예루살렘이 현재 물리적으로 존재한다는 것이 아닐까? 그렇지 말아야 할 이유는 무엇인가? 우리가 천국은 물리적인 장소가 될 수 없다는 가정으로 시작만 하지 않는다면 이러한 증거는 실제로 천국이 물리적인 곳임을 설득력 있게 말해주는 것처럼 보인다.

중간 천국에서 사람들은 중간 몸(intermediate bodies)을 가지는가?

본질이 영인 하나님과 천사들과 달리(요 4:24; 히 1:14) 인간은 본질적으로 영이면서 동시에 물리적 존재이다(창 2:7). 하나님께서는 아담을 영으로 창조하셔서 그 영을 몸 안에 넣으시지 않았다. 오히려 먼저 몸을 만드시고, 그 뒤에 몸 안에 영을 불어넣으셨다. 인간이 몸 없이 존재한 순간은 단 한 번도 없었다. 신경생리학의 연구에 따르면 몸과 전통적으로 영혼이라고 부르는 것—지, 정, 의, 의도성, 예배하는 능력 등—사이에 긴밀한 관계가 있다. 우리는 본질적으로 몸에 거하는 영이 아니라 영적인 것만큼 동일하게 본질적으로 물리적인 존재처럼 보인다. 우리는 영과 몸이 동시에 없으면 온전히 인간이 될 수 없다.

중간 천국을 일관되게 물리적으로 그리고 있는 것과 그곳에 거하고 있는 사람들을 볼 때에 분명히 논란의 여지가 있지만, 현재의 지상 생활과 우리 몸의 부활 사이에 하나님께서 우리에게 어떤 물리적 형체를 허락하셔서 부활을 기다리는 동안에 인간으로서 기능할 수 있도록 허락하실 가능성이 있어 보인다. 천국의 순교자들은 옷을 입고 있다(계 6:9-11). 몸이 없는 영은 옷을 입을 수 없다. 많은 사람들은 이 옷을 단순히 그리스도의 의를 상징하는 것으로 여긴다. 그러나 언약궤가 상징적 의미가 있지만 실제 물체인 것처럼 이 옷도 상징적 의미를 지닌 실제 옷일 수 있다.

천국에 있는 사람들에게 임시로 형체가 주어진다 하더라도—나는 이것이 단지 하나의 가능성이라고 생각한다—바울이 고린도전서 15:12-32에서 강조하는, 미래에 일어날 몸의 부활의 절대 필요성, 혹은 그 절대 중요성은 결코 축소되지 않는다. 미래에 일어날 그리스도의 죽음과 부활이 없었다면 지옥에 갈 수밖에 없었던 구약시대의 사람들에게 낙원이 허락되었던 것처럼 미래의 부활의 확실성에 근거하여 임시적인 몸이 주어질 수도 있다.

기본적으로 기독교는 부활하신 그리스도가 지금 천국에 계시다고 믿는다. 우리는 그리스도가 부활하신 후에 땅에 계실 때의 몸은 물리적인 몸이었으며 이 육체를 가진 예수님이 천국으로 승천하셨고 언젠가는 땅에 재림하신다는 말을 듣는다(행 1:11). 그렇다면 현재 천국에 물리적 몸의 소유자가 최소한 한 명은 있다고 해도 논쟁의 여지는 없어 보인다.

중간 천국의 그리스도 몸이 물성을 지닌다면 천국의 다른 존재들도 동일하게, 비록 일시적인 것이라 할지라도, 물성을 지닐 것이라고 추측할 수 있다. 또한 중간 천국의 다른 면들도 물리적 성질을 보여 주는 것 같다. 예를 들어, 그리스도께서 하나님의 우편에 서 계셨을 때에(행 7:56) 주님은 실제로 어떤 것 위에 서 계셨다. 그렇지 않다면 부활하신(유형의) 그리스도는 물질이 없는 곳에서 2000년 동안 떠 계셨다고 결론지을 수밖에 없다.

변화산상에 모세와 엘리야가 물리적 형체로 나타난 것(눅 9:28-36)은 하나님께서 때때로 사람들에게 중간 상태의 몸을 허락하셔서 죽은 자의 부활 전에 거하도록 하셨음을 보여주는 것 같다. 이 경우에 이것은 단지 모세와 엘리야에게만 해당되고 단지 그들이 이 땅에 잠시 나타난 동안만 그러했다. 문제는 이렇게 임시로 주어진 몸이 모세와 엘리야가 변화산에 있을 동안에만 허락된 것인지 아니면 중간 천국에 있는 모든 자들에게 허락된 것인지이다.

누가복음 16:19-31에 나오는 부자와 나사로의 이야기에서 예수님은 죽은 자들에게 물성이 있다고 말씀하신다. 주님은 부자의 갈증과 혀, 나사로의 손가락 등에 관해 언급하신다. 이 말씀이 비유일 가능성이 있지만 이런 화법을 통해 물성을 지닌 사후세계를 설명하고자 하셨다는 가능성을 배제해서는 안 된다.

제7장 | 중간 천국에서의 삶은 어떤 것인가?

> 어린 소년 시절에 천국을 생각하면 지옥보다 더 무서웠다. 나는 천국을 영원히 주일이어서 끊임없이 예배가 진행되고 그곳에서 빠져 나올 수 없는 곳으로 생각했다.
>
> — 데이비드 로이드 조지

우리는 계시록에 나오는 세 중심 구절을 통해 중간 천국에 관해 많은 것을 알 수 있다. "다섯째 인을 떼실 때에 내가 보니 하나님의 말씀과 그들이 가진 증거로 말미암아 죽임을 당한 영혼들이 제단 아래에 있어 큰 소리로 불러 이르되 거룩하고 참되신 대주재여 땅에 거하는 자들을 심판하여 우리 피를 갚아 주지 아니하시기를 어느 때까지 하시려나이까 하니 각각 그들에게 흰 두루마기를 주시며 이르시되 아직 잠시 동안 쉬되 그들의 동무 종들과 형제들도 자기처럼 죽임을 당하여 그 수가 차기까지 하라 하시더라"(6:9-11).

이 구절에서 나는 21가지의 사실을 관찰했다.

1. 이 사람들이 땅에서 죽자 그들은 천국으로 옮겨졌다(9절).
2. 천국에 있는 이 사람들은 땅에 있을 때에 그리스도를 위해 죽은 사람들과 같은 자들이었다(9절). 이것은 땅에서의 우리의 정체성과 천국에서의 우리의 정체성 간에 직접적인 연관성이 있음을 보여준다. 순교자들의 개인 이력은 곧바로 그들의 땅에서의 삶과 연결되어 있다. 중간 천국에 있는 자들은 다른 사람들이 아니다. 그들은 같은 사람으로서 "온전하게 된 의인들"(히 12:23)이며, 그들의 거처가 옮겨졌다.
3. 천국에 있는 사람들은 그들의 땅에서의 삶으로 인해 기억될 것이다. 이들은 "그들이 가진 증거로 말미암아 죽임을 당한" 자들이다(9절).

4. "큰 소리로 불러 이르되"(10절)라는 말은 그들이 자신을 목소리로 표현할 수 있음을 의미한다. 이것은 이들이 성대나 혹은 자신을 표현할 수 있는 다른 유형의 도구를 지닌 물리적 형체로 존재했음을 말해 준다.

5. 중간 천국의 사람들은 목소리를 높일 수 있다(10절). 이것은 그들이 이성적이며, 대화를 나눌 수 있고 감정이 있으며, 땅에 있는 사람들처럼 심지어 열정적인 존재임을 가리킨다.

6. 이들은 "큰 소리"로 외쳤지 "큰 소리들"로 외치지 않았다. 여러 사람들이 한 목소리로 말했다는 것은 천국이 연합과 공통의 관점을 나누는 장소임을 가리킨다.

7. 순교자들은 생생한 의식을 가지고 생각하며, 상대방과 하나님 그리고 땅의 상황을 인식한다.

8. 이들은 하나님께 땅의 일에 개입하시고 그들을 위해 행동해 주실 것을 요청한다. "심판하여 우리 피를 갚아 주지 아니하시기를 어느 때까지 하시려나이까"(10절).

9. 천국에 있는 사람들은 자유롭게 하나님께 질문을 할 수 있다. 이것은 그들이 하나님을 알현한다는 것을 의미한다. 또한 이것은 그들이 배워야 함을 의미한다. 천국에서 사람들은 이해하고 추구하길 원한다.

10. 천국의 사람들은 지구에서 무슨 일이 일어나고 있는지 안다(10절). 순교자들은 자신들을 죽인 사람들이 아직 심판을 받지 않았다는 사실을 충분히 알고 있다.

11. 천국의 거주자들은 공의와 심판에 관해 깊은 관심을 가지고 있다(10절). 우리가 천국에 가면 우리는 지구에서 무슨 일이 일어나고 있는지 무관심해 하지 않을 것이다. 반대로 우리의 관심은 더 큰 공의의 실현에 대해 더 열정적이며 더 큰 목마름을 지니게 될 것이다. 하나님과 우리 그 어느 누구도 원수들이 심판을 받고 우리의 몸이 부활하며 죄와 사단이 멸절되고 땅이 회복되며 그리스도께서 만유 위에 높임을 받기까지 만족하지 않을 것이다.

12. 순교자들은 분명하게 땅에서의 자신들의 삶을 기억한다(10절). 그들은 심지어 자신들이 죽임을 당한 것까지 기억한다.

13. 천국의 순교자들은 아직도 다른 이들을 괴롭히고 있는 자신들의 핍박자들에게 심판이 내려질 것을 간구한다. 이들은 땅 위의 고통 받는 성도들을 위해 연합하여 중보하고 있다. 이것은 천국의 성도들이 땅 위의 성도들을 보고 있으며 동시에 기도하고 있음을 암시한다.

14. 천국의 사람들은 하나님의 죄의 심판이 보다 더 납득이 되는 방식으로 하나님의 성품(거룩하고 참되신 대주재여…)을 본다.

15. 천국의 사람들은 서로 독립된 개인들로 이뤄져 있다. "각각 그들에게 흰 두루마기를 주시며"(11절). 개인의 독창성을 말살시키는 하나의 통일된 성품이 아니라 "각각"의 개별성이 있다.

16. 순교자들이 흰 옷을 입고 있다는 것은 실제적인 물리적 형체의 가능성을 암시해 준다. 왜냐하면 몸이 없는 영은 생각건대 옷을 입을 수 없기 때문이다. 옷은 상징적 의미를 가질 수 있지만 그렇다고 그것이 물리적일 수 없다는 의미는 아니다. 순교자들은 사도 요한이 실제로 볼 수 있었던 물리적 형체를 가졌던 것 같다.

17. 하나님께서는 그들의 질문에 답하시는데(11절) 이것은 천국에 상호대화와 소통이 있음을 가리킨다. 또한 천국에서 우리는 모든 것을 다 알지는 못한다는 것을 입증해 준다. 만일 우리가 모든 것을 다 안다면 우리는 질문하지 않을 것이다. 순교자들은 하나님께서 그들의 질문에 답해 주신 후에 그들이 질문하기 전보다 더 많은 것을 알게 되었다. 현재 천국에도 배움이 존재한다.

18. 하나님께서는 순교자들의 요청을 들어 주시겠다고 약속하시지만 그들에게 "잠시 동안 기다려야만 한다"(11절)고 말씀하신다. 중간 천국의 사람들은 하나님의 약속이 장차 성취될 것을 기다리며 살고 있다. 영원한 천국—죄, 저주 고통이 없을

새 땅(계 21:4)―과 달리 현재 천국은 죄와 저주 그리고 고통 아래에 있는 땅과 공존하며 그 땅을 내려다본다.

19. 중간 천국에는 시간이 존재한다(10-11절). 흰 옷을 입은 순교자들은 하나님께 시간과 관련된 질문을 던진다. "참되신 대주재여 땅에 거하는 자들을 심판하여 우리 피를 갚아 주지 아니하시기를 어느 때까지 하시려나이까"(10절). 이들은 시간의 흐름을 인식하고 있으며 주님의 심판의 날이 도래하길 갈망하고 있다. 하나님께서는 어떤 사건들이 땅에서 일어날 때까지 그들에게 "조금 더 기다리라"고 말씀하신다. 기다림은 시간의 흐름을 요한다.

20. 천국의 하나님 백성들은 땅 위의 사람들과 강한 가족의 유대를 가지고 있다. 그래서 그들은 "그들의 동무 종들과 형제들"이라고 불린다(11절). 우리에게는 같은 아버지 하나님이 계시며 그분은 "하늘과 땅에 있는 각 족속에게 이름을 주셨다"(엡 3:14-15). 그리스도의 신부에게는 분리의 벽이 없다. 우리는 천국에 우리보다 먼저 간 사람들과 한 가족이다. 이 구절들은 천국의 사건과 사람들과 땅의 사건과 사람들 간에 밀접한 관계가 있음을 입증해 준다.

21. 우리의 대주재이신 하나님께서는 그분의 자녀들이 흘린 모든 핏방울과 그들이 겪는 모든 고통을 포함하여 땅에서 현재 일어나고 있는 일과 앞으로 일어날 일 모두를 세세히 알고 계신다. 매년 그리스도를 위해 죽어가는 150,000명의 사람들, 하루 평균 400명 이상 되는 이들이 순교 당하고 있다. 하나님께서는 각 사람의 이름과 이야기를 알고 계신다. 그분께서는 앞으로 얼마나 많은 순교자가 있을 것인지를 아시고 마지막 순교자가 죽을 때에 재림하셔서 그분의 나라를 세우시려고 준비 중이시다.

나는 단지 세 구절에 근거하여 중간 천국에 관해 위와 같은 사실을 관찰했다. 이 구절들의 현실이 단지 일단의 순교자들에만 적용되고 천국에 있는 다른 것들에는 적용되지 않는다고 믿을 만한 이유가 없다면—그리고 그러한 내용은 보이지 않는다—그들에게 적용되는 것은 또한 이미 그곳에 가 있는 우리의 사랑하는 자들에게도 사실이고 우리가 죽었을 때에 우리에게도 적용된다고 가정해야 한다.

천국 거주자들은 지구의 삶을 기억하는가?

이미 살펴본 대로 계시록 6장의 순교자들은 분명히 엄청난 고난을 통과했을 뿐만 아니라 땅에서 일어난 사건의 일부를 최소한 기억하고 있다. 그들이 자신들의 순교를 기억한다면 그들이 땅에서의 다른 삶을 망각했을 거라고 가정할 만한 이유는 없다. 사실 우리 모두는 땅에서보다 천국에서 더 많은 것을 기억할 것이다. 그리고 아마도 우리는 잘 몰랐지만 하나님과 천사들이 우리를 위해 얼마나 많이 개입했는지를 알 것이다.

땅에서 고난을 받은 사람들은 그로 인해 천국에서 위로를 받는다(눅 16:25). 이 위로는 과거에 일어난 사건을 기억하고 있음을 암시한다. 만일 고난에 대한 기억이 없다면 이와 같은 위로는 무슨 소용이 있겠는가?

죽은 후에 우리는 땅에서 한 구체적인 행동과 말을 자세히 설명할 것이다(고후 5:10; 마 12:36). 마음의 능력이 향상되고 사고가 분명해진 상황에서 우리의 기억력은 약화되지 않고 땅의 삶을 더 날카롭게 기억할 것이다. 분명히 우리는 설명해야 할 것들을 기억할 것이다. 우리는 현재 기억하는 것보다 더 많은 것에 책임을 져야 하기 때문에 우리의 기억력은 지금보다 훨씬 더 좋을 것 같다.

영원한 보상은 땅에서 행한 신실한 행위들에 따라 다르다(고전 3:14). 이 행위들은 신자들의 심판을 이기고 우리와 함께 천국에 들어간다. 천국에서 신부의 웨딩드레스는 땅에서 행한 "성도들의 옳은 행실"이다(계 19:7-8). 땅에서의 의의 행실은 망각되지 않고 천국에까지 우리를 "따라 온다"(계 14:13). 천국에서 부여받는 권위와 보화는 우리의 삶이 땅에서 어떠했는지를 영원히 보여 준다. 왜냐하면 땅에서 행한 대로 상급이 주어지기 때문이다(마 6:19-21; 19:21; 눅 12:33; 19:17, 19; 딤전 6:19; 계 2:26-28).

하나님께서는 땅에서 신자, 불신자들이 행한 것을 천국에 기록하신다. 신자들의 경우에 최소한 그 기록이 그리스도의 심판대에까지 이르기 때문에 우리의 땅의 삶보다 더 오래 간다는 것을 우리는 안다(고후 5:10). 불신자들의 경우에 그 기록은 새 하늘과 새 땅이 오기 전에 있을 크고 흰 보좌 심판에까지 이른다(계 20:11-13). 현재 천국에 있는 자들의 경우에 땅의 삶에 대한 이 기록은 지금도 여전히 존재한다. 제29장에서 우리는 말라기 3:16에 언급한 "기념책"을 살펴볼 것이다. 이 책은 현재 땅 위에 살고 있는 사람들에 관해 기록하고 있다.

기억은 인성의 기본요소 중 하나이다. 진실로 천국에서 우리 자신이 되려면 땅과 하늘 사이에 기억의 연속성이 있어야만 한다. 우리는 다른 사람이 되지 않고 놀랍게도 같은 사람으로서 다른 곳으로 옮겨지고 변화될 것이다. 천국은 우리를 정화시키지만 우리의 태생(origins)이나 역사를 교정하거나 없애지 않는다.

중간 천국의 사람들은 땅에서 일어나고 있는 일을 보는가?

천국의 순교자들은 하나님이 그들의 핍박자들에게 심판을 아직 내리지 않으셨다는 것을 안다(계 6:9-11). 그렇다면 중간 천국의 거주자들은 지구에서 현재 일어나고 있는 일들을 최소한 어느 정도는 알 수 있다는 것이 분명해 보인다. 바벨론이 무너졌을 때에 한 천사가 땅에서 일어나고 있는 사건을 가리키며 "하늘과 성도들과 사도들과 선지자들아 그로 말미암아 즐거워하라 하나님이 너희를 위하여 그에게 심판을 행하셨음이라"(계 18:20)고 말한다. 천사가 구체적으로 천국에 살고 있는 사람들에게 말했다는 것은 그들이 땅에서 일어나고 있는 일을 알고 있다는 것을 말한다.

게다가 "하늘에 허다한 무리의 큰 음성 같은 것이 있어 이르되 할렐루야"라는 소리가 있고 땅 위에서 방금 일어난 심판의 구체적인 사건에 대해 하나님을 찬양하는 소리가 있다(계 19:1-5). 여기서도 천국의 성도들은 이미 땅에서 무슨 일이 일어나고 있는지 분명히 감찰하고 있다.

천국의 성도들은 그리스도와 함께 천년왕국을 세우기 위해 재림하기 때문에(계 19:11-14) 그들이 땅 위에서 일어나고 있는 인간 역사의 절정을 모른다는 것은 불가능해 보인다. 축복을 받아서 땅 위에서 일어나고 있는 일을 전혀 모르는 천국 성도들의 모습은 실제로 보이지 않는다. 결국 하나님과 주의 천사들(그리고 성도 자신들)은 우주 역사의 최후 전쟁을 위해 돌아올 것이며 그 후에 그리스도께서 왕으로 임하실 것이다. 땅 위의 사람들은 천국을 알지 못하지만 천국의 사람들은 땅의 일을 모르지 않는다.

엔돌의 무당을 찾아가 저 세상에 있는 사무엘을 부르는 사울 왕의 구약성경 기사에서 무당은 하나님께서 실제로 사무엘을 보내시자 기겁을 하였다. 사무엘은 그가 죽기 전에 사울이 했던 일을 기억했고 그가 죽은 후에도 어떤 일들이 있었는지 알고 있었다(삼상 28:16-19). 하나님께서 이 모든 것에 관해 사무엘에게 알려 주실 수도 있지만 천국에 있는 사람들도 땅에서 일어나는 일을 알고 있기 때문에 단순히 안 것처럼 보인다.

천국에서 땅 위의 변화산상으로 부름을 받았을 때에 모세와 엘리야는 "영광중에 나타나서 장차 예수께서 예루살렘에서 별세하실 것을 말했다"(눅 9:31). 그들은 그들이 개입한 드라마와 땅 위에서 현재 일어나고 있는 일들과 장차 성취될 하나님의 구속 계획을 다 알고 있었던 것처럼 보인다. (그리고 분명히 그들은 그들이 예수님과 토론한 내용을 기억하면서 천국으로 돌아갔다.)

히브리서 12:1은 "인내로써 우리 앞에 당한 경주를 하라"고 말하면서 헬라의 경기 모습을 머릿속에 그려준다. 열광하는 군중들이 고대 스타디움의 높은 곳에 앉아 열심히 이 경기를 관전하고 있다. "구름같이 둘러싼 허다한 증인들"은 우리보다 앞서 간 성도들을 가리키며, 그들이 삶의 현장에서 이룩한 공로는 지금 우리의 풍부한 역사의 일부분이 되었다. 이 광경은 과거의 영적 "선수들"이었던 성도들이 지금 우리를 관전하면서 땅의 현장이 내려다보이는 천국의 거대한 스타디움에서 우리를 응원하고 있는 듯하다. (증인들이 단순히 우리보다 앞서 간 것이 아니라 우리를 "둘러싸고" 있다고 말한다.) 어떤 이들이 주장하듯이 증인(witnesses)이란 말이 우리를 지켜보는 사람보다는 하나님을 위해 신실하게 섬긴 봉사를 가리킨다고 하더라도 다른 구절들은 천국에서 땅의 일을 알고 있다는 사실을 분명하게 입증해 준다.

그리스도의 재림을 기다림과 함께 펼쳐지는 구속의 드라마는 현재 땅에서도 진행 중이다. 땅은 중앙 무대로서 그리스도의 재림의 절정과 그의 나라의 건립을 기다리고 있다. 그러므로 현재 천국의 거주자들은 땅에서 일어나고 있는 일들을 관측할 수 있다고 우리는 믿어야만 한다.

천국에 계신 그리스도는 땅에서 일어나고 있는 일을 세밀하게 관찰하시며, 특히 하나님의 백성들의 삶을 관찰하신다(계 2-3장). 만일 전능하신 하나님의 관심이 땅에 있다면 하늘에 있는 그의 백성들의 관심도 땅에 있어야 하지 않을까? 큰 전쟁이 일어났는데 고국에 돌아간 사람들이 그 사실을 모를 수 있을까? 멋진 연속극을 그 연속극의 작가, 연출가―그리고 이 작품에 대해 큰 관심을 가지고 있는 사람들―이 시청하지 않겠는가?

천사들은 땅 위에 계신 그리스도를 보았다(딤전 3:16). 천사들도 땅에서 벌어지고 있는 일들을 알고 있다는 것을 분명히 말해주는 구절들이 있다(고전 4:9; 딤전 5:21). 천사들이 그렇다면 성도들이 그러지 말라는 법이 어디 있는가? 천국에 있는 하나님의 백성들도 천사들처럼 땅에서 일어나는 영적인 사건들에 대해 지대한 관심이 있는 것처럼 보인다. 천국에 있는 그리스도의 몸과 신부가 아직도 땅에 살고 있는 그리스도의 몸과 신부에 대해 깊은 관심을 갖지 않겠는가?

아브라함과 나사로는 지옥에 있는 부자를 보았다(눅 16:23-26). 최소한 천국에서 지옥을 보는 것이 가능하다면 사람들이 천국에서 땅을 왜 볼 수 없겠는가?

그리스도께서는 "내가 너희에게 이르노니 이와 같이 죄인 한 사람이 회개하면 하늘에서는 회개할 것 없는 의인 아흔아홉으로 말미암아 기뻐하는 것보다 더하리라"고 말씀하셨다(눅 15:7). 마찬가지로 "죄인 한 사람이 회개하면 하나님의 사자들 앞에 기쁨이 된다"(눅 15:10). 이 구절에서 천사들이 기뻐하지 않고 천사들 앞에서 기뻐한다고 한 것에 주의하라. 천국에서 이렇게 기뻐하는 자는 누구인가? 논리적으로 볼 때에 그것은 하나님뿐만 아니라 천국에 있는 성도들도 포함한다고 믿는다. 성도들은 사람들이 회심하는 기적을 보고 너무 감사해 하며, 특히 땅에서 그들이 알았고 사랑했던 사람들이 회심할 때에 더욱 그렇다. 그들이 땅 위에서 일어나는 회심을 보고 기뻐한다면 그들은 땅에서 현재 일어나고 있는 일들을 알고 있음에 틀림없다. 그것도 각 사람이 그리스도를 영접하는 모습을 대충이 아니라 구체적으로 안다.

천국의 사람들은 땅의 사람들을 위해 기도하는가?

성경의 증거를 볼 때에 나는 작고한 성도들은 현재 중간 천국에서 아직도 땅에 있는 우리들을 위해 -최소한 가끔씩이라도-중보 기도를 하고 있다고 믿는다.

하나님이시면서 인간이신 그리스도는 천국에서 하나님 우편에 계시면서 땅에 있는 사람들을 위해 중보하신다(롬 8:34). 이것은 죽은 후에 천국에 가서 현재 땅에 있는 자들을 위해 기도하는 사람이 최소한 한 명은 있다는 것을 말해 준다. 천국에 있는 순교자들은 또한 하나님께 기도하며(계 6:10), 그분께 땅에서 구체적인 행동을 취해 주실 것을 구한다. 이들은 땅에서 하나님의 공의가 이뤄지길 기도하고 있으며 현재 땅에서 고난 받고 있는 그리스도인들을 위해 중보한다. 그리스도 몸의 연합성과 충성심— 그리고 땅의 성도들에 대한 관심—은 천국에 있다고 해서 감소되지 않고 오히려 증가될 것 같다(엡 3:15).

기도가 단순히 하나님께 말하는 것이라면 아마도 우리는 현재보다 천국에서 더 많은 기도를 할 것 같다. 천국의 의로운 상태가 우리에게 주어진다면 우리의 기도는 이전보다 훨씬 더 효과적일 것이다(약 5:16). 계시록 5:8은 "성도의 기도"에 관해 말하는데 그 배경은 땅의 성도가 아니라 하늘의 성도이다.

사람들이 땅에 있었던 나쁜 일들을 인식하지 못한다면 그곳이 천국일 수 있는가?

천국에 관한 많은 책들은 천국의 사람들이 땅의 사람들과 사건들을 기억할 수 없다고 주장한다. 그 이유는 그 모든 고통과 악을 기억하면 그들이 불행해지기 때문에 천국은 진정한 의미에서 천국이 될 수 없다는 것이다.

나는 이 논리가 타당하지 않다고 믿는다. 결국 하나님께서는 땅 위에서 일어나고 있는 일들을 정확히 알고 계시지만 그렇다고 해서 천국이 달라지지는 않는다. 마찬가지로 땅 위에서 일어나고 있는 일들을 천사들도 알고 있지만 천국은 천사들을 위한다. 사실 천국의 천사들은 지옥의 고통을 보지만 하나님 앞에서의 기쁨이 사라지지 않는다(계 14:10). 아브라함과 나사로는 부자가 지옥에서 고통당하는 모습을 보았지만 그로 인해 천국이 천국답지 않게 되지는 않았다(눅 16:23-26). 그렇다면 분명히 그들이 땅에서 본 그 어떤 것들로 인해 천국이 망가지지는 않는다. 천국에서의 행복은 무지에 있는 것이 아니라 관점에 기초한다.

제3부
더 넓은 차원에서
구속의 은혜 이해하기

제8장 · 이 세상은 우리의 집인가, 아닌가?

제9장 · 땅의 구속이 왜 하나님의 계획에 그리 중요한가?

제10장 · 저주가 걷혔다는 의미는 무엇인가?

제8장 | 이 세상은 우리의 집인가, 아닌가?

> 땅을 자신의 거처로 삼으실 것이다…하늘과 땅은 더 이상 지금처럼 분리되지 않고 하나가 될 것이다. 그러나 신자들의 최종 상태를 생각할 때에 새 땅을 고려하지 않는다면 내세에 관한 성경의 가르침은 크게 약화될 것이다.
>
> — 안토니 호케마

천국에 관한 많은 책들에는 새 땅에 관한 언급이 없다. 가끔씩 몇 문장을 제일 끝에 아주 모호한 말로 삽입할 뿐이다. 다른 책들은 새 땅을 다루긴 하지만 "이 새 땅은 우리 현재의 땅과 비슷한가? 아마 그렇지 않을 것이다"[1]라는 말로 진정한 본질을 약화시킨다. 그러나 만일 새 땅이 현재의 땅과 비슷하지 않다면 왜 하나님께서 그곳을 새 땅이라고 부르시겠는가? 어떤 저자는 "천국의 영원한 상태는 현재 우리가 친숙한 것과 너무나 달라서 우리의 언어로도 표현할 수 없다"라고 말했다.[2] 분명히 우리의 현재 언어로는 천국을 온전히 묘사할 수 없지만 묘사하고 있다(예를 들어, 계시록 21-23장).

불교와 힌두교를 포함한 많은 종교들은 내세의 특징을 모호한 무형의 것으로 말한다. 기독교는 구체적으로 이러한 개념을 거부한다. 성경에 근거한 기독교는 인간성 즉 땅을 포기하지 않는다.

폴 마샬은 다음과 같이 쓴다. "우리의 운명은 땅과 관련이 있으며 그것은 새 땅, 구속된 땅, 변화된 땅이다. 땅은 하늘과 연합하지만 그럼에도 불구하고 땅이다."[3]

에덴을 그리워함

우리는 에덴에 대한 향수가 있다.[4] 우리는 우리의 마음에 심겨진 것을 그리워한다. 그것은 우리 안에 들어 있으며 아마도 가장 일반적인 수준에 심겨져 있을 것이다.

우리는 첫 남자와 첫 여자를 갈망한다. 그들은 하나님, 상대방, 동물들 그리고 환경과 자유롭고 때묻지 않은 관계를 가지고 완벽하게 아름다운 땅에서 살았다. 인간 진보의 모든 시도는 타락으로 잃어버린 것을 회복하고자 하는 시도였다.

우리 조상들은 에덴에서 왔다. 우리는 새 땅을 향해 나아가고 있다. 그 사이에 우리는 에덴과 새 땅 사이의 죄로 타락한 땅에서 살지만 이것이 우리의 본래 상태가 아님을 결코 잊어서는 안 된다. 죄와 사망, 고통과 전쟁, 가난은 자연스럽지 않다. 이들은 우리가 하나님께 반역함으로 생긴 황폐한 결과들이다.

우리는 낙원으로 돌아가길 갈망한다. 그곳은 완전한 세계이며 죄의 타락도 없고, 날이 서늘할 때에 하나님이 우리와 함께 거니시고 이야기하시던 곳이다. 우리는 인간이기 때문에 유형의 물리적인 것, 그러면서도 사라지지 않는 어떤 것을 갈망한다. 그리고 그것이 바로 하나님께서 우리에게 약속하신 것-무너지지 않는 집, 사라지지 않는 나라, 반석 위에 세운 도성, 썩지 않는 유업-이다.

아담은 흙의 먼지로 지음을 받음으로 땅과 우리를 영원히 연결시켰다(창 2:7). 우리가 흙으로부터(from) 지음을 받은 것처럼 또한 흙을 위해(for) 지음을 받았다. 그러나 예수님이 우리의 거처를 준비하신 후에 우리를 그곳으로 데려가 영원히 함께 사시겠다고 하신 말씀을 근거로 이를 반대할지 모르겠다(요 14:2-3). 그렇다면 그곳이 어디인가? 계시록 21장은 분명히 그것이 새 땅이라고 말한다. 새 예루살렘이 하늘로부터 내려오면 새 땅에 머물게 된다. 그때야 비로서 우리는 참 집에 거할 것이다.

영원한 천국의 특성에 대한 실마리들

나는 라디오 방송에서 어떤 목사님이 "현재 우리의 경험에 비춰볼 때 천국의 모습이 어떠한지 말해주는 것은 하나도 없습니다"라고 말하는 것을 들었다. 그러나 만일 영원한 천국이 새 땅이라면 현재의 땅은 천국의 모습에 관해 너무나 많은 실마리를 제공해 줄 것이다.

성경은 우리에게 천국에 관해 너무나 많은 힌트를 준다. 이들을 조립해 보면 퍼즐 조각들이 아름다운 그림을 드러낼 것이다. 예를 들어, 천국을 도시(우리말 성경에는 '성' 또는 '도성'으로 번역됨—역주)라고 한다(히 11:10; 13:14). 도시란 단어를 들으면 우리는 머리를 긁적이면서 "이게 무슨 뜻이지?"라고 하지 않는다. 도시에는 건물, 문화, 예술, 음악, 운동, 상품, 서비스, 그리고 온갖 종류의 사건들이 있다. 물론 도시에는 활동을 하고 집회를 가지며, 대화를 하고 직장에서 일하는 사람들이 있기 마련이다.

또한 천국을 나라(우리말 성경에는 '본향'으로 번역됨—역주)로 묘사한다(히 11:16). 우리는 나라를 알고 있다. 나라에는 국경, 통치자, 국가의 이권, 국민으로서의 자긍심, 그리고 다양하면서도 하나로 통일된 시민들이 있다.

강, 산, 나무, 꽃들이 없는 지금의 땅을 상상할 수 없다면 이런 것들이 없는 새 땅을 상상할 수 있을까? 땅이 아닌 곳에서는 산과 강을 기대하지 않는다. 그러나 하나님은 땅이 아닌 것을 우리에게 약속하지 않으신다. 주님이 약속하신 것은 새 땅이다. 여기서 땅이란 단어가 의미하는 바는 새 땅에서 우리가 땅의 것들—공기, 산, 물, 나무, 사람, 집을 포함하여—즉 도시, 건물, 거리 등을 기대할 수 있다는 것이다. (이렇게 친숙한 모습은 구체적으로 계시록 21-22장에 나온다.)

우리는 부활한 몸을 가지게 될 것이다(고전 15:40-44). 하나님이 우리에게 이런 몸을 약속하셨는데 우리가 어깨를 으쓱하면서 "저는 새 몸이 어떤 것인지 잘 모르겠는데요?"라고 말하겠는가? 아니다. 당연히 상상할 수 있다. 우리는 몸이 무엇인지를 안다. 우리 모두는 몸을 가지고 살아 보았다! (그리고 우리는 더 멋져 보였던 때의 모습을 기억한다. 그렇지 않은가?) 그러므로 우리는 새 몸을 상상할 수 있다.

우리는 새 땅에서 주님의 영광을 위해 일하면서 그리스도를 섬길 것이다(계

22:3). 우리는 일이 무엇인지 알고 또한 일하고 싶어한다.

성경은 새 예루살렘이 값진 보석으로 만들어졌다고 말한다. 계시록 21:19-21에 나오는 보석들 중에 어떤 것들은 가장 단단한 물질로 알려져 있다. 이것은 새 땅이 물리적으로 견고함을 나타낸다. 문제는 성경이 천국에 관해 우리에게 많이 말해주고 있지 않은 데 있는 것이 아니라 성경이 말하고 있는 것에 우리가 관심을 기울이지 않는 데 있다.

영원한 천국에 관한 가장 훌륭한 그림은 동화책에 나와 있다. 왜 그런가? 동화책은 사람들과 동물들이 뛰놀고 즐거운 일들을 하는 땅의 모습을 그린다. 반대로 어른들 책은 종종 철학적이고 심오하며 비물질적이고 초자연적이 되려고 한다. 그러나 그러한 종류의 천국은 성경이 우리의 영원한 처소로 그리고 있는 것과 일치하지 않는다.

존 엘드리지는 "우리는 우리가 원하는 것만 바랄 수 있다"라고 말한다.[5] 여기에 나는 "우리는 우리가 상상할 수 있는 것만 바랄 수 있다"라고 덧붙이고 싶다. 만일 당신이 천국을 상상할 수 없거나 단조롭고 매력 없는 것으로 상상한다면 천국을 기뻐할 수 없다. 당신은 하나님께서 그렇게 귀하게 여기시는 어린아이와 같은 열정을 가질 수가 없다(막 10:15).

아브라함은 "하나님이 계획하시고 지으실 터가 있는 성을 바랐다"(히 11:10). 만일 그가 그것을 바랐다면 그것이 어떻게 생겼는지 상상했을 것이라는 생각이 들지 않는가? 아브라함의 자손들은 "더 나은 본향을 사모하니 곧 하늘에 있는 것이었다"(히 11:16). 그리스도의 제자로서 "우리가 여기에는 영구한 도성이 없으므로 장차 올 것을 찾는다"(히 13:14). "우리는 그의 약속대로 의가 있는 곳인 새 하늘과 새 땅을 바라본다"(벧후 3:13).

영원한 천국은 실제 장소인가?

많은 사람들은 성경에 있는 천국에 관한 내용을 영적으로 해석하고픈 유혹을 뿌리치지 못한다. 한 복음주의 신학자는 "천국이 장소이면서 동시에 상태라면 상태가 본질이다"라고 말한다.[6] 그러나 이것은 무슨 뜻인가? 천국 이외의 다른 장소의 본질은 상태인가?

다른 신학자는 다음처럼 쓴다. "바울은 천국을 장소로 생각하지 않고 하나님의 임재로 생각한다."[7] 그러나 인격적 존재의 "임재"는 장소가 있음을 암시하지 않는가?

어떤 책은 천국이나 지옥을 설명할 때마다 장소란 말에 따옴표를 붙였다. 그 책은 낙원을 "공간적인 위치라기보다는 영적인 상태"[8]라고 말한다. 그러나 예수님께서는 천국에서 "상태가 본질"이라거나 "영적 상태"라는 말씀을 하지 않으셨다. 주님은 많은 방이 있는 집을 말씀하시며, 그 집에서 우리를 위해 처소를 준비하신다(요 14:2). 계시록 21-22장에서 새 땅과 새 예루살렘은 상세한 물리적 묘사를 통해 실제의 장소로 그려진다.

예수님은 제자들에게 말씀하신다. "가서 너희를 위하여 거처를 예비하면 내가 다시 와서 너희를 내게로 영접하여 나 있는 곳에 너희도 있게 하리라"(요 14:3). 주님께서는 천국을 묘사하시면서 땅과 공간과 관련된 일상적인 용어들을 사용하신다. "곳"이란 단어는 장소와 위치를 가리킨다. 마찬가지로 "가서…다시 와서"란 문구도 운동과 물리적 방향을 나타낸다.

만일 천국이 장소가 아니라면 예수님이 아니라고 말씀하시지 않겠는가? 우리가 천국을 장소 이외의 다른 것으로 환원시키면 그리스도의 말씀의 의미가 사라진다.

우리는 단지 이 땅을 지나가기만 하는가?

오래된 복음성가 중에 "이 세상은 내 집 아니요, 나는 그저 지나가는 나그네라네"라는 가사가 있는데 이는 반쪽 진리이다. 우리는 땅을 지나쳐 죽음에 이르지만 결국에는 다시 회복된 땅으로 돌아와 살게 된다.

땅은 우리의 죄로 인하여 망가졌다(창 3:17). 그러므로 현재 (저주 아래 있는) 땅은 우리의 집이 아니다. 잠시 있었던 과거의 세상(에덴 동산을 말함—역주)과 앞으로 있을 세상(새 땅—역주)이 우리의 집이다. 우리는 죄와 고통, 사망이 없는 세상을 결코 알지 못한다. 그러나 우리는 그러한 삶과 세상을 갈망한다. 포효하는 폭포, 아름다운 꽃들, 자기가 태어난 곳에서 사는 들짐승, 혹은 우리를 쳐다보는 애완견의 눈망울에 담긴 기쁨을 바라볼 때에 우리는 이런 세상이 우리의 집이라고 느끼거나 최소한 우리의 집은 이래야 한다고 느낀다.

우리는 이 땅에서 순례자들이다. 우리의 집이 결코 땅에 있지 않을 것이기 때문이 아니라 우리의 영원한 집이 현재 땅에 있지 않기 때문이다. 그것은 과거에 있었고 미래에 오겠지만 현재는 그렇지 않다.

우리가 갈망하는 에덴은 돌아올 것인가? 그 동산은 친숙한 유형의 형체들과 온전한 몸을 입은 사람들로 채워질 것인가? 성경은 분명하게 "그렇다"라고 말한다.

성경이 말하는 새 땅의 교리는 놀라운 사실을 말해 준다. 성경은 우리의 영원한 집인 천국의 궁극적 모습을 보길 원할 경우 가장 좋은 장소가 우리 주변이라고 말한다. 우리는 눈을 감고 상상할 수 없는 것을 상상하려고 해서는 안 된다. 우리는 눈을 뜨고 봐야 한다. 우리의 현재의 몸을 통해 부활할 새 몸을 상상할 수 있는 것처럼 현재의 땅을 통해 새 땅을 그릴 수 있기 때문이다. 결국 우리는 완벽한 세상의 남은 것(remnants) 위에 완벽한 인간의 남은 자(remnants)로 현재 살고 있다. 우리는 새 땅을 상상할 때에 새 땅과 상관없는 것을 삽입해도 안 되지만, 질병과 사망의 방해를 받지 않은 모습이 어떨지 상상할 수 있지 않은가? 전혀 파괴되지 않은 자연의 아름다움을 상상할 수 있지 않은가?

새 땅을 물리적인 장소로서 보는 개념은 근시안적인 인간의 상상의 발명품이 아니다. 오히려 그것은 초월자이신 하나님의 발명품이다. 하나님께서는 물리적인 인간이 물리적인 땅에서 살도록 지으셨으며 또한 그 동일한 땅에서 그 자신이 사람이 되기로 작정하셨다. 주님께서 이렇게 하신 것은 인간과 땅을 구속하시기 위함이었다. 왜? 그것은 자신의 영광을 드러내고 그가 우리를 위해 만드신 세상에서 우리와 함께 교제를 영원히 누리시기 위함이다.

땅의 역사의 3단계

성경적인 세계관을 가지려면 우리는 우리의 과거, 현재, 미래를 이해해야 하고, 그들이 서로 어떤 관계를 지녔는지를 이해해야만 한다. 인간과 땅에 대한 하나님의 원래 계획을 이해하지 못하면 우리는 그의 미래의 계획을 이해할 수 없다. 과거와 미래의 버팀목을 제자리에 놓지 않을 경우에 우리의 현재 삶이 서지 못한다.

다음의 도표는 땅의 역사의 3단계를 보여준다. 그 3단계는 처음 땅에 있었던 인간의 과거, 타락한 땅에 있는 현재의 우리 경험, 새 땅에 있을 우리의 약속된 미래이다.

이 도표는 인간 역사와 인간의 운명을 그리고 있다. 이것은 과거, 현재, 미래의 연속성과 그리고 옛 땅에서의 삶과 새 땅에서의 삶 간의 연속성을 잘 보여준다. 각 내용을 비교함으로써 당신은 이 세 시대의 분명한 차이점을 보게 될 것이다. 나는 당신에게 이 도표를 연구하고 각 단계의 땅의 역사의 의미를 묵상해 볼 것을 권한다.

인간과 땅의 세 시대		
과거 창세기 1-2장	현재 창세기 3장-계시록 20장	미래 계시록 21-22장
처음 인간	타락한 인간, 소수는 믿고 변화됨	부활한 인간
처음 땅	타락한 땅, 처음 땅의 모습이 희미함	(부활한) 새 땅
하나님께서 죄 없는 인간에게 통치권을 주심	하나님, 사단, 타락한 인간이 통치권을 놓고 다툼	하나님께서 통치권을 의인에게 주심
본래 의도하신 땅의 청지기권을 가지고 땅을 다스림	인간의 다스림이 좌절되고 왜곡됨	인간의 다스림이 완성됨, 구속받은 청지기권
하늘에 계신 하나님이 방문하심	하늘에 계신 하나님이 분리되었으나 활동하심 (성령으로 신자에게 내주하심)	하나님이 새 땅에서 인간과 영원히 사심
저주가 없음 (보편적 완전성과 축복)	죄와 저주 (축복의 취소, 선택적 축복, 일반은총)	더 이상 저주가 없음 (더 큰 축복, 더 깊어진 완전성, 무한한 은혜)

에덴 동산의 생명나무 (인간은 이를 먹을 수 있었음)	생명나무가 낙원에 있음 (인간은 먹을 수 없음)	생명나무가 새 예루살렘에 있음 (인간은 영원히 이를 먹을 수 있음)
생명수 강	과거와 미래의 희미한 그림자를 지닌 강과 자연	생명수 강이 보좌로부터 흐름
구속 이전	구속의 드라마 전개	구속 이후
죄를 모름	죄로 부패함; 그리스도가 죄의 능력과 형벌을 멸하심	영원히 죄가 제거됨
사망이 없음	사망이 모든 사람에게 이름	사망이 영원히 제거됨
인간이 흙으로 만들어짐	인간이 죽어 흙으로 돌아감, 소수의 사람에게 새 생명이 주어짐	땅에서 부활하여 새 땅에서 삶
첫째 아담이 통치함	첫째 아담 타락, 인간이 선함의 그림자를 가지고 타락 가운데 통치, 둘째 아담이 오심	하나님-인간이신 둘째 아담이 통치, 인간은 후사가 되고 왕으로 파송됨
땅 위에 사단인 뱀	사단인 뱀이 심판을 받았으나 아직 땅에 있음	땅에서 사단인 뱀이 제거되어 영원한 불못에 던져짐

에덴 동산에서 하나님이 인간과 거니심	인간은 하나님으로부터 단절됨	하나님이 얼굴을 맞대고 인간과 거하심
하나님의 영광이 만유 가운데 드러남	하나님의 영광이 가려지고 희미하게 보임	하나님의 영광이 영원히 만유 가운데 나타남
방해 없이 개인적으로 예배함	죄로 인해 예배가 방해를 받음	방해 없이 하나 되어 예배함
하나님의 선하심을 앎	소수의 사람이 하나님의 선하심을 알고 나머지는 의심함	하나님의 선하심을 영원히 기뻐함
피조물과 인간이 완전함	피조물과 인간이 죄로 물듦	피조물과 인간이 완전히 회복됨
인간이 동물을 명명하고 키우고 다스림	동물과 인간이 서로 상해를 입힘	동물과 인간이 완전한 조화 가운데 삶
땅이 비옥하고 식물이 풍성함	땅이 저주를 받고 식물이 병듦	땅이 비옥하고 식물이 번성함
풍부한 음식과 물	기근과 기갈, 물과 음식을 위한 수고	풍성한 음식과 물
안식, 노동의 만족	불안, 노동의 고단함	고양된 안식, 노동의 기쁨

순수, 하나님과의 친밀함	죄(하나님으로부터 분리), 소수가 그리스도 안에서 의롭다 하심을 받음	의(하나님과의 친밀함), 그리스도 안에서의 완전한 의
낙원	낙원을 잃고 이를 찾음, 희미한 그림자와 맛	낙원의 회복과 강화
이상적인 장소에 사는 인간	인간이 낙원에서 쫓겨나 타락한 곳에서 분투하고 방황함	인간이 이상적인 장소로 회복됨
인간은 죄를 짓거나 짓지 않을 수 있음	죄의 노예가 되어 죄를 안 지을 수 없음	죄를 지을 수 없고 이런 능력을 영원히 받음
순수해서 나체로 지냄	불의 때문에 옷을 입음	의로 옷 입음
하나의 결혼(아담과 이브)	결혼과 이혼 반복	하나의 결혼 (그리스도와 교회)
완전한 결혼	죄, 비방, 궤계로 인해 상처 난 결혼	장애물이 없는 완전한 결혼
인간 문화의 시작	문화의 오염과 발전	문화의 정화와 영원한 확장
인간은 배우고 순수함으로 창조함	인간은 배우고 불순함으로 창조함(가인, 바벨탑)	인간은 배우고 지혜와 순수함 가운데 창조함

인간이 낙원을 통치하고 확장함	인간이 낙원에서 추방되고 낙원으로 돌아가길 갈망함	인간이 낙원에 마음껏 들어감
인간과 땅에 대한 하나님의 계획이 계시됨	하나님의 계획이 연기되고 심화됨	인간과 땅에 대한 하나님의 계획이 성취됨

창세기 3장에서 인류역사 처음으로 땅이 급격한 변화(인간의 타락과 첫 번째 심판)를 겪는다. 계시록 20장에서 우리는 땅의 마지막 변화(그리스도의 재림과 최후 심판)를 보게 되는데 이는 굉장한 좌우상칭을 만들어낸다.

창세기에서 하나님께서는 땅 위에 에덴 동산을 심으신다. 계시록에서 주님은 새 예루살렘을 새 땅으로 내려오게 하시는데 그 가운데는 정원이 있다. 에덴에는 죄, 사망, 혹은 저주가 없다. 새 땅에도 더 이상 죄, 사망, 혹은 저주가 없다. 창세기는 구속자를 약속하지만 계시록에서는 구속자가 재림한다. 창세기는 실낙원의 이야기이지만 계시록은 복락원의 이야기이다. 창세기에서 인간의 청지기의 직분은 무용지물이 되지만 계시록에서 인간의 청지기의 직분은 승리를 거두고 인간—하나님이신 왕 예수님이 그 권한을 위임하신다.

이러한 대칭은 너무나 두드러져서 의도적이라고 생각할 수밖에 없다. 이러한 거울의 이미지들은 하나님의 계획의 완전한 조화를 보여준다. 우리는 시간 사이에 살면서 에덴의 메아리와 새 땅의 다가오는 폭포소리를 듣는다.

폴 마샬은 다음과 같은 결론을 내린다. "이 세상은 우리의 집이다. 우리는 이곳에 살도록 지음을 받았다. 그것은 죄로 인해 황폐해졌지만 하나님께서는 그것을 회복할 계획을 세우신다. 그래서 우리는 기쁨으로 새롭게 회복된 몸과 새롭게 회복된 하늘과 땅에서 살 것을 고대한다. 우리는 이 세상이 하나님의 것이기 때문에 그것을 사랑할 수 있으며, 그것이 치유될 것이고 마침내 태초부터 하나님께서 의도하신 대로 될 것이다."[9]

땅도 중요하고, 우리의 몸도 중요하며, 동물과 나무도 중요하고, 물질도 중요하다. 왜냐하면 하나님께서 그들을 창조하셨고 그들을 통해 자신의 영광을 드러내도록 의도하셨기 때문이다. 다음 장들에서 보게 되겠지만 그들을 창조하신 하나님은 우리를 포기하지 않으신 것처럼 그들도 포기하지 않으셨다.

제9장 | 땅의 구속이 왜 하나님의 계획에 그리 중요한가?

> 실제적으로 성경에서 구원을 설명하는 모든 단어들은 원래대로의 좋은 상태나 상황으로 회귀하는 것을 의미한다는 것은 매우 인상적이다. 구속이 그 좋은 예이다. 구속하다(to redeem)라는 단어는 "사서 자유롭게 하다" 혹은 문자적으로 "다시 사다"라는 의미이다. 구속의 핵심은 죄수를 속박에서 자유하게 하며, 그가 전에 누렸던 자유를 다시 돌려주는 것이다.
>
> — 앨버트 올터스

물리적인 우주 전체는 하나님의 영광을 위해 창조되었다. 그러나 인간이 반역하자 우주는 우리의 죄의 무게에 눌렸다. 그러나 뱀이 아담과 이브를 유혹했을 때에 하나님은 놀라지 않으셨다. 그분께서는 인간—그리고 모든 피조물—을 죄와 부패와 죽음으로부터 구속할 계획을 가지고 계셨다. 그분께서 남자와 여자를 새롭게 하겠다고 약속하신 것처럼 땅도 새롭게 하겠다고 약속하신다.

"보라 내가 새 하늘과 새 땅을 창조하나니"(사 65:17).

"내가 지을 새 하늘과 새 땅이 내 앞에 항상 있을 것같이 너희 자손과 너희 이름이 항상 있으리라 여호와의 말이니라"(사 66:22).

"우리는 그의 약속대로 의가 있는 곳인 새 하늘과 새 땅을 바라보도다"(벧후 3:13).

"또 내가 새 하늘과 새 땅을 보니 처음 하늘과 처음 땅이 없어졌고 바다도 다시 있지 않더라"(계 21:1).

새 하늘과 새 땅이란 단어를 사용하지 않지만 이들을 암시하는 구절들이 성경에 많이 있다. 하나님의 구속계획의 절정은 그리스도의 재림과 천년 왕국이 아니라 새 땅이다. 오직 그때가 되어야 모든 오류들이 시정된다. 오직 그때에만 더 이상 죽음과 눈물, 고통이 없다(계 21:1-4).

다음을 생각해 보라. 만일 하나님의 계획이 인간을 현재의 중간 천국이나 영들이 거처하는 천국으로 데려가는 것이면 새 하늘과 새 땅이 필요하지 않다. 왜 하늘의 별들과 땅의 대륙들을 다시 만들어야 하는가? 하나님께서는 처음 창조의 세계를 파괴하시고 그 모든 것을 버리실 수 있었다. 그러나 주님께서는 그렇게 하지 않으신다. 하늘과 땅을 창조하셨을 때에 주님께서는 "심히 좋았더라"고 하셨다. 한 번도 주님께서는 자신이 만드신 것에 대한 소유권을 포기하지 않으셨다. 그분께서는 자신의 피조물을 포기하지 않으실 것이다. 그분께서는 그것을 회복시키실 것이다. 우리가 천국에 간다고 해서 땅을 떠나지 않을 것이다. 오히려 하나님께서는 천국과 땅을 같은 차원으로 통일하시어 분리의 벽을 없애시고 죄악으로 가득한 인간으로부터 천국의 완전함을 보호하기 위해 무장한 천사를 두지도 않으실 것이다(창 3:24). 하나님의 완전한 계획은 "하늘에 있는 것이나 땅에 있는 것을 다 그리스도 안에서 통일되게 하려 하시는 것이다"(엡 1:10).

하나님의 구속 목표는 우리가 생각하는 것보다 훨씬 더 적극적이다. 주님은 어떤 영토도 원수에게 내주지 않으신다. 씨. 에스. 루이스는 밀턴의 「실낙원」에 대해 "실낙원을 읽으면 매순간, 매초를 하나님께서 주장하시고 또 주장하시는 우주에 사는 것이 어떤 것인지를 느끼게 해준다"고 말했다.[1]

그리스도는 좋지 않은 상황을 단지 최대한 이용하기 위해 죽지 않으셨다. 주님께서는 인간, 땅, 그리고 우주 자체를 새롭게 하셔서 그의 영광을 영원히 선포하시기 위해 죽으셨다.

땅을 새롭게 하실 하나님의 계획

하나님께서는 자신의 첫 피조세계를 결코 포기하지 않으셨다. 그런데 어찌된 일인지 우리는 이를 분명히 말해주는 성경의 모든 어휘들을 간과한다. 화해하다(reconcile), 구속하다(redeem), 소생시키다(restore), 회복하다(recover), 돌아가다(return), 새롭게 하다(renew), 부활하다(resurrect). 이 단어들은 접두사 re-로 시작되며 망가지거나 잃어버린 본래의 상태를 회복할 것을 말한다. (대부분은 헬라어의 접두사인 ana-를 번역한 것인데 영어의 re-와 같은 의미이다.) 예를 들어, 구속(redemption)이란 말은 이전에 소유했던 물건을 다시 사는 것을 의미한다. 마찬가지로 화해(reconciliation)는 이전의 우정이나 통일성을 회복하거나 재정립하는 것을 의미한다. 부활(resurrection)은 물리적으로 죽은 후에 다시 사는 것을 의미한다.

이 단어들은 하나님께서 항상 우리를 창조의 목적대로 바라보시며 또한 항상 그 목적대로 우리를 회복하고자 하심을 강조한다. 마찬가지로 주님은 땅도 본래 창조의 목적대로 바라보시며 본래 작정하신대로 회복하고자 하신다.

종교학 교수인 앨버트 올터스는 「되찾은 만물」(*Creation Regained*)에서 다음처럼 쓴다. "하나님은 타락한 만물을 붙드시며 이를 구원하신다. 그분은 자기의 손으로 만든 작품을 포기하지 않으신다. 사실 그분은 그분의 원래 프로젝트를 살리기 위해 자기의 아들을 희생시키신다. 원래 계획을 망치고 그와 더불어 전 피조세계를 엉망으로 만든 인간에게 하나님은 그리스도 안에서 새로운 기회를 주신다. 우리는 하나님의 땅의 청지기로 재임명을 받는다."[2]

하나님께서는 우리를 지옥에 보내고 다시 시작하고 싶으셨다면 그렇게 하실 수 있었다. 주님은 원하시기만 하면 새로운 아담과 이브를 만들고는 옛 아담과 이브를 지옥에 보내실 수도 있었다. 그러나 그렇게 하지 않으셨다. 대신에 주님은 시작하신 것—하늘, 땅, 인간—을 구속하셔서 본래의 목적으로 회복시키기로 선택하셨다. 하나님은 최고의 구원 예술가이시다. 주님은 만물을 본래의 상태로 회복시키시고 나아가 더 낫게 만들길 너무나 좋아하신다. 우리를 구원하시는 하나님의 목적은 찬송가 "할렐루야, 놀라운 구세주!"(Hallelujah, What a Savior)에서 "망한 죄인을 되찾으시니"(ruined sinners to reclaim)라는 구절에 잘 나타난다.³ 되찾다(reclaim)도 또 다른 re- 단어이다. 이 단어는 하나님께서 한 때 잃어버렸지만 온전한 회복을 통해 그리스도의 새로운 수준까지 끌어올리신 인간에 대해 우선권을 가지고 계심을 말해 준다. "땅과 거기에 충만한 것과 세계와 그 가운데에 사는 자들은 다 여호와의 것이로다"(시 24:1). 하나님께서는 땅에 대한 자신의 소유권을 결코 포기하지 않으셨다. 주님은 땅의 주인이시며 그것을 원수에게 양도하지 않으실 것이다.

구속의 전체 계획에 대한 조감도 없이 그리스도의 사역을 이해하는 것은 불가능하다. 앨버트 올터스는 "예수님의 모든 기적들(무화과나무 저주 사건은 제외)은 회복의 기적이다-건강으로의 회복, 생명으로의 회복, 귀신들림에서 자유로의 회복 등. 예수님의 기적은 구속의 의미를 예를 들어 보여준다. 그것은 죄와 죄악의 족쇄에서 만물을 풀어 주시고 하나님께서 의도하신 대로 피조물을 회복하신다."⁴ 하나님께서는 자신의 영광을 위하여 인간을 땅에 두시고 그들로 땅을 충만하게 하시고 다스리게 하시며 개발하도록 하셨다. 그러나 그 계획은 결코 성취되지 않았다. 그러므로 우리는 하나님의 계획이 잘못 되었으며, 좌초되었거나 유기되었다고 결론을 지어야만 하는가? 아니다. 이런 결론은 전지전능하시고 지존자이신 하나님의 성품과 맞지 않는다.

성경은 너무나 명쾌하게 하나님의 목적을 보여준다. 그러나 오랫동안 성경을 연구한 학생으로서 그리고 후에 목회자가 된 나는 갱신(renewal)과 회복의 관점에서 생각하지 않았다. 대신에 나는 하나님께서 땅을 멸하시고 그의 본래 의도와 계획을 포기하시고 땅이 없는 하늘에서 새로운 계획을 새롭게 실행하신다고 믿었다. 지난 15년간

비로소 나는 성경이 내내 말해왔던 내용에 눈을 떴다.

하나님께서 땅을 멸하시고 끝내실 것이라는 우리의 개념 배후에는 무엇이 있는가? 나는 그것이 하나님에 관한 유약한 신학이라고 믿는다. 이런 식으로는 결코 말하지 않겠지만 우리는 그분을 실패작을 만든 좌절의 발명가로 본다. 자신의 실수를 인식하고서 그분은 자신의 작품 대부분을 쓰레기통에 버린다. 실패한 땅에 대해 얻는 위로는 그분이 불 가운데서 우리 중 몇몇을 구하는 것이다. 그러나 성경은 이러한 개념을 강력하게 거부한다. 하나님께서는 놀라운 계획을 가지고 계시며 그분은 땅을 쓰레기통에 버리지 않으신다.

올터스가 말한 대로 "구속은 피조물의 생명에 이전에 없었던 영적 혹은 초자연적 차원을 추가하는 것이 아니다. 오히려 그것은 내내 있었던 생명에 새 생명과 활력을 더하는 것이다…피조물에 포함되지 않은 것 중에 구속이 추가로 더해 주는 유일한 것은 죄에 대한 해결책이며, 이 해결책은 만물을 죄 없는 상태로 회복시킨다는 단 하나의 목적을 위해 나왔다…은혜는 자연을 회복시키고 나아가 한 번 더 온전하게 한다."⁵

새 땅은 회복된 옛 땅이다

베드로는 그리스도께서 "하나님이 영원 전부터 거룩한 선지자들의 입을 통하여 말씀하신 바 만물을 회복하실 때까지는 하늘이 마땅히 그를 받아두리라"고 선포했다 (행 3:21). 우리는 하나님께서 만물을 회복하실 때가 다가오고 있다는 말을 듣는다. 이 약속은 포괄적이어서 단순히 하나님께서 몸이 없는 사람들을 회복시켜 영의 세계에서 교제를 갖도록 하시는 것 이상이다. (영의 세계에서 사는 것은 인간이 만들어진 의도와 맞지 않고 한 때 사람들이 이런 개념을 즐겨기긴 했지만 "회복"이라고 말할 수도 없을 것이다. 인간을 이전의 상태, 그가 우리를 만드신 목적대로－온전한 몸을 가진 의인들로－회복시키시는 분은 하나님이시며 그분은 물리적인 우주 전체를 이전의 모습으로 회복시키신다.)

베드로 사도가 말한 회복은 어디서 이뤄지는가? 그는 그 답을 "오래 전에 하나님의 거룩한 선지자들을 통해" 주신 약속에서 찾을 수 있다고 한다. 선지서를 읽으면 답이 분명하다. 하나님께서는 땅의 모든 것을 회복하실 것이다. 선지자들은 결코 몸이 없는 동떨어진 영의 세계에 관심이 없었다. 그들은 땅, 유산, 예루살렘 도성, 그리고 그들이 걸었던 땅에 관심이 있었다. 메시야는 하늘에서 땅으로 오시며 우리를 땅으로부터 하늘로 데려가시지 않고 그가 의도하신 대로 땅을 회복시키시는데, 이는 그분이 우리와 영원히 그곳에서 함께 사시기 위함이다.

우리가 알고 있는 땅은 끝나는가? 그렇다. 그러나 완전히 끝나는가 하는 질문에 대한 답은 아니다.

계시록 21:1은 옛 땅이 물러간다고 말한다. 그러나 사람들이 죽을 때에 그들의 존재가 없어지는 것이 아니다. 우리가 새로운 사람으로 부활하는 것처럼 땅도 새 땅(New Earth)으로 부활할 것이다.

만물이 회복될 것이라는 개념은 베드로가 스스로 만들어 낸 것인가? 아니다. 그는 그것을 선지자들에게 배웠을 뿐만 아니라 직접 그리스도로부터 들었다. 베드로가 칭찬이나 상급을 바라고서 제자들이 그를 따르기 위해 모든 것을 버렸다고 말했을 때에 주님은 그를 책망하지 않으셨다. 대신에 주님은 "내가 진실로 너희에게 이르노니 세상이 새롭게 되어 인자가 자기 영광의 보좌에 앉을 때에 나를 따르는 너희도 열두 보좌에 앉아 이스라엘 열두 지파를 심판하리라"고 말씀하셨다(마 19:27-28).

그리스도께서 선택하신 단어에 주의하라. 주님은 "만물을 멸한 후에" 혹은 "만물을 버린 후에"라고 하시지 않고 "세상이 새롭게 되어"라고 말씀하셨다. 이것은 단순한 말이 아니다. 이것은 근본적으로 서로 다른 두 신학의 경계를 긋는다. 인간은 하나님의 영광을 위하여 땅에서 살도록 지음을 받았다. 이를 위해 그리스도께서 성육신하시고, 죽고, 부활하셨으며, 새롭게 된 땅 위에 사는 새로운 인류를 확보하셨다. 예수님께서는 분명하게 "만물"을 새롭게 하신다고 말씀하셨다.

마태복음 19:28에서 "새롭게 되어"라고 번역된 "팔리게네시아"(paligenesia)란 단어는 두 단어의 합성어로서 "새로운 창조" 혹은 "죽음에서 생명으로 다시 돌아옴"이란 뜻이다.[6] 예수님이 "만물"을 새롭게 하신다고 말씀하셨을 때에 제자들은 자신들이 알고 있는 유일한 삶, 즉 이 땅에 속한 "만물"로 이해했을 것이다. 근본적으로 죄악이 관영하지만 더 위대한 현실이 실현된(이 부분에 대해서는 추후에 더 상세히 살펴볼 것이다) 현재 땅의 삶을 무시할 경우에 "만물"이란 말은 너무 막연하다.

구속 = 재림

구속이란 하나님의 본래 계획을 다시 사는 것을 말한다. 한 작가의 말을 빌린다면 "아담과 이브(그리고 그들의 자녀들)는 낙원의 축복을 온 세상에 퍼뜨리도록 되어 있었다…그러므로 구원은 인간을 본래의 소명과 목적으로 회복시키고 인간의 본래 사명—하나님의 통치를 온 세계에 행하는 것—의 실현을 보장한다."[7]

타락으로 인해 하나님께서 인간으로 하여금 땅에 충만하고 그것을 다스리도록 한다는 본래의 목적을(창 1:28) 포기하셨다면 대홍수 이후에 노아에게 "생육하고 번성하여 땅에 충만하라"는 동일한 명령을 반복하지 않으셨을 것이다(창 9:1). 죄와 저주가 영원히 제거되기 전에는 사람들은 땅에 대해 주어진 당연한 청지기의 권리를 여전히 사용하지 못할 것이다.

현재 우리의 목적은 하나님께서 말씀하신 영원한 목적, 즉 우리가 그분의 자녀와 후사로서 땅을 영원히 다스린다는 것과 분리될 수 없다. 이것이 바로 웨스트민스터

소교리문답의 제1선언의 핵심이다. "인간의 가장 중요한 목적은 하나님을 영화롭게 하고 영원히 그분을 즐거워하는 것이다."[8] 하나님께서 우리를 만드신 목적—부활의 존재로서 그분을 섬기고, 부활한 우주에서 그리스도 중심의 부활의 문화를 개발한다는 그분의 계획을 수행하는 것—대로 우리가 행할 때에 우리는 하나님을 영화롭게 하고 그분 안에서 즐거워할 것이다.

> "아담 안에서 모든 사람이 죽은 것같이 그리스도 안에서 모든 사람이 삶을 얻으리라. 그러나 각각 자기 차례대로 되리니 먼저는 첫 열매인 그리스도요 다음에는 그리스도 강림하실 때에 그리스도에게 속한 자요 그 후에는 마지막이니 그가 모든 통치와 모든 권세와 능력을 멸하시고 나라를 아버지 하나님께 바칠 때라. 그가 모든 원수를 그 발 아래 둘 때까지 반드시 왕 노릇 하시리니"(고전 15:22-25).

그리스도의 사명은 타락으로 잃은 것들을 구속하시고 하나님의 통치와 권세와 능력에 대항하는 모든 세력들을 멸하시는 것이다. 만물을 발 아래 두시고 하나님이 만물을 다스리시고 인간이 하나님의 권세를 가지고 땅을 다스릴 때에 마침내 만물은 그분이 의도하신 대로 될 것이다.

하나님의 땅 위에 하나님의 영광

물리적인 하늘은 쉬지 않고 하나님의 영광을 선포한다(시 19:1-2). 지금도 저주 아래에 있는 땅을 가리키시며 하나님께서는 "여호와의 영광이 온 세계에 충만하다"고 말씀하신다(민 14:21). 그러나 우주는 더 큰 하나님의 영광을 보게 될 것이다. 그것은 구속받은 남자와 여자 그리고 구속받은 땅 위에 있는 구속받은 나라들이다. "이에 뭇 나라가 여호와의 이름을 경외하며…여호와께서 시온을 건설하시고 그의 영광 중에 나타나셨음이라"(시 102:15-16). 그들은 하나님께서 약속하신 대로 땅 위에 있다. "여호와의 영광이 나타나고 모든 육체가 그것을 함께 보리라"(사 40:5). 하나님께서 땅에서 영광을 받으실 것이라는 사실은 다음의 두 구절뿐만 아니라 수많은 다른 성경구절의 중심사상이다.

"진실로 그의 구원이 그를 경외하는 자에게 가까우니 영광이 우리 땅에 머무르리이다"(시 85:9).

"이스라엘 하나님의 영광이 동쪽에서부터 오는데 하나님의 음성이 많은 물 소리 같고 땅은 그 영광으로 말미암아 빛나니"(겔 43:2).

앞의 두 구절에서 "땅"(erets)으로 번역된 단어는 "흙"이란 단어이다. 에스겔은 예루살렘 성문에 있는 하나님의 영광을 보았다. 그 영광은 어떤 비물질의 세계가 아니라 땅 위에서 나타났다.

하나님께서 "만물을 회복시킬 것"을 선지자들을 통해 말씀하신 것을 왜 베드로가 설교했는지를 이해하려면 하나님의 영광이 땅의 모든 열방들에게 나타날 것이라는, 특별히 새 예루살렘에 나타날 것이라는 약속의 말씀들을 상고해 봐야 한다.

"이에 뭇 나라가 여호와의 이름을 경외하며 이 땅의 모든 왕들이 주의 영광을 경외하리니 여호와께서 시온을 건설하시고 그의 영광 중에 나타나셨음이라"(시 102:15-16).

"내 거룩한 산 모든 곳에서 해 됨도 없고 상함도 없을 것이니 이는 물이 바다를 덮음 같이 여호와를 아는 지식이 세상에 충만할 것임이니라. 그 날에 이새의 뿌리에서 한 싹이 나서 만민의 기치로 설 것이요 열방이 그에게로 돌아오리니 그 거한 곳이 영화로우리라"(사 11:9-10).

"그들이 나의 영광을 뭇 나라에 전파하리라. 나 여호와가 말하노라 이스라엘 자손이 예물을 깨끗한 그릇에 담아 여호와의 집에 드림같이 그들이 너희 모든 형제를 뭇 나라에서 나의 성산 예루살렘으로 말과 수레와 교자와 노새와 낙타에 태워다가 여호와께 예물로 드릴 것이요"(사 66:19-20).

"만군의 여호와가 이같이 말하노라 조금 있으면 내가 하늘과 땅과 바다와 육지를 진동시킬 것이요 또한 모든 나라를 진동시킬 것이며 모든 나라의 보배가 이르리니 내가 이 성전에 영광이 충만하게 하리라 만군의 여호와의 말이니라"(학 2:6-7).

하나님의 나라와 통치는 어디 멀리 떨어진 땅도 없는 곳에서 일어나는 것이 아니라 하나님이 창조하신 땅에서 일어난다. 하나님께서는 자신의 영광을 땅에 고정시키신 뒤에 인간, 동물, 나무, 강, 그리고 만물과 연결하신다.

새 땅의 비전

새 땅에 대한 또 다른 중요한 설명은 이사야 60장이다. 이곳에는 "새 땅"이란 말이 들어 있지 않지만(이사야 65장, 66장도 그러하다) 요한이 계시록 21-22장에서 정확한 언어를 사용하기 때문에 이사야의 의도하는 바가 무엇인지를 우리는 확신할 수 있다. 따라서 이사야 60장은 계시록 21-22장의 가장 훌륭한 주석이다.

이사야의 놀라운 예언 메시지의 서두에서 하나님께서는 예루살렘 거민들에게 말씀하신다. "보라 어둠이 땅을 덮을 것이며 캄캄함이 만민을 가리려니와 오직 여호와께서 네 위에 임하실 것이며 그의 영광이 네 위에 나타나리니 나라들은 네 빛으로, 왕들은 비치는 네 광명으로 나아오리라"(2-3절). 하나님의 백성들은 영광스러운 미래를 맞이하며, 그 영광 가운데 땅의 열방들과 왕들이 새롭게 된 영광의 예루살렘에 들어가 유익을 얻는다. 그때에 단지 몇 나라만이 아니라 모든 나라가 온다. "무리가 다 모여 네게로 오느니라"(4절).

이때는 유사 이래로 없었던 환희의 시대가 될 것이다. "그때에 네가 보고 기쁜 빛을 내며 네 마음이 놀라고 또 화창하리니"(5절). 새롭게 된 땅에서 열방들은 그들의 가장 귀한 보화들을 이 영광스러운 도성으로 가져올 것이다. "바다의 부가 네게로 돌아오며 이방 나라들의 재물이 네게로 옴이라"(5절).

새 땅에는 여러 나라에서 온 동물들이 있을 것이다. "허다한 낙타, 미디안과 에바의 어린 낙타가 네 가운데에 가득할 것이며"(6절). 구속 받은 백성들은 영화로운 예루살렘으로 여행을 하기 위해 먼 곳에서 올 것이다. "스바 사람들은 다 금과 유향을 가지고 와서 여호와의 찬송을 전파할 것이며"(6절).

섬에 거주하는 백성들은 하나님께 경배하고 배들이 다시스에서 올 것이다. "다시스의 배들이 먼저 이르되 먼 곳에서 네 자손과 그들의 은금을 아울러 싣고 와서 네 하나님 여호와의 이름에 드리려 하며 이스라엘의 거룩한 이에게 드리려 하는 자들이라 이는 내가 너를 영화롭게 하였음이라"(9절).

우리 대부분은 천국에 열방, 통치자, 문명, 문화가 있다는 생각에 익숙하지 않다. 그러나 이사야 60장은 새 땅이 실제로 땅과 같음을 입증하는 많은 말씀 중 하나에 지나지 않는다.

이사야는 사도 요한이 새 예루살렘에 직접 적용한 단어들을 말한다(계 21:25-

26). "네 성문이 항상 열려 주야로 닫히지 아니하리니 이는 사람들이 네게로 이방 나라들의 재물을 가져오며 그들의 왕들을 포로로 이끌어 옴이라"(11절).

열방의 영광이 왕의 위대한 도성에 들어올 것이다. "레바논의 영광 곧 잣나무와 소나무와 황양목이 함께 네게 이르러 내 거룩한 곳을 아름답게 할 것이며 내가 나의 발 둘 곳을 영화롭게 할 것이라"(13절). 하나님과 그의 백성, 그리고 그의 도성에 대한 태도에 있어서 열방의 마음이 변할 것이다. "너를 괴롭히던 자의 자손이 몸을 굽혀 네게 나아오며 너를 멸시하던 모든 자가 네 발 아래 엎드려 너를 일컬어 여호와의 성읍이라, 이스라엘의 거룩한 이의 시온이라 하리라"(14절). 하나님께서는 새 예루살렘에게 약속하신다. "전에는 네가 버림을 당하며 미움을 당하였으므로 네게로 지나는 자가 없었으나 이제는 내가 너를 영원한 아름다움과 대대의 기쁨이 되게 하리니"(15절). 이것은 금방 사라지는 번영의 일시적인 기간이 아니라 "영원한" 상태이다. 이것은 한 때에만 국한되지 않고 "대대로" 계속될 것이다.

새 예루살렘은 모든 민족들과 그들의 통치자들의 수혜자가 될 것이다. "네가 이방 나라들의 젖을 빨며 뭇 왕의 젖을 빨고"(16절). 이 약속들이 성취될 때에 하나님의 위대하심이 증거될 것이다. "나 여호와는 네 구원자, 네 구속자, 야곱의 전능자인 줄 알리라"(16절). 하나님께서는 이전에 한 번도 땅의 예루살렘에게 성취된 적이 없는 것을 약속하신다. "내가 금을 가지고 놋을 대신하며 은을 가지고 철을 대신하며 놋으로 나무를 대신하며 철로 돌을 대신하며 화평을 세워 관원을 삼으며 공의를 세워 감독으로 삼으리니 다시는 강포한 일이 네 땅에 들리지 않을 것이요 황폐와 파멸이 네 국경 안에 다시 없을 것이며 네가 네 성벽을 구원이라 네 성문을 찬송이라 부를 것이라"(17-18절).

그리고 나서 이사야는 우리에게 요한이 새 땅과 직접 연관지었던 내용을 말해 준다(계 21:23; 22:5). "다시는 낮에 해가 네 빛이 되지 아니하며 달도 네게 빛을 비추지 않을 것이요 오직 여호와가 네게 영원한 빛이 되며 네 하나님이 네 영광이 되리니 다시는 네 해가 지지 아니하며 네 달이 물러가지 아니할 것은 여호와가 네 영원한 빛이 되고 네 슬픔의 날이 끝날 것임이니라"(19-20절).

새 예루살렘에 대해서 우리는 다음과 같은 말을 듣는다. "무엇이든지 속된 것이나 가증한 일 또는 거짓말하는 자는 결코 그리로 들어오지 못하되 오직 어린 양의 생명책에 기록된 자들만 들어가리라"(계 21:27). 이사야는 저주 아래 있는 옛 땅에 적용할 수 없는 포괄적인 언어를 사용하여 동일한 내용을 우리에게 말해 준다. "네 백성이 다 의롭게 되어"(60:21). 또한 이사야는 "영원히 땅[erets]을 차지하리니"라는 말을 덧붙인다. 땅은 영광의 십 년, 백 년, 혹은 천 년 동안이 아니라 영원히 그들의 것이 될 것이다.[9]

이사야가 짐승의 제사나 성전을 언급한 것에 질문이 생기긴 하지만 이 구절을 전체적으로 보았을 때에 미래의 새 땅을 예언적으로 묘사한 것임이 분명하다. 새 땅에 관한 이사야 60장의 설명이 이사야 52-53장의 설명보다 덜 문자적으로 성취될 것이라고 믿어야 할 해석학적 이유는 없다. 메시야의 초림에 관한 이사야의 말씀이 구체적으로 세세한 물리적 부분까지 성취되었다면 뒤이어 나오는 새 땅에서의 삶에 관한 그의 예언이 동일하게 문자적으로 그리고 구체적으로 성취될 것으로 생각하지 말아야만 하는가?

그리스도의 천년왕국 통치는 예루살렘의 미래에 관한 하나님의 약속의 성취의 예시일 수 있다. 그러나 그 궁극적인 성취는 새 땅의 새 예루살렘에서 성취된다는 것을 알게 될 것이다. 그때에 저주는 사라지고 죽음은 더 이상 존재하지 않으며 하나님의 백성들은 영원히 땅에서 살게 될 것이다.

열방의 구속과 문화

이사야와 사도 요한 모두는 유사한 언어를 사용하여 새 땅에서 "땅의 왕들이 자신들의 영광을 새 예루살렘으로 가져 올 것"과 "만국의 영광과 존귀를 가지고 그곳으로 올 것"을 말한다(계 21:24, 26; 참조. 사 60:3, 5).

요한은 계시록에서 상세하게 설명하지 않았지만 이사야는 거룩한 도성에 가져올 물건에 대해 구체적으로 설명한다. 그는 한때 이방 민족이었던 자들의 다시스의 배들, 레바논의 나무, 그리고 에바의 낙타, 스바의 금과 유향 같은 문화적 상품을 언급한다. 그 백성들은 이 상품들을 들고 들어와 "여호와의 찬송을 전파한다"(사 60:6). 한 때 우상숭배와 반역에 쓰였던 보화들이 그 도성에 모아져서 하나님을 영화롭게 하는 데에 사용된다. 이사야와 계시록 모두 인간 문화의 산물들이 새 땅에서 중요한 역할을 할 것을 말한다.

이사야와 새 예루살렘을 훌륭하게 다룬 「왕들의 개선」(*When the Kings Come Marching In*)에서 리처드 모우는 이사야 60장에서 언급된 동일한 다시스의 배들과 레바논의 나무들이 이사야 2장에서는 인간의 교만의 산물이며 하나님이 물리치기로 약속하신 물품이라고 말한다(12-13절, 16-18절).[10] 이사야는 심판의 날을 예언한다. "사람들이 암혈과 토굴로 들어가서 여호와께서 땅을 진동시키려고 일어나실 때에 그의 위엄과 그 광대하심의 영광을 피할 것이라"(2:19). 이 구절의 언어는 하나님의 마지막 심판 때의 모습을 강하게 기억나게 한다. 그 날에 사람들은 "굴과 산들의 바위 틈에" 숨으려 한다(계 6:15).

이사야 10:34에서 선지자는 하나님께서 "쇠로 그 빽빽한 숲을 베시리니 레바논이 권능 있는 자에게 베임을 당하리라"고 말한다. 사람들이 그들의 자긍심과 소망을 "그들의" 숲과 선박에 두었기 때문에 하나님께서는 숲을 베어 버리시고 배를 침몰시키심으로써 그분의 영광을 드러내실 것이다.

레바논의 나무들과 다시스의 배들이 장차 하나님의 심판 때에 멸망되기로 선택되었는데 어떻게 이사야 60장의 말대로 주님을 섬기는 도구로 거룩한 도성에 들어갈 수 있는가?

이것이 멸망과 회복에 관한 성경의 가르침의 역설이다. 인간의 마음이 변화되고 창조 그 자체가 새롭게 되면 지금 교만과 심지어 우상숭배의 목적으로 사용된 물건들이라 하더라도 하나님의 영광을 위해 사용된다.[11] 선박, 나무, 금, 낙타는 그 자체가 나쁘지 않다. 하나님께서 심판 때에 멸하시고자 하는 것은 이 선한 물건들을 우상숭배에 오용한 것이다. 그러므로 그분의 선한 선물을 편벽되이 사용한 것들을 멸하시고서 땅을 재창조하실 때에는 이러한 것들을 자기의 영광을 위해 선하고 유용한 도구로 회복시키실 것이다.

신학자 에이. 에이. 하지는 다음과 같이 쓰고 있다.

> 하나님이시며 사람이신 그분과 인류 중에 구속받은 자들의 영원한 집인 천국은 그 구조와 조건 그리고 활동에 있어서 완전히 인간성을 띨 것이다. 천국에서의 즐거움과 활동은 모두가 합리적이고 도덕적이며 감성적이고 자발적이며 능동적인 것임에 틀림없다. 그곳에서는 모든 신체 기관들이 사용되고, 모든 미각이 만족되며, 모든 재능을 사용하고, 모든 이상들이 실현될 것이다. 지성, 지적 호기심, 상상, 미학적 본능, 거룩한 애정, 친교, 그리고 인간의 영혼에 내재된 힘과 능력의 무한한 자원 모두는 천국에서 사용되고 만족될 것이다. 그리고 장차 우리 앞에는 언제나 힘쓸 목표가 있을 것이다…천국은 우주의 모든 역사와 모든 창조의 절정을 이룰 것이다.[12]

제10장 | 저주가 걷혔다는 의미는 무엇인가?

> 만물이 영화롭게 될 것이며 심지어 자연 그 자체도 그렇게 될 것이다. 영원한 상태에 관해 성경이 가르치는 바는 내가 보기엔 다음과 같다. 우리가 천국이라고 부르는 곳은 완벽해진 이 세상에서의 삶이며 하나님께서는 인간이 그렇게 살도록 의도하셨다. 주님께서 아담을 처음 낙원에 두셨을 때에 아담은 타락하였고 만물도 그와 함께 타락하였지만 남자들과 여자들은 몸을 가지고 살도록 하셨으며, 그들은 영화롭게 된 몸으로 영화롭게 된 땅에서 살 것이며 하나님도 그들과 함께 계실 것이다.
>
> — 마틴 로이드 존스

아담과 이브가 죄로 타락했을 때에 사단은 의로운 불멸의 인간이 하나님의 영광을 위하여 땅을 다스리도록 하신 하나님의 계획을 파괴한 것처럼 보였다. 그러나 인간이 타락하자마자 하나님은 여자의 후손인 구원자를 약속하시고 그가 어느 날 오셔서 뱀을 멸할 것을 말씀하신다. "내가 너로 여자와 원수가 되게 하고 네 후손도 여자의 후손과 원수가 되게 하리니 여자의 후손은 네 머리를 상하게 할 것이요 너는 그의 발꿈치를 상하게 할 것이니라"(창 3:15).

죄의 첫 상처가 아직도 아물지 않아 맨살이 드러날 그때에 하나님께서는 사단보다 훨씬 더 강한 완전한 인간 구원자를 보내실 계획을 계시하셨다. 인류를 구원하기 위해 용감하게 개입하면서 이 구속자는 약탈자 마귀에게 죽음의 일격을 가하지만 그러는 중에 상처를 입는다.

안토니 호케마는 "죄의 결과는 사망이기 때문에 약속하신 승리 가운데 사망의 제거가 들어 있어야만 한다. 또한 죄의 결과로 우리의 첫 부모가 하나님을 대신하여 다스리기로 되어 있는 에덴 동산에서 추방되었기에, 인간이 다시 찾은 낙원으로 회복되는 것이 승리처럼 보인다. 그 낙원에서 인간은 다시 한 번 죄 없이 온전하게 땅을 통치할 것이다…그러므로 어떤 의미에서 새 땅에 대한 기대는 이미 창세기 3:15의 약속

속에 포함되어 있었다."¹

후에 이 구속자가 아브라함의 자손으로(창 22:18), 유다 족속의 자손으로(창 49:10), 그리고 다윗 왕가의 자손으로(삼하 7:12-13) 오실 것이 계시된다. 창세기 3:15은 사단과 전쟁을 벌이고 하나님의 백성들을 구속하는 고난의 종을 예시하는 많은 성경 구절 중에서 첫 번째이다(예를 들어, 사 42:1-4; 49:5-7; 52:13-15; 53). 그 고난의 종은 만물을 새롭게 하려고 오신 메시아 곧 그리스도이시다.

하나님은 죄와 사망과 저주를 보고서 한가로이 앉아 어깨를 으쓱해 보이시지 않았다. 주님은 인간과 땅에 대한 자신의 소유권을 포기하지 않으셨다. 멸망이 인간과 땅에 임하자마자 사단을 멸하고 자신의 영광을 위하여 그들을 다시 찾을 계획을 계시하셨다.

우리의 유산을 취하라

종말에 관한 우리의 관심은 보통 그리스도의 재림 전후의 기간에 집중된다. 그러나 하나님의 계획은 마지막 심판 후 그 절정에 이르고 그때에 왕이신 예수님은 "내 아버지께 복받을 자들이여 나아와 창세로부터 너희를 위하여 예비된 나라를 상속받으라"고 말씀하신다(마 25:34). 이 나라는 어디인가? 그것은 태초부터 있었던 곳 바로 땅이다.

예수님께서 말씀하신 유업은 무엇인가? 왕의 자녀들은 왕국을 상속받는다. 왕국은 영토와 재산으로 되어 있는 것처럼 땅도 하나님께서 주신 인간의 재산이다.

하나님은 마음을 바꾸시지 않는다. 그분은 계획 B로 변경하시거나 본래 창세 때에 우리를 위해 계획하신 것을 포기한 적도 없으시다. 그리스도께서 "창세로부터 너희를 위하여 예비된 나라를 상속받으라"고 말씀하실 때에 그것은 마치 "이것이 바로 내가 너희를 위해 그 동안 내내 원했던 것이란다. 내가 이것을 너희에게 주려고 십자가로 가서 사망을 멸했단다. 이것을 취하여 다스리고 통치하며 즐거워하라. 그리고 그렇게 하여 나의 기쁨에 동참하라"고 말씀하시는 것 같다.

사단은 우리가 하나님을 포기하고 우리의 목적과 소명을 포기하고 우리의 지구를 포기하길 원한다. 하나님께서는 우리에게 "너희 안에 계신 이가 세상에 있는 자보다 크심이라"(요일 4:4)는 말씀을 기억나게 하신다. 사단은 땅을 파괴하려고 한다. 하나님께서는 땅을 회복하고 새롭게 하며, 이를 통치하고 그것을 자녀들에게 돌려주고자 하신다. 하나님께서는 우리와 땅을 위해 전쟁에서 승리하실 것이다.

하늘과 땅의 통일

하나님의 영원한 계획은 "하늘에 있는 것이나 땅에 있는 것이 다(all things) 그리스도 안에서 통일되게 하려 하는 것"이다(엡 1:10). "다"(all things)라는 말은 광범위하고 포괄적이어서 그 안에 포함되지 않는 것은 하나도 없다. 이 구절은 역사의 절정(culmination)과 정확하게 일치하며 계시록 21장에서 이것이 성취된다. 과거에 분리된 세계였던 하늘과 땅이 그리스도의 주권 하에서 온전히 하나가 된다.

하나님과 인간이 그리스도 안에서 화해된 것처럼 하나님과 인간의 거처—천국과 땅—도 그리스도 안에서 화해된다. 하나님과 인간이 그리스도 안에서 영원히 하나가 되는 것처럼 천국과 땅도 새로운 물리적 우주에서 영원히 하나가 되며 우리는 부활한 존재로서 이곳에 살게 된다. 이를 분명하게 인정하지 않는 것은 그리스도의 구속의 역사를 약화시키는 것이다. 그러나 이상하게도 내가 속했던 학교나 교회에서—그리고 천국에 관해 내가 읽은 150권의 책에서도—이 중심 진리는 거의 찾아 볼 수가 없었다.

나와 대화를 나눈 많은 사람들도 비슷한 경험을 말한다.

천국은 하나님의 집이다. 땅은 우리의 집이다. 하나님-인간이신 예수 그리스도는 하나님과 인간을 영원히 연결시켜주고 또한 이로써 천국과 땅을 영원히 연결시켜준다. 에베소서 1:10이 입증하듯이 땅과 천국이 하나가 된다는 이 개념은 분명히 성경적이다. 그리스도께서는 땅을 천국으로 그리고 천국을 땅으로 합치실 것이다. 하나님과 인간을 분리했던 벽이 예수님 안에서 무너졌던 것처럼 천국과 땅을 분리했던 벽도 영원히 사라질 것이다. 하늘에 있는 것이나 땅에 있는 모든 것이 다 한 머리이신 예수 그리스도 안에서 합쳐져 한 우주가 될 것이다. "하나님의 장막이 사람들과 함께 있으매 하나님이 그들과 함께 계실 것이다"(계 21:3). 하나님께서는 우리와 함께 새 땅에서 거하실 것이다. 그때에 "하늘에 있는 것이나 땅에 있는 것이 다 그리스도 안에서 통일될 것이다."

하나님의 계획은 영적인 세계와 물리적인 세계 사이에 더 이상 간격이 없도록 하신다. 더 이상 충성심이나 세계가 나뉘지 않을 것이다. 오직 하나의 코스모스와 한 분 주님 아래 통일된 하나의 우주만이 영원히 존재한다. 이것이야말로 멈출 수 없는 하나님의 섭리이다. 역사는 이를 향해 간다.

하나님께서 에덴 동산에서 아담과 이브와 함께 거니실 때에 땅은 천국의 뒷마당이었다. 새 땅은 그 이상이다. 새 땅은 천국 그 자체이다. 예수님을 아는 자들은 그곳에서 사는 특권을 누릴 것이다.

누가 땅을 다스릴 것인가?

성경의 중심 이야기는 누가 땅을 다스릴 것인가라는 질문 주변을 맴돈다. 땅의 운명이 저울대에 올려졌다. 그것은 하나님의 영광이 가장 큰 도전과 저항을 받은 곳이 바로 이 곳이기 때문에 하나님의 영광이 가장 멋지게 나타날 곳도 바로 이 곳이다. 하나님께서는 땅에 대한 소유권을 다시 주장하시고 이를 회복시키시며, 땅을 부활시키시고 중생한 인류로 하여금 이를 다스릴 권세를 주심으로써 영광을 자신에게 돌린다는 그분의 목적을 달성하실 것이다.

처음에 하나님이 에덴에서 땅을 다스리도록 보좌에 앉히셨지만 죄와 사단 때문에 보좌에서 쫓겨난 의로운 인간은 하나님과 함께 다시 보좌에 앉는다. "그리고 저희는 세세토록 왕 노릇 한다"(계 22:5).

그리스도께서는 아무도 도전할 수 없는 절대적인 우주의 통치자가 될 것이며 그가 획득한 나라를 아버지 하나님께 드릴 것이다(고전 15:28). 구속함을 입은 인간은 아무도 도전할 수 없는 하나님이 임명하신 새 땅의 통치자가 될 것이다. 하나님의 영광이 새로운 피조세계의 모든 부분에 침투함에 따라 하나님과 인간은 영원한 행복 가운데 함께 살 것이며 영원히 그들의 관계를 심화시켜 나갈 것이다.

두 번째 아담이 사단을 멸하시다

사단은 에덴의 첫 아담을 시험하는 데 성공했다. 아담의 죄의 타락에 대한 신학적 결과(그리고 두 번째 아담이시며 새로운 인류의 머리가 되신 예수 그리스도의 구속 역사)는 로마서 5:12-19에 잘 펼쳐져 있다. 사단이 둘째 아담을 광야(광야는 에덴의 동산이 변한 곳이다)에서 시험했을 때에 그리스도는 그를 대적하셨다. 그러나 악한 자는 첫째 아담에게 한 것처럼 그리스도를 이겨서 죽이려고 광분하였다(마 4:1-11; 눅 4:1-13).

사단은 둘째 아담이 죽었을 때에 성공한 것처럼 보였다. 그러나 예수님은 죄를 지었기 때문에 죽으신 것이 아니었다. 하나님의 아들로서 주님은 첫 아담에서부터 타락한 땅의 마지막 세대까지 모두를 다 포함하여 인류의 죗값을 치르기로 작정하셨기 때문에 죽으셨다. 그리스도께서 죽으실 때에 사단이 승리한 것처럼 보였지만 그것은 마귀의 마지막 패배에 못을 박는 것이었다. 그리스도는 죽은 자 가운데서 부활하시어 사단에게 결정타를 가하시고 그의 머리를 상하게 하사 확실하게 마귀를 멸하심으로써 인류와 땅의 부활을 확보하셨다. 마침내 이 땅을 거머쥐고 있던 사단의 손이 풀렸다. 사단의 손이 여전히 강하지만 일단 불못에 던져지고 하나님이 옛 땅을 새 땅으로 재창조하시면 인간과 땅은 영원히 사단의 손에서 자유로워질 것이며, 그는 결코 다시 거머쥐지 못할 것이다(계 20:10).

그리스도께서는 이미 사단을 멸하셨지만 온전한 승리의 모습은 아직 땅에 드러나지 않았다. 그리스도께서 승천하셨을 때에 하나님은 주님을 "하늘에서 자기의 오른편에 앉히사 모든 통치와 권세와 능력과 주관과 이 세상뿐 아니라 오는 세상에 일컫는 모든 이름 위에 뛰어나게 하시고 또 만물을 그 발 아래에 복종하게 하시고 그를 만물 위에 교회의 머리로 삼으셨다"(엡 1:20-22).

이 말씀은 전적으로 모든 것을 다 포함하며 과거시제이고 미래시제가 아니다. 그리스도께서는 우주를 다스리신다. 그러나 사단이 결박되는 것은 오직 그리스도께서 이 땅에 물리적으로 재림하시는 그 날이다.

이것이 바로 "이미 그러나 아직"(already and not yet)의 역설이며 현재 땅에서의 특징이다. 천국의 왕은 지금 "땅의 임금들의 머리"가 되신다(계 1:5). "그 옷과 그 다리에 이름을 쓴 것이 있으니 만왕의 왕이요 만주의 주라 하였더라"(계 19:16).

그리스도의 구속의 역사를 통해 주님께서는 "통치자들과 권세들을 무력화하여 드러내어 구경거리로 삼으시고 십자가로 그들을 이기셨다"(골 2:15). 그분의 죽음은 사단에게서 최후의 권세를 빼앗았다(히 2:14). "하나님의 아들이 나타나신 것은 마귀의 일을 멸하려 하심이라"(요일 3:8). 구속함을 받은 인간은 그리스도와 함께 땅을 다스릴 것이다. 사단의 거짓 왕국의 문은 더 이상 그리스도의 교회를 이기지 못할 것이다(마 16:18).

그리스도께서는 영원히 승리하시고 통치하신다. 우리가 답해야 할 남아 있는 유일한 질문은 "주님 편에서 싸울 것인가 아니면 그분을 대적할 것인가"이다. 우리는 이 질문에 단지 한 번만 답할 것이 아니라 우리의 말과 우리의 선택으로 날마다 답해야 한다.

저주 제거하기

"다시 저주가 없으며"(계 22:3). 성경이 영원한 천국, 즉 새 땅의 삶에 관해 이 구절 이외에 다른 어떤 말을 하지 않더라도 이 말씀이 우리에게 말해 주는 것은 엄청나다.

더 이상 저주는 없다.

저주가 걷힌다면 우리의 삶의 모습은 어떨까? 언젠가 우리는 직접 경험할 것이다. 그러나 지금도 우리는 많은 것을 추측할 수 있다.

아담이 범죄한 후에 하나님께서 "땅은 너로 말미암아 저주를 받고 너는 네 평생에 수고하여야 그 소산을 먹으리라"고 말씀하셨다(창 3:17). 저주가 걷히면 우리는 더 이상 "수고"할 필요가 없고 대신에 만족한 보살핌을 누릴 것이다. 땅은 더 이상 우리의 통치를 거부하고 우리가 땅을 더럽힌 것을 복수하여 "가시덤불과 엉겅퀴"를 내는 일이(18절) 없을 것이다. 우리는 더 이상 "우리가 취함을 입은 흙으로 돌아가지" 않을 것이며(19절), 자신과 땅을 망친 불의한 청지기처럼 죽음에 삼킴을 당하지도 않을 것이다.

우리의 복지는 땅의 복지와 분리할 수 없으며 우리의 운명도 땅의 운명과 분리할 수 없다. 그래서 인간이 저주를 받으면 땅도 저주를 받고 우리가 부활하면 땅도 부활한다. 저주는 사라진다.

저주의 결과로 첫 아담은 생명나무의 실과를 먹을 수 없었다. 그 생명나무 실과를 먹었다면 아마도 그는 죄의 상태에서 영원히 살았을 것이다(창 3:22). 사망도 그 자체가 저주이지만 저주 아래에서 빠져 나오는 유일한 길이었으며, 사망을 멸하고 인간과 자신과의 관계를 회복시킬 하나님의 유일한 방법도 죽음이었다.

그리스도께서는 죄와 사망의 저주를 제하려고 오셨다(롬 8:2). 그분은 둘째 아담이시며 첫째 아담이 당한 피해를 회복시키실 분이었다(고전 15:22, 45; 롬 5:15-19). 십자가와 부활을 통해 하나님께서는 인간을 향한 그분의 본래 계획을 회복하실 뿐만 아니라 그것을 확장시킬 방안을 세우셨다. 부활의 몸을 입고 우리는 땅, 즉 새 땅에 다시 거하게 되며 저주로부터 온전히 자유롭게 될 것이다. 죄의 방해가 없기 때문에 인간의 활동은 자연히 번성하고 장대한 문화로 이어질 것이다.

저주 아래에서 인간의 문화가 다 없어지지는 않았지만 죄와 사망 그리고 부패로 인해 크게 손상되었다. 타락 이전에는 최소한의 노동으로도 음식을 쉽게 먹을 수 있었다. 심미적인 생각을 추구하고, 순전한 기쁨을 위해 노동을 하고, 기술과 능력을 개발함으로써 하나님을 기쁘시게 해 드리고 그분께 영광을 돌리는 데 시간이 사용되었다. 타락 이후에는 생존을 위해 음식과 집을 확보하고 도적과 전쟁에 대한 보호 등을 추구하는 데 생산적인 시간의 대부분을 사용하며 살다가 죽었다. 인류는 병과 죄로 인해 혼란스럽고 황폐하게 되었다. 우리 문화의 발전도 마찬가지로 제대로 성장이 이뤄지지 않고 왜곡되었으며 항상 그렇지는 않지만 때로는 잘못된 방향으로 흘러갔다. 타락은 우리 스스로가 하나님 앞에 설 공로가 없다는 것을 의미하지만 그럼에도 불구하고 우리는 "하나님의 형상대로 지음을 받았다"(약 3:9). 따라서 우리의 타락함 속에서 우리가 행하는 것들, 예를 들어 그림, 건축, 아름다운 음악연주, 치료제 발견, 그리고 다른 문화적, 과학적, 상업적, 미학적 추구들은 선하다.

저주를 제거한다는 것은 사람들, 문화, 땅, 우주가 다시 한 번 하나님이 의도하신 대로 된다는 것을 의미한다. 저주는 엄청난 대가를 치루고 걷혀진다. "그리스도께서 우리를 위하여 저주를 받은 바 되사 율법의 저주에서 우리를 속량하셨으니 기록된 바 나무에 달린 자마다 저주 아래에 있는 자라 하였음이라"(갈 3:13). 하나님의 율법은 우리가 얼마나 하나님의 영광에 이르지 못하였는지를 보여준다. 그러나 예수님은 하나님의 진노를 만족시켜 드리기 위해 친히 죄의 저주를 담당하셨다. 자신이 저주를 담당하시고 부활하심을 통해 죄를 멸하심으로써 예수님께서는 인류와 땅으로부터 저주를 확실히 거두셨다.

저주의 제거는 그리스도의 구속 사역의 온전함만큼 확실할 것이다. 우리에게 구원을 가져다 주시면서 그리스도는 이미 우리 마음의 손상된 일부분을 회복시키셨지만 마지막 때에 주님께서는 하나님께서 본래 의도하신 대로 그분의 전 창조를 최종적으로 완전하게 회복시키실 것이다(롬 8:19-21).

저주가 있는 곳이면 어느 곳이나

예수님은 저주로부터 영들만을 구하러 오시지 않았다. 만일 그렇다면 그것은 기껏해야 부분적인 승리에 지나지 않는다. 아니다. 주님은 자신의 전 창조를 죽음으로부터 구원하기 위해 오셨다. 그것은 우리 영뿐만 아니라 우리 몸을 의미한다. 그것은 인류뿐만 아니라 땅을 의미한다. 그리고 그것은 땅뿐만 아니라 온 우주를 의미한다.

저주를 이기신 그리스도의 승리는 부분적이지 않다. 죽음은 다만 부상만 입고 절뚝거리지 않는다. 저주는 사라지고 철저히 파괴될 것이다. "또 이 산에서 모든 민족의 얼굴을 가린 가리개와 열방 위에 덮인 덮개를 제하시며 사망을 영원히 멸하실 것이라. 주 여호와께서 모든 얼굴에서 눈물을 씻기시며 자기 백성의 수치를 온 천하에서 제하시리라"(사 25:7-8).

아이작 왓츠의 장엄한 찬송가 "온 세상의 기쁨"(Joy to the World)은 신학적으로 정확하다.

> 더 이상 죄와 슬픔이 자라지 못하게 하라
> 그리고 가시덤불도 땅을 노략질하지 못하게 하라
> 주께서 오셔서 저주가 있는 곳은 어디나 축복이
> 흐르게 하시는도다

하나님께서는 도덕적으로(죄와 관련하여), 심리적으로(슬픔과 관련하여) 저주를 거두실 뿐만 아니라 물리적으로도(땅의 가시덤불과 관련하여) 저주를 거두실 것이다. 그리스도의 구속의 역사는 어디까지 미치는가? 저주가 있는 곳이면 어느 곳이나 다 미친다. 만일 구속이 저주의 가장 먼 경계에까지 미치지 못한다면 그것은 완전하지 않다. 진리와 은혜로 세상을 통치하시는 하나님께서는 모든 죄와 모든 슬픔, 모든 가시덤불을 제거하기 전에는 만족하시지 않는다.

개혁신학의 전통 속에서 앨버트 올터스는 구속을 확대하여 보는 세계관을 품는다. "성경적 경건은…역사의 전 과정을 동산에서 도시로 바뀌는 것으로 보며, 근본적으로 이러한 변화의 움직임을 지지한다…그리스도의 구속은 타락에까지 미친다. 창조의 지평선은 또한 죄와 구원의 지평선이다. 타락과 그리스도의 구원 모두가 전 창조를 다 포함하는 것으로 보지 않는 것은 타락과 구속의 우주적 차원의 급진성(radical nature)을 가르치는 성경을 손상시키는 것이다."[2]

예수님께서는 최후의 멸망으로부터 사람들을 구원하기 위해서만 오시지 않았다. 그분은 최후의 멸망에서 온 우주를 구원하기 위해 오셨다. 주님은 우리의 죽어가는 땅을 생명력 있는 새 땅으로, 신선하고 더럽지 않으며, 더 이상 사망과 멸망에 복종하지 않는 그러한 땅으로 바꾸실 것이다. 우리는 하나님께서 만드신 본래의 모습대로 땅을 본 적이 없다. 현재 우리가 알고 있는 지구는 본래 것의 희미한 그림자일 뿐이다. 그러나 그것은 새 땅에 대한 우리의 식욕을 자극하지 않는가? 저주로 인하여 그렇게 축소된 현재의 땅이 그렇게도 아름답고 놀랍다면, 저주로 인해 그렇게 축소된 우리의 몸이 때때로 땅의 아름다움과 경이로움에 압도된다면, 새 땅은 얼마나 장엄하겠는가? 그리고 우리가 한 번도 알지 못했던 완전한 몸으로 새 땅을 경험하는 것은 어떤 것일까?

한 성숙한 성경 연구가가 이 책의 초고를 읽은 후에 내게 짤막한 편지를 써 보냈다. "저는 지금까지 항상 죽으면 곧바로 영원한 집에 간다고 생각했음을 알았습니다. 그곳에 가면 이야기는 끝나버립니다. 그렇게 되면 땅과 그 위에 있는 것들에 대해 전혀 신경을 쓸 필요가 없지요. 망해 버린 지구에 대해 왜 내가 걱정을 해야만 하겠습니까?"

그리스도가 없었다면 땅과 인류도 망해 버렸을 것이다. 그러나 그리스도께서 오셔서 죽으셨고 무덤에서 부활하셨다. 주님은 멸망을 가져오신 것이 아니라 구원을 가져오셨다. 그리스도로 인해 우리는 망하지 않고 땅도 그렇다.

땅은 멸망을 통해 저주로부터 구원을 받을 수 없다. 그것은 오직 부활을 통해 구원을 받을 수 있다.

제4부 부활을 고대하며

제11장 · 왜 부활은 그렇게도 중요한가?

제12장 · 왜 모든 피조물은 우리의 부활을 기다리는가?

제11장 | 왜 부활은 그렇게도 중요한가?

> 오해하지 말라. 주님께서 부활하셨다면 그것은 그분의 몸이 부활하신 것이다. 만일 세포의 분해 작용이 역으로 일어나지 않고, 분자들이 재조립되지 않고, 아미노산에 새 생명이 공급되지 않았다면 교회는 실패했을 것이다. 은유와 비유 그리고 회피적인 초월성을 가지고 하나님을 모욕하지 말며, 사건을 비유로 만들고 구시대의 사라져가는 신앙으로 이정표를 칠하지 말고 그 문으로 들어가자.
>
> — 존 업다이크

주요 기독교 신경(creed)은 "몸이 다시 사는 것"을 믿는다고 말한다. 그러나 많은 대화를 통해 나는 기독교인들이 죽은 자의 부활을 영해하여 효과적으로 이를 부인하는 경향이 있다는 것을 발견했다. 그들은 부활을 교리로서 부인하지는 않지만 그 본질적인 의미, 즉 물리적 우주에서 물리적 존재로의 영원한 회귀를 부인한다.

죽은 자의 부활을 믿는 미국인들 가운데 3분의 2가 자신들이 부활한 후에 몸을 갖지 않을 것이라고 믿는다.[1] 그러나 이것은 자가당착적이다. 비물리적인 부활은 해가 없는 해돋이와 같다. 그런 것은 없다. 부활이란 우리가 몸을 가짐을 의미한다. 우리가 몸을 가지지 않는다면 우리는 부활하지 않는다!

죽은 자의 부활에 관한 성경의 교리는 인간의 몸으로 시작하지만 그 이상으로 확대된다. 알. 에이. 토레이는 "우리는 내세에서 몸이 없는 영이 아니라 구속 받은 우주에서 구속 받은 몸이 될 것이다"라고 쓴다.[2] 우리가 몸의 부활에 관해 올바른 지식을 갖지 못한다면 우리는 올바른 것을 아무것도 얻지 못할 것이다. 따라서 죽은 자의 부활을 하나의 교리로 확증할 뿐만 아니라 우리가 확증하는 부활의 의미를 이해하는 것이 중요하다.

창세기 2:7은 말한다. "여호와 하나님이 땅의 흙으로 사람을 지으시고 생기를 그 코에 불어넣으시니 사람이 생령이 되니라." "생령"의 히브리어는 "네페쉬"로서 종종 "영혼"(soul)으로 번역된다. 아담이 "네페쉬"가 되었다는 것의 핵심은 하나님께서 그의 몸(흙)을 영(생기)과 하나로 만드셨다는 것이다. 아담은 물질적(물리적) 요소와 비물질적(영적) 요소 모두를 갖기 전에는 살아있는 인간이 아니었다. 따라서 인간의 본질은 영이 아니라 몸과 결합된 영이다. 당신의 몸은 단순히 진정한 당신의 집이 아니라 당신이 영인 것만큼 동일하게 당신 존재의 일부이다.

만일 이 개념이 옳지 않아 보인다면 그것은 우리가 기독교 플라톤주의에 깊이 영향을 받았기 때문이다. 기독교 플라톤주의의 관점에서 볼 때에 우리의 영혼은 마치 소라게가 껍데기 속에 살고 있듯이 단순히 우리의 몸을 차지할 뿐이다. 만일 그렇다면 우리의 영혼은 자연히 혹은 이상적으로 몸이 없는 상태에서도 살 수 있을 것이다.

그러나 인간성에 대한 성경적 관점은 완전히 다르다. 성경은 하나님께서 우리의 몸을 우리 전 존재의 통합부분으로 만드셨다고 말한다. 우리의 물리적 몸은 우리가 누구인가 하는 본질의 부분이며 단순히 영혼이 거하는 껍질이 아니다.

죽음은 하나님께서 창조하고 하나 되게 하신 것을 분리시키기 때문에 비정상적인 상태이다. 하나님께서는 우리의 몸이 우리의 영혼처럼 영원하도록 계획하셨다. 플라톤주의나 혹은 영혼의 선재를 믿는 사람들은 몸이 없는 영혼을 자연스럽고 심지어 바람직한 것으로 본다. 그러나 성경은 이를 부자연스럽고 바람직하지 않은 것으로 본다. 우리는 통합된 존재이다. 그래서 죽은 자의 몸의 부활은 너무나 중요하다. 그래서 욥은 자기의 육체 가운데서(우리말 성경에는 "밖에서"로 번역되어 있다—역주) 하나님을 볼 것으로 인해 기뻐했다(욥 19:26).

하나님께서 예수님을 보내셔서 죽게 하신 것은 우리의 영뿐만 아니라 우리의 몸도 위한 것이었다. 그분은 "생기"(영)뿐만 아니라 "땅의 흙"(몸)을 구속하기 위해 오셨다. 우리가 죽을 때에 우리의 진짜 자아(self)는 중간 천국에 가고 우리의 가짜 자아는 무덤에 가는 것이 아니다. 우리의 부분이 중간 천국에 가고 우리의 부분이 무덤에 내려가 우리의 몸의 부활을 기다린다. 부활 때에 몸과 영이 다시 연합되기 전에는 하나님께서 우리에게 의도하신 모습이 결코 되지 못할 것이다.

몸의 부활을 약화시키는 내세관—기독교 플라톤주의, 윤회, 영혼의 환생—은 분명히 비기독교적이다. 초대교회는 영지주의, 마니교, 그리고 빛의 영적 세계에 계신 하나님과 어둠의 물리적 세계에 있는 사단을 연관시킨 이원론적 세계관과 주요 교리 전쟁을 벌였다. 이러한 이단들은 하나님께서 "심히 좋았더라"(창 1:31)고 하시며, 창조하신 모든 물리적 세계를 기뻐하셨다고 말하는 성경 말씀과 모순된다. 그리스도의 부활의 진리는 영지주의와 마니교의 철학을 거부한다. 그럼에도 불구하고 끈질긴 이 이단들은 이천 년 후인 오늘날의 천국 신학을 볼모로 잡고 있다.

몸의 부활에 관한 우리의 잘못된 생각은 부활한 사람들이 살 환경, 즉 새 땅을 이해하지 못한 데서 유래한다. 안토니 호케마의 말이 옳다. "부활의 몸은 공중에 떠다니거나 아니면 구름과 구름 사이를 날아다니도록 만들어지지 않았다. 그것은 새 땅을 필요로 하며 그곳에서 살고 일하면서 하나님을 영화롭게 한다. 사실 몸의 부활의 교리는 새 땅의 교리를 떠나서는 아무 의미가 없다."³

연속성은 중요하다

바울은 그리스도께서 죽은 자 가운데서 부활하지 않으셨다면 우리가 여전히 죄 가운데 있다고 말한다(고전 15:17). 이 말은 우리가 천국이 아니라 지옥에 갈 수밖에 없다는 것을 의미한다.

바울은 천국이 없으면 그리스도인의 삶이 무의미하다고 말하지 않았다. 그가 말한 바는 죽은 자의 부활이 없다면 기독교의 소망은 허상이며 우리는 그리스도를 믿음으로 인해 불쌍한 자가 될 수밖에 없다는 것이다. 바울은 단지 인간의 영만 있는 천국에는 관심이 없었다. 천국이 인간의 몸을 위하지 않는다면 인간의 영을 위한 천국도 없다. 우리의 마음 깊은 곳에 영의 세계에서 몸이 없는 존재로 살기보다 부활한 땅에서 부활의 생명을 원하는 이유는 단순히 우리 안에 갈망하는 마음이 있기 때문이 아니다. 오히려 우리가 그것을 원하는 이유는 하나님께서 우리로 하여금 새 땅에서 부활하도록 만드셨기 때문이다. 우리를 만든 목적을 갈망하도록 우리를 창조하신 분은 하나님이시다. "사람에게 영원을 사모하는 마음을 주신" 분은 하나님이시다(전 3:11). 우리로 땅에서 살고 땅의 삶을 갈망하도록 만드신 분은 하나님이시다. 우리를 땅의 삶—이번에는 죄와 저주에서 완전히 해방된다—으로 돌아가도록 해주는 것은 우리 몸의 부활이다.

그것은 하나님의 아이디어이며 우리의 아이디어가 아니다. 우리의 갈망은 단지 하나님의 의도와 일치할 뿐이다. 왜냐하면 주님께서는 갈망의 형태로 우리 안에 자신의 의도를 심어 넣으셨기 때문이다.

"그런즉 누구든지 그리스도 안에 있으면 새로운 피조물이라. 이전 것은 지나갔으니 보라 새것이 되었도다"(고후 5:17). 새로운 피조물이 된다는 것은 마치 급격한 변화가 있는 것처럼 들리며 실제로 그렇다. 그러나 우리가 그리스도를 영접할 때에 새로운 사람들이 되지만 우리는 여전히 동일한 사람들이다.

내가 고등학교 시절, 그리스도를 영접했을 때에 나는 새 사람이 되었지만 여전히 이전과 동일한 나였다. 어머니는 나의 많은 변화들을 보셨지만 여전히 나를 알아보셨다. 그녀는 여전히 "안녕, 랜디"라고 말하셨으며 "넌 누구니?"라고 말하시지 않았다. 나는 상당히 변한 랜디 알콘이긴 했지만 여전히 랜디 알콘이었다. 이 동일한 랜디가 죽을 때에 변화를 경험하겠지만 죽은 자의 부활 때에 다시 한 번 변화할 것이다. 그러나 이 모든 변화에도 불구하고 나는 여전히 이전의 나와 지금의 나일 것이다. 금생과 내세에는 연속성이 있다. 나도 욥의 고백처럼 될 것이다. "내 가죽이 벗김을 당한 뒤에도 내가 육체 밖에서 하나님을 보리라. 내가 그를 보리니 내 눈으로 그를 보기를 낯선 사람처럼 하지 않을 것이라"(욥 19:26-27).

회심은 옛것의 제거가 아니라 옛것의 변화를 의미한다. 구원, 죽음, 부활로 말미암은 급격한 변화에도 불구하고 우리는 여전히 계속해서 우리 자신이다. 우리는 동일한 역사, 외모, 기억, 관심, 그리고 기술을 가지고 있다. 이것이 구속의 연속성의 원리이다. 하나님께서는 원래 창조를 없애고 새로 시작하지 않으실 것이다. 대신에 주님은 타락하고 부패한 자녀들을 취하여 우리의 본래의 모습으로 회복시키고 새롭게 하실 것이다.

신학자 허먼 바빙크는 20세기 초의 저서에서 옛 땅과 새 땅 사이에는 연속성이 존재한다고 주장했다. "하나님의 영예는 그분께서 죄로 말미암아 부패하고 더럽혀진 바로 그 인간과 세상, 하늘, 그리고 땅을 구속하시고 새롭게 하시는 데 있다. 그리스도 안에 있는 자는 누구나 새로운 피조물이며 옛 것은 지나고 모든 것이 새롭게 되었다(고후 5:17). 그러므로 현재 모습의 이 세상도 지나고 하나님의 능력의 말씀으로 태에서 나와서 새로운 세상으로 변할 것이다."[4]

새 땅은 여전히 땅이다. 땅이 변하고 부활하지만 그것은 여전히 땅이고 그렇게 인식될 것이다. 구원을 통해 거듭난 자들이 이전의 자신들과 연속성을 유지하는 것처럼 세상도 옛 세상과 연속성을 갖고 거듭날 것이다(마 19:28). 우리가 구속의 연속성을 붙들지 않는다면 우리는 우리 부활의 속성을 이해할 수 없다. 안토니 호케마는 다음처럼 쓴다. "연속성이 있어야만 한다. 그렇지 않다면 부활에 관해 말하는 것이 아무런 초점도 없을 수 있다. 현재 땅의 거주자들과 완전히 다른 새로운 사람들로 존재하는 것은 부활이 아니다."[5]

바울은 고린도전서 15:53에서 다음처럼 말한다. "이 썩을 것이 반드시 썩지 아니할 것을 입겠고 이 죽을 것이 죽지 아니함을 입으리로다." 저 새 땅의 몸(썩지 아니하고 죽지 아니할 것)을 입는 것은 이 땅의 몸(썩고 죽을 것)이다. 마찬가지로 새 땅을 걸을 사람들은 현재 이 땅을 걷고 있는 우리이다. "그리하여 우리가 항상 주와 함께 있으리라"(살전 4:17).

새 몸의 속성

빈 무덤은 그리스도의 부활한 몸이 십자가에서 죽은 바로 그 몸이라는 결정적인 증거이다. 부활이 새로운 몸의 창조를 의미한다면 그리스도의 본래의 몸은 무덤에 남아 있었을 것이다. 부활 후에 예수님께서 제자들에게 "내니라"고 말씀하셨을 때에 그는 자신이 십자가를 진 바로 그 사람—영과 또한 몸—이라는 것을 그들에게 강조하셨다(눅 24:39). 제자들은 주님의 십자가의 상흔을 보았으며 그것은 그분이 동일한 몸이라는 확실한 증거였다.

예수님께서는 "너희가 이 성전을 헐라 내가 사흘 동안에 일으키리라"고 말씀하셨다(요 2:19). 요한은 "예수는 성전된 자기 육체를 가리켜 말씀하신 것이라"고 분명히 밝힌다(21절). 부활하신 몸은 파괴되었던 몸이다. 그래서 행크 해너그라프는 "죽은 그리스도의 몸과 부활한 그리스도의 몸 사이에는 일대일의 일치가 존재한다"고 말한다.[6]

역사적 전통 교리의 결정판인 「웨스트민스터 대교리문답」(*Large Catechism*, 1647년)은 다음처럼 말한다. "무덤에 누웠던 죽은 자의 시체들은 다시 한 번 더 그들의 영혼과 영원히 연합하여 그리스도의 능력으로 부활할 것이다."[7] 기독교 믿음의 위대한 신조 중 하나인 웨스트민스터 고백은 "모든 죽은 자들은 다른 몸이 아니라 바로 자신의 동일한 몸을 가지고 부활할 것이다"라고 말한다.[8] "동일한 몸"이란 말은 부활의 연속성의 교리를 확증한다.

그러므로 이것은 우리의 부활한 몸에 관해 가장 기본적인 진리이다. 그들은 하나님께서 우리를 위해 창조하신 바로 그 몸들이며 우리가 이제까지 알았던 것보다 훨씬 더 완전한 모습으로 부활할 것이다. 물론 우리가 그 몸에 관해 모든 것을 다 알 수는 없지만 상당한 부분을 우리는 알고 있다. 성경은 우리의 부활의 몸에 대해 우리를 흑암 가운데 두지 않는다.

우리는 물리적 몸을 가지고 있기 때문에 "새로운" 몸의 모습을 그려보기에 가장 좋은 참조사항을 가지고 있다. 그것은 마치 새롭게 업그레이드된 컴퓨터 문서 프로그램과 같다. 업그레이드 된 프로그램이 나왔다는 말을 들었을 때에 나는 "도대체 그게 뭔지 모르겠는데"라고 말하지 않는다. 나는 그것의 대부분이 이전의 프로그램과 같으며 단지 더 나은 것이라는 사실을 알고 있다. 분명히 그것은 내가 기대하지 않았던 몇 가지 기능들을 새로이 가지고 있지만 그 때문에 오히려 나는 반가워한다. 그러나 나는 그것을 내가 십 년 동안 사용했던 바로 그 프로그램으로 인식한다. 마찬가지로 우리의 부활의 몸도 몇 가지 놀랄 만한 즐거움을 제공해 주겠지만 근본적으로 그 몸이 어떤 것인지 우리는 알고 있다.

그리스도의 부활의 생활은 우리의 생활에 대한 모델이다

우리는 현재 몸의 모습뿐만 아니라 성경을 통해 부활의 몸이 어떨지 그 예를 알고 있다. 우리는 그리스도의 부활의 몸에 관해 많은 이야기를 들었으며 우리의 몸도 그와 같을 것이라는 말을 듣는다.

"곧 주 예수 그리스도를 기다리노니 그는 만물을 자기에게 복종하게 하실 수 있는 자의 역사로 우리의 낮은 몸을 자기 영광의 몸의 형체와 같이 변하게 하시리라"(빌 3:20–21).

"사랑하는 자들아 우리가 지금은 하나님의 자녀라 장래에 어떻게 될지는 아직 나타나지 아니하였으나 그가 나타나시면 우리가 그와 같을 줄을 아는 것은 그의 참모습 그대로 볼 것이기 때문이니"(요일 3:2).

"우리가 흙에 속한 자의 형상을 입은 것같이 또한 하늘에 속한 이의 형상을 입으리라"(고전 15:49).

부활하신 몸으로 예수님께서는 "나는 유령(ghost)이 아니다"(눅 24:39, NLT)라고 선언하셨음에도 불구하고 수많은 그리스도인들은 자신들이 영원한 천국에서 유령과 같을 것이라고 생각한다. 나는 여러 사람들과 이야기를 해보았기 때문에 이를 알고 있다. 그들은 자신들을 몸이 없는 영, 즉 망령(wraith)으로 생각한다. 그리스도의 부활의 장엄하고 천지를 흔드는 승리─정의상 이것은 물리적 세계에서의 물리적 죽음에 대한 물리적 승리이다─는 이러한 개념을 따르지 않는다. 만일 예수님께서 유령이시고 우리도 유령이라면 구속은 성취되지 않았을 것이다.

예수님은 부활의 몸을 입으시고 40일간 이 땅을 거니시면서 우리에게 부활한 인간으로 어떻게 살아야 할지를 보여 주셨다. 실제로 주님께서는 또한 부활한 인간으로 어디에서 살 것인지도 보여 주셨다. 그곳은 땅이다. 그리스도의 부활의 몸은 땅의 생활에 적합했으며 먼저 중간 천국의 삶을 위한 것은 아니었다. 예수님께서 부활하셔서 다시 땅에서 사신 것처럼 우리도 부활하여 다시 땅에서 살 것이다(살전 4:14; 계 21:1-3).

부활하신 예수님은 엠마오 도상에서 두 제자들과 함께 걷고 대화를 나누셨다(눅 24:13-35). 그들은 주님께 질문을 했으며 주님께서는 가르치시고 그들을 도와 성경을 이해하도록 하셨다. "그들의 눈이 밝아지기"(31절) 전에 그들은 그분의 정체를 알 만한 다른 어떤 것도 그분에게서 찾지 못했다. 이것은 하나님께서 이전에 예수님을 알아차리지 못하게 하셨음을 암시한다. 그렇지 않았다면 그들은 주님을 알아차렸을 것이다. 요점은 그들이 잘못 보지 않았다는 것이다. 그들은 부활하신 예수님을 정상적인 일상의 인간으로 보았다. 그분의 발뒤꿈치는 도로 위에 붕붕 떠있지 않았으며 도로 위를 걸었다.

우리는 부활하신 그리스도가 사람처럼 보였다는 것을 안다. 왜냐하면 마리아가 주님을 동산지기로 알고 "주여"(sir)라고 불렀기 때문이다(요 20:15). 예수님께서는 부활하신 후에 제자들과 놀라울 정도로 일반적인 시간을 보내셨다. 어느 이른 아침에 주님께서는 약간 떨어진 "해변에 서셨다"(요 21:4). 주님은 원하시면 그렇게 하실 수 있으셨지만 둥둥 떠다니시거나 물위를 걷지 않으셨다. 주님은 서서 제자들을 부르셨다(5절). 분명히 그분의 음성은 인간의 소리였다. 왜냐하면 그 소리는 물을 가로질러 퍼져나갔으며 제자들은 인간 이외의 다른 존재로 의심하지 않았다. 그것은 분명히 영화에서 하나님이나 천사들에게서 들리는 그런 깊고 초현실적인 목소리처럼 들리지 않았을 것이다.

예수님께서는 불을 피우시고 아마도 자신이 친히 잡으신 물고기를 요리하고 계셨다. 주님이 요리를 하셨다는 것은 그분께서 손가락을 내미시면서 요술처럼 완성된 식사를 만들어내지 않으셨음을 의미한다. 주님은 제자들에게 그들의 고기를 자기의 식탁에 갖다 놓도록 초청하시면서 "와서 조반을 먹으라"고 말씀하셨다(요 21:12).

제자들에게 또 다시 나타나셨을 때에 그리스도의 부활의 몸은 제자들의 죽을 몸과 아무런 문제없이 반응하였다(요 20:19-23). 주님의 옷이 이상하다거나 그분의 머리에 후광이 비쳤다는 흔적이 없다. 주님은 그들에게 숨을 내쉴 정도로 그들에게 가까이 다가가셨다(22절).

다른 경우에 문이 닫혀 있었지만 그리스도께서는 갑자기 제자들이 모인 방에 나타나셨다(19절). 그리스도의 몸을 만지고 붙들 수 있었으며 음식을 먹을 수도 있었으므로 분명히 그 몸은 "물질적인 것"처럼 보인다. 그런데 어떻게 이런 일이 가능한가? 부활의 몸은 그 모든 분자들이 고체를 통과하거나 혹은 갑자기 보이기도 하고 보이지 않을 수도 있는 구조를 가질 수 있단 말인가?

부활하신 그리스도를 관찰함으로써 우리는 부활의 몸뿐만 아니라 부활한 후의 관계에 대해서도 배운다. 그리스도께서는 제자들과 대화를 나누셨으며 그분의 사랑을 무리에게 그리고 각 개인에게 보이신다. 주님은 제자들을 가르치시고 그들에게 임무를 맡기신다(행 1:4-8). 당신이 막달라 마리아(요 20:10-18), 도마(20:24-29), 그리고 베드로(21:15-22)에게 행하신 주님의 행동을 연구해 본다면 동일한 주님이 돌아가시기 전에 그 사람들에게 하셨던 행동들과 얼마나 유사한지 알게 될 것이다. 예수님께서 그들과의 관계가 멈췄던 바로 그곳에서 관계를 다시 시작하셨다는 사실은 우리가 부활한 후에 우리 자신의 삶을 미리 맛보게 해준다. 우리는 우리 현재의 삶과 부활의 삶 간에 동일한 기억들과 관계의 역사를 지닌 연속성을 경험할 것이다.

우리가 그리스도의 부활이 인류와 땅의 부활의 원형이라는 점을 이해한다면 우리는 성경이 우리에게 인간의 부활과 새 땅에서의 생활과 관련된 성경 구절을 대하는 데 있어서 해석상의 선례를 주었다는 사실을 알게 된다. 그리스도께서 옛 땅을 거니신 40일 동안의 부활의 생활이 문자적인 것만큼 새 땅에서 사는 부활한 사람들을 암시하는 성경 구절들도 문자적으로 해석해야 하지 않을까?

썩지 않을 몸에 대한 약속

바울이 우리의 부활의 몸에 관해 언급하면서 그는 "죽은 자의 부활도 그와 같으니 썩을 것으로 심고 썩지 아니할 것으로 다시 살아나며 욕된 것으로 심고 영광스러운 것으로 다시 살아나며 약한 것으로 심고 강한 것으로 다시 살아나며 육의 몸으로 심고 신령한 몸으로 다시 살아나나니 육의 몸이 있은즉 또 영의 몸도 있느니라"고 말한다 (고전 15:42-44).

다음의 도표는 이 구절에 나타난 대비를 요약한 것이다.

땅의 몸	부활의 몸
썩을 것으로 심음	썩지 아니할 것으로 다시 살아남
욕된 것으로 심음	영광스러운 것으로 다시 살아남
약한 것으로 심음	강한 것으로 다시 살아남
육의 몸으로 심음	신령한 몸으로 다시 살아남

바울이 "신령한 몸"(고전 15:44)이란 용어를 사용할 때에 영으로 만들어진 몸, 즉 형체가 없는 몸을 말하고 있지 않다. 그런 것은 존재하지 않는다. 몸이란 뼈와 살과 같은 형체가 있음을 의미한다. "신령한"이란 단어는 형용사로서 몸을 수식해주며 그 의미를 부정하지 않는다. 신령한 몸은 첫째 되고 으뜸 되는 진정한 몸이어야 하며, 만일 그렇지 않을 경우에 몸이라 불릴 수 없을 것이다. 만일 그렇다면 바울은 단순하게 "육의 몸으로 심고 영으로 다시 살아나나니"라고 말했을 것이다. 그리스도의 부활의 몸을 보고 판단하건대 신령한 몸은 대부분의 경우에 일반적인 물리적 몸과 같이 보이고 행동하는 것 같다. 예외가 있다면 그 몸은 초자연적인 어떤 능력들, 즉 일반적인 물리적 몸의 능력을 초월하는 능력들을 가지고 있을지 모르겠다(그리스도의 경우에 그것은 분명히 그런 능력을 가지고 있다).

바울은 계속해서 말한다. "우리가 흙에 속한 자의 형상을 입은 것같이 또한 하늘에 속한 이의 형상을 입으리라. 형제들아 내가 이것을 말하노니 혈과 육은 하나님 나라를 이어 받을 수 없고 또한 썩는 것은 썩지 아니한 것을 유업으로 받지 못하느니라…우리도 변화되리라. 이 썩을 것이 반드시 썩지 아니할 것을 입겠고 이 죽을 것이 죽지 아니함을 입으리로다. 이 썩을 것이 썩지 아니함을 입고 이 죽을 것이 죽지 아니함을 입을 때에는 사망을 삼키고 이기리라고 기록된 말씀이 이루어지리라. 사망아 너의 승리가 어디 있느냐 사망아 네가 쏘는 것이 어디 있느냐"(고전 15:49-50, 52-55).

바울이 "혈과 육은 하나님의 나라를 이어 받을 수 없다"고 말할 때에 그는 죄와 저주 아래에 있는 현재의 우리의 혈과 육을 언급하고 있다. 우리의 현재의 몸은 타락하고 파괴될 수밖에 없지만 우리의 미래의 몸은—가장 완전한 의미에서 비록 여전히 몸이지만—죄로 인해 영향을 받지 않으며 파괴되지 않는다. 그 몸은 물리적이며 동시에 파괴되지 않는 그리스도의 부활의 몸과 같다.

우리 중 많은 사람들은 몸이 건강했을 때에 천국을 바라본 것보다 지금 더 많이 천국을 바라본다. 조니 에릭슨 타다는 이를 잘 말해 준다. "나의 부러지고 마비된 몸 어딘가에 내가 될 것의 씨가 들어 있다. 마비로 인해 위축된 무용지물의 다리를 영광스러운 부활의 다리와 비교할 때에 내가 될 모습은 더욱더 위엄 있어 보인다. 천국에 거울이 있다면(없을 이유가 뭔가?) 내가 바라보게 될 그 이미지는 지금보다 훨씬 더 훌륭하고 밝은 조니이겠지만 분명히 '조니'일 것이다."⁹

비록 몸이 점차 약해지더라도 당신의 부활의 몸의 설계도가 당신의 몸 안에 담겨져 있다. 당신은 현재의 당신의 모습이나 마음에 만족스러워하지 않을지 모른다. 그러나 업그레이드된 당신의 부활의 몸을 볼 때에 당신은 전율할 것이다. 그 몸을 가지고 당신은 하나님을 섬기며 그분을 영화롭게 하고 그분께서 당신을 위해 준비해 놓으신 경이로움으로 영원히 즐거워할 것이다.

제12장 | 왜 모든 피조물은 우리의 부활을 기다리는가?

> 하나님의 나라는 단지 어떤 개인들과 또한 일단의 선택된 사람들의 구원만을 의미하지 않는다. 그것은 전 우주의 온전한 갱신을 의미하며 새 하늘과 새 땅에서 그 절정을 이룬다.
>
> — 안토니 호케마

복음은 우리 대부분이 상상하는 것보다 훨씬 더 대단한 것이다. 그것은 단순히 우리만을 위한 기쁜 소식이 아니다. 그것은 동물, 식물, 별, 행성들에게도 기쁜 소식이다. 그것은 위로 하늘과 아래로 땅에게도 기쁜 소식이다. 앨버트 올터스는 "예수 그리스도 안의 구속은 본래의 선한 창조의 회복을 의미한다"고 말한다.[1]

구속에 관한 우리의 관점 확대하기

우리 중 많은 사람들은 구속을 너무나 편협하게 생각한다. 그래서 우리는 어리석게도 천국은 근본적으로 땅과 다르다고 생각한다. 왜냐하면 우리의 마음속에 땅은 선하지 않고, 구속할 수 없으며, 소망이 없기 때문이다. 그러나 "새 창조가 완전히 새로운 시작이라는 가르침은 죄와 악이 너무나 현재 창조 질서의 본질을 이루고 있어서 구제 불가능할 정도로 완전히 악하다는 것을 암시한다…심지어 그것은 창조의 죄악된 반란으로 하나님의 작품이 너무나 손상되어 회복 불가능할 정도로 악하게 되었음을 암시한다."[2]

그러나 하나님께서는 우리가 거하도록 고안하신 진정한 본래의 땅을 "매우 좋았다"고 부르신 사실을 잊지 말자(창 1:31).

우리가 그리스도의 구속 역사를 인간에 한해서만 생각하는 한 그 넓이와 깊이를 이해하지 못할 것이다. 골로새서 1:16-20은 말한다.

"만물이 그[예수님]에게서 창조되되 하늘과 땅에서 보이는 것들과 보이지 않는 것들과 혹은 왕권들이나 주권들이나 통치자들이나 권세들이나 만물이 다 그로 말미암고 그를 위하여 창조되었고 또한 그가 만물보다 먼저 계시고 만물이 그 안에 함께 섰느니라. 그는 몸인 교회의 머리시라 그가 근본이시요 죽은 자들 가운데서 먼저 나신 이시니 이는 친히 만물의 으뜸이 되려 하심이요 아버지께서는 모든 충만으로 예수 안에 거하게 하시고 그의 십자가의 피로 화평을 이루사 만물 곧 땅에 있는 것들이나 하늘에 있는 것들이 그로 말미암아 자기와 화목하게 되기를 기뻐하심이라."

하나님께서는 만물 곧 땅에 있는 것들이나 하늘에 있는 것들이 자기와 화목하게 되기를 기뻐하셨다. "만물"의 헬라어는 "타 판타"(ta panta)로서 그 범위가 매우 넓다.[3]

유진 피터슨은 「메시지」(The Message)에서 골로새서 1:18-20을 의역하면서 그리스도의 구속의 우주적인 의미를 간파한다. "주님은 처음부터 으뜸이셨으며 부활의 행진을 인도하셨고 나중에도 으뜸이시다. 처음부터 나중까지 주님은 그곳에 계시며 모든 만물과 만인 위에 우뚝 서 계시다. 주님은 너무나 넓으시고, 넉넉하셔서 하나님의 만물은 번잡거리지 않고서도 그분 안에서 자기의 위치를 찾아간다. 그뿐만 아니라 우주의 깨어지고 어그러진 모든 부분들—사람들, 물건들, 동물들, 원자들—이 오로지 그분의 죽으심과 십자가에서 흘러내리는 그분의 피로 인해 온전하게 고침을 받고 활기찬 조화 속에서 하나가 된다."

그리스도의 부활의 능력은 우리를 재창조할 뿐만 아니라 우주의 모든 부분들—산과 강, 식물과 동물, 별들과 성운, 준성과 은하—을 재창조하실 정도로 충분하다. 그리스도의 구속의 역사는 우주의 가장 먼 곳까지 다다른다. 이것은 하나님의 위대함에 대한 놀라운 확증이다. 그것은 우리의 마음을 감동시켜 경외하며 찬양하게 만든다.

모든 피조물이 갈망하며 기다린다

당신은 모든 피조물이 쉬지 못하는 것을 느끼는가? 차가운 밤바람 속에서 신음 소리를 듣는가? 숲의 고독함과 대양의 격앙을 느끼는가? 고래들의 울음 속에서 갈망을 듣는가? 들짐승의 눈에서 피와 고통을, 당신의 애완견의 눈에서 기쁨과 고통이 섞여 있는 것을 보는가? 아름다움과 기쁨의 흔적에도 불구하고 이 땅에는 무엇인가 잘못되어도 한참 잘못되었다. 하나님이 지으신 동물뿐만 아니라 무생물들도 그것을 느끼는 듯하다. 그러나 추운 겨울 뒤에 봄을 볼 수 있다는 희망도 있다. 마틴 루터가 말한 대로 "우리 주님은 부활의 약속을 책에만 쓰시지 않고 봄의 모든 나뭇잎 속에도 쓰셨다."[4] 피조물은 부활을 소망할 뿐만 아니라 심지어 고대한다. 그것이 바로 성경이 우리에게 말해주는 바이다.

> 피조물이 고대하는 바는 하나님의 아들들이 나타나는 것이니 피조물이 허무한 데 굴복하는 것은 자기 뜻이 아니요 오직 굴복하게 하시는 이로 말미암음이라. 그 바라는 것은 피조물도 썩어짐의 종 노릇한 데서 해방되어 하나님의 자녀들의 영광의 자유에 이르는 것이니라. 피조물이 다 이제까지 함께 탄식하며 함께 고통을 겪고 있는 것을 우리가 아느니라. 그뿐 아니라 또한 우리 곧 성령의 처음 익은 열매를 받은 우리까지도 속으로 탄식하여 양자 될 것 곧 우리 몸의 속량을 기다리느니라(롬 8:19-23).

"우리 몸의 구속"이란 말은 죽은 자의 부활을 말한다. 바울은 우리뿐만 아니라 "피조물이 다" 우리 몸의 부활과 함께 오게 될 땅의 구속을 기다린다고 말한다. 일반적으로 인류뿐만 아니라 특별히 신자들(하나님의 성령이 그 안에 거하시는 자들)도 직관적으로 구원을 위해 하나님께 손을 뻗치는 나머지 피조물들과 동일한 태도를 취한다.

인간과 땅에 대해 하나님이 가지고 계신 의도를 알고 있기에 우리에게는 갈망의 대상이 있다. 우리도 피조물들이 탄식하며 갈망하는 것을 탄식하며 갈망한다. 그것은 구속이다. 하나님은 저주를 인간에게 뿐만 아니라 땅 위에도 내리심으로써 피조물을 허무한 데 굴복시키셨다(창 3:17). 왜 그런가? 왜냐하면 인간과 땅은 서로 분리할 수 없도록 연결되어 있기 때문이다. 우리는 함께 타락했기 때문에 함께 부활할 것이다.

인류가 가는 대로 땅도 간다

존 칼빈은 로마서 8:19에 관한 주석을 다음과 같이 쓴다. "나는 이 구절에 다음과 같은 의미가 있다고 생각한다. 즉 현재의 불행이라는 의미에서 그 영향을 받고 있는 이 세상에서 부활을 강하게 소망하지 않는 부분과 요소는 하나도 없음을 의미한다고 생각한다."[5]

왜 피조물은 우리의 부활을 간절히 기다리는가? 단순하지만 매우 중요한 한 가지 이유는 다음과 같다. "인류가 가는 대로 모든 피조물도 간다." 따라서 모든 피조물이 우리의 반역으로 망가진 것처럼 모든 피조물의 구원도 우리의 구원에 달려 있다. 우주의 영화(glorification)도 구속받은 인류의 영화에 달려 있다. 모든 피조물의 운명은 우리에게 달려 있다.

우리의 구속이 수백억 광년 떨어진 은하계에게 어떤 영향력을 미칠 수 있는가? 그것은 우리의 타락이 그들에게 미친 영향력과 동일하다. 아담과 이브의 죄로 인해 단순히 개인의 파국이나 지엽적인 에덴의 파국뿐만 아니라, 지구의 영역과 우주적인 영역에서의 파국이 생겨났다.

어렸을 때 나의 취미는 천체관측이었다. 내가 그리스도를 알기 수년 전에, 은하계의 격렬한 충돌, 별들의 폭발, 그리고 중성자별들과 블랙홀로 내파(implosion)되는 모습에 나는 매료되었다. 열역학 제2법칙, 엔트로피의 법칙은 만물이 악화되고 있다는 것을 우리에게 말해준다. 이것은 만물이 이전에 지금보다 훨씬 더 좋은 상태에 있었음을 의미한다. 하나님의 본래 창조의 상태는 인간과 동물이 죽지 않고, 별들에게 에너지가 계속 공급되고 행성들은 그 궤도에서 이탈하는 일이 없다고 가정하는 것이 합리적이지 않겠는가? 만일 하나님께서 우리의 땅의 통치를 궁극적으로 전 우주에까지 확장하도록 계획하셨다면 어떻게 될까? 그때에 모든 피조물이 우리의 저주 아래 있는 것을 보아도 놀라지 않을 것이다. 왜냐하면 만물이 다 우리의 보살핌을 받을 것이기 때문이다.

신학자인 에릭 소어는 다음과 같이 쓴다. "타락한 이후에도 땅의 운명과 구원은 인류의 생존 그리고 발전과 불가분의 관계가 있다. 이 모든 것에도 불구하고 땅의 구속은 여전히 인간에게 달려 있다…인간은 땅의 피조물을 구원하는 도구이다. 그리고 이것은 계속해서 하나님의 방법과 목적으로 남아 있기 때문에 새 하늘과 새 땅은 인간 구속의 역사의 완성이요 종결인 크고 흰 보좌의 심판이 끝난 뒤에 나타날 수 있다."[6]

타락에서 부활까지

전 우주는 우리 몸의 부활의 효과를 어떻게 느낄까? 모든 피조물이 우리의 죄의 타락으로 고통 받았던 방식 그대로 느낄 것이다. 인간과 물리적 우주 사이에는 형이상학적 도덕적 연결고리가 있다.

로마서 8장은 타락의 교리를 우리가 기대한 것보다 더 멀리 확장하고 있다는 점에서 신학적으로 심오한 진술이다. 그러나 이렇게 할 때에—우리는 종종 이 점을 간과한다—이것은 그리스도의 구속의 교리를 그만큼 더 확장시켜 준다.

우리는 타락의 영향을 받은 모든 것들이 다시 본래의 상태로 회복될 것을 기대해야만 한다. 만물은 더 이상 나빠지지 않는다. 만물이 변한다면 오직 나아질 뿐이다. 이것은 우리 몸과 마음 그리고 새로운 우주에서의 인간 문화에도 적용된다. 그리고 인간과 우주 사이의 연결고리가 끊어졌다고 상상할 만한 근거들이 없다. 왜 이 관계는 영원히 계속되어야만 하는가?

바울은 "피조물이 다 이제까지 함께 탄식하며 함께 고통을 겪고 있는 것을 우리가 아느니라"라고 말한다(롬 8:22). 동물세계의 충격적인 잔인함을 생각해 보라. 그곳에서는 어미가 자기의 자녀를 잡아먹고 살아남은 새끼의 대부분이 무자비하게 약탈자에게 죽임을 당한다. "피조물이 다"라고 할 때에 외양적으로 보이는 것처럼 그것이 모든 것을 포함한다면 인간의 타락의 영향을 받지 않은 아메바나 염색체 혹은 DNA, 혹은 은하계는 없다. 그것은 좋지 않은 소식이다. 그러나 바울은 기쁜 소식을 이어서 전한다. 그것은 그리스도의 구속의 역사가 완성될 때에 타락한 인류와 함께 타락했던 것들이 우리와 함께 회복될 것이라는 사실이다. 예수님을 부활시키신 하나님께서는 이제 그의 사람들과 우주를 부활시키신다.

존 파이퍼는 다음과 같이 쓴다. "우리의 몸에 일어날 사건과 피조물에게 일어날 사건은 함께 간다. 우리의 몸에 일어날 사건은 소멸(annihilation)이 아니라 구속이다… 우리의 몸은 구속되고 새롭게 되며 버려지지 않을 것이다. 마찬가지로 하늘과 땅도 그렇다."[7]

해산의 고통과 약속

대부분의 그리스도인들이 현재 우리의 문화, 예술, 기술 혹은 인간 활동의 산물들을 천국으로 가져가지 않는다고 믿는다는 말은 맞는 듯하다. 참으로 우리가 지구상의 생활을 기억하거나 혹은 하나님께서 우리에게 영향을 미치고 우리를 만들어 가기 위해서 사용하신 우리의 가족들과 친한 친구들과 같은 사람들을 기억할까 하고 의구심을 갖는 것은 일반적인 일이다.

이 세상의 종말에 관한 우리의 가정이 옳다면 피조물에게 일어날 일에 대해 바울은 어떤 비유를 사용하겠는가? 죽어가는 노인을 사용하겠는가? 심한 부상을 입고 마지막 숨을 거두는 병사의 모습을 사용하겠는가? 이러한 이미지들은 우주가 갑자기 영원히 끝날 것이라는 믿음과는 잘 어울린다. 그러나 바울은 죽음과 멸망의 비유를 사용하지 않는다. 그는 해산의 비유를 사용한다. "피조물이 다 이제까지 함께 탄식하며 함께 고통을 겪고 있는 것을 우리가 아느니라"(롬 8:22).

어머니와 아이에게는 해산의 고통이 있지만 그 결과는 오랫동안 진행되어온 과정의 연속이요, 완성이다. 해산의 고통은 인간, 동물 그리고 전 우주의 현재의 고통을 비유로 든 것이다. 그러나 그러한 고통은 임박한 탄생의 기적 때문에 일시적인 것이다. 훨씬 나은 세상이 이 세상에서부터 탄생할 것이며 훨씬 나은 인류가 현재의 우리로부터 탄생할 것이다.

타락했지만 구속함을 받은 하나님의 자녀들은 새로운 자로, 즉 죄 없는 현명한 땅의 청지기로 변화될 것이다. 오늘날 땅은 죽어가고 있지만 그것이 죽기 전에—아니면 죽을 때에—새 땅을 낳을 것이다. 새 인류가 옛 인류의 자녀가 될 것처럼 새 땅은 옛 땅의 자녀가 될 것이다. 그러나 그것은 여전히 동일한 인간인 우리이며, 또한 동일한 땅이다.

로마서 8장은 고통에 대해 강력한 신학을 담고 있다. 탄식에는 소망 없이 죽어가는 자의 탄식과는 다르게 해산하는 자의 탄식이 있다. 두 과정 모두가 고통스럽지만 서로 매우 다르다. 전자는 소망 없는 공포의 고통이지만 후자는 소망을 기대하는 고통이다. 그리스도인의 고통은 매우 실제적이지만 그것은 자기의 아이를 안을 기쁨을 고대하는 어머니의 산고와 같다.

성경의 처음 두 장(창세기 1-2장)이 하늘과 땅의 창조로 시작되고 마지막 두 장(계시록 21-22장)이 하늘과 땅의 재창조로 되어 있는 것은 우연의 일치가 아니다.

처음에 잃어버린 모든 것들이 마지막에 회복될 것이다. 그리고 그 외에도 훨씬 더 많은 것들이 추가될 것이다.

부활에 합당한 어휘 사용하기

한 라디오 설교자가 그리스도인 남편을 두었던 미망인에 관해 이야기하면서 "그날 아침에 그녀는 자기의 남편을 포옹하면서 결코 다시 그를 포옹하지 못하리라는 것을 몰랐습니다"라고 말했다.

이 설교자의 말의 의도는 좋았지만 사실과 다르다. 그는 "그녀는 이제 이 세상에서는 결코 자기 남편과 포옹을 하지 못할 것입니다"라든가 아니면 "내세에서 만나기까지 그녀는 자기 남편을 다시는 포옹하지 못할 것입니다"라고 말했어야 했다. 죽은 자의 부활로 인해 우리는 새 땅에서 서로 다시 포옹할 수 있을 것이다.

누군가가 "우리는 설교자가 말하려는 뜻이 무엇인지 다 압니다"라고 말할지 모르겠다. 그러나 나는 우리가 정말 다 아는지 아니면 그 설교자가 정말로 알고 했는지 확신이 서질 않는다. 나는 까다롭게 굴고자 하지는 않지만, 우리는 실제로 진리를 표현하는 데 있어서 우리의 어휘를 조심스럽게 고쳐 써야만 한다. 그렇게 하지 않을 경우에 우리는 결국 성경적으로 사고하지 못할 뿐만 아니라 천국에 관해 만연된 진부한 생각들을 계속해서 가지게 될 것이다.

죽은 자기 아들에 관해 한 아버지가 "그것이 제가 그 아이의 몸을 마지막으로 본 것입니다"라고 말했다. 그렇지 않다. 그들 모두는 그리스도인이기 때문에 그들은 부활한 몸으로 서로 다시 보게 될 것이다.

"저는 이 땅에서 제 딸을 다시 보지 못할 것입니다." 그러나 그녀가 신자라면 그 말은 잘못되었다. 당신은 그녀를 이 땅에서 다시 볼 것이다. 당신도 그녀도 변하고 땅도 변하겠지만 여전히 정말로 동일한 땅 위의 당신이며 당신의 딸이다.

우리는 단순히 우리가 믿는 것을 말하지 않는다. 오히려 우리는 우리가 말한 것을 결국 믿게 된다. 그래서 나는 우리가 우리의 어휘를 의식적으로 수정해서 계시된 성경의 진리와 일치시켜야 할 것을 제안한다. 우리가 새 땅에 관해 정확하게 생각하기란 어렵다. 왜냐하면 우리는 너무나 천국을 땅의 반대되는 것으로 말하는 것에 익숙하기 때문이다. 우리 자신을 재훈련하는 일은 어렵지만 그렇게 해야만 한다. 우리는 다가오는 부활의 세계에는 사람들과 땅 사이에 연속성이 있다는 원리를 포용하도록 스스로에게 가르쳐야만 한다. 이것이 바로 성경이 가르치는 바이다.

천국의 무형 개념들 대부분에 대해 의문을 제기하지 않기 때문에 우리는 종종 천국을 지금 이곳의 삶보다 덜 현실적이고 덜 실제적인 것으로 생각한다. (그래서 우리는 천국은 사람들이 서로 껴안는 장소라고 생각하지 않고, 더군다나 우리의 이 몸으로 그렇게 한다고 생각하지 않는다.) 그러나 씨. 에스. 루이스의 표현을 빌리자면 천국에서 우리는 그림자의 나라(shadowland)에서 사는 그림자들이 아니다. 대신에 우리는 온전히 물리적인 우주에서 온전히 살아 있고 온전히 물리적인 존재일 것이다.

어떤 의미에서 우리는 영원한 천국에서 우리의 친구를 보게 될 것처럼 그렇게 그를 본 적이 없다. 우리는 저곳에서 서로 포옹하는 것만큼 그렇게 의미심장하게 이곳에서 포옹해 본 적이 없다. 그리고 우리는 그때에 우리가 알 것처럼 그렇게 이 땅을 온전히 안 적도 아직 없다.

예수 그리스도께서는 부활한 땅에서 부활의 생명을 우리에게 주시기 위해 돌아가셨다. 그러므로 우리의 오해에서 우리를 구출해 줄 용어로 말하고 그리스도의 구속의 역사의 위대함을 올바르게 말할 수 있도록 주의하자.

제5부 회복된 땅 바라보기

제13장 · 우리의 구원은 언제 어디서 올 것인가?

제14장 · 옛 땅은 파괴될 것인가 아니면 새롭게 될 것인가?

제15장 · 새 땅은 집처럼 편안할 것인가?

제13장 | 우리의 구원은 언제 어디서 올 것인가?

> 우리 인생의 전 분야에 있어서 만물의 주재이신 그리스도께서 "이는 내 것이라"고 외치지 않으시는 곳은 한 곳도 없다.
>
> — 아브라함 카이퍼

이사야와 선지자들은 하나님의 백성의 운명을 분명히 말한다. 그들은 약속의 땅의 자유인처럼 평화와 번영 가운데 살게 될 것이다. 그러나 이 약속을 받은 자들 가운데 이미 죽은 자들—노예 시대, 포로와 전쟁의 시대, 가난과 질병의 시대에 살았던 사람들—은 어떠한가? 이들 중 많은 이들의 경우에 인생은 짧았고 힘들었으며, 때로는 잔인했다. 이 불쌍한 사람들이 살았을 때에 평화와 번영, 의의 통치 혹은 악의 종말을 목도했는가?

아니다.

그들의 후손 중에 살아생전에 그러한 장소를 본 적이 있는가?

없다. "이 사람들은 다 믿음을 따라 죽었으며 약속을 받지 못하였으되 그것들을 멀리서 보고 환영하며 또 땅에서는 외국인과 나그네임을 증언하였으니 그들이 이같이 말하는 것은 본향 찾는 자임을 나타냄이라. 그들이 나온 바 본향을 생각하였더라면 돌아갈 기회가 있었으려니와 그들이 이제는 더 나은 본향을 사모하니 곧 하늘에 있는 것이라…그들을 위하여 한 성을 예비하셨느니라"(히 11:13-16).

히브리서 11장에서 말하는 "본향"은 실제로 수도인 새 예루살렘을 가진 실제 나라이다. 그곳은 "외국인과 나그네"가 실제의 몸을 입고 마침내 살게 될 실제의 장소이다. 하나님께서 그들에게 하신 약속이 땅에 관한 것이었다면(그리고 그것은 땅에 관한 것이었다) 하늘의 "본향"은 궁극적으로 땅을 포함해야만 한다. 이 예언이 성취되려면 성경이 다른 곳에서 약속하고 있는 것이 정확히 요구된다. 그것은 하나님의 사람들과 그리고 하나님의 땅의 부활이다.

기대감에 찬 이 신자들을 전율하게 했던 것은 하나님께서 천국에서 통치하신다는 것이 아니었다—그분은 이미 통치하고 계셨다. 그들의 소망은 어느 날 주님께서 땅에서 통치하심으로 죄와 고통, 가난과 아픔을 제거하실 것이라는 사실이었다. 그들은 메시아가 오셔서 하늘과 땅을 통일시키실 것을 믿었다. 주님은 하나님의 뜻이 천국에서 이뤄진 것처럼 땅에서도 이루실 것이다.

고대 이스라엘 사람들의 소망은 먼 훗날의 자손들뿐만 아니라 자신들에게도 해당되었다. 그들은 하나님께서 단지 수백 년이 아니라 영원히 땅을 통치하시길 바랐다.

"주의 죽은 자들은 살아나고 그들의 시체들은 일어나리이다…땅이 죽은 자들을 내놓으리로다"(사 26:19). 아담이 땅의 흙으로 만들어진 것처럼 우리도 죽으면 돌아가게 될 흙으로부터 재창조될 것이다. 하나님의 백성들은 땅으로부터의 구원을 구하지 않고 땅 위에서의 구원을 구한다. 이것이 바로 우리가 우리 몸의 부활 이후에 구하는 것이다.

천년왕국의 문제

계시록 20장은 천년왕국을 다음과 같이 설명하면서 6번 언급한다.

- 마귀가 천 년 동안 결박 당한다(2절).
- 천 년 동안 만국은 더 이상 미혹을 당하지 않는다(3절).
- 성도들은 살아서 그리스도와 함께 천 년 동안 왕 노릇한다(4절).
- 나머지 죽은 자들은 천 년이 차기까지 살지 못한다(5절).
- 성도들은 천 년 동안 제사장과 왕이 될 것이다(6절).

- 천 년이 차자 사단은 풀려나고 인간으로 하여금 마지막으로 하나님께 반역하도록 미혹한다(7-8절).

신학자들은 천년왕국을 문자 그대로 천 년 동안의 통치로 봐야 할지 그리고 그것이 그리스도의 재림과 관련하여 언제 일어날 것인지에 대해 의견이 분분하다.

나는 문자적으로 그리스도의 천 년 동안의 통치가 현재의 땅에서 있을 것이라고 믿지만 또한 무천년주의를 지지해 주는 해석상의 강력한 주장들을 이해하고 존중한다. 천년왕국에 대한 다양한 견해들을 연구하고 싶은 사람들에게 나는 래드(G. E. Ladd)가 편집한 「천년왕국의 의미」(The meaning of the Millennium)를 추천한다. 이 책은 천년왕국에 대해 반대자의 입장이 아니라 주창자의 입장에서 네 가지 관점을 제시해 준다.

천년왕국이 많은 사람들의 관심의 대상이긴 하지만 이 책의 주제는 아니다. 나는 천년왕국에 대한 우리의 믿음이 새 땅에 대한 우리의 견해에 영향을 미칠 필요가 없다는 점을 지적하기 위해 단지 언급했을 뿐이다. 천년왕국의 문제는 옛 땅이 그리스도의 재림 후에 종말을 맞이할 것인지 아니면 천국왕국이 끝나고 천 년 뒤에 종말을 맞이할 것인지와 관련이 있다. 그러나 언제 옛 땅이 끝날 것인지와 상관없이 중요한 것은 새 땅이 시작된다는 점이다. 성경은 하나님의 궁극적인 나라와 우리의 최종 집은 옛 땅이 아니라 새 땅에 있을 것이라는 사실을 강조한다. 그곳에서 마침내 하나님의 본래 계획이 완성되고 단지 천 년 동안이 아니라 영원히 즐거워할 것이다.

약속의 새 세계

구약성경의 주된 주제는 땅에 있는 의의 왕국을 위한 하나님의 계획과 관련이 있다. 이것은 총론적으로는 땅과 그리고 각론적으로는 예루살렘과 관련이 있다. 예를 들어, 이사야는 다가오는 새로운 세계를 고대한다.

메시아는 "또 다윗의 왕좌와 그의 나라에 군림하여 그 나라를 굳게 세우고 지금 이후로 영원히 정의와 공의로 그것을 보존하실 것이라"(사 9:7). 다윗의 왕좌는 땅의 과거와 땅의 미래를 지닌 땅의 것이다.

이사야 11:1-10에서 우리는 땅에 대한 메시아의 사명에 관해 듣는다. "공의로 가난한 자를 심판하며 정직으로 세상의 겸손한 자를 판단할 것이며 그의 입의 막대기로 세상을 치며 그의 입술의 기운으로 악인을 죽일 것이며"(4절). 저주를 걷음으로써 메시아는 동물의 세계에도 평화를 가져다 줄 것이다. "그때에 이리가 어린 양과 함께 살며 표범이 어린 염소와 함께 누우며"(6절). (이 구절은 로마서 8장에서 언급한 구속의 성취이다.) 이사야는 예루살렘에 해됨도 상함도 없을 것이라고 말한다(9절). 메시아는 "만민의 기치로 설 것이요 열방이 그에게로 돌아오리니 그가 거한 곳이 영화로우리라"(10절).

이런 일은 어디서 일어나는가? 이것은 머나먼 천국인 "저 위"가 아니라 "아래 여기"인 땅, 즉 예루살렘에서 일어난다. 우리가 제9장에서 보았듯이 이사야 60장은 더 이상 원수가 없기 때문에 성문이 항상 열려 있다는 이야기를 한다. 새 땅에 대해서 요한도 거의 동일한 말로(계 21:24-26) 열방과 군왕들이 그들의 영광을 가지고 올 것을 말한다. 계시록은 하나님의 빛이 태양을 대신하고 "네 슬픔의 날이 끝날 것임이라"(사 60:19-20)라는 약속을 한다. 이 두 예언은 분명히 계시록에서 완성된다.

그러나 나라들과 땅의 갱신을 강력하게 표현하는 말씀은 이사야 60장만 있는 것이 아니다. "마치 청년이 처녀와 결혼함같이 네 아들들이 너를 취하겠고 신랑이 신부를 기뻐함같이 네 하나님이 너를 기뻐하시리라…너희 여호와로 기억하시게 하는 자들아 너희는 쉬지 말며 또 여호와께서 예루살렘을 세워 세상에서 찬송을 받게 하시기까지 그로 쉬지 못하시게 하라…성문으로 나아가라 나아가라 백성이 올 길을 닦으라 큰 길을 수축하고 수축하라 돌을 제하라 만민을 위하여 기치를 들라"(사 62:5-7, 10).

"여호와께서 땅 끝까지 선포하시되 너희는 딸 시온에게 이르라. 보라 네 구원이 이르렀느니라. 보라 상급이 그에게 있고 보응이 그 앞에 있느니라"(사 62:11). 이 말씀은 계시록 22:12에서 예수 그리스도의 말씀으로 다시 나타난다. "보라 내가 속히 오리니 내가 줄 상이 내게 있어 각 사람에게 그가 행한 대로 갚아 주리라."

이사야 65장보다 땅에 하나님의 나라를 세우고자 하시는 생각을 보다 더 분명하게 나타낸 곳은 없다. "보라 내가 새 하늘과 새 땅을 창조하나니 이전 것은 기억되거나 마음에 생각나지 아니할 것이라. 너희는 내가 창조하는 것으로 말미암아 영원히 기뻐하며 즐거워할지니라. 보라 내가 예루살렘을 즐거운 성으로 창조하며 그 백성을 기쁨으로 삼고 내가 예루살렘을 즐거워하며 나의 백성을 기뻐하리니 우는 소리와 부르짖는 소리가 그 가운데에서 다시는 들리지 아니할 것이며…그들이 가옥을 건축하고 그 안에 살겠고 포도나무를 심고 열매를 먹을 것이며…이리와 어린 양이 함께 먹을 것이며 사자가 소처럼 짚을 먹을 것이며 뱀은 흙을 양식으로 삼을 것이니 나의 성산에서는 해함도 없겠고 상함도 없으리라 여호와께서 말씀하시니라"(17-19절, 21절, 25절).

새 땅은 하나님의 나라를 위한 환경이 될 것이다. 새 예루살렘은 사람들이 와서 그분께 헌물하는 곳이 될 것이다. "내가 지을 새 하늘과 새 땅이 내 앞에 항상 있는 것 같이 너희 자손과 너희 이름이 항상 있으리라 여호와의 말이니라. 여호와가 말하노라 매월 초하루와 매 안식일에 모든 혈육이 내 앞에 나아와 예배하리라"(사 66:22-23).

계시록 21-22장을 비유로 이해해야 한다고 주장하는 사람들은 이사야의 말씀 모두도 비유로 해석해야만 한다. 그러나 유대인 학자들은 이것들을 문자적으로 해석한다. 예수님께서도 이들 모두를 문자적으로 해석하셨음을 알 수 있다. 이스라엘의 마음의 외침은 메시아가 오셔서 그분의 물리적 왕국을 땅 위에 세우시는 것이었다.

우리가 메시아의 재림과 새 땅에 관한 이사야의 예언이 문자적으로 성취될 것으로 기대해야만 한다는 사실을 다시 언급하고 싶다. 왜냐하면 메시아의 초림에 관한 그의 자세한 예언이 문자적으로 성취되었기 때문이다(예를 들어, 사 52:13; 53:4-12). 예수님께서는 승천하기 직전에 제자들에게 하나님의 나라가 땅 위에 언제 회복될 것인지 아는 것이 그들에게 허락되지 않았다고 말씀하셨다(행 1:6-8). 그러나 그들이 주님께서 하나님의 나라를 회복하실지 아닐지를 알지 못할 것이라고 말씀하지는 않으셨다. 결국 하나님의 나라를 땅 위에 회복시키는 것은 주님의 궁극적인 사명이었다.

가브리엘 천사가 마리아에게 예수님에 관해 약속한 것이 있다. "그가 큰 자가 되고 지극히 높으신 이의 아들이라 일컬어질 것이요 주 하나님께서 그 조상 다윗의 왕위를 그에게 주시리니 영원히 야곱의 집을 왕으로 다스리실 것이며 그 나라가 무궁하리라"(눅 1:32-33). 다윗의 왕위는 천국에 있지 않고 땅 위에 있다. 구속이 펼쳐지는 드라마의 초점은 하나님께서 하늘에서 통치하시는 것이 아니라 땅에서 통치하시는 것이다. 그 땅의 통치는 영원히 새 땅에서 이뤄질 것이다.

제14장 | 옛 땅은 파괴될 것인가 아니면 새롭게 될 것인가?

> 하나님은 그분의 구속의 활동에서 자기의 손으로 지은 것들을 파괴하지 않으시고 그것들에게서 죄를 제거하시고 온전하게 하신다. 이는 이렇게 함으로써 그것들을 창조하신 목적을 마침내 이루시기 위함이다. 당면한 문제에 이 원리를 적용한다면, 우리가 바라보는 새 땅은 현재의 땅과 완전히 다른 것이 아니라 우리가 지금 살고 있는 땅이 갱신되고 영화된 것일 것이다.
>
> — 안토니 호케마

현재의 땅과 전 우주는 완전히 파괴되고 새 땅과 새 우주가 처음부터 새롭게 만들어지겠는가? 아니면 본래의 우주가 새로운 우주로 갱신되고 변화되겠는가? 베드로후서 3:10은 말한다.

"그러나 주의 날이 도둑같이 오리니 그 날에는 하늘이 큰 소리로 떠나가고 물질이 뜨거운 불에 풀어지고 땅과 그 중에 있는 모든 일이 드러나리로다."

다른 구절들은 이 말씀이 무슨 의미인지를 이해하는 데 도움을 준다. 이 구절들은 "새롭게"(renewal, regeneration)와 같은 단어들을 사용함으로써 파괴되기로 작정된 동일한 땅은 또한 회복되기로 작정되었음을 가리킨다. 많은 사람들이 첫 번째 가르침은 붙들었지만 두 번째 가르침은 그렇게 하지 않았다. 그래서 그들은 베드로후서 3:10의 말씀을 성경이 실제로 가르치는 것과 다르게 완전히 혹은 최종적으로 파괴된다는 의미로 잘못 해석했다. 성경은 부활과 회복을 통해 역전될 수 있는 일시적인 파괴를 가르친다.

웨인 그루뎀은 베드로가 "땅을 하나의 행성으로서 바라보기보다는 땅의 표면에 있는 것들(즉 땅의 많은 부분과 땅 위에 있는 것들)을 의미한다"고 제안한다.[1]

존 파이퍼는 하나님께서 물질을 버리기 위해 그것을 창조하신 것이 아니라고 주장한다. 그는 "계시록 21:1과 베드로후서 3:10이 현재의 땅과 하늘이 '떠나간다'고 말할 때에 반드시 그들이 완전히 없어졌다는 것을 의미할 필요는 없으며, 오히려 그들의 변화가 너무나 커서 현재의 상태들이 떠나가는 것을 의미한다"고 쓰고 있다. 우리는 '유충이 사라지면 나비가 나온다'고 말한다. 사라짐 속에도 진정한 연속성과 연결이 존재한다.[2]

아내 낸시와 나는 1980년 5월 18일에 교회에서 집으로 차를 타고 온 사건을 결코 잊지 못할 것이다. 그때에 우리는 화산재 구름이 우리의 머리 위를 덮는 것을 보았다. 그것은 우리 집에서 70마일 떨어진 세인트 헬레나 산의 화산 폭발로 인한 것이었다. 몇 주 동안 재가 매일 너무나 두껍게 내려서 우리는 계속해서 차 유리와 현관입구를 호스로 물청소해야만 했다. 포틀랜드 주에 사는 많은 사람들은 질식을 방지하기 위해 수술용 마스크를 착용했다. 한때 아름다웠던 산과 주변 환경의 파괴는 처참했다. 거목들이 그을려서 마치 커다란 성냥개비처럼 쓰러졌다. 그 황폐함은 모든 것을 덮는 듯했다. 전문가들은 그 지역이 다시 살아나려면 수십 년, 아마 수백 년이 걸릴 것이라고 예견했다. 그러나 몇 해가 지나지 않아서 그 숲은 회복되기 시작했고, 저주 아래 있는 피조물에게 하나님이 심어 넣으신 치유의 능력을 보여 주었다.

그처럼 완전한 황폐함이 새로운 아름다움—하나님의 초자연적인 간섭이 없었는데도 말이다—으로 대치되는 것을 본 후에 나는 하나님께서 망가진 땅을 새롭고 신선하고 생동감 있는 땅으로 만드시는 모습을 그리는 데 어려움을 느끼지 않았다.

우리가 제12장에서 본 것처럼 로마서 8:19-23은 인간과 땅의 운명을 불가분의 관계로 연결시킨다. 이처럼 우리의 몸이 새로운 생명으로 부활할 것처럼 동일하게 땅도 새 생명으로 부활할 것이다.

구속은 회복을 의미한다

"새 땅"이란 용어는 성경 어디에서도 등장하지 않고, 새 땅을 분명하게 가리키는 이사야 60장과 같은 다른 구절이 수십 개가 되지 않는다 할지라도 사도행전 3:21만으로 충분하다. 이 구절은 "하나님이 영원 전부터 거룩한 선지자들의 입을 통하여 말씀하신 바 만물을 회복하실 때까지는 하늘이 마땅히 그를 받아 두리라"고 우리에게 말해 준다. 그리스도께서 재림하실 때에 하나님의 과업은 만물을 파괴하고서 다시 시작하시는 것이 아니라 "만물을 회복하시는" 것이다. 이전에 잃어버린 창조의 완전함은 온전히 갱신될 것이며, 사도행전 3장에서 이 말을 한 동일한 베드로가 베드로후서 3장에서 땅의 멸망에 관한 말씀을 썼다. 분명히 그는 이 둘 사이의 모순을 발견하지 못했다.

존 파이퍼는 말한다. "베드로가 의미하는 바는 이 세대의 마지막에, 우리가 알고 있는 것처럼, 이 세상의 종말을 가져올 파국적인 사건들이 있다는 것이다. 그로 인해 이 세상이 완전히 없어지는 것이 아니라 악한 것을 씻어내고 불로 세상을 정결하게 하여 결코 다함이 없는 세대, 즉 영광과 의 그리고 평화의 세대에 합당한 세상으로 만든다는 의미이다."

베드로후서의 이러한 파괴의 이미지들의 진정한 의미를 이해하는 열쇠는 이 구절 안에 있다고 생각한다. 이 구절은 홍수로 "파괴된" 노아 시대의 땅과 현재의 세상이 또 한 번의 심판을 통해 멸망하되 이번에는 물이 아니라 불로 멸망할 것을 나란히 비교한다(벧후 3:6-7). 미래 세상의 멸망을 이해하는 데 관심을 집중해야 할 핵심은 홍수이다. 홍수는 분명히 대격변을 가져오며 파괴적이다. 그러나 홍수로 인해 세상이 없어지고 더 이상 존재하지 않았는가? 그렇지 않다. 노아와 그의 가족과 동물들은 하나님의 정결하게 하시는 심판을 통해 새로 준비된 세상에 다시 살기 위해 하나님의 심판에서 구원받았다. 온 세상에 임한 홍수로 인해 모든 산들이 파괴된 것은 아니다(창 8:4). 많은 사람들이 에덴 근처의 티그리스 강과 유프라테스 강이 오늘날 우리가 알고 있는 강들과 동일한 강이 아니라고 믿지만 그들에게 본래의 이름과 동일한 이름이 주어졌다는 사실은 어떤 연속성을 암시한다.

영원히 죄를 제거한다는 점에서 불의 정결함은 홍수보다 더 철저하다. 그러나 하나님의 물 심판으로 땅이 영원히 살 수 없는 곳이 되지 않은 것처럼 하나님의 불 심판도 그럴 것이다.

킹 제임스 성경은 베드로후서 3:10을 이런 식으로 번역한다. "땅과 그 중에 있는 모든 일이 불타 없어지리라." 그러나 "불타 없어지다"로 번역된 단어는 가장 오래된 헬라어 사본에는 나타나지 않는다. 이 사본에는 "발견되다" 혹은 "보여지다"의 의미를 지닌 단어가 들어 있다. NIV 성경(New International Version)은 이것을 "드러나리로다"(laid bare)로 번역하고, 영어 표준 성경(English Standard Version)은 이를 "표출되리로다"(exposed)로 번역한다. 하나님의 불 심판은 있는 것을 그대로 드러내어 악한 것은 태워 버리지만 좋은 것은 정결하게 한다.

신학자인 코넬리우스 베네마는 "더 오래된 훌륭한 사본들에 사용된 단어는 파괴한다거나 불태운다는 개념보다는 이제 새롭게 태고의 순수 상태에 놓인 피조물을 발견하고 이를 개방한다는 과정의 개념을 담고 있다"고 설명한다.[3]

"태워 없앤다"를 가장 훌륭한 번역으로 인정하길 거부하면서 앨버트 올터스는 "이 본문의 번역들은 피조물의 현재 상태와 미래 상태 간의 연속성을 부정하는 세계관의 영향을 받았다"고 주장한다.[4]

베네마는 다음의 사실을 관찰하고서 베드로후서 3장과 로마서 8장을 연결시킨다. "베드로후서 3:5-13은 비록 다른 언어이긴 하지만 로마서 8장에 표현된 기본 이상을 확증해 준다. 새 하늘과 새 땅은 하나님의 주권적이고 구속적인 역사로부터 나온다…그것은 만물을 새롭게 하는 것이지 만물을 새롭게 창조하는 것이 아니다…[그리고] 새로운 피조물의 내세는 태초에 의도한 대로 주님을 섬기는 활동으로 풍부하게 가득 찰 것이다."[5]

과거의 뛰어난 몇몇 신학자들도 현재 땅과 새 땅 사이의 연속성을 인정하였다. 제롬은 천국과 땅은 없어지지 않고 보다 나은 것으로 변화될 것이라고 자주 말했다. 어거스틴도 그레고리 대제, 토마스 아퀴나스와 많은 중세 신학자들과 마찬가지로 유사하게 썼다.[6]

"새로운"의 의미

우리가 살펴본 것처럼 "하늘과 땅"이란 표현은 성경이 전 우주를 지칭하는 말이다. 그래서 계시록 21:1에서 "새 하늘과 새 땅"이라고 말할 때에 그것은 전 우주의 변화를 가리킨다. "새로운"으로 번역되는 헬라어 단어 "카이노스"(kainos)는 하나님이 창조하신 땅이 단지 옛 땅에 반하여 새 것이라는 의미가 아니라 질에 있어서 새롭고 뛰어나다는 것을 의미한다. 월터 바우어 사전에 따르면 카이노스는 "옛 것이 쇠퇴하여 새 것으로 대체되어야만 한다는 의미에서의 새로움을 의미한다. 이 경우에 새로움은 일반적으로 성질에 있어서 옛 것에 비해 뛰어나다는 의미이다."[7]

바울은 신자들을 "새로운 피조물"이라고 말할 때에 카이노스란 동일 단어를 사용한다(고후 5:17). 새 그리스도인이 여전히 이전의 사람과 동일한 것처럼 새 땅은 옛 땅과 동일할 것이다. 다른가? 그렇다. 그러나 또한 같다.

하나님께서 우리 몸의 흩어진 DNA와 원자, 분자를 모으실 때에 주님은 그을리고 망가진 땅 가운데 그분께서 필요한 모든 것을 다시 모으실 것이다. 우리의 몸이 새로운 몸으로 부활하는 것처럼 옛 땅도 부활하여 새 땅이 될 것이다. 그렇다면 땅은 파괴되겠는가 아니면 새롭게 되겠는가? 그 대답은 "예"도 되고 "아니오"도 된다. 그러나 "파괴"는 일시적이고 부분적이고 새롭게 되는 것은 영원하고 완전할 것이다.

중요한 논문에서 신학자 그레그 빌은 "새로운 피조물은 신약성서 신학에 있어서 눈에 띄는 변호 가능한 핵심 주제"라고 주장한다. 그는 말한다. "성경은 타락한 첫 창조로 시작되고 구약성경의 나머지 부분은 새 창조를 통해 타락한 피조세계의 회복을 위해 나아가는 구속 역사의 과정이다. 그리고 신약성경은 이러한 소망이 성취되기 시작하는 것을 목격하고 또한 미래에 이것이 성취되는 때를 예언하는데, 그것을 계시록 21:1-22:5 새 창조의 절정에서 잘 그려주고 있다."[8]

그러므로 우리가 이사야나 구약성경 전반에 걸쳐 살펴보았듯이 새 하늘과 새 땅의 교리는 최근에 발전된 뒤늦은 생각이 아니라 구속 역사와 의도의 중심 요소이다. 그것은 성경의 관점의 패러다임이며 왕국, 언약, 부활 그리고 구원의 모든 주제들을 포함하고 이보다 더 큰 주제이다. 빌이 말했듯이 "새로운 피조물의 교리는 신약성경의 해석학적 그리고 종말론적 중력의 무게중심"이다."[9]

신학자 윌리엄 덤브렐의 새로운 피조물에 관한 견해를 정리하면서 빌은 다음처럼 말한다. "구약성경 모두는 새로운 피조물을 향하여 나아가며 신약성경은 그 중요한 목표를 성취하기 시작한다…구속은 새 피조물의 조건들을 재도입하는 수단이라는 점에서 언제나 피조물에 종속된다. 새로운 피조물을 성서 신학의 주 개념으로 이해한 점에서 덤브렐은 옳다. 왜냐하면 새로운 피조물은 하나님의 구속사적–역사적 섭리의 목표 혹은 목적이기 때문이다. 새로운 피조물은 성경이 말하는 논리적 주요점이다."[10]

땅의 죽음은 우리 자신의 죽음처럼 최종적이지 않다. 하나님의 정결하게 하시는 심판 속에서 옛 땅의 파괴는 곧 바로 새 생명으로의 회복으로 이어진다. 땅의 불의 "종말"은 영광스러운 새로운 시작으로 바로 열려 있다.

제15장 | 새 땅은 집처럼 편안할 것인가?

> 지금 인간으로서 우리가 가지고 있는 삶은 지금 우리가 존재하는 우주에서 계속될 것이다.
>
> — 달라스 윌라드

이 세상의 숨막힐 정도로 아름다운 모습을 볼 때—나무와 꽃, 강과 산들의 풍경이 경이로울 때—때때로 우리는 실망의 아픔을 느낀다. 왜 그런가? 왜냐하면 우리는 이것들을 뒤로 하고 떠난다는 것을 알기 때문이다. 자위나 자책 가운데 우리는 "이 세상은 내 집이 아니야"라고 말할지 모른다. 그러나 솔직히 말한다면, 우리는 "그런데 어쩐지 그것이 내 집이었으면 좋겠는데"라는 말을 덧붙일지 모른다.

우리가 진정으로 원하는 것은 이 모든 아름다움은 간직하고 추한 모습은 하나도 없는 그런 세상에서 영원히 사는 것이다. 거기에는 죄, 사망, 저주가 없고 이들이 만들어 낸 모든 개인적, 관계적 문제들과 좌절이 없다.

천국의 시민권을 강조하는 사람들—나도 그들 중 한 사람이다—은 때로 불행하게도 땅에 대한 우리의 관계와 땅에서 살고 땅을 통치할 우리의 운명을 축소시키는 습관이 있다. 우리는 결국 땅이 없는 영적 상태로서의 영원을 생각하게 되며 그곳에서 기억한다 할지라도 땅은 단지 먼 추억일 뿐이다.

진짜 우리 집의 모습은?

새 땅의 물리적 성격을 이해하고 이를 고대하는 것은 수많은 오류들을 수정해 준다. 이것은 우리로 하여금 하나님께서 만드신 세상을 죄의식 없이 사랑하고, 우리의 죄로 더럽혀진 세상은 부정할 수 있도록 자유를 허락해 준다. 이것은 우리에게 하나님 자신이 우리에게 땅을 주셨으며, 우리에게 땅을 사랑하는 마음을 주셨고 우리에게 새 땅을 주시길 기뻐하신다는 것을 상기시켜 준다.

잠시 동안 이것이 아담과 이브에게는 어떤 의미인지 생각해 보라. 새 땅이 하늘로부터 내려올 때 우리는 집에 가지만 아담과 이브는 집으로 돌아온다. 오직 이들만이 세 땅—타락하지 않은 땅, 타락한 땅, 그리고 구속받은 땅—에서 살아 볼 것이다. 오직 이들만이 최소한 어느 정도 잃었다 다시 찾은 본래의 장엄한 땅의 보화를 경험할 것이다.

우리가 처음으로 새 땅을 바라볼 때에 그것이 낯설겠는가? 아니면 우리는 그것을 우리의 집으로 인식하겠는가?

인간인 우리는 미지의 새로운 세계를 탐험하기 위해 발걸음을 뗄 때조차도 집을 사모한다. 우리는 새로운 혁신을 갈망할 때조차도 오래된 친숙함을 원한다. 우리가 사랑하는 새것들을 모두 생각해 보라. 새 집으로의 이사, 새 차의 냄새, 새 책의 촉감, 새 영화, 새 노래, 새 친구의 기쁨, 새 애완동물의 즐거움, 크리스마스의 새 선물, 멋진 새 호텔 방의 투숙, 새 학교나 새 직장에 도착하기, 새로 태어난 아이나 손자 환영하기, 우리 입맛에 맞는 새 음식 먹기 등. 우리는 새로운 것을 좋아하지만 그러나 모든 새로운 것에는 뭔가 친숙한 것이 들어 있다. 우리는 완전히 우리에게 생소한 것들을 정말 좋아하지 않는다. 대신에 우리는 우리가 이미 알고 좋아하는 것을 새롭게 개선한 변형들을 즐긴다. 그래서 우리가 천국에서 새로운 몸을 가지고 새 땅에서 살게 될 것이라는 말을 들을 때에 "새로운"이란 말을 어떻게 이해할 것인가? 그것은 우리가 친숙한 몸과 친숙한 땅과 친숙한 관계가 완전히 회복된 것이다.

영원한 천국에 관한 일반적인 오해는 그것이 친숙하지 않은 것이라고 생각하는 것이다. 그러나 그것은 전혀 사실이 아니다. 옆의 도표는 천국에 관해 퍼져 있는 오해들과 성경에 근거한 성경의 특징들을 비교한 것이다.

우리가 천국에 관해 생각하는 것은 단지 현재 이곳 땅에서 견딜 수 없는 실존의

천국에 관해 우리가 생각하는 것	천국에 관해 성경이 말하고 있는 것
땅이 없다	새 땅
친숙하지 않다, 초세속적이다	친숙하다, 땅에 속한 것이다
몸이 없다	부활한 몸이 있다(구체적인 형체가 있다)
낯설다	집이다(무한히 창조적이신 하나님의 모든 신기한 것들을 갖춘 집의 모든 안락함이 있다)
좋아하는 것들을 뒤로 한다	선한 것은 간직한다, 앞에 놓인 최선의 것을 찾는다
시간과 공간이 없다	시간과 공간이 있다
정적이다	역동적이다
(에덴 동산과 같은) 옛 것도 새 것도 없으며 땅도 없다, 단지 낯설고 알 수 없는 세계이다	옛 것과 새 것이 함께 공존한다
아무 할 일 없이 구름 위를 떠다닌다	하나님을 경배하고 섬긴다, 우주를 통치한다, 성취해야 할 목적 있는 일이 있다, 즐길 친구들이 있다
배우지도 않고 발견도 없다, 즉시 그리고 완벽하게 안다	영원히 배우고 발견한다
지루하다	매혹적이다
갈망이 없다	갈망이 계속해서 만족된다
악한 것이 없다 (그러나 우리가 원하는 것은 거의 없다)	놀라운 것들(우리가 원하는 모든 것과 우리가 원하지 않는 것은 하나도 없는 것)이 있다.

대안으로서 우리가 바라는 장소로 축소되었다. 노인들과 장애인들, 그리고 핍박받는 자들만이 우리가 상상하는 천국을 간절히 원할지 모른다. 그러나 성경은 하나님과 함께 부활한 몸을 가지고 부활한 우주에서 사는 삶을 너무나 흥분되고 강력하게 그려주고 있기 때문에 우리 중 가장 어린아이들과 가장 건강한 사람들도 천국을 꿈꾼다.

사단은 우리가 천국에 관해 알길 원하지 않는다는 것은 놀랄 만한 일이 아니다. 우리가 하나님께서 우리를 위해 예비하신 장소와 사랑에 빠지고 그 미래를 고대한다면 우리는 더욱더 깊이 하나님과 사랑에 빠질 것이고 더 위대한 결단과 조망을 가지고 주님을 따르기로 담대히 결단할 것이다.

우리가 새 땅을 밟는 순간에 우리는 우리가 속한 곳을 정확하게 알게 될 것이다. 그러나 우리는 죽어서 천국에 대해 알 때까지 기다릴 필요가 없다. 신부가 신랑이 그녀를 위해 만든 집으로 그녀를 데려가기 위해 도착하는 날을 기다리며 살듯이 우리도 예수님과 천국을 날마다 생각해야 한다. 버림받았다고 느끼기보다 신부는 명예롭게 느낀다. 왜냐하면 그녀는 신랑이 그녀를 마음에 담고 사랑으로 지은 집에서 그와 함께 살 것을 알기 때문이다. 그녀는 때로 외로움과 어려움을 경험할지 모르지만 그녀는 그가 자기를 잊지 않는다는 것을 알며, 그가 자기를 위해 하는 일이 그녀의 미래의 행복을 보장해 준다는 것을 안다. 그녀의 현재 행복은 그를 신뢰하고 그가 와서 자기를 집으로 데려갈 것이며 그곳에서 그들은 영원히 함께 행복하게 살 것을 믿는 데 달려 있다.

집의 친숙함

성경이 우리에게 천국은 우리의 집이라고 말할 때에 집이란 단어에 어떤 의미를 부여해야만 하는가?

집은 친숙한 곳이며 우리가 살기에 알맞은 곳이다. 집은 우리를 위하여 만들어진 장소이다. 우리가 땅에서 사는 대부분의 집들은 정말 우리만을 위해 만들어지지 않았다. 그러나 새 땅은 그러할 것이다. 아내가 딸들을 임신했을 때에 그녀와 나는 그들을 위한 처소를 마련했다. 우리는 방을 장식하고 잘 어울리는 벽지를 골랐으며 아기 침대와 이불도 완벽하게 준비했다. 우리가 딸들을 위해 준비한 장소는 우리의 기술, 자원, 상상의 제한을 받았다.

천국에서 우리 주님이 우리를 위해 어떤 곳을 준비하셨는지 추측할 수 있겠는가? 주님께서는 제한을 받지 않으시고 우리가 자녀들을 사랑하는 것보다 더 우리를 사랑하시기 때문에 우리는 우주 역사상 그 어느 누가 그 어느 누구를 위해 만든 것보다 더 좋은 것으로 만드셨다고 생각한다. 손대접하라고 명하신 하나님께서 우리를 대접하실 때에 우리를 능가하실 것이다.

훌륭한 목수는 자신이 만들고자 하는 것을 머릿속으로 그린다. 그는 계획을 세우고 설계한다. 그리고 나서 그는 자기의 작품을 신중하고 공교하게 만들며, 정확한 치수에 따라 제작한다. 그는 자신이 만든 작품을 자랑스럽게 여기며 그것을 다른 이들에게 보여주며 기뻐한다. 그가 자신의 신부나 자녀들을 위해 무언가를 만든다면 그는 특별한 관심과 기쁨을 가질 것이다.

예수님은 나사렛의 목수이시다. 주님은 집짓는 법을 아신다. 그분은 모든 세계들(전 우주에 걸친 수십억 개의 세계들)을 지으신 경험을 가지고 계시다. 주님은 우리를 위해 한 세계를 만들고 계시며 대규모로 옛 땅을 리모델링하고 계시다. 새 땅이라 불리는 그 행성은 얼마나 위대할 것인가. 주님은 그 행성을 우리의 집…그리고 그분의 집이라고 말씀하신다.

새 노래, 새 자동차, 새 땅

새 땅을 땅이라고 부름으로써 하나님께서는 우리에게 그것이 땅이어서 친숙하게 될 것이라고 힘줘서 말씀하신다. 만일 그렇지 않다면 왜 그것을 땅이라고 불렀겠는가?

성경이 "새 노래"라고 말할 때에 우리는 그것이 가사도 없고, 소리가 없거나 리듬이 없다고 상상하는가? 물론 그렇지 않다. 왜 그런가? 그럴 경우에 그것은 노래가 아니다. 내가 당신에게 새 차를 사주겠다고 약속했을 경우에 당신은 "그것이 새 차라면 엔진, 변속기, 문짝, 바퀴, 스테레오, 혹은 가죽의자가 없겠네요?"라고 말하겠는가? 자동차에 이런 것들이 없다면 그것은 자동차가 아니다. 우리가 새 차를 살 경우에 우리는 그것이 이미 우리가 가지고 있는 헌 차보다 더 좋은 차라는 것을 안다. 마찬가지로 새 땅은 옛 땅보다 훨씬 더 좋은 곳이다.

"새로운"이란 단어는 명사를 수식하는 형용사이다. 여기서 주체는 명사이다. 새 차는 한 번도 쓰지 않은 제일 먼저의 차이다. 새 몸도 주체가 몸이다. 새 땅도 역시 주체가 땅이다.

새 땅은 비(非)—땅이 아니라 실제의 땅이다. 성경에서 말하는 땅은 먼지, 물, 바위, 나무, 꽃, 동물, 사람, 그리고 여러 가지의 자연의 경이들을 지닌 우리가 알고 있는 땅이다. 이런 것들이 없는 땅은 땅이 아니다.

현재의 몸이 우리의 부활할 몸의 청사진인 것처럼 현재의 땅도 새 땅의 청사진이다.

성육신으로 인해 천국은 내재적(immanent)이 되었다. 다가오는 새 땅은 천국이 지금까지 순수하고 거룩했던 것처럼 하나님의 거처가 될 것이다. 따라서 천국을 땅의 용어로 생각하는 것은 부적절할 수가 없다. 왜냐하면 우리로 이렇게 생각하도록 만드는 것은 성경이기 때문이다. 폴 마샬의 말에 따르면 "우리에게 필요한 것은 세상을 탈출하는 것도, 인간이기를 멈추는 것도, 세상을 돌보길 멈추는 것도, 인간 문화 형성을 멈추는 것도 아니다. 우리에게 필요한 것은 하나님의 뜻에 따라 이런 것들을 행할 수 있는 능력이다. 나머지 피조물과 마찬가지로 우리도 구속이 필요하다."[1]

집을 그리워함

집을 떠나서 무척이나 집을 그리워한 때를 기억하는가? 대학에 다니기 위해, 군 복무를 위해 혹은 오랫동안 외국을 여행할 때나 직장 때문에 이사를 해야만 할 때 그러했을 것이다. 집을 그리워하며 얼마나 마음이 아팠는지 기억하는가? 그것이 우리가 천국에 관해 느껴야 하는 것이다. 우리는 우리의 집을 갈망하는 난민들이다. 씨. 에스. 루이스는 말한다. "만일 내가 내 안에서 이 세상의 어떤 경험으로도 만족할 수 없는 갈망이 있음을 발견한다면 그에 대한 가장 가능성 있는 설명은 내가 또 다른 세상을 위해 지음을 받았다는 사실일 것이다."[2]

천국을 그리워하는 우리의 마음보다 더 자주 오진되는 것은 없다. 우리는 우리가 원하는 것이 섹스, 마약, 알코올, 새로운 직장, 박사학위, 배우자, 대형스크린의 텔레비전, 새 차, 통나무 집, 하와이의 콘도라고 생각한다. 우리가 정말 원하는 것은 우리가 위하여 지음을 받은 분인 예수님과 우리가 위하여 지음을 받은 장소인 천국이다. 이보다 못한 것은 그 어느 것도 우리를 만족시키지 못한다. 씨. 에스. 루이스는 말한다. "우리 모두가 갈망하는 변하지 않는 행복과 안정감을 하나님께서는 이 세상의 바로 그 속성 때문에 우리에게서 보류하셨다. 주님께서는 기쁨과 즐거움을 널리 흩으신다. 우리는 결코 안전하지 않지만 많은 재미와 때때로 환희를 경험한다. 왜 그런지 그 이유를 알기란 어렵지 않다. 우리가 갈망하는 안정감은 우리로 우리의 마음을 이 세상

에 두도록 만들며, 우리가 하나님께 돌아가는 것을 방해하기 때문이다."³

기독교의 정통성을 토론하면서 지. 케이. 체스터톤은 다음과 같이 썼다. "현대 철학자는 내가 옳은 곳에 있다고 거듭해서 말했다. 나는 마지못해 그 말에 동의했지만, 여전히 우울했다…내가 잘못된 곳에 있다는 이야기를 들었을 때에…나의 영혼은 봄날의 새처럼 기쁨으로 노래했다. 이제 나는 알았다…왜 내가 집에 있으면서도 집에 가고 싶어 향수를 느끼는지를."⁴

나는 체스터톤이 집에 대한 향수를 그린 모습을 좋아한다. "천국은 우리의 영원한 집입니다," 혹은 "땅은 우리의 영원한 집입니다"라고 말할 수 있지만 "땅이 아니라 천국이 우리의 집입니다"라고 말해서는 안 된다. 왜냐하면 우리가 거할 천국은 새 땅 위에 있게 될 것이기 때문이다.

언젠가 지나가면서 내가 만난 한 그리스도인이 나에게 자신을 괴롭히는 문제가 있는데 그것은 자신이 천국을 정말로 갈망하지 않는 것이라고 말했다. 대신에 그는 하나님께서 의도하신 대로 땅을 갈망했다. 그는 저 멀리 어디엔가 있는 천국을 갈망하지 않았으며 하나님께서 영광을 받으신 자기가 밟고 있는 땅을 갈망했다. 그는 이러한 갈망 때문에 죄의식을 느꼈으며 영적이지 않다고 생각했다. 그때에 나의 눈은 새 땅에 관한 성경의 약속에 대해 열려 있지 않았었다. 내가 그와 다시 말할 기회가 주어진다면 (나는 그가 이 책을 읽길 바란다) 그에게 먼저 해줘야 할 말은 그의 원함이 성경적이고 옳다는 것이다. 사실 그가 항상 원했던 바로 그곳이 하나님께서 온전히 영광을 받으신 새 땅이며 그가 영원히 살 곳이다.

이 세상의 경이로움에 깨어있고 이로 인해 너무나 활달한 사람에게 "이 세상은 당신의 집이 아니요"라고 말하는 것은 타오르는 불에 찬물을 끼얹는 거와 마찬가지이다. 우리는 이 불을 끄는 것이 아니라 이것이 퍼져가도록 하기 위해 그 타오르는 불에 부채질을 해야만 한다. 그렇지 않을 경우에 우리는 땅의 집을 사랑하는 하나님께서 주신 본능에 해를 끼친다. 그리고 우리는 "영적이란 말"을 예술, 문화, 과학, 스포츠, 교육 그리고 다른 모든 인간적인 것들을 거부하는 것으로 환원한다. 이렇게 할 때에 우리는 우리를 위선자로 만든다. 왜냐하면 우리는 교회에 앉아 있는 동안에는 세상을 멸시하는 척하지만, 차를 탈 때에는 좋아하는 음악을 틀고, 친구들과 바비큐 파티를 하기 위해 집으로 달려가며, 축구 게임을 보고, 골프를 치며, 자전거를 타고, 정원 일을 하거나, 맛좋은 커피를 마시면서 재미있는 책을 읽는다. 우리가 이런 일을 하는 것은 우리가 죄인이기 때문이 아니라 사람이기 때문이다. 죽어서 천국에 가도 우리는 여전히 사람이다. 이것은 실망스러운 현실이 아니다. 그것은 하나님의 계획이다. 주님께서는 죄의 부분은 제외하고 우리를 현재의 모습으로 만드셨으며, 죄는 친구, 음식, 스포츠, 정원 가꾸기, 독서 등과는 상관이 없다.

    우리는 우리 자신, 타인, 죄, 고통, 범죄, 사망에 싫증났다. 그러나 우리는 땅을 사랑하지 않는가? 나는 사막 위의 광활한 밤하늘을 사랑한다. 나는 난로가 앞의 소파에서 이불을 덮고 아내 곁에 앉아, 애완견이 우리 곁에 지긋이 기대는 것을 바라보는 아늑함을 사랑한다. 이러한 경험들이 천국은 아니다. 그러나 그것들은 천국을 미리 맛보는 것이다. 우리가 이생에서 사랑하는 것은 우리가 위하여 지음을 받은 삶과 공명하는 것들이다. 우리가 사랑하는 것들은 단지 이생이 제공해 주는 최상의 것이 아니라 다가올 더 위대한 생의 예고편이다.

제6부
우리와 하나님과의 관계
축하하기

제16장 · 하나님을 본다는 것은 무슨 의미인가?

제17장 · 하나님께서 우리 가운데 거하신다는 것은 무슨 의미인가?

제18장 · 우리는 어떻게 하나님을 경배할 것인가?

제16장 | 하나님을 본다는 것은 무슨 의미인가?

> 나는 죽은 자 가운데 부활하리라…나는 하나님의 아들, 영광의 태양을 보고 태양이 비치듯 나도 비치리라. 나는 태초부터 계신 이, 곧 하나님 그분과 연합하리니, 그분에게는 아침이 없으시고 시작도 없으시다…아무도 하나님을 보고 산 자가 없도다. 그럼에도 불구하고 나는 하나님을 뵙기 전에는 살지 못할 것이요, 그분을 뵐 때에야 나는 결코 죽지 아니하리라.
>
> — 존 돈

중요도의 순서에 따라 천국의 여러 면들을 다루라고 하면 나는 하나님과 그리고 그분과 우리의 영원한 관계에 관한 장으로 시작했을 것이다. 그러나 나는 새 땅 위의 물리적인 부활의 삶을 정확히 그리는 것이 먼저 필요하다고 생각했다. 앞서 놓은 기초가 없을 경우에 "하나님을 본다"는 개념은 결국 내세의 특성에 관한 기독교 플라톤주의의 가정에 의해 왜곡될 것이다. 우리가 천국에 대한 관점을 우리의 다가올 부활과 새 땅의 물리적 성질의 진리에 관한 분명한 이해에 두지 않는다면, 하나님과 함께한다는 우리의 개념은 성경에 기초한 기독교보다는 동방의 신비주의와 같은 양상을 더 많이 띨 것이다.

하나님의 얼굴을 본다는 장엄한 주제를 진부한 표현이나 모호하고 생명력 없는 풍자로 더럽혀서는 안 된다. 나는 하나님과 우리의 영원한 관계라는 이 주제를 마땅히 받아야 할 부요함과 생명력을 가지고 접근할 수 있기를 바란다.

"하나님이여 주는 나의 하나님이시라. 내가 간절히 주를 찾되 물이 없어 마르고 황폐한 땅에서 내 영혼이 주를 갈망하며 내 육체가 주를 앙모하나이다"(시 63:1). 우리가 원하는 수천의 다른 것들을 상상해 볼 수 있지만 하나님만이 우리가 진정으로 갈망하는 분이시다. 그의 임재 앞에서 우리는 만족함을 얻으며, 그분이 계시지 않으면 목마름과 갈망이 생겨난다. 천국에 대한 우리의 갈망은 하나님께 대한 우리의 갈망이다. 그 갈망은 우리의 내면세계만이 아니라 우리 몸도 포함한다. 하나님과 함께한다는 것은 천국의 마음이며 영혼이다. 다른 모든 천국의 기쁨들은 그분에게서 나오며 부차적인 것이다. 우리를 향하신 하나님의 가장 위대한 선물은 지금도 그리고 앞으로도 언제나 그분 자신이다.

축복의 비전

고대 신학자들은 종종 "축복의 비전"(beatific vision)에 관해 언급했다. 이 용어는 세 단어의 라틴어 합성어로서 "행복을 만드는 광경"이란 뜻이다. 그들이 말하는 광경은 하나님이셨다. 계시록 22:4은 하나님의 종들에 관해 "그의 얼굴을 볼 터이요"라고 말한다. 하나님의 얼굴을 본다는 것은 모든 동경 중에 가장 고귀한 것이지만 슬프게도 대부분의 경우에 그것은 우리의 소원 명부의 최상위에 있지 않다.

모세가 하나님께 "주의 영광을 내게 보이소서"라고 말하자 하나님께서는 "내가 내 모든 선한 것을 네 앞으로 지나가게 하고…네가 내 얼굴을 보지 못하리니 나를 보고 살 자가 없음이니라…내 영광이 지나갈 때에 내가 너를 반석 틈에 두고 내가 지나도록 내 손으로 너를 덮었다가 손을 거두리니 네가 내 등을 볼 것이요 얼굴은 보지 못하리라"(출 33:18-23).

모세는 하나님의 영광을 보았지만 하나님의 얼굴을 보지 못했다. 신약성경은 하나님께서는 "가까이 가지 못할 빛에 거하시고 어떤 사람도 보지 못하였고 또 볼 수 없는 이시니"라고 말한다(딤전 6:16). 하나님의 얼굴을 보는 것은 전혀 상상도 할 수 없었다.

그래서 계시록 22:4에서 우리가 하나님의 얼굴을 볼 것이라는 말을 들을 때에 그것은 우리를 놀라게 만든다. 이런 일이 일어나려면 지금과 그때 사이에 어떤 급격한 일이 일어나야만 한다. 하나님의 얼굴을 보는 데 있어서 장애물들은 엄청나다. "거룩함을 따르라. 이것이 없이는 아무도 주를 보지 못하리라"(히 12:14). 우리가 하나님의 얼굴을 보고도 죽지 않는 것은 오직 우리가 그리스도 안에서 온전히 의롭기 때문이다.

우리는 그분의 얼굴을 뵙고 살 뿐만 아니라 그분의 얼굴을 뵙기 전에 우리의 삶이 정말 삶이었는지 하는 의문이 들 것이다. 하나님의 얼굴을 뵙는다는 것은 우리의 가장 큰 기쁨이며 모든 다른 것들을 측정하는 기준이 되는 그런 기쁨이다.

아버지와 아들의 얼굴

다윗은 "내가 여호와께 바라는 한 가지 일 그것을 구하리니 곧 내가 내 평생에 여호와의 집에 살면서 여호와의 아름다움을 바라보며 그의 성전에서 사모하는 그것이라"고 말한다(시 27:4). 다윗은 하나님 한 분에게만 사로잡혔으며 하나님의 처소에 대해서도 그랬다. 그는 하나님이 계신 곳에 있기를 원했으며, 그분의 아름다움을 바라보길 원했다. 하나님의 얼굴을 뵙는다는 것은 그분의 아름다움을 보는 것이고 그것은 모든 다른 아류의 아름다움의 근원이다.

초월자이신 하나님은 "하나님이 우리와 함께"하시는 임마누엘 되신 예수 그리스도 안에 내재하신다(마 1:23). 성자 하나님은 우리 가운데, 우리의 땅 위에, 우리 중 하나로 그의 장막을 치신다(요 1:14). 우리가 천국에서 예수님을 볼 때마다 우리는 하나님을 볼 것이다. 예수 그리스도는 하나님이시고 하나님께서 영원히 나타나신 존재이기 때문에 "나를 본 자는 아버지를 보았거늘"이라고 빌립에게 말씀하실 수 있었다(요 14:9). 그때에 분명히 새 땅에서 우리가 아버지 하나님을 보는 가장 첫째 방법은 그분의 아들을 통해서이다.

조나단 에드워즈는 그리스도를 우리가 보게 될 "하나님의 위"(the member of

Godhead)로 강조했다. "영화롭게 되신 그리스도의 몸에서 하나님을 본다는 것은 육안으로 하나님을 보는 가장 완벽한 방법이다. 왜냐하면 삼위 일체 중 한 위가 자기 몸으로 취하신 실제 몸, 그리고 하나님께서 영원히 자기의 것으로 내주하시는 그 몸—그 몸이 외적인 형태와 모양으로 나타나는 것이 가능한 만큼 하나님의 위엄과 탁월함도 그 안에서 나타난다—을 보기 때문이다."[1]

그러나 예수님께서는 "마음이 청결한 자는 복이 있나니 그들이 하나님을 볼 것임이요"라고 말씀하셨다(마 5:8). 계시록 22:4에서 "그의 얼굴을 볼 터이요 그의 이름도 그들의 이마에 있으리라"고 말할 때에 그것은 하나님 아버지의 얼굴을 보는 것을 가리키는 것처럼 보인다.

"하나님은 영이시다"(요 4:24). 성경에 나오는 하나님의 신체의 언급(예를 들어, "하나님의 눈" 혹은 "하나님의 팔")은 수사법이다. 그러나 어떤 의미에서 모세는 하나님의 얼굴을 보지 않았지만 하나님 자신의 본질의 광채를 본 것 같다. 광채는 성부 하나님의 본질의 일부인가 아니면 그분께서 육안으로 보게 하기 위해 자신을 계시하기로 작정하신 형태인가? 나는 우리가 아버지 하나님의 얼굴을 어떻게 보게 될 것인지 아는 것처럼 행동하고 싶지 않지만 어떤 의미에서 그렇게 볼 것 같다.

우리의 몸으로 하나님 보기

천국에 관한 한 책은 "구속받은 자들은 하나님을 보겠지만 분명히 육안으로 보지 않을 것이다"라고 말한다.[2] 그러지 말라는 법이 어디 있는가? 계시록 22:3-4에 나오는 장면은 우리 몸의 부활 이후의 사건이다. "하나님과 그 어린 양의 보좌가 그 가운데에 있으리니 그의 종들이…그의 얼굴을 볼 터이요." 물리적 존재인 우리는 분명히 육안을 가질 것이다. 만일 그렇지 않을 경우에 어떻게 하나님을 보길 기대한단 말인가? 우리 부활의 몸은 죄와 질병 혹은 사망에 물들지 않은 물리적-영적 눈을 가질 것이다. 그 눈은 하나님의 영광을 간접적으로 봐야만 했던 모세의 눈보다 훨씬 더 밝을 것이다.

천국에서 우리가 예배할 그리스도는 또한 사람이시겠는가? 그렇다. "예수 그리스도는 어제나(주님이 땅에 사셨을 때) 오늘(주님이 중간 천국에 사시는 때)이나 영원토록(주님이 영원한 천국의 새 땅에서 사실 때) 동일하시니라"(히 13:8). 그리스도는 코트처럼 몸을 입지 않으셨다. 주님은 하나님과 인간 두 분리된 요소를 가지고 계셔서 원하는 대로 바꾸시지 않는다. 오히려 주님은 과거와 현재 그러셨던 것처럼 미래에도 인간이시면서 동시에 하나님이실 것이다.

큰 고통 가운데 있던 몸은 분명한 비전 가운데 외친다. "내가 알기에는 나의 대속자가 살아 계시니 마침내 그가 땅 위에 서실 것이라. 내 가죽이 벗김을 당한 뒤에도 내가 육체 밖에서 하나님을 보리라. 내가 그를 보리니 내 눈으로 그를 보기를 낯선 사람처럼 하지 않을 것이라 내 마음이 초조하구나"(욥 19:25-27). 부활의 몸으로 하나님의 얼굴을 맞대고 보길 고대하는 것은 진심에서 우러나오는 것이고 오래된 것이다.

우리는 새 땅에서 하나님을 뵐 때까지 기다릴 필요가 없다. "그의 보이지 아니하는 것들"이 "만물" 가운데 "분명히 보인다"는 말을 듣는다(롬 1:20). 당신 주변의 나무, 꽃, 태양, 비, 그리고 사람들을 생각해 보라. 그렇다. 우리 주변과 우리 안 어디에나 황폐함이 있다. 에덴은 짓밟히고 타버리고 유린당했다. 그러나 하늘의 별들은 그럼에도 불구하고 하나님의 영광을 선포하며(시 19:1) 동물들, 예술, 음악도 그러하다. 그러나 우리의 비전은 만물을 오염시킨 바로 그 저주로 인해 흐려진다. 어느 날 우리와 온 우주는 영원히 죄에서 치유될 것이다. 그 날에 우리는 하나님을 볼 것이다.

하나님 뵙기: 우리의 가장 큰 기쁨

천국에서 구속받은 인간과 하나님 사이의 장벽은 영원히 사라질 것이다. 하나님의 눈을 들여다보는 것은 우리가 언제나 원하는 것일 것이다. 그분은 자신의 선한 기쁨을 위해 우리를 만드셨다. 하나님을 뵈는 것은 모든 것을 처음으로 보는 것과 같을 것이다. 왜냐하면 우리는 하나님을 뵐 뿐만 아니라 그분은 우리가 다른 모든 것들—사람들, 우리 자신, 그리고 이생의 사건들—을 보는 렌즈가 될 것이기 때문이다.

영생의 본질은 무엇인가? "영생은 곧 유일하신 참 하나님과 그가 보내신 자 예수 그리스도를 아는 것이니이다"(요 17:3). 천국에서의 가장 큰 기쁨은 하나님을 알고 보는 것이다. 다른 모든 기쁨은 우리와 하나님의 관계의 샘에서 흘러나오는 유도체일 것이다. 조나단 에드워즈는 말한다. "하나님 자신은 위대한 선이며 구속을 통해 사람들은 그분의 소유와 기쁨이 된다. 그분은 지선이시며 그리스도께서 값 주고 사신 모든 것의 총체이시다…구속받은 자들은 참으로 다른 것들을 즐기겠지만, 그들이 천사들과 서로 안에서 혹은 다른 어떤 것 안에서 즐거워하고 또한 그들에게 기쁨과 행복을 가져다주는 것은 그들 안에서 하나님에 관해 보는 것이다."[3]

아삽은 말한다. "하늘에서는 주 외에 누가 내게 있으리요. 땅에서는 주 밖에 내가 사모할 이 없나이다"(시 73:25). 이것은 과장된 말처럼 보인다. 이 사람이 땅에서 바라는 것이 하나님 외에는 아무것도 없다는 말인가? 그러나 그는 우리 마음의 중심은 하나님을 위한 것이라는 사실을 확증해 준다. 그렇다. 우리는 많은 다른 것을 원하지만 그들을 바라는 가운데 정말 우리가 바라는 것은 하나님이시다. 어거스틴은 하나님을 "우리 갈망의 끝"이라고 불렀다. 그는 기도한다. "오, 주님. 당신은 당신 자신을 위해 우리를 지으셨으며 우리의 마음은 당신 안에서 쉴 때까지 안식하지 못하나이다."[4]

당신이 아프다고 가정해 보자. 당신의 친구가 음식을 가져온다. 당신의 필요를 채워주는 것은 음식인가 아니면 친구인가? 둘 다이다. 물론 당신의 친구가 없으면 음식은 없을 것이다. 그러나 음식이 없더라도 당신은 여전히 우정을 소중히 여길 것이다. 따라서 당신의 친구는 더 높은 수준의 기쁨이며 또한 2차적 기쁨(음식)의 근원이기도 하다. 마찬가지로 하나님도 모든 아류의 선의 근원이시기에 그들이 우리에게 만족감을 줄 때에 우리에게 만족감을 주시는 분은 하나님이시다.

내가 새로운 우주에서 부활의 생명으로 얻게 될 여러 즐거움을 이 책의 다른 곳에서 논할 때에 어떤 독자들은 '그렇지만 우리의 눈은 주시는 분을 바라봐야 선물을 바라봐서는 안 된다. 우리는 천국이 아니라 하나님께 초점을 맞춰야만 한다'라고 생각할지 모르겠다. 이런 접근법은 영적인 것처럼 보이지만 자칫 잘못하면 삶, 관계, 세상—하나님께서는 은혜롭게도 이 모든 것을 우리에게 주신다—에서 겪는 우리의 경험들을 하나님으로부터 분리시킬 위험성이 있다. 이런 생각은 물질세계와 다른 사람들을 하나님의 사랑과 성품을 전달해 주는 도구로서 보다는 하나님의 경쟁자로 본다. 이 견해는 하나님께서는 기쁨의 궁극적인 근원이시며 모든 이차적인 기쁨들은 그분에게서 나오는 것이기 때문에 땅에서 이차적인 기쁨을 사랑하는 것은 그들의 근원이신 하나님을 사랑하는 것일 수 있다는—천국에서는 언제나 그럴 것이다—사실을 인식하지 못한다.

우리 마음의 현재 어둠으로 인해 우리는 하나님이 공급하시는 것들을 우상화하지 않도록 주의해야만 한다. 그러나 죄에서 해방되고 하나님의 임재 가운데 있으면 우리는 결코 사람이나 물건을 하나님보다 위에 놓는 일에 대해서는 걱정할 필요가 없을 것이다. 그것은 생각조차 할 수 없다. (우리가 분명히 사고한다면 그것은 지금 우리가 상상할 수 없는 것이다.)

하나님은 우리가 좋은 음식과 결혼의 성, 축구 경기, 아늑한 장작불, 혹은 좋은 책을 즐길 때에 싫어하지 않으신다. 주님은 천국 위에 앉으셔서 우리를 보고 인상을 찌푸리시면서 우리에게 "그만해라. 너희는 오직 내 안에서만 즐거워해야 하느니라"고 말씀하지 않으신다. 우리 딸들에게 크리스마스 선물을 준 다음에 그들이 그 선물을 너무 좋아해서 내가 토라진다면 땅의 아버지로서의 성품에 맞지 않는 것처럼 이것은 우리 하늘 아버지로서의 하나님의 성품과 맞지 않는다. 나는 그들에게 그리고 나에게 기쁨이 되기 때문에 그 선물을 주었다. 그들이 그것을 기뻐하지 않는다면 나는 실망할 것이다. 그들이 나의 선물을 기뻐하면 내게 더 가까이 다가온다.

물론 자녀들이 너무 선물에 집착해서 아버지로부터 멀어지고 그를 무시한다면 그건 다르다. 하나님이 주신 선물에 집착하는 것이 우상숭배로 변질될 수 있지만, 선물을 감사하는 마음으로 즐거워하면 우리는 하나님께로 더 가까이 갈 수 있다. 천국에서 우리는 사람이나 물건을 우상으로 만들 능력이 없을 것이다. 우리가 하나님의 선물을 기뻐할 때에 우리는 그분 안에서 우리의 기쁨을 찾을 것이다.

모든 이차적인 기쁨들은 본질적으로 파생물이다. 꽃은 한 가지 이유로 아름답다. 그것은 하나님이 아름다우시기 때문이다. 무지개가 놀라운 것은 하나님이 놀라우시기 때문이다. 강아지가 기쁨을 주는 것은 하나님께서 기뻐하시기 때문이다. 스포츠가 재미있는 것은 하나님께서 재미있으시기 때문이다. 공부에 보상이 따르는 것은 하나님께서 보상해 주시는 분이기 때문이다. 일에 성취감을 느끼는 것은 하나님이 성취하시는 분이기 때문이다.

역설적으로 하나님보다 물건을 먼저 놓는 신성모독을 피하려고 하는 어떤 이들은 하나님께 감사하고, 하나님을 찬양하고, 하나님께 가까이 다가가는 수많은 기회들을 매일 놓친다. 왜냐하면 그들은 자신들이 하나님께서 우리로 그분을 알고 그분을 사랑하도록 하기 위해 지으신 바로 그것들을 즐기지 말아야 한다고 생각하기 때문이다.

하나님은 부어주시는 분이다. "자기 아들을 아끼지 아니하시고 우리 모든 사람을 위하여 내주신 이가 어찌 그 아들과 함께 모든 것을 우리에게 주시지 아니하겠느냐"(롬 8:32). 자기 아들을 우리에게 주신 하나님께서 우리에게 "모든 것"을 은혜 가운데 주길 기뻐하신다. 이 "모든 것"은 그리스도와 더불어 덤으로 주신 것이지 결코 그분 대신에 주신 것이 아니다. 성경은 그것들이 "아들과 함께" 왔다고 말한다. 우리에게 그리스도가 안 계시다면 우리에게는 아무것도 없을 것이다. 그러나 우리에게 그리스도가 계시기 때문에 우리는 모든 것을 가지고 있다. 그러므로 우리는 하나님께서 지으신 사람들과 물건들을 즐거워할 수 있고 그 과정 중에 자기의 기쁨과 우리의 기쁨을 위해 이들을 고안하시고 이들을 주신 하나님을 즐거워할 수 있다.

하나님은 식사에 대한 감사기도와 따뜻한 모닥불, 게임, 책, 관계, 그리고 다른 모든 선한 것들을 환영하신다. 우리가 하나님을 모든 선한 것의 근원으로 인정하지 못하기 때문에 우리는 그분이 받으셔야 마땅한 인정과 영광을 그분께 드리지 못한다. 우리는 기쁨과 하나님을 분리한다. 그것은 마치 열을 불과, 습기를 비와 분리하려고 하는 것과 같다.

영화 "바베트의 만찬"은 철저하게 "세속적인" 오락들을 금하는 한 보수 기독교 분파를 그린다. 마침내 한 여인이 만찬을 배설하면서 그들은 하나님의 공급의 부요하심에 대해 눈을 뜬다. 우리가 이렇게 할 때에 이들로 인해 우리가 하나님으로부터 멀어지는 대신에 하나님께로 가까이 나아가게 된다. 하나님께 가까이 나아가고 결단코 그분으로부터 멀어지지 않는 것, 바로 이것이 천국의 모든 것들과 모든 존재들이 할 일이다.

날마다 우리는 하나님을 그분의 피조세계에서 보아야만 한다. 우리가 먹는 음식에서, 우리가 마시는 공기에서, 우리가 즐기는 우정에서, 가족, 직장, 취미생활의 기쁨에서 말이다. 그렇다. 우리는 때로 이차적인 즐거움들을 멀리해야 하고 그들이 하나님을 가리도록 해서는 결코 안 된다. 그리고 우리는 다른 사람들은 가난한데 마구 낭비하는 일을 삼가야 한다. 그러나 우리는 인생의 크고 작은 모든 즐거움에 대해 하나님께 감사하고 그것들로 인해 그분께 가까이 나아가야 한다.

이것이 바로 우리가 천국에서 앞으로 할 일이다…그렇다면 지금부터 하면 어떻겠는가?

우리가 하나님을 보게 될 때에 언제나 볼거리가 더 많아질 것이다. 왜냐하면 그분의 무한하신 성품은 결코 소진되는 일이 없으시기 때문이다. 우리는 끝없는 세월을 하나님의 존재의 깊음을 탐구하는 데 사용하고 아무리 많이 보아도 그 모든 것을 다 보는 데 도달하지 못할 것이다. 이것이 하나님의 위엄이며 천국의 경이로움이다.

신학자 샘 스톰은 쓴다. "우리는 계속해서 하나님에 대해 놀랄 것이며, 더 깊이 그분과 사랑에 빠지고, 따라서 그분의 임재와 우리와 그분의 관계를 더욱더 기뻐할 것이다. 하나님에 대한 우리의 경험은 결코 끝이 없을 것이다. 우리가 산의 정상에 도달했을 때에 더 이상 오를 것이 없는 것과 달리 우리는 결코 정상에 도달하지 못할 것이다. 하나님에 대한 우리의 경험은 결코 진부해지지 않을 것이다. 그것은 깊어지고, 발전하고, 강화 확대되며, 열리고 증가하며, 넓어지고 부풀 것이다."[5]

하나님을 뵙고 알면 우리는 예배하고, 탐구하며, 그분을 섬기고, 우리 주변의 모든 것과 모든 사람 속에서 그분의 장엄한 아름다움을 보는 데 영원을 사용할 것이다. 「하나님의 도성」에서 어거스틴은 다음과 같이 썼다. "우리는 미래의 세계에서 어디에나 계시고 영적, 물질적 만물을 다스리시는 하나님을 가장 또렷하게 봄으로써 새 하늘과 새 땅에 있는 물질적 형태들을 볼 것이다."[6] 우리는 영광 중에 계신 그리스도를 뵈올 것이다. 하얗게 부서지는 물살을 타는 뗏목타기, 스카이다이빙, 혹은 극한 상황의 스포츠들은 예수님을 뵙는 감동에 비하면 시시할 것이다.

주님과 함께하는 것. 그분을 바라보는 것. 그분과 대화하는 것. 그분을 예배하는 것. 그분과 포옹하는 것. 그분과 함께 먹는 것. 그분과 함께 걷는 것. 그분과 함께 웃는 것. 이 모든 것을 상상해 보라!

우리가 그분을 찬양하는 것을 지루해 하겠는가? 어거스틴은 다음과 같이 쓴다. "덕의 주이신 하나님 자신이 우리의 보상이 되실 것이다. 하나님 자신보다 더 위대하고 더 좋은 것은 없기 때문에 하나님께서는 우리에게 자신을 약속하셨다. 하나님은 우리의 모든 갈망의 끝이시며, 우리는 끝없이 그분을 보고, 질리지 않고 사랑하며, 지치지 않고 찬양할 것이다."[7]

제17장 | 하나님께서 우리 가운데 거하신다는 것은 무슨 의미인가?

> 피조물의 선함과 아름다움 그리고 경이로움이 인간의 마음에 너무나 큰 기쁨이 된다면, 하나님 자신의 선의 원천(피조물 가운데 발견되는 부분적인 선함과 비교할 때에)은 흥분한 인간의 마음을 온전히 그곳으로 이끌 것이다.
>
> — 토마스 아퀴나스

에덴에서 하나님께서는 원하실 때마다 인간의 집인 땅으로 내려오셨다(창 3:8). 새 땅에서 하나님과 인간은 그들이 원할 때마다 서로에게 올 수 있을 것이다. 우리는 하나님을 방문하기 위해 집을 떠날 필요가 없고, 하나님께서도 우리를 방문하기 위해서 집을 떠나실 필요가 없을 것이다. 하나님과 인간은 같은 집인 새 땅에서 영원히 함께 살 것이다.

하나님께서는 이 진리를 성경을 통해 선포하신다. "내가 내 성막을 너희 중에 세우리니 내 마음이 너희를 싫어하지 아니할 것이며 나는 너희 중에 행하여 너희 하나님이 되고 너희는 나의 백성이 될 것이니라"(레 26:11-12). "내 처소가 그들 가운데에 있을 것이며 나는 그들의 하나님이 되고 그들은 내 백성이 되리라"(겔 37:27). "내가 그들 가운데 거하며 두루 행하여 나는 그들의 하나님이 되고 그들은 나의 백성이 되리라 하셨느니라"(고후 6:16).

하나님 중심 천국의 기쁨

"하나님이 그들과 함께 계시리니"라는 이 말씀을 상고해 보자(계 21:3). 왜 이 말씀은 하나님 자신(God himself, 우리말 성경에는 하나님이라고 번역되었지만 영어 성경에는 '하나님 자신'으로 되어 있음—역주)이라는 강조체를 사용하고 있는가? 왜냐하면 하나님께서는 우리에게 단지 사절단만을 보내시지 않기 때문이다. 하나님께서는 새 땅에서 우리 가운데 살기 위해 실제로 오실 것이다. 스티븐 제이. 로슨의 설명대로 "하나님의 영광은 어떤 중심의 한 곳만이 아니라 새 천국 전체를 가득 채우고 적실 것이다. 따라서 우리가 천국 어디를 가도 우리는 하나님의 충만한 영광의 임재 가운데 곧바로 있게 될 것이다. 영원부터 영원까지 우리는 결코 하나님과의 직접적이고도 장애가 없는 교제로부터 분리되지 않을 것이다."[1]

하나님의 영광은 우리가 숨쉬는 공기가 될 것이며, 우리는 항상 그것을 더 마시려고 깊이 숨을 쉴 것이다. 우리가 그렇게 하지 않을 수 있다 할지라도 우리는 결코 그러길 원하지 않을 것이다. 천국의 경이로움이 제아무리 크다 할지라도 하나님 자신이 천국에서 가장 크신 상급이다. 보드로 신부는 "천국의 아름다움은 본질적으로 하나님 자신의 비전, 사랑, 기쁨에 있다"고 쓴다.[2]

천국에서 우리는 마침내 자기의와 자기기만으로부터 해방될 것이다. 우리는 더 이상 하나님의 선하심에 관해 의문을 던지지 않을 것이며 그것을 보고, 누리고, 즐기고 우리의 동료들에게 선포할 것이다. 분명히 우리는 우리가 얼마나 그분의 선하심을 의심해 왔는가에 대해 놀랄 것이다. 그때에 우리의 믿음은 보는 것이며, 우리는 하나님을 볼 것이다.

조나단 에드워즈는 1733년 한 설교에서 이렇게 말했다. "하나님은 이성을 가진 피조물이 생각할 수 있는 최고의 선이시며, 그분을 기뻐하는 것은 우리 영혼이 만족할 수 있는 유일한 행복이다. 천국에 가서 하나님을 온전히 즐기는 것은 이 땅에서 가장 안락한 곳에 있는 것보다 낫다."

하나님과 함께하기

요즈음 많은 책들과 프로그램들이 영의 세계에 관한 메시지를 말하는데, 추측하건대 이미 죽은 사람들의 말과 또한 지금 살아 있는 무당들이나 영매자들의 말인 것 같다. 이들은 사랑하는 자들을 만나기 위해 천국에서 왔다고 주장하지만 하나님에 관해 전혀 이야기하지 않거나 예수님을 보았다는 놀라움을 말하지 않는다. 그러나 천국에 실제로 갔다 온 사람이라면 성경이 주요 주제로 입증하고 있는 내용을 언급하지 않을 수 없다. 당신이 왕과 함께 하루 저녁을 보내고 돌아와서는 그 궁의 환경에 관해 이야기하지 않을 수 없는 것과 같다. 사도 요한이 천국을 보고서 그에 관해 교회에 편지했을 때에 상세한 것들을 기록했지만, 제일 먼저 그리고 시종일관 예수님에 관해 계속 말했다.

1998년 영화 "천국보다 아름다운"은 천국을 아름다운 곳으로 그리지만 남자 주인공의 부인이 그곳에 있지 않기 때문에 외로운 곳으로 묘사한다. 놀랍게도 천국을 그린 이 영화에서 완전히 빠진 분이 있는데 바로 하나님이시다.

하나님이 없이 천국에 간다는 것은 신랑 없이 신혼여행을 가는 신부와 같을 것이다. 왕이 없으면 왕궁도 없다. 하나님이 안 계시면 천국도 없다. 아빌라의 테레사는 "하나님이 계신 곳이면 그 어디나 천국이다"라고 말했다.[3] 추론은 분명하다. 하나님이 계시지 않은 곳은 그 어디나 지옥이다. 존 밀턴은 "당신의 임재가 낙원을 만들고, 당신이 계신 곳은 천국입니다"라고 말했다.[4] 천국은 단순히 하나님의 선하심의 물리적 연장이 될 것이다. 하나님과 함께 있다는 것—그분을 알고 그분을 본다는 것—은 천국의 중심이며 축소할 수 없는 이목의 집중이다.

하나님의 임재는 천국의 본질이다(하나님의 부재가 지옥의 본질인 것처럼). 하나님은 측량할 수 없을 정도로 아름다우시기 때문에, 우리는 천국이 하나님의 거처라는 것만 알아도 충분 이상일 것이다.

예수님과 함께하기

예수님께서는 제자들에게 "내가 다시 와서 너희를 내게로 영접하여 나 있는 곳에 너희도 있게 하리라"고 약속하셨다(요 14:3). 그리스도인의 경우에 죽는 것은 "주와 함께하는 것"이다(고후 5:8). 사도 바울은 "떠나서 그리스도와 함께 있는 것이 훨씬 더 좋은 일이라"고 말한다(빌 1:23). 그는 "내가 떠나서 천국에 있기를 원한다"라고 말할 수도 있었지만 그렇게 하지 않았다. 그의 마음은 주 예수님과 함께 하는 것에 있었으며, 그것은 천국의 가장 중요한 면이다.

사무엘 러더퍼드는 말했다. "오, 내 주 예수 그리스도시여, 제가 당신 없이 천국에 있다면 그것은 지옥일 것입니다. 제가 지옥에 있지만 여전히 당신을 소유할 수 있다면 그것은 저에게 천국일 것입니다. 당신은 제가 원하는 천국의 전부입니다."[5] 마틴 루터는 "나는 그리스도 없이 천국에 있는 것보다는 차라리 그리스도와 함께 지옥에 있겠다"라고 말했다.[6] 그리스도와 함께하는 곳은 지옥이 될 수 없으며 오직 천국일 뿐이다. 그리스도가 없는 곳은 천국일 수 없으며 오직 지옥일 뿐이다.

예수님은 자기 제자들을 친구라고 부르셨다(요 15:15). 주님은 또한 우리의 최고의 친구이시다. 우리가 얼굴을 맞대고 그분을 뵐 때에 우리는 결코 이에 대해 의심하지 않을 것이다. 예수님께서 천국에서 우리가 주님과 함께 있도록 기도하실 때에 그 이유를 설명하신다. "아버지여 내게 주신 자도 나 있는 곳에 나와 함께 있어 아버지께서 창세 전부터 나를 사랑하시므로 내게 주신 나의 영광을 그들로 보게 하시기를 원하옵나이다"(요 17:24). 우리가 무엇인가를 성취했을 때에 우리는 우리와 가장 가까운 사람들과 그것을 나누길 원한다. 마찬가지로 예수님도 자신의 영광—자기 자신과 자신이 성취한 것들—을 우리와 나누길 원하신다.

우리가 주님의 영광을 보길 원하시는 그리스도의 갈망은 우리에게 깊은 감동을 준다. 우주의 창조주께서 그분의 영광을 볼 수 있는 거처를 우리를 위해 준비하시기 위해 그렇게 먼 길을 오셔서 그렇게 큰 희생을 치르셨다는 것은 너무나 예상하지 못한 영광이다.

예수님의 제자들이 그러했던 것처럼 예수님과 함께 땅을 걷는 것이 어떠한 것인지 상상해 본 적이 있는가? 당신은 새 땅에서 그렇게 할 것이다. 우리가 예수님과 무엇을 하든 간에 우리는 삼위일체 하나님 중 제2위의 분과 그렇게 할 것이다. 하나님 곁에서 뛰고, 하나님과 함께 웃고, 하나님과 함께 책에 대해 토론하고 하나님과 함께 노래하고 나무에 오르고, 물놀이하며, 술래잡기를 하는 것은 무엇과 같을 것인가? 예수님께서는 우리가 그분의 나라에서 그분과 함께 먹을 것이라고 약속하셨다. 이것은 성육신의 의미를 이해하지 못하는 사람에게는 상상도 할 수 없는 하나님과의 친밀감이다. 예수님과 함께 식사를 한다는 것은 하나님과 함께 식사를 하는 것이다.

그리스도와 함께 하나님 안에 감춰지다

어떤 의미에서 우리는 이미 그리스도와 함께 천국에 있다. "그러므로 너희가 그리스도와 함께 다시 살리심을 받았으면 위의 것을 찾으라. 거기는 그리스도께서 하나님 우편에 앉아 계시느니라. 위의 것을 생각하고 땅의 것을 생각하지 말라. 이는 너희가 죽었고 너희 생명이 그리스도와 함께 하나님 안에 감추어졌음이라. 우리 생명이신 그리스도께서 나타나실 그때에 너희도 그와 함께 영광 중에 나타나리라"(골 3:1-4).

주님의 구속의 역사로 인해 그리스도와 우리의 친밀한 연합은 지금도 우리를 그리스도로부터 떼어놓지 못한다. 우리가 그분과 함께 걷고 이 세상에서 그분과 함께 교통하면서 우리는 천국의 기쁨과 놀라움들을 조금 미리 맛본다.

현재 땅 위에 살아있는 신자들에게 쓴 다음의 설명은 (미래 시제가 아니라) 행동이 완료되었음을 나타내는 현재완료시제임을 주의하라. "그러나 너희가 이른(have come) 곳은 시온 산과 살아 계신 하나님의 도성인 하늘의 예루살렘과 천만 천사와 하늘에 기록된 장자들의 모임과 교회와 만민의 심판자이신 하나님과 및 온전하게 된 의인의 영들과"(히 12:22-23).

형이상학적 의미에서 우리는 이미 천국의 사회에 들어갔다. 우리 자신을 천국 사회의 일원으로 간주함으로써 우리는 천국의 거주자들이 기뻐하는 것을 지금 기뻐하는 법을 배울 수 있다. 그들은 하나님과 그분의 영광, 그분의 은혜, 그리고 그분을 기뻐한다. 그들은 죄인의 회개, 성도의 신실함과 그리스도를 닮는 것, 그리고 하나님의 창조세계의 아름다움을 기뻐한다. 그들은 하나님의 나라의 궁극적인 승리와 죄의 다가오는 심판을 기뻐한다.

그러므로 천국은 우리의 미래의 집이 아니라 이미 우리의 집이며 다음 언덕을 넘기만을 기다리고 있다. 우리가 진실로 이 진리를 붙든다면 그것은 우리의 거룩함에 심오한 영향력을 미칠 것이다. 천사들이 "거룩하다, 거룩하다, 거룩하다"라고 외치는 하나님 앞에서 자신이 그리스도와 함께 앉아 있는 것을 보는 사람은 그의 저녁을 인터넷의 포르노를 보면서 보내진 않을 것이다.

마귀가 우리로 그리스도 안에서의 이러한 우리의 신분을 이해하지 못하도록 그토록 집요하게 구는 것은 하나도 이상하지가 않다. 왜냐하면 만일 우리가 그리스도와 함께 천국에 있다는 것을 안다면 우리는 지금 여기서 주님을 예배하고 섬길 것이며 천국의 생명수에 파장을 일으키고 그 파장은 영원히 퍼져 나갈 것이기 때문이다.

제18장 | 우리는 어떻게 하나님을 경배할 것인가?

> 천국의 본질은 무엇인가?…[그것은] 축복의 비전, 사랑, 그리고 삼위일체 하나님의 기쁨이다. 왜냐하면 거룩하신 삼위께서는 신적 본질과 삼위 상호간의 무한히 완전한 비전과 사랑 그리고 기쁨을 지니고 계시기 때문이다. 그리고 이 무한한 지식과 사랑, 기쁨 뒤에는 삼위일체 하나님의 생명과 그분들의 무한한 행복의 바로 그 본질이 있다. 복 있는 사람들이 무한히 그리고 지극히 행복해지려면 그들은 삼위일체 하나님의 바로 그 생명과 삼위 하나님을 무한히 행복하게 해주는 신적 생명을 나눠야만 한다.
>
> — 이. 제이. 포트만

기도 중에 혹은 공중 예배 중에 아니면 해변을 걷는 중에 잠시라도 하나님의 바로 그 임재를 경험한 적이 있는가? 그것은 감질 나는 해후임에도 불구하고 우리 대부분의 경우에 그것은 삶의 분주함 속으로 쉽게 사라진다. 하나님의 얼굴을 뵙는 동안에 사소한 일로 결코 정신이 산만해지지 않는 것은 어떤 것일까? 사소한 일이 언제나 우리로 하나님을 다시 바라보도록 할 때에 그것은 어떤 것일까?

오늘날 많은 그리스도인들은 하나님을 바라보는 것은 단순히 지나가는 유행이며, 시간이 지나면 지루해진다고 생각하고서 축복의 비전(beatific vision)을 평가절하하거나 무시한다. 그러나 하나님을 아는 자들은 그분이 절대 지루하지 않다는 것을 안다. 하나님을 바라보는 것은 역동적이지 정적이지 않다. 그것은 새로운 아름다움을 탐구하고 새로운 신비를 영원히 펼치는 것을 의미한다. 우리는 하나님의 존재를 탐구할 것이며 그것은 이해를 초월하는 즐거운 경험이 될 것이다. 계시록 4-5장에서 천국의 거주자들 가운데 눈이 휘둥그레지는 경탄의 의식은 하나님의 위대함을 점진적으로 더욱 깊이 이해하게 됨을 암시한다. 천국에는 하나님을 바라보는 것만 있는 것이 아니다. 그러나 그렇다 할지라도 그것만으로 충분할 것이다.

천국에서 우리는 우리가 사랑하고 우리를 전심으로 사랑하시는 하나님과 함께 집에 거할 것이다. 연인들은 서로에 대해 지루해하지 않는다. 하나님을 사랑하는 자들은 결코 그분 앞에서 지루할 수가 없다. 삼위일체 하나님의 각 위께서는 영원한 상호관계 가운데 존재하신다는 것을 기억하라. 하나님을 보는 것은 그분들의 무한한 기쁨의 교제에 참여하는 것이다.

만물을 포용하는 예배

대부분의 사람들은 우리가 천국에서 하나님을 예배한다는 것을 안다. 그러나 그들은 그것이 얼마나 감동적인지는 잘 모른다. 수많은 하나님의 백성들―모든 나라와 족속과 민족과 방언에서 온―이 하나님의 위대함과 지혜, 능력, 은혜 그리고 구속의 위대한 역사를 찬양하러 모일 것이다(계 5:13-14). 이 장관에 압도되어 우리는 완전한 행복 속에서 엎드려 다음과 같이 말할 것이다. "찬송과 영광과 지혜와 감사와 존귀와 권능과 힘이 우리 하나님께 세세토록 있을지어다. 아멘!"(계 7:9-12).

세상 사람들은 언제나 축제를 벌이려고 몸부림을 친다. 그러나 그들은 축제를 벌여야 할 궁극적 이유를 가지고 있지 않다(그래서 그들은 이차적인 이유들을 찾는다). 그리스도인으로서 우리는 예수님과의 관계 그리고 천국의 약속이라는 이유를 가지고 있다. "보라 하나님의 장막이 사람들과 함께 있으매 하나님이 그들과 함께 계시리니 그들은 하나님의 백성이 되고 하나님은 친히 그들과 함께 계셔서"(계 21:3). 이 말씀이 흥분되지 않는가? 만일 그렇지 않다면 당신은 제대로 사고하고 있지 않다.

하나님을 만나는 것―그것이 실제로 이뤄질 때―은 멋진 식사, 게임, 사냥, 정원 가꾸기, 등산, 혹은 축구 관전보다 훨씬 더 즐겁다. 교회 예배가 지루한 것이 사실이라 할지라도 천국에는 교회 예배가 없다. 교회(그리스도의 사람들)는 그곳에 있지만 성전도 없을 것이고 우리가 아는 한 교회 예배는 없을 것이다(계 21:22).

우리는 언제나 예배만 할 것인가? 그렇기도 하고 그렇지 않기도 하다. 우리가 예배에 관해 편협한 견해를 가지고 있다면 그 답은 "아니다"이다. 그러나 우리가 예배에 관해 광범위한 견해를 가지고 있다면 그 대답은 "그렇다"이다. 코넬리우스 '베네마의 설명처럼 천국의 예배는 만물을 포용할 것이다. "삶의 어떤 합법적인 활동—결혼, 가족, 사업, 놀이, 친구, 교육, 정치 등—이라 할지라도 왕이신 그리스도의 통치를 피하지 못한다…그리스도와 함께 영원히 살면서 다스리는 자들은 내세에서 더 못한 것이 아니라 더 풍성한 하나님의 예배의 다양성과 복잡성을 보게 될 것이다. 새로운 피조 세계에서 이루어지는 삶의 모든 합법적인 활동은 하나님 백성들의 예배에 포함될 것이다."[1]

우리는 언제나 그리스도의 발 앞에 엎드려 그분을 예배만 할 것인가? 그렇지 않다. 성경이 말하길 우리는 여러 다른 많은 일들을 할 것이다—처소에서 살면서, 먹고 마시며, 그리스도와 함께 다스리고, 그분을 위해 일하며, 연회를 위해 모인다. 이런 일들을 할 때에 우리는 그리스도 앞에 엎드려 있지 않을 것이다. 그럼에도 불구하고 우리가 하는 모든 일들은 예배 행위가 될 것이다. 우리는 그리스도와의 온전한 깨어지지 않은 교제를 누릴 것이다. 때때로 이것은 주님께 예배하는 수많은 무리들과 함께 모일 때에 더 큰 찬양으로 이어질 것이다.

예배란 찬양과 기도 이상의 것을 포함한다. 나는 책을 읽고, 자전거를 타거나 산책을 하면서 자주 하나님을 예배한다. 이 글을 쓰면서도 나는 주님을 경배하고 있다. 그러나 이렇게 하는 중에 나는 너무나도 자주 산만해져서 하나님께 감사를 표하지 못한다. 천국에서 하나님은 언제나 내 생각에 최우선 순위를 차지할 것이다.

지금도 "항상 기뻐하라. 쉬지 말고 기도하라. 범사에 감사하라"는 말씀을 듣는다(살전 5:16-18). 하나님께서 우리가 일, 안식과 같은 많은 다른 일들을 하면서도 가족들과 함께 있기를 기대하신다는 것은, 우리가 다른 일들을 하면서도 기뻐하고 기도하며 감사할 수 있어야 함을 보여준다.

우리가 하나님을 있는 그대로의 모습으로 보면, 어느 누구도 우리에게 간청하거나, 위협하거나 수치감을 줘서 그분을 찬양하도록 할 필요가 없다. 우리는 감사와 찬양으로 넘쳐날 것이다. 우리는 하나님을 예배하도록 창조되었다. 이보다 더 큰 기쁨은 없다. 때때로 우리는 찬양에 몰입하여 그분을 예배하는 것 이외에 아무것도 하지 않을 것이다. 그리고 그 나머지 때에는 장식장을 만들거나, 그림을 그리고, 음식을 만들거나 옛 친구와 이야기를 하고, 산책을 하거나 공을 던지면서 그분을 예배할 것이다.

예배가 지루할 수 없는 이유

어떤 주제들은 시간이 지나면 흥미가 덜해진다. 또 어떤 다른 주제들은 더 흥미로워진다. 하나님보다 더 흥미진진한 것은 없다. 우리가 그분의 존재를 더 깊이 탐구하면 할수록 우리는 더 알길 원한다. 이것을 한 노래가 다음과 같이 잘 표현했다. "영원이 펼쳐질 때에 그분을 아는 지식은 자라간다네."[2]

우리가 하나님을 더 많이 알았다고 해서 그분이 매력을 잃는 일은 결코 없을 것이다. 그분을 아는 감동은 결코 사라지지 않을 것이다. 그분을 더 많이 알고 싶어하는 갈망은 우리가 하는 모든 일의 동기가 될 것이다. 하나님을 예배하는 것이 지루할 수 있다는 상상은 소위 예배에 대한 우리의 나쁜 경험을 천국에 부과했기 때문이다. 사단은 교회를 지루한 곳으로 만들기로 작정했으며 교회가 지루할 때에 우리는 천국도 또한 지루할 것이라고 생각한다. 그러나 교회는 흥분되는 곳이 될 수 있으며 예배도 즐거울 수 있다. 천국에서는 그렇게 될 것이다. 우리는 하나님을 보고서 왜 천사들과 다른 생물들이 기쁨으로 그분을 예배했는지 그 이유를 이해하게 될 것이다.

무슨 말만 하면 지루할 수 없는 사람들을 아는가? 나는 그들의 이야기를 영원히

들을 수 있을 것 같다. 그러나 실제로는 그렇지 않다. 결국 나도 충분히 들었다고 느낄 테니까 말이다. 그러나 우리는 하나님에 대해서는 충분하다는 느낌을 결코 가질 수 없다. 그분이 알고 계신 것도 끝이 없고 그분이 하실 수 있는 것도 끝이 없으며 그분이 어떤 분이신가도 끝이 없다. 그분은 자신의 존재 깊은 곳까지 매혹적이며, 그 깊이의 바닥은 결코 드러나지 않을 것이다. 천국의 존재들이 항상 그들의 눈을 그분께로 돌린 것은 당연하다. 그들은 어느 것 하나라도 놓치길 원하지 않는다.

사무실에서 일하는 하루 중에 때때로 나는 그분의 선하심 때문에 하나님께 감사하며 무릎을 꿇는다. 아내와 식사를 할 때에, 친구와 이야기를 하거나 개를 데리고 산책을 할 때에 나는 주님의 선하심으로 인해 그분을 경배한다. 이 세상은 찬양을 드리는 자들로 가득하다. 새 땅은 그들로 넘쳐날 것이다. 나는 예배에 몰입했을 때에 커다란 기쁨을 발견한다. 그들 중 많은 경우가 교회 예배이지만 너무 빨리 사라진다. 진정한 예배의 맛을 본 사람이라면 그것을 더 갈망하지 덜 원하지는 않는다.

천국에서 하나님을 경배하는 것은 게시판에 게재된 시간의 제한을 받지 않으며 언제 시작하고 끝나야 할지 말할 필요가 없다. 그것은 우리의 삶 속에 스며들어 우리 몸에 힘을 주고 우리의 상상력에 불을 지필 것이다.

그리스도와 그분의 신부

조나단 에드워즈는 천국에 거하는 사람들에 관해 이렇게 말했다. "그들은 하나님을 아는 지식과 하나님의 역사에 관한 지식이 증가함에 따라 하나님의 탁월함을 그만큼 더 많이 보게 될 것이다. 그리고 하나님의 탁월함을 그만큼 더 많이 보면 볼수록…그들은 그분을 그만큼 더 사랑하게 될 것이다. 그리고 하나님을 그만큼 더 사랑하면 할수록 그들은 그분 안에서 그만큼 더 기쁨과 행복을 누릴 것이다."[3]

계시록 19:9은 말한다. "천사가 내게 말하기를 기록하라 어린 양의 혼인 잔치에 청함을 받은 자들은 복이 있도다." 우리가 왕의 혼인 잔치에 초청받는다는 것은 놀랍다. 더 놀라운 것은 우리가 그분의 신부가 될 것이라는 사실이다. (몇 백만 년 동안 그것에 대해 생각해 보라!).

남편과 아내 사이에는 깊은 우정과 또한 그것을 초월하는 친밀함이 있다. 그리스도의 재림은 자기의 자녀들을 구원하는 성부 하나님뿐만 아니라 자기의 신부를 구원하는 신랑에게 보내는 신호가 될 것이다. 교회로서 우리는 궁극적인 신데렐라 이야기의 한 부분이다. 우리는 수고하지만 대개 감사나 보상이 없는 세상의 집에서 구조될 것이다. 어느 날 우리는 왕자님의 손에 이끌려 그분의 궁전에 가서 살 것이다. "어린 양의 혼인 기약이 이르렀을 때"에(계 19:7), 건물뿐만 아니라 사람으로 구성된 새 예루살렘이 "그 준비한 것이 신부가 남편을 위하여 단장한 것 같이"(계 21:2) 천국에서 내려올 것이다. "그의 아내가 자신을 준비하였으므로 그에게 빛나고 깨끗한 세마포 옷을 입도록 허락하셨으니 이 세마포 옷은 성도들의 옳은 행실이로다"(계 19:7 -8). 우주의 눈은 신랑에게 집중될 것이지만 또한 그분이 위하여 죽은 신부에게도 집중될 것이다.

나는 아내와 딸들이 입었던 웨딩드레스의 순결미를 생생하게 기억한다. 그리스도의 신부인 교회도 마찬가지로 순결할 것이며, 그것은 철저하게 우리에게 신실하셨던 왕자이신 우리의 신랑에게 합당한 선물이다.

그리스도와 천국 사이에는 경쟁이 없다

한 모임에서 어떤 남자가 우리 중 몇 사람에게 "전 천국을 사모합니다"라고 말했다. 그가 떠난 후에 어떤 이가 나에게 "천국이 아니라 하나님을 사모해야 하는 것 아닙니까?"라고 말했다. 이 말은 영적인 것처럼 들린다. 그렇지 않은가? 성경은 "더 나은 본향을 사모하는" 것을 긍정적으로 말한다(히 11:16). 나는 그 남자의 마음을 알지 못하지만 그의 말은 성경적으로 확실하다. 천국을 바르게 사모하는 것은 곧 하나님을 사모하는 것이며 하나님을 사모하는 것은 천국을 사모하는 것이다. 우리가 천국이 무엇인지(하나님의 거처) 그리고 하나님이 어떠한 분이신지를 이해한다면 우리는 이 둘 사이에 어떤 갈등도 찾지 못할 것이다. 자기의 남편과 재회하길 사모하는 여인은 "전 단지 집에 가고 싶어요"라고 말할 수 있다.

나는 다음의 질문을 여러 모양으로 종종 받는다. "예수님에 관해 말할 수 있는 상황에서 왜 천국을 말해야 합니까?" 그 대답은 이 둘이 함께 가기 때문이다. 우리는 한 분(그리스도)과 한 장소(천국)를 위해 지음을 받았다. 그리스도와 천국 사이에는 경쟁이 없다.

자기 남편을 사랑하는 어떤 신부는 어떤 것보다 남편과 함께 있고 싶어한다. 그러나 그가 그녀를 위해 멋진 곳을 짓기 위해 멀리 갔다면 그녀는 그것에 대해 흥분하지 않겠는가? 그녀는 그곳을 생각하고 그에 대해 말하지 않겠는가? 물론 그렇다. 게다가 그는 그녀가 그렇게 하길 원한다. 그가 그녀에게 "내가 당신을 위해 처소를 예비하러 가겠소"라고 말한다면 그가 의미하는 바는 "나는 당신이 그것을 기대하길 바라오"라는 뜻이다. 그녀가 그 처소—그곳은 그녀가 그와 함께 살 곳이다—를 사랑하고 사모하는 것은 그녀의 남편에 대한 사랑 그리고 사모와 분리될 수 없다.

어떤 이들은 천국의 불가사의와 아름다움 그리고 놀라운 관계들이 어쩐 일인지 그것들을 창조하신 분과 경쟁한다고 잘못 생각한다. 하나님께서는 우리가 천국에 대해 너무 흥분할까봐 걱정하지 않으신다. 결국 천국의 불가사의들은 우리의 아이디어가 아니고 그분의 것이다. 천국의 기쁨을 고대하는 것과 그리스도 안에서 우리의 기쁨을 발견하는 것을 구분하는 이분법이란 있지 않다. 이 모두는 같은 선물꾸러미 안에 들어 있다. 새 하늘과 새 땅의 놀라움들은 하나님께서 자신과 우리에 대한 그분의 사랑을 계시하시는 최우선 방편이 될 것이다.

에덴 동산에 있는 아담과 이브를 그려 보라. 이브가 아담에게 말한다. "이곳은 정말 멋지지 않아요? 저의 얼굴에 비치는 햇빛이 너무 놀랍게 느껴져요. 파란 하늘은 정말 멋지네요. 이 동물들은 기쁨을 줘요. 망고를 드셔 보세요. 정말 맛있어요!"

이에 대해 아담이 "당신의 초점이 모두 잘못되었어요, 이브. 당신은 아름다움과 신선함, 그리고 침이 고이게 하는 과일을 생각해서는 안돼요. 당신은 하나님만 생각해야 돼요"라고 대답하는 것을 상상할 수 있는가?

아담은 이브가 이런 것들을 생각할 때에 하나님을 생각해야만 한다고 결코 말하지 않았을 것이다. 마찬가지로 하나님께서 우리에게 주신 것을 즐기는 것은 그분을 예배하고 영화롭게 하고 그분께 감사하는 것과 분리될 수 없다. 우리가 그분께 감사하고 고마워하며 그분을 즐기는 것은 그분을 존경하는 것이다.

천국을 생각하는 것이 하나님을 아는 일에 방해가 된다고 봐서는 안 되며 오히려 그분을 아는 수단으로 보아야 한다. 무한하신 하나님은 자신을 손에 잡히고 유한한 것으로 우리에게 계시하신다. 성육신하신 그리스도 다음으로 천국은 우리에게 그 어느 것보다 하나님에 관해 더 많은 것을 이야기해 줄 것이다. 어떤 이들이 나에게 "나는 예수님과 함께 있기를 원하며 천국이 오두막집이어도 상관하지 않는다"라고 말했다. 그러나 예수님은 그렇지 않으시다. 주님은 우리가 천국을 고대하고 그 장엄함을 즐기길 원하시지 "난 모른다" 혹은 "나는 오두막이라도 행복하다"라고 말씀하지 않으신다. 당신이 성장한 집에 계시는 부모님을 만나러 갈 때에 그들에게 "전 이곳을 사랑합니다"라고 말하는 것은 모욕이 아니다. 그것은 칭찬이다. 부모님은 그 말을 듣고 기뻐하지 화를 내지 않을 것이다.

천국에 관한 모든 생각은 우리의 마음을 하나님께로 움직이고 하나님에 관한 모든 생각은 우리의 마음을 천국으로 움직인다. 그래서 바울은 "하나님께 마음을 두라"

고 하지 않고 "천국에 마음을 두라"고 우리에게 말할 수 있었다. 천국은 하나님과 경쟁하는 우상이 아니라 우리가 하나님을 보는 렌즈이다.

우리가 천국에 대해 비천한 생각을 하면 우리는 하나님에 대해서도 비천한 생각을 하게 된다. 그래서 전통적인 천국의 풍자들은 하나님께 아주 모질게 굴었으며 그분과 우리의 관계에 아주 해로운 영향을 미쳤다. 우리가 천국을 더 사랑하게 될수록 우리는 결국 하나님을 더 사랑하게 될 것이다. 만일 천국이 우리의 생각과 마음을 채운다면 하나님은 우리의 생각과 마음을 채우실 것이다.

하나님을 사랑하는 자들은 천국을 더 자주 생각해야 하며 덜 해서는 안 된다.

제7부 새 땅에서 통치하기

제19장 · 하나님의 영원한 나라는 무엇과 관련이 있는가?

제20장 · 실제로 우리는 그리스도와 함께 통치할 것인가?

제21장 · 우리는 하나님의 나라를 어떻게 다스릴 것인가?

제19장 | 하나님의 영원한 나라는 무엇과 관련이 있는가?

> 왜 우리는 우리가 시민권을 가진 나라를 모르는가? 왜냐하면 우리는 너무나 멀리서 방황해서 그 나라를 망각했기 때문이다. 그러나 그 땅의 왕이신 주 그리스도께서는 우리에게 내려오셔서 우리의 마음에서 그 망각을 쫓아내셨다. 하나님께서는 우리의 육신을 그에게로 이끄셨는데 이는 그분께서 우리의 돌아가는 길이 되시기 위함이었다.
>
> — 어거스틴

왕국을 설명하라고 하면 어떤 요소들을 넣겠는가? 왕은 분명히 넣을 것이고 통치대상인 백성들과 그리고 다른 무엇을 넣겠는가? 제대로 왕국의 요소를 갖추려면 영토와 정부 그리고 문화가 있어야 하지 않겠는가? 그런데 우리가 하나님의 나라를 생각할 때에 종종 우리는 오직 왕과 그의 백성들만을 생각하고 영토와 문화는 생략하는 이유는 무엇인가? 우리는 하나님의 나라를 영적으로만 해석하고 그것을 초월적이며 보이지 않는 것으로 인식한다. 그러나 성경은 우리에게 다르게 말한다.

계시록 5:1-10은 현재 천국에 관해 강력한 장면을 보여준다. 천국의 통치자이신 성부 하나님께서는 그의 오른 손에 봉인된 책을 가지고 보좌에 앉아 계시다. 책을 고치지 못하도록 일곱 인으로 봉한 것은 아버지의 뜻이시며, 자기의 재산을 분배하고 관리하기 위한 계획이시다. 이 경우에 재산의 소유권은 땅에 관한 것이며 그 땅의 사람도 포함된다. 하나님께서는 세상을 인간이 통치하도록 의도하셨다. 그러나 누가 나와서 그 서류를 열어 그 유산을 받겠는가? 사람이며 하나님이신 메시아 예수님께서 땅을 취하시고 그분의 기업으로서 그 땅을 통치하실 것이다.

이 미래의 왕은 죽임을 당하셨으며 "사람들을 사서 하나님께 드렸으며" 단지 소수의 타락한 인간이 아니라 "각 족속과 방언과 백성과 나라 가운데에서" 수많은 사람들을 드렸다(계 5:9).

이 구절은 그리스도를 따르는 자들의 말에서 그 절정을 이룬다. "그들로 우리 하나님 앞에서 나라와 제사장들을 삼으셨으니 그들이 땅에서 왕 노릇 하리로다"(계 5:10).

땅의 중요성

어느 왕국이든 왕국에 절대적으로 필요한 요소는 땅(land)이다. 나는 데이비드 칠톤과 항상 의견을 같이 하지는 않지만 그가 「회복된 천국」(*Paradise Restored*)에서 다음처럼 말할 때에 그의 말이 옳다고 믿는다. "하나님께서 아담을 창조하셨을 때에 그분은 아담을 땅에 두시고 그에게 그것을 다스리도록 하셨다. 땅은 통치의 기초이다. 따라서 구원은 땅과 재산의 회복을 포함한다…성경의 이상은 모든 사람이 자신의 재산—즉 그가 하나님 아래에서 통치하고 다스릴 수 있는 장소—을 소유하는 것이다."[1]

우리는 지나가는 이 땅에서 나그네이지만 개척자로서 결국 새 땅에 정착할 것이다. 땅은 우리가 거할 마땅한 처소이다. "대저 정직한 자는 땅에 거하며 완전한 자는 땅에 남아 있으리라. 그러나 악인은 땅에서 끊어지겠고 간사한 자는 땅에서 뽑히리라"(잠 2:21-22). "의인은 영영히 이동되지 아니하여도 악인은 땅에 거하지 못하게 되느니라"(잠 10:30).

그리스도께서는 "이기는 자는 내 하나님 성전에 기둥이 되게 하리니 그가 결코 다시 나가지 아니하리라. 내가 하나님의 이름과 하나님의 성 곧 하늘에서 내 하나님께로부터 내려오는 새 예루살렘의 이름과 나의 새 이름을 그이 위에 기록하리라"고 말씀하신다(계 3:12).

땅은 하나님과 그분의 백성에게(지금 때때로 땅을 다스리고 있는 악인에게는 아니다) 속한다는 이 주제가 시편, 잠언, 이사야에서 어떻게 이어지고 있는지를 상고해 보라.

주의 손으로 만드신 것을 다스리게 하시고 만물을 그의 발 아래 두셨으니(시 8:6).

땅과 거기 충만한 것과 세계와 그 가운데에 사는 자들은 다 여호와의 것이로다(시 24:1).

그의 영혼은 평안히 살고 그의 자손은 땅을 상속하리로다(시 25:13).

진실로 악을 행하는 자들은 끊어질 것이나 여호와를 소망하는 자들은 땅을 차지하리로다…그러나 온유한 자들은 땅을 차지하며 풍성한 화평으로 즐거워하리로다…주의 복을 받은 자들은 땅을 차지하고 주의 저주를 받은 자들은 끊어지리로다(시 37:9, 11, 22).

지존하신 여호와는 두려우시고 온 땅에 큰 왕이 되심이로다(시 47:2).

산들이 여호와의 앞 곧 온 땅의 주 앞에서 밀랍 같이 녹았도다(시 97:5).

보라 의인이라도 이 세상에서 보응을 받겠거든 하물며 악인과 죄인이리요(잠 11:31).

여호와께서 이같이 이르시되 은혜의 때에 내가 네게 응답하였고 구원의 날에 내가 너를 도왔도다 내가 장차 너를 보호하여 너로 백성의 언약으로 삼으며 나라를 일으켜 그들에게 그 황무하였던 땅을 기업으로 상속하게 하리라(사 49:8).

나를 의뢰하는 자는 땅을 차지하겠고 나의 거룩한 산을 기업으로 얻으리라(사 57:13).

이사야 57:13에서 "땅"(land)으로 번역된 히브리 단어 "에레츠"(erets)는 많은 다른 구절이나 앞에서 언급한 구절들에서 "땅"(earth)(우리말은 둘 다 땅으로 번역되었지만 영어 성경은 land와 earth로 번역됨-역주)으로 번역된 단어와 같다. 에레츠는 구약성경에서 네 번째로 많이 언급된 명사이며 2,500회 이상 등장한다.[2] 단어의 사용 빈도수는 그 단어의 중요성을 반영한다. 구약성경은 장소, 땅, 나라의 개념으로 가득하다. 땅은 모든 인간의 처소이다. 이스라엘, 특히 예루살렘은 하나님의 언약의 백성의 처소이다.

하나님께서는 땅의 관리권을 아담과 이브에게 주셨다. 모든 사람들은 그들의 자손으로서 관리권의 책임을 지니고 있다. 그리고 타락과 대홍수가 왔다. 후에 하나님께서 아브라함과 언약을 맺으실 때에 주님이 그에게 처음 약속하신 것이 무엇이었는가?(창 12:1, 7) 땅이었다. 모든 땅이 저주 아래 있지만 하나님께서는 아브라함에게 살면서 통치하고 관리할 수 있는 땅을 아브라함에게 허락하셨다. 그것을 통해 그는 하나님께 영광을 돌리고 모든 다른 나라들과 민족들에게 축복을 가져다 줄 예정이었다.

"너희가 그리스도의 것이면 곧 아브라함의 자손이요 약속대로 유업을 이을 자니라"(갈 3:29). 아브라함에게 하신 약속의 후사들은 단지 이스라엘이 아니라 새 언약의 그리스도인들이다. 그리고 이 약속의 중심은 땅을 소유하는 것이다.

인간이 진토에서 부활하여 땅에서 그리스도의 나라를 통치할 것을 말씀하신 후에 하나님께서는 다니엘에게 "끝날에는 네 몫을 누릴 것"을 약속하신다(단 12:13). 유업은 전형적으로 돈뿐만 아니라 인간이 거주하고 관리할 땅도 포함한다. 우리의 몸이 부활한 후에 우리는 물리적 유업을 받을 것이다.

역사의 목표

하나님께서는 우주의 절대 통치자이시지만 그분은 우주를 혼자 통치하지 않기로 정하신다. 그분은 책임을 천사들에게 위임하시며 천사들은 천사장인 미가엘 천사의 명령을 받는 계급구조로 존재한다(유 1:9; 계 12:7). 하나님께서는 자신의 신적 뜻을 수행시키기 위해 자기 형상, 즉 창조자와 통치자로서 인간을 지으셨다. 그분은 인색한 마음으로 관리의 책임을 우리에게 넘기시지 않는다. 반대로 주님은 땅의 통치를 우리에게 맡기기를 기뻐하신다. 그분은 우리가 이러한 책임을 감당하고 이를 통해 기쁨을 발견하도록 우리를 창조하시고 은사를 주셨다.

우리는 믿을 수 없을 정도로 부자인 지주의 가족으로 태어났다. 주님과 그분의 후사인 그분의 자녀에게 속하지 않은 땅은 우주 전체에 한 치도 없다. 우리 아버지 하나님은 전 우주에 걸친 가족 비즈니스를 가지고 계시다. 그분은 우리에게 그 가족 비즈니스의 관리권을 맡기시고 또한 그것이 우리가 영원히 해야 할 일이다. 즉 하나님의 자산을 관리하고 그분의 우주를 통치하며, 그분의 형상을 입은 자로서, 그분의 자녀로서 그리고 대사로서 그분을 대표한다.

우리가 날마다 도전에 직면하지만 새 땅이 지금도 오고 있다는 사실은 우리에게 재확신을 주고 올바른 관점을 제공한다. 이것은 소망뿐만 아니라 우리의 고난에 목적이 있음을 의미한다. 그것은 또한 불의가 만연해 있지만 영원하지 않다는 것을 의미한다. 하나님께서는 자신을 신뢰한 자들에게 보상하심으로써 모든 것을 바로잡으실 것이다. 주님은 거꾸로 된 세상을 바로잡으실 것이며 세상을 그분의 사랑하는 자녀들에게 맡기실 것이다.

새 땅의 약속은 우리에게 인간 역사의 사건들이 무의미하지 않다는 것을 상기시켜 준다. 오히려 그 사건들은 하나님의 계획의 성취를 향해 나아가고 있으며, 하나님께 영광이 되는 문화와 시민들을 지닌 새 땅을 향해 나아간다.

신학자인 헤르만 리더보스는 다음처럼 쓴다. "우리가 새 하늘과 새 땅에 대한 하나님의 계획을 이해하지 못하면 우리는 성경의 계시와 인간의 역사 혹은 우리 삶의 사건들을 이해할 수 없다. [그리스도의] 구속은 만물을 포함하는 하나님의 드라마와 우주의 갈등에 의미를 제공해 주며…그 목표는 온 피조물이 다시 하나님의 통치와 다스림을 받도록 하는 것이다."³

하나님께서 분명하게 말씀하신 계획을 기억하라. "하늘에 있는 것이나 땅에 있는 것이 다 그리스도 안에서 통일되게 하려 하심이라"(엡 1:10). 그분의 계획은 그리스도를 통하여 "그의 십자가의 피로 화평을 이루사 만물 곧 땅에 있는 것들이나 하늘에 있는 것들이 그로 말미암아 자기와 화목하게" 하시는 것이다(골 1:20).

우리가 이러한 말씀들을 만인구원론자(universalists)들의 손에 맡기는 것은 잘못이다. 이들은 이 구절을 분리시켜서 영원을 지옥에서 보내게 될 사람들이 있다는 것을 힘주어 말하는 성경 말씀을 무시한다. 그러나 우리는 이 구절들이 지니는 구속의 더 넓은 의미를 무시해서는 안 된다. 안토니 호케마가 "우리는 [역사]가 최종적으로 회복되고 영화된 우주라는 목표를 향해 나아가고 있음을 보아야만 한다"고 주장했을 때에 그의 말이 옳다.⁴

다음의 예언의 말씀을 상고해 보라. "세상 나라가 우리 주와 그의 그리스도의 나라가 되어 그가 세세토록 왕 노릇 하시리로다"(계 11:15). 이 말씀은 그리스도께서 세상나라를 멸망시키실 것이라고 말하지 않는다. 또한 이 말씀은 주님이 이 세상 나라를 대체하실 것이라고 말하지도 않는다. 그렇지 않다. 이 세상 나라는 실제로 그리스도의 나라가 될 것이다. 하나님께서는 땅의 나라들을 없애시지 않고 그들을 자신의 나라로 바꾸실 것이다. 그리고 그것은 새 땅에 세워진 나라이며(그런 뒤에 하나님의 하늘나라와 연합된다) "주님이 세세토록 그곳에서 왕 노릇 하실 것이다."

이것은 혁명적인 관점이며, 주님이 땅의 나라들을 정결하게 하시고, 구속하시며 그들을 그분의 영원한 나라로 부활시키기보다는 하나님의 나라가 그들을 없애고 그들을 대체할 것이라는 만연된 신화와 극명한 대조를 이룬다. 이것은 다시 한 번 우리에게 새 예루살렘에 관한 놀라운 말씀을 상기시켜 준다. "만국이 그 빛 가운데로 다니고 땅의 왕들이 자기 영광을 가지고 그리로 들어가리라…사람들이 만국의 영광과 존귀를 가지고 그리로 들어가겠고"(계 21:24-26).

브루스 밀네도 이 구절에 관해 다음처럼 말했다. "열방의 기나긴 역사 가운데 최상의 가치를 지닌 어떤 것도 천국의 공동체에서 제외되는 것은 하나도 없을 것이다. 진리의 하나님을 진실하게 드러내는 모든 것들, 그리고 한 국가의 이야기들이나 세상 백성들의 문화적 유산 가운데 영속적인 가치를 지닌 모든 것들은 새 예루살렘에서 자기의 자리를 발견할 것이다."[5]

메시아 왕을 경배하러 옛 예루살렘을 찾았던 외국 왕들이었던 마기(Magi, 현자)들처럼 새 땅에서는 수많은 마기들이 새 예루살렘을 찾아올 것이다. 예배의 영으로 가득하여 그들은 겸손하게 왕이신 예수님께 자기들의 문화의 보화들을 예물로 드릴 것이다. 주님은 그것을 받으시고 기뻐하실 것이다. 왕께서는 승리와 영원한 구원 이전에 죄의 그림자 아래에 있는 땅에 살 동안 주님을 신실하게 섬겼던 사람들에게 열방의 통치를 위임하길 기뻐하실 것이다.

제20장 | 실제로 우리는 그리스도와 함께 통치할 것인가?

> 메시아의 나라에서 순교자들은 그들의 핍박자들에 의해 거부되었던 세상의 소유권을 되찾을 것이다. 그들이 인내하며 섬겼던 피조의 세계에서 그들은 결국 통치자가 될 것이다.
>
> — 이레니우스

하나님께서는 아담과 이브를 땅의 왕과 왕비로 창조하셨다. 그들의 임무는 땅을 통치해서 하나님의 영광을 드러내는 것이었다.

그러나 그들은 실패하였다.

예수 그리스도는 둘째 아담이시며 교회는 그분의 신부이고 둘째 이브이다. 그리스도는 왕이시며 교회는 그분의 왕비이다. 그리스도께서는 땅의 모든 열방들을 통치하실 것이다. "그가 바다에서부터 바다까지와 강에서부터 땅 끝까지 다스리리니…모든 왕이 그의 앞에 부복하며 모든 민족이 다 그를 섬기리로다"(시편 72:8, 11). 새로운 인류의 머리되신 그리스도—그분의 사랑하는 백성들은 그분의 신부이자 후사이다—께서는 마침내 아담과 이브에게 맡겼던 것을 성취하실 것이다. 하나님의 성도들은 옛 땅에서 하나님이 처음 아담과 이브에게 부여하셨던 역할을 새 땅에서 이룰 것이다. "그들이 세세토록 왕 노릇 하리로다"(계 22:5).

리처드 모우는 다음처럼 쓴다. "계속 반복해서 성경은 다음의 사실을 분명히 말하는데 그것은 죄 많은 통치자들의 손과 마음으로 오염되고 왜곡되었던 정치적 권력은 그 본래의 정당한 근원으로 회복되어져야만 한다는 사실이다."[1]

하나님께서 땅에 가져오실 나라는 땅의 마지막 왕국을 부수실 것이다. 다니엘은 다음처럼 예언한다. "우상을 친 돌은 태산을 이루어 온 세계에 가득하였나이다…이 여러 왕들의 시대에 하늘의 하나님이 한 나라를 세우시리니 이것은 영원히 망하지도 아니할 것이요 그 국권이 다른 백성에게로 돌아가지도 아니할 것이요 도리어 이 모든 나라를 쳐서 멸망시키고 영원히 설 것이라"(단 2:35, 44).

인간의 나라들은 그리스도께서 한 나라를 세우시기 전에 부침(浮沈)을 계속할 것이며, 그 나라는 인간 나라들을 대체하고 인간은 그곳에서 의로 통치할 것이다. "그에게 권세와 영광과 나라를 주고 모든 백성과 나라들과 다른 언어를 말하는 모든 자들이 그를 섬기게 하였으니 그의 권세는 소멸되지 아니하는 영원한 권세요 그의 나라는 멸망하지 아니할 것이니라"(단 7:14).

"시온의 딸아 크게 기뻐할지어다 예루살렘의 딸아 즐거이 부를지어다. 보라 네 왕이 네게 임하시나니 그는 공의로우시며 구원을 베푸시며 겸손하여서 나귀를 타시나니 나귀의 작은 것 곧 나귀새끼니라…그가 이방 사람에게 화평을 전할 것이요 그의 통치는 바다에서 바다까지 이르고 유브라데 강에서 땅 끝까지 이르리라"(슥 9:9-10). 마태복음 21:5은 스가랴 선지자의 예언이 메시아에 관한 것임을 분명히 말한다. 이 예언의 앞부분이 예수님께서 나귀를 타고 예루살렘에 입성했을 때에 문자적으로 성취된 것처럼 후반부도 예수님께서 열방에 평화를 가져오시고 그들을 다스리실 때에 문자적으로 성취될 것을 기대해야만 한다. 예수님께서는 땅에 "왕의 왕, 주의 주"로 재림하실 것이다(계 19:11-16). "여호와께서 천하의 왕이 되시리니"라는 약속을 받았다(슥 14:9).

1세기에 성경을 믿는 유대인들은 메시아가 땅의 왕이 될 것이라고 생각했기 때문에 어리석은 것이 아니었다. 그들은 그리스도를 배척함으로써 메시아의 정체성에 대해 오해했고 세상을 구속할 고난의 종으로 오셔야 하는 그분의 필요성을 간과하는 잘못을 범했다. 그러나 그들이 메시아가 영원히 땅을 통치하실 것을 믿은 것은 올바른 것이었다.

우리가 땅을 다스린다고 해서 왜 놀라는가?

나는 구속받은 인간이 땅을 다스린다는 주제를 가르치고 나서 사람들의 반응을 관찰할 기회를 많이 가졌었다. 자주 그들은 우리가 영원히 땅과 도시 그리고 열방을 다스릴 것을 알고서는 놀란다. 많은 사람들은 회의적이다. 그것은 환상적으로 보이지만 낯선 개념이다. 우리가 성경의 부르심에서 얼마나 떨어져 있는가를 입증해 주는 것들 중에 하나가 우리가 땅을 다스릴 것이라는 숙명(destiny)에 관한 지식이 부족하다는 것이다. 구약성경 전반에 걸쳐 언급되고 신약성경에서도 반복적으로 재확인하고 있는 이 사실에 왜 우리는 그렇게도 놀라는가?

면류관이라는 것은 본래 통치의 상징이기 때문에 보상으로서의 면류관에 관한 모든 언급은 우리가 그리스도와 함께 통치할 것을 가리킨다. 그분의 비유에서 예수님은 우리가 고을을 다스릴 것을 말씀하신다(눅 19:17). 바울도 그리스도인들의 통치에 대해 그것이 마치 신학의 초보과정인 것처럼 말한다. "성도가 세상을 판단할 것을 너희가 알지 못하느냐…우리가 천사를 판단할 것을 너희가 알지 못하느냐"(고전 6:2-3). 이 의문문에 나오는 동사의 형태는 우리가 천사들을 단지 한 번만이 아니라 계속해서 통치할 것을 암시한다.

만일 바울이 이런 미래의 현실을 마치 모든 아이들이 알아야만 하는 것처럼 말했다면 오늘날의 그리스도인들에게 그렇게 생소한 이유는 무엇인가? 다른 곳에서 그는 말한다. "참으면 또한 함께 왕 노릇 할 것이요"(딤후 2:12). 그의 종들이 "영원히" 새 땅에서 통치할 것이라는 주님의 선포는 그분이 아담과 이브에게 주셨던 사명의 직접적인 성취이다. "생육하고 번성하여 땅에 충만하라, 땅을 정복하라, 바다의 물고기와 하늘의 새와 땅에 움직이는 모든 생물을 다스리라"(창 1:28). 이 명령은 다윗에 의해 확증된다. "주의 손으로 만드신 것을 다스리게 하시고 만물을 그의 발 아래 두셨으니"

(시 8:6).

새 땅에서의 인간의 통치를 성경의 첫 장이 언급하고, 구약성경 전체에 걸쳐 언급하고, 복음서에서 예수님이 언급하시고, 사도 바울이 서신서에서, 그리고 요한이 성경의 마지막 장에서 반복했음을 생각할 때에 우리가 이 사실을 보지 못한다는 것은 놀랍다. "면류관"은 통치의 권세를 말한다는 사실을 다시 한 번 기억하면서, 성경의 계시록 2-5장에 나오는 다음의 예들을 상고해 보라.

네가 죽도록 충성하라 그리하면 내가 생명의 관을 네게 주리라(계 2:10).

이기는 자와 끝까지 내 일을 지키는 그에게 만국을 다스리는 권세를 주리니(계 2:26).

내가 속히 오리니 네가 가진 것을 굳게 잡아 아무도 네 면류관을 빼앗지 못하게 하라(계 3:11).

이기는 그에게는 내가 내 보좌에 함께 앉게 하여 주기를 내가 이기고 아버지 보좌에 함께 앉은 것과 같이 하리라(계 3:21).

이십사 장로들이 보좌에 앉으신 이 앞에 엎드려…자기의 관을 보좌 앞에 드리며 이르되 (계 4:10).

새 노래를 불러 이르되 두루마리를 가지시고 그 인봉을 떼기에 합당하시도다 일찍이 죽임을 당하사 각 족속과 방언과 백성과 나라 가운데에서 사람들을 피로 사서 하나님께 드리시고 그들로 우리 하나님 앞에서 나라와 제사장들을 삼으셨으니 그들이 땅에서 왕 노릇 하리로다(계 5:9-10).

하나님께서는 누가 통치할 것이라고 말씀하시는가? 각 족속과 방언과 백성과 나라의 사람들이라고 말씀하신다. 그들은 어디서 통치하는가? 어떤 무형의 하늘 세계가 아니라 땅 위에서 통치한다. 땅 위 어디인가? 자기 자신의 종족과 언어 그리고 민족을 지닌 사람들과 함께할 것이다. 그리고 우리는 여전히 새 땅에 문화적 특징들이 있을 것이라는 말을 듣는다(계 21:24, 26; 22:2).

우리는 통치를 원해야만 하는가?

사람들은 자주 "그렇지만 저는 통치하고 싶지 않은데요. 제가 생각하는 천국은 그게 아닙니다"라고 말한다.

글쎄, 그것은 천국에 대한 하나님의 생각이시다.

우리는 하나님의 가족의 일원이다. 우주 통치는 가족의 비즈니스이다. 그것에 참여하길 원하지 않는 것은 우리 아버지 하나님의 가족의 일원이 되고 싶지 않다는 것이다. 우리가 통치하는 것에 관심이 없다고 말하는 것은 영적으로 들릴지 모르지만 하나님께서는 우리가 통치하기를 원하시기 때문에 영적인 응답은 그분의 계획과 목적에 관심을 보이는 것이다.

우리는 누구를 통치하는가? 다른 사람들과 천사들이다. 하나님께서 마음만 먹으면 그분은 우리가 통치할 새로운 존재들을 창조하실 수 있다. 누가 우리를 통치하는가? 다른 사람들이다.

거기에는 사회적 통치 계급(hierarchy)이 있겠지만 관계적 계급구조가 있을 것이라는 흔적은 없다. 다른 말로 하면, 사도 바울은 대부분의 우리보다 더 큰 리더십의 위치에 있겠지만 그렇다고 그를 가까이하기가 어렵다는 의미는 아니다. 거기에는 교만, 질투, 자랑 혹은 죄와 관련된 어떤 것도 없을 것이다. 우리의 종족, 국적, 성, 인격, 은사, 그리고 열정이 다르듯이 우리의 섬기는 직분도 다를 것이다.

우리 모두에게는 하나님을 섬기는 책임이 있을 것이다. 성경은 새 땅에서 우리가 주님을 어떻게 섬길 것인지 정하는 것을 돕기 위해 현재 우리의 땅에서의 섬김을 평가할 것이라고 가르친다. 겸손한 종에게는 많은 것을 맡길 것이고 반면에 이 세상에서 다른 사람들 위에 군림했던 자는 그 권력을 잃게 될 것이다. "무릇 자기를 높이는 자는 낮아지고 자기를 낮추는 자는 높아지리라"(눅 14:11). 우리가 현재의 땅에서 충성되게 섬기면 하나님께서는 새 땅에서 우리에게 영원한 관리직분을 주신다. "지극히 작은 것에 충성된 자는 큰 것에도 충성되다"(눅 16:10). 주인의 눈이 우리 위에 있다. 우리의 충성이 입증되면 그분은 더 많은 것을 우리에게 위임하길 기뻐하실 것이다.

다스리는 데 있어서 우리는 자기를 높이는 교만, 부패, 불평등, 비효율 등과 같은 것과 관계를 맺도록 조건화 되어 있다. 그러나 이것은 도착(perversions)이고 리더십의 본래적 성질이 아니다. 다스림에는 책임이 따른다. 아마도 그래서 어떤 이들은 이에 대해 기대를 하지 않는 것 같다. 어떤 이들은 책임이 사라지는 은퇴를 고대하며 산다. 그렇다면 그들이 영원한 다스림의 임무를 왜 취하고 싶어하겠는가? 그러나 그들이 지금 원한다고 생각하는 것과 그들이 정말로 부활한 존재―죄가 없는 사회에서 강한 신체와 마음을 가진 존재―로서 원하는 것은 무척 다를지 모른다.

순전히 기쁨뿐인 책임, 섬김 그리고 리더십을 상상해 보라. 하나님께서 우리에게 위임하실 책임은 오로지 우리의 선을 위한 것이며 우리는 그 안에서 기쁨을 찾을 수 있을 것이다. 새 땅에서 다스린다는 것은 우리의 권세 아래에 있는 자들에게 지혜와 용기를 주면서, 그들을 능하게 하고 무장시키며 안내하는 것이다. 우리는 너무나 자주 왜곡된 리더십을 보아 왔기 때문에 통치와 다스림이 진정 무엇을 의미하는지에 관한 성경적 조망을 잃어 버렸다.

어떤 사람들은 대중 앞에서 이야기하는 것을 무척 두려워해서 사람들 "앞에 나아가" 이야기해야 하기 때문에 다스림은 자신들의 불행을 의미하는 것이라고 상상한다. 그러나 현재 땅에서의 활동들과 관련이 있는 두려움, 근심, 공포, 불안 등은 새 땅에서는 사라질 것이다. 하나님께서는 우리가 어떤 일을 하길 원하신다면 우리에게 그 일을 할 수 있도록 힘과 능력을 공급해 주실 것이다. 우리의 섬김을 통해 그분께 영광만 돌리는 것이 아니라 우리에게도 기쁨을 가져다 줄 것이다.

이것은 우리가 찬양하기 싫은데도 찬양을 해야만 하는가 하는 천국에 관한 다른 질문에도 적용된다. 이 질문은 지금 우리가 싫어하는 것은 모두가 그때에도 싫어하게 될 것이라는 입증되지 않은 사실을 전제로 한 것이다. 그러나 우리의 경험이 반대로 이야기해주지 않는가? 우리가 어렸을 때에 싫어했던 음식들 중에 지금은 너무 좋아하는 것들이 있지 않은가? 우리가 더 젊었을 때에는 지루했던 책들이 지금은 너무 좋지 않은가? 우리가 어른이라면 했을 혹은 안했을 일들을 어린아이처럼 결정한다면 수많은 기쁨들을 우리 자신이 잃어버리지 않겠는가? 우리는 지금 우리가 좋아하지 않는 모든 것을 천국에서도 여전히 좋아하지 않을 것이라고 가정해서는 안 된다.

새 땅에서 우리는 우리가 원하는 것을 하지만 하나님께서 원하시는 것을 원할 것이며, 그것은 우리에게 가장 큰 기쁨을 가져다 줄 것이다.

천국에서 지도자로서 가장 확실한 자격을 갖춘 자들 중에 어떤 이들은 지금 지도자가 되길 원하지 않는 사람들일 것이다. 이 땅에서 타고난 지도자이지만 신실하지 않았던 자들은 천국에서 지도자가 되지 못할 것이다. 땅을 기업으로 받고 통치할 자들은 교만하고 자신에 찬 사람들이 아님을 기억하라. 그들은 온유한 자들이다(마 5:5). 그리고 온유한 자들도 잘못된 동기나 다른 이들을 이용하고자 하는 유혹을 벗을 것이다. 그리스도와 그리스도를 닮은 통치자들이 우리를 다스릴 것이기 때문에 우리는 더 이상 다스림에 관해 회의나 환멸을 느낄 필요가 없다.

우리의 통치는 누구의 아이디어인가?

인간이 땅을 다스리고 도시들을 통치하고 영원히 다스린다는 개념이 불편하다고 많은 사람들이 나에게 말했다. 그것은 주제넘고 잘난 척하는 것처럼 들린다. 나도 동감한다. 만일 우주를 통치하는 것이 우리의 아이디어라면 그것은 정말로 주제넘는 일이다. 그러나 그것은 우리의 아이디어가 아니라 하나님의 아이디어이다. 그것은 부수적인 혹은 주변적인 교리가 아니라 성경의 바로 심장이다.

우리는 성경이 우리가 땅을 통치할 것이라고 말할 때에 성경을 진지하게 해석하는 법을 배워야 한다. 우리 자신에게 성경을 문자적으로 해석해서는 안 된다고 말함으로써 종종 우리는 성경의 명백한 의미를 거부하고 만다. 일반적으로 우리의 전제에 따라 우리의 해석들이 달라진다. 예를 들어, 우리가 영원한 천국에는 몸이 없고 땅도 없다고 상상한다면 통치, 문화, 사회구조, 그리고 위임된 임무와 같은 개념들은 이상하진 않다 할지라도 자연히 너무 순진하게 들린다. 그러나 우리가 죽은 자의 부활과 새 땅의 현실의 교리를 이해한다면 이러한 개념은 완벽하게 앞뒤가 맞는다.

예수님께서는 말씀하셨다. "내 아버지께서 나라를 내게 맡기신 것같이 나도 너희에게 맡겨 너희로 내 나라에 있어 내 상에서 먹고 마시며 또는 보좌에 앉아 이스라엘 열두 지파를 다스리게 하려 하노라"(눅 22:29-30). 하나님의 목적과 계획은 그리스도께서 우리에게 그분이 쟁취하신 나라를 부여해 주시기 전에는 온전히 성취되지 않을 것이다. 이것은 우리의 몸의 부활 이후에 이뤄질 것이며, 그때에 우리는 부활한 땅에서 부활하신 그리스도와 함께 한 상에서 먹고 마실 것이다. (어떤 학자들은 이 통치를 천년왕국에 한정하지만 그러나 유사 구절들은 영원한 통치를 가리킨다.) 그리스도와 함께 한

상에서 먹고 마신다는 말씀은 우리가 몸이 없는 상태에서 "영적"으로 통치하는 것이 아니라 물리적이고 땅이 있는 나라에서 실제로 다스리는 것을 입증해 준다.

하나님께서 우리를 위해 가지고 계신 것을 기대함

주님은 "잘하였도다 착하고 충성된 종아. 네가 적은 일에 충성하였으매 내가 많은 것을 네게 맡기리니 네 주인의 즐거움에 참여할지어다"라고 말씀하실 것이다(마 25:23).

이 구절을 주석하면서 달라스 윌라드는 다음처럼 쓴다. "물론 이 '즐거움'은 모든 면에 있어서 선한 것을 창조하고 보살피는 것이다. 우주가 존재하기도 전에 우리 각 사람을 위한 자리가 하나님의 창조 질서 가운데 이미 마련되었다. 그분의 계획은 우리가 예수님의 제자로서 성장하되 계속되는 우주 창조의 활동 속에서 우리의 자리를 차지할 수 있을 때까지 성장하도록 하시는 것이다."[2]

주인의 즐거움에 참여한다는 개념은 천국의 그림을 잘 설명해 준다. 이것은 주인과 함께 있는 것만으로 우리 안에 즐거움이 생기겠지만 단순히 그것만을 의미하지는 않는다. 오히려 그것은 우리 주님 자신이 즐거워하시는 분임을 의미한다. 주님은 자신 안에서, 그분의 자녀들 안에서, 그리고 그분의 피조물 안에서 즐거움을 취하신다. 그분의 즐거움은 전염성이 있다. 우리가 하나님의 즐거움과 우리 자신의 즐거움을 누리지 못하도록 방해했던 죄에서 일단 자유하게 되면 우리는 하나님의 즐거움에 참여할 것이다. 즐거움은 우리가 숨쉬는 바로 그 공기일 것이다. 주님은 결코 바닥을 보이시지 않는다. 그래서 그분의 즐거움은 끝이 없다.

현재 하나님께서는 우리에게 리더십 훈련을 시키고 계시다. 그분은 우리가 우리의 충성됨을 어떻게 보이며 살고 있는지를 관찰하고 계시다. 그분께서는 우리를 천국에 대비해 준비시키는 자신의 도제 프로그램을 통해 이를 행하신다. 그리스도는 단순히 우리를 위해 처소를 준비하실 뿐만 아니라 그 처소를 위해 우리를 준비하고 계시다.

우리 모두에게는 꿈이 있지만 그 꿈은 자주 실현되지 않는다. 우리는 낙망하고 소망을 잃어버린다. 그러나 그리스도의 도제로서 우리는 훈련을 받아야만 한다. 훈련 중인 도제는 일을 열심히 해야 하며 다음 시험이나 도전에 대비해 열심히 공부해야만 한다. 도제는 3주간의 휴가를 원하거나 바깥세상의 관심사들을 추구하길 더 원할지 모른다. 그러나 주님은 이러한 것들이 성공하지 못하도록 하실 것이다. 그분은 자기 도제의 욕망을 꺾으실 것이다. 이는 그들로 하여금 관점과 인내를 배우도록 하기 위함이며, 이러한 관점과 인내는 미래에 그들에게 큰 도움이 될 것이다. 젊은 도제들이 자신의 꿈이 죽는 것을 경험할 때에 주인은 그들을 빚어 더 큰 꿈을 꾸게 만드신다. 어느 날 그들은 새 땅에서 더 향상된 지혜와 기술, 감수성 그리고 기쁨을 가지고 이 꿈을 이룰 것이다.

지금 당신이 직면한 도전들을 통해 하나님께서는 새 땅에서 당신이 꿈을 이룰 수 있도록 당신을 준비하고 계신다.

제21장 | 우리는 하나님의 나라를 어떻게 다스릴 것인가?

> 모든 의무를 행할 때의 우리의 생동감, 환란을 견디는 우리의 인내, 하나님을 경외함, 우리 사랑의 생명력, 감사, 그리고 우리의 모든 은혜, 즉 우리의 경건과 기독교의 핵심은 우리가 안식천국을 믿고 이를 계속해서 생각하는 데 달려 있다.
>
> — 리처드 백스터

「하나님이 세상을 창조하신 목적」(The End for which God Created the World)에서 조나단 에드워즈는 다음과 같이 말한다. "하나님은 자신의 뜻을 전달하시고 자기 자신의 충만함을 널리 펼치시는 성품을 가지고 계시다. 말하자면 그분의 목적은 자신의 선함이 자신의 존재를 넘쳐 흘러나가도록 하시는 것이었다. 그분은 하늘과 땅을 창조하여 자신의 영광이 그분으로부터 풍성히 넘쳐나길 택하셨다. 그분은 물리적 세계를 만드셨으니 이는 그분의 영광을 경험하게 하고 그 영광으로 가득하며 그 영광을 드러내기 위함이었다. 창조의 모든 원자, 모든 시간, 그리고 모든 부분과 모든 순간이 그 영광을 드러낸다. 그분은 자신의 영광을 드러내기 위해 그분 자신의 형상대로 인간을 만드셨고 그를 또한 그 영광을 드러내는 완전한 환경에 두셨다."[1]

땅은 인간과 다른 만물이 존재하는 동일한 이유로 존재한다. 그것은 하나님을 영화롭게 하는 것이다. 우리가 하나님의 창조에서 우리의 정당한 그리고 의도된 위치를 차지하고 그가 우리에게 부여하신 권세를 사용할 때에 하나님은 영광을 받으신다. 하나님께서는 인간으로 땅을 통치하도록 정하셨다. "하나님이 이르시되 우리의 형상을 따라 우리의 모양대로 우리가 사람을 만들고 그들로 바다의 물고기와 하늘의 새와 가축과 온 땅과 땅에 기는 모든 것을 다스리게 하자 하시고 하나님이 자기 형상 곧 하나님의 형상대로 사람을 창조하시되 남자와 여자를 창조하시고 하나님이 그들에게 복을 주시며 하나님이 그들에게 이르시되 생육하고 번성하여 땅에 충만하라, 땅을 정복하라, 바다의 물고기와 하늘의 새와 땅에 움직이는 모든 생물을 다스리라 하시니라"(창 1:26-28).

인간에 대한 하나님의 의도는 우리가 온 땅을 차지하고 그것을 다스리는 것이었다. 우리는 이 통치를 통해 하나님을 높여 드리는 사회를 만들어 내고, 하나님의 형상에 따라 창조된 존재에 합당한 창의력, 상상력, 지성, 기술을 사용함으로써 주님의 성품들을 나타낸다. 하나님의 형상대로 지어졌다는 것에는 커뮤니케이션의 의무가 들어있다. 하나님과 같은 창조 능력을 가진 존재로서 우리는 우리의 창조적 행위를 통해 보이지 않는 하나님을 드러내고, 이로 인해 모든 만물 앞에서 그분을 영화롭게 해야만 한다.

문화에는 상업, 예술, 과학, 운동 그리고 하나님께서 능하게 하시고 하나님의 창조의 능력을 닮은 인간의 마음이 생각하고 강한 인간의 몸이 행할 수 있는 모든 것이 포함된다. 「땅의 왕」(*The King of the Earth*)에서 신학자 에릭 사우어는 창세기 1:26의 "다스리게 하자"라는 구절에 관해 다음처럼 쓴다. "이 말씀은 분명히 인류 통치의 소명(vocation)을 선포한다. 이것은 또한 인간이 문화 속에서 점진적으로 성장할 소명을 말한다. 하나님과 전혀 갈등을 일으키지 않으면서 이뤄지는 문화적 성취는 인간의 고귀함의 본질이며, 인간은 낙원에서 이 본질을 소유한다. 발명, 발견, 과학, 예술, 섬세함과 고귀함, 한 마디로 인간 지성의 진보는 처음부터 끝까지 하나님의 뜻을 통해서 나온다. 이 말씀은 하나님의 가문에 속한 인간의 땅의 소유(창 1:28), 창조주가 위임한 명령을 하나님의 고귀한 종들이 수행하는 것에 관한 것이며, 또 땅의 축복을 위해 하나님께서 임명하신 통치자의 섬김에 관한 것이다."[2]

땅 위의 인간을 위한 이러한 통치, 확장, 문화를 풍성하게 하는 하나님의 목적을 하나님께서는 취소하시거나 단념하신 적이 결코 없으시다. 단지 타락으로 인해 방해를 받고 왜곡되었을 뿐이다. 그러나 사단과 죄 그 어느 것도 하나님의 목적을 좌초시킬 수 없다. 그리스도의 구속의 역사는 결국 하나님의 본래 계획을 회복시키고, 강화시키며, 확장시킨다.

우리는 우리의 세상을 어떻게 이해해야만 하는가? 나치 정권하에서 점잖은 독일 시민들이 겪은 곤경을 생각해 보라. 그들은 자신의 조국 독일을 사랑했는가 아니면 미워했는가? 그들은 사랑한 동시에 미워했다. 그들은 나치 정부와 그들의 교만, 타락, 편협, 잔인함, 핍박을 미워했다. 그러나 자신의 조국이 파시즘의 도도한 물결 아래에 파묻혔음에도 불구하고 그들은 더 나은 독일이 있음을 알았다. 그들은 더 나은 독일을 위해 충성했으며, 여전히 아름다운 시골, 음악회, 친절한 이웃의 눈빛, 나치에 저항하다 투옥된 독일인들, 그리고 유대인들을 구하기 위해 조용히 개입했던 신실한 시민들 속에 그 독일의 몸짓이 있음을 알았다. 역설적이지만 나치 독일에 대한 그들의 반대에 불을 지핀 것은 바로 그 독일에 대한 사랑이었다. 마찬가지로 하나님의 땅에 대한 우리의 사랑은 타락한 땅에 대한 우리의 반대에 불을 지핀다.

과거의 세상과 미래의 세상은 무척 선하다. 지금 인간이 살고 있는 현재의 세상은 왜곡되었다. 그러나 이것은 일시적인 상태이고 영원한 치료책이 있다. 그것은 그리스도의 구속의 역사이다.

하나님의 나라…그리고 우리의 나라

다니엘서 7장에서 우리는 느부갓네살의 바빌론 제국으로 시작되는 땅에 있는 네 개의 나라들이 어느 날 영원히 다섯 번째 나라로 바뀔 것이라는 예언적 계시의 말씀을 받는다. "내가 또 밤 환상 중에 보니 인자 같은 이가 하늘 구름을 타고 와서 옛적부터 항상 계신 이에게 나아가 그 앞으로 인도되매 그에게 권세와 영광과 나라를 주고 모든 백성과 나라들과 다른 언어를 말하는 모든 자들이 그를 섬기게 하였으니 그의 권세는 소멸되지 아니하는 영원한 권세요 그의 나라는 멸망하지 아니할 것이니라"(단 7:13-14).

네 개의 이방 나라들이 땅 위에 있기 때문에 하나님의 영원한 나라인 다섯 번째 나라도 역시 땅 위에 있을 것이 암시되어 있다.

불의한 통치자들이 계속해서 땅을 통치했기 때문에 우리는 하늘에서가 아니라 땅 위에서 우리의 의로우신 하나님이 통치하시는 날을 갈망한다. 하나님의 뜻이 땅에서 이뤄질 것인가? 그 답은 그분의 뜻이 영원히 이뤄질 것이며, 그리스도와 그의 종이며 왕들인 구속받은 인류의 통치를 통해 이뤄질 것이라는 것이다.

하나님은 의로운 인간이 땅에 거하며 땅을 통치하도록 하신 본래의 계획을 버린 적이 결코 없으시다. 그것은 단순히 근거 없는 주장이 아니다. 다니엘 7:18은 확실하게 "지극히 높으신 자의 성도들이 나라를 얻으리니 그 누림이 영원하고 영원하고 영원하리라"고 계시한다. "나라"란 무엇인가? 그것은 땅이다.

땅은 독특하다. 그것은 아마도 수백억의 별들 가운데 하나의 행성이며 하나님은 그곳에서 펼쳐지는 구속의 드라마 속에서 배역을 맡으시고 그분의 은혜의 경이로움을 계시하기로 결정하셨다. 그분께서 영원한 나라를 세우시는 곳은 새 우주의 수도 행성인 새 땅이다.

다니엘 7:21-22은 땅의 통치자가 "성도들과 더불어 싸워 그들에게 이겼더니 옛적부터 항상 계신 이가 와서 지극히 높으신 이의 성도들을 위하여 원한을 풀어주셨고 때가 이르매 성도들이 나라를 얻었더라"고 말한다.

불의한 인간들에 의해 통치를 받았던 그 동일한 땅의 왕국들이 결국에는 의로운 인간들에 의해 통치를 받을 것이다. 그리스도의 약속은 비유가 아니다. 온유한 자들은 실제로 땅을 기업으로 받을 것이다. 그들은 그들이 받은 것을 다스릴 것이다.

왕국 이양

다니엘서 7:25은 성도들이 땅의 나라들에게 넘겨질 것이며 그 나라들은 얼마 동안 핍박할 것이라고 말한다. 그러나 그때에 놀라운 반전이 일어난다. "나라와 권세와 온 천하 나라들의 위세가 지극히 높으신 이의 거룩한 백성에게 붙인 바 되리니 그의 나라는 영원한 나라이라 모든 권세 있는 자들이 다 그를 섬기며 복종하리라"(27절).

그 나라는 하나님의 나라이지만 그분께서는 자기 성도들을 자기 아래의 통치자들로 임명하시고 그들은 "그분을 섬겨 복종할 것이다."

"거룩한 백성에게 붙인 바 될" "온 천하 나라들의 위세"는 무엇인가? 나는 그것이 모든 나라들을 위대하게 만들어 주는 모든 것이라고 믿는다. 그것은 다른 많은 것 중에서도 그들의 문화, 예술, 운동, 과학, 그리고 지식과 관련된 성취물들일 것이다. 이 모든 것들은 잃거나 파괴되지 않고 "성도들에게 붙인 바" 될 것이며, 성도들은 새 땅에서 하나님의 영원한 나라를 통치할 것이다. 우리는 세상의 부와 성취물들을 관리하는 청지기들이 될 것이다.

이 계시의 경이로움을 생각해 보라. 불의한 땅의 왕들에 의해 고난을 받은 하나님의 자녀들이 땅의 왕들을 영원히 대신할 것이라는 사실 말이다. 불의한 나라들의 위대한 문화적 성취물이 하나님의 백성에게 이양되어 그들을 관리하고 (그리고 내 생각엔) 그들을 발전시키며 확대할 것이다.

사단이 일전에 주장했던 바로 그 땅을 그의 손에서 빼앗아 그가 미워하고 멸하려고 했던 사람들인 하나님의 성도들에게 이양할 것이다. 땅의 나라들이 파괴되지 않고 성도들에게 "붙인 바 되어" 그들의 통치하에 놓일 것이라고 한 말씀에 주의하라. 폭군들이 땅에서 행한 모든 악행들은 과거지사가 될 것이다. 더 이상 핍박과 불의는 없다. 처음에 인간의 통치하에 놓였지만 타락으로 말미암아 왜곡되었던 땅은 구속되고, 회복되며, 구속받고 회복된 인간의 의로운 통치하에 다시 놓이게 될 것이다.

만일 성경에 신자들이 땅의 왕국을 통치한다는 다른 구절들이 없다 할지라도 다니엘서 7장이 힘주어 말하는 "하나님의 거룩한 백성이 땅을 영원히 통치할 것이다"라는 메시지만으로도 충분하다.

많은 사람들은 하나님이 우주를 통치하신다면 다른 통치자들을 위한 여지가 없을 것이라고 믿는다. 그러나 이것은 사실이 아니다. 왜냐하면 우리는 "모든 권세 있는 자들이 다 그를 섬기며 복종하리라"는 말씀을 듣기 때문이다(27절). 이미 이사야 60장과 계시록 21장에서 본 것처럼 새 땅에는 여전히 나라들이 있을 것이며 그들은 여전히 통치자를 가질 것이다. 그러나 그들은 그리스도에게 복종하는 의로운 통치자들이다. 모든 나라의 민족들("각 족속과 방언과 백성과 나라")이 어린 양께 경배할 것이다(계 5:9). 어떤 이들은 도시를 다스리고 다른 이들은 나라를 다스릴 것이다.

파스칼은 인간이 "폐위된 왕의 비극"의 고통을 겪는다고 썼다. 왕의 왕께 반역함으로써 인류는 땅의 통치권을 포기했다. 그러나 그리스도께서는 이전에 아담과 이브가 잠시 동안 차지했던 보좌로 우리를 회복시키실 것이다. 그분은 우리에게 그 나라를 붙이실 것이다. 주님은 제자들에게 "적은 무리여 무서워 말라 너희 아버지께서 그 나라를 너희에게 주시기를 기뻐하시느니라"고 말씀하셨다(눅 12:32).

상급으로서의 섬김

대환란으로부터 나오는 사람들은 "하나님의 보좌 앞에" 서는 특별한 상급을 받으며, 그곳에서 그들은 "밤낮 하나님을 섬기게 될" 것이다(계 7:14-15). 주인이 충성된 종들에게 책임을 제하여 주는 대신에 더 큰 책임을 맡김으로써 상급을 주는 것에 주의하라.

섬김은 상급이며, 형벌이 아니다. 이 개념은 일을 싫어하고 단지 은퇴 때까지 인내하며 사는 자들에게는 이상하게 보일 것이다. 우리는 신실하게 일을 처리하면 우리의 여생 동안 휴가를 통해 보상받아야 한다고 생각한다. 그러나 하나님께서는 우리에게 매우 다른 것을 제공해 주신다. 즉 더 많은 일과 더 많은 책임과 기회들을 주시며, 더불어 더 큰 능력과 자원, 지혜 그리고 능력을 주신다. 우리는 날카로운 마음, 강한 몸, 분명한 목적, 그리고 지칠 줄 모르는 기쁨을 가지게 될 것이다. 우리가 지금 그리스도를 많이 섬기면 섬길수록 천국에서 주님을 섬기는 우리의 능력도 그만큼 더 커진다.

도시들을 다스리는 것은 분명히 "관련이 있다." 나는 새 땅에서 도시들을 다스리는 자들은 여가(안식)도 갖고 온전히 그것을 즐기기도 하겠지만 할 일도 많이 있다고 믿는다. 달라스 윌라드는 다음처럼 제안한다. "아마도 우리 자신에게 다음과 같은 질문을 하는 것은 우리 각 사람에게 좋은 연습이 될 것이다. '정말로 지금 내가 하나님의 지도하에 얼마나 많은 도시들을 다스릴 수 있겠는가? 예를 들어, 볼티모어와 리버풀을 내가 원하는 대로 할 수 있는 능력이 나에게 주어진다면 일의 결과가 어떻게 되겠는가?' 정직하게 이런 질문에 답한다면 이것은 우리로 이 우주에서 우리의 영원한 미래를 준비하는 데 많은 기여를 할 것이다."[3]

새 우주에서 통치하는 기회는 모든 사람에게 주어지는가? 사도 바울은 영원한 상급이 "자기에게만 아니라 주의 나타나심을 사모하는 모든 자에게" 주어진다고 말했다(딤후 4:8). 모든 자란 말이 고무적이다. 이 말은 지도자의 직분을 가지고 상급을 받는 선택된 소수가 아니다.

하나님께서 우리를 자기의 나라에서 통치자로 삼으심으로써 우리에게 상급을 주신다는 말에 우리는 흥분해야 하지 않겠는가? 물론 그렇다. 예수님께서는 "기뻐하고 즐거워하라 하늘에서 너희의 상이 큼이라 너희 전에 있던 선지자들도 이같이 박해하였느니라"고 말씀하셨다(마 5:12).

하나님께서는 누가 왕으로서 통치할 것인지를 택하실 것이며 내 생각에 놀라운 일이 우리를 기다리고 있을 것이다. 그리스도께서는 그분이 선택할 사람의 유형에 관해 성경에서 우리에게 암시를 주신다. "심령이 가난한 자는 복이 있나니 천국이 그들의 것임이요…온유한 자는 복이 있나니 그들이 땅을 기업으로 받을 것임이요…의를 위하여 박해를 받은 자는 복이 있나니 천국이 그들의 것임이라"(마 5:3, 5, 10). "하나님은 교만한 자를 대적하시되 겸손한 자들에게는 은혜를 주시느니라. 그러므로 하나님의 능하신 손 아래에서 겸손하라 때가 되면 너희를 높이시리라"(벧전 5:5-6).

온유한 자들과 겸손한 자들을 주변에서 찾아보라. 그들은 거리의 청소부, 자물쇠 가게 보조원, 운전사, 혹은 민박집 아주머니로서 자신들의 날들을 기저귀를 갈고, 세탁을 하며, 점심 도시락을 싸고, 눈물을 닦아주며, 하나님을 위해 카풀을 하는 자들이다.

일전에 나는 매우 친절한 호텔 벨보이에게 내 책 중 한 권을 선물로 주었다. 나는 그가 헌신된 그리스도인임을 발견했다. 그는 그 호텔에서 열리고 있는 컨퍼런스를 주관하는 우리 그룹을 위해 기도해 왔다고 말했다. 후에 나는 그에게 작은 선물을 주었는데 그것은 거친 나무 십자가였다. 그는 놀라움에 압도되는 것처럼 보였다. 눈물이 그의 눈에 가득하여 그는 말했다. "저에게 이렇게 하실 것까지 없으세요. 저는 '단지' 벨보이일 뿐입니다." 그가 그렇게 말하는 그 순간에 나는 이 형제가 자기의 일생을 섬기는 데 사용했음을 알았다. 하나님의 나라에서 섬기는 특권을 갖게 될 사람은 아마도 그와 같은 사람일 것이다. 그는 "단지 벨보이"였지만 온정과 사랑을 가지고 말했으며, 그 호텔에서 열리고 있는 컨퍼런스의 성공을 위해 뒤에서 섬기고 조용히 기도하였다. 나는 그 벨보이 안에서 예수님을 보았고 그에게 "단지"(only)는 없었다.

새 땅의 왕들은 누구겠는가? 나는 벨보이가 그들 중 한 사람일 것이라는 생각이 든다. 그리고 나는 그의 가방을 드는 영예를 누릴 것이다.

Part 2
천국에 관한 질문과 대답

●제8부 부활한 땅은 어떠할 것인가? ●제9부 우리의 삶은 어떠할 것인가?
●제10부 우리의 관계는 어떠하겠는가? ●제11부 동물들은 어떤가?
●제12부 우리는 천국에서 무엇을 할 것인가?

제8부
부활한 땅은 어떠할 것인가?

제22장 · 새 땅은 에덴의 낙원일 것인가?

제23장 · 위대한 도성은 무엇과 같을 것인가?

제24장 · 공간과 시간이 있겠는가?

제22장 | 새 땅은 에덴의 낙원일 것인가?

새 땅을 이해하는 기준점은 무엇인가? 그것은 에덴 동산이다. 물론 새 땅은 에덴보다 더 좋고 그보다 못하지 않다. 에덴은 새 땅이 시작되는 곳이다.

에덴을 이해하는 기준점은 무엇인가? 그것은 현재의 땅이다. 천국을 들여다보려면 우리는 땅을 자세히 살펴야 하며 과거에 그것이 어떠했는지 그리고 미래에 다시 어떻게 될 것인지를 상상해야만 한다.

재회의 기쁨과 더불어 땅에서의 모든 기쁨은 더 큰 기쁨의 암시이며, 속삭임이다. 그랜드 캐니언, 알프스 산, 아마존 강 유역의 밀림, 세렝게티 초원은 새 땅을 거칠게 스케치한 것이다. 일생 동안 우리는 새 땅을 꿈꾼다. 물, 바람, 꽃, 사슴, 남자, 여자, 혹은 어린 아이 속에서 아름다움을 볼 때마다 우리는 천국을 엿본다. 마치 에덴 동산처럼 새 땅은 좋은 냄새와 숨막히는 아름다움, 만족스러운 관계, 그리고 개인적인 즐거움의 장소가 될 것이다.

낙원은 회복될 것인가?

에덴이 과거의 회상인 것처럼 새 땅은 우리의 미래를 가리킨다. 우리는 새 땅이 에덴과 같거나 아니면 그보다 훨씬 더 좋을 것으로 기대해야만 한다. 그것이 바로 성경이 약속하고 있는 바이다. 땅이 에덴처럼 회복될 것을 예언한 다음의 구절들을 살펴보라.

나 여호와가 시온의 모든 황폐한 곳들을 위로하여 그 사막을 에덴 같게, 그 광야를 여호와의 동산 같게 하였나니 그 가운데에 기뻐함과 즐거워함과 감사함과 창화하는 소리가 있으리라(사 51:3).

> 사람이 이르기를 이 땅이 황폐하더니 이제는 에덴 동산같이 되었고 황량하고 적막하고 무너진 성읍들에 성벽과 주민이 있다 하리니(겔 36:35).

> 광야와 메마른 땅이 기뻐하며 사막이 백합화같이 피어 즐거워하며(사 35:1).

> 잣나무는 가시나무를 대신하여 나며 화석류는 찔레를 대신하여 날 것이라 이것이 여호와의 기념이 되며 영영한 표징이 되어 끊어지지 아니하리라(사 55:13).

상기의 구절들을 주석하면서 신학자 안토니 호케마는 다음처럼 쓴다. "자연에 관한 이 예언들은 새 땅에 관한 설명으로 이해해야만 한다. 하나님께서는 그 땅을 그리스도가 재림하신 후에 만드실 것이다. 새 땅은 단지 천 년만 존재하지 않고 영원히 존재할 것이다…새 땅에 관한 교훈을 마음에 간직하면…구약성경인 예언서의 많은 부분들의 의미는 놀라울 정도로 새롭게 열릴 것이다."¹

새 자연은 어떤 모습인가?

우리는 아직 남자와 여자를 그 의도하신 모습대로 본 적이 전혀 없다. 우리는 타락 이전에 동물들의 모습이 어떠했는지도 전혀 본 적이 없다. 우리는 단지 과거의 망가진 흔적을 볼 뿐이다.

마찬가지로 우리는 자연의 쇠퇴하지 않은 모습 그대로를 본 적이 없다. 우리는 단지 저주받고 썩어져 가는 자연을 보았을 뿐이다. 그럼에도 불구하고 지금 우리는 자연에서 기쁨과 흥분을 발견하며 하나님을 예배하고자 하는 감동을 받는다.

만일 천국의 "잘못된 부분"이 이렇게 아름답다면 바른 부분은 어떻게 보일까?

타다가 남은 것이 이렇게 놀랍다면 부활하여 새롭게 되고 본래의 모습으로 회복된 땅의 모습은 어떠하겠는가?

　씨. 에스. 루이스와 제이. 알. 알. 톨킨은 고대 신화 속의 핵심 진리를 보고서 자신들의 저서에서 살아 약동하는 사람들과 짐승들, 그리고 나무들의 모습을 우리에게 보여준다. 장차 우리를 위해 예비된 것들은 우리가 단지 쇠퇴한 빛 가운데 본 것들이다. 루이스와 톨킨은 "낙원에 대한 이방인의 신화는 에덴의 왜곡된 희미한 회상임"을 알았다.[2]

이 땅의 지역들은 새 땅에서 부활할 것인가?

　새롭게 될 때에 옛 땅의 것들이 이전의 모습의 많은 부분을 그대로 간직할까? 새롭게 된 우리가 여전히 우리인 것처럼 새 땅도 여전히 땅일 것이다. "예수 그리스도께서 재림하실 때에 우리가 들어가게 될 세상은…다른 세상이 아니다. 세상은 이 세상이며, 이 하늘이고 이 땅이다. 그러나 이 땅과 하늘 모두는 지나가고 새롭게 될 것이다. 구속의 지평에 나타날 것들은 이 땅의 숲이며, 이 땅의 들판이고, 이 땅의 도시들이며, 이 땅의 거리이고, 이 땅의 사람들일 것이다."[3]

　그렇다면 우리는 옛 땅의 지리적 모습이 동일하게 새 땅의 특징을 이룰 것을 기대해서는 안 되는가? 새 땅의 하늘이 파랄 것이라고 기대해서는 안 되는가? 하나님께서 그랜드 캐니언이나 밀림을 다시 만드실 수 있지 않을까? 만일 땅이 새 땅이 된다면 루이스 호수도 새 루이스 호수가 될 수 있지 않을까?

　우리는 친숙한 지역으로 여행을 하면서 "이곳은 우리가 서 있던 바로 그 장소다"라고 말할 수 있지 않을까?

　「최후의 전투」(*The Last Battle*)에서 씨. 에스. 루이스는 아슬란이 창조한 위대한 세상 나니아를 잃어버린 것을 슬퍼하는 소녀 루시를 그린다. 나니아는 사랑스러운 세상이었으나 그녀는 그것이 영원히 멸망했다고 생각했다. 유니콘 주얼도 슬퍼하며 그의 사랑하는 나니아를 "내가 이제까지 알았던 유일한 세상"이라고 불렀다.

    루시와 그녀의 가족 그리고 친구들은 아슬란의 나라(천국)의 입구에 들어섰지만 여전히 나니아를 돌아보자 깊은 상실감이 몰려왔다. 그러나 그녀가 아슬란의 나라에 더 깊숙이 들어가자 전혀 예기치 못한 사실을 알아차리게 되었다. 그 다음에 일어난 일이 나는 성경이 계시한 새 땅의 모습이라고 믿는다.

    "저 언덕들 말이야"라고 루시가 말했다. "저 뒤에 있는 멋진 언덕과 파란 언덕들은 나니아의 남쪽 국경의 모습과 너무 똑같아."

    "그래 똑같네!" 잠시 말이 없던 에드문드가 외쳤다. "왜 이처럼 똑같을까? 저기 봐. 삼지창 머리 모양을 한 파이어 산이 있고 아치랜드로 들어가는 입구도 있고 모든 것이 다 있네!"

    "그런데 똑같지는 않아"라고 루시가 말했다. "저것들은 달라. 더 색깔이 다양하고 내가 기억하는 것보다 훨씬 더 멀리 떨어져 있어 보여…그리고 점점 더…더…아이 참, 모르겠는걸."

    "더 실제같이 보여"라고 디고리경이 부드럽게 말했다.

    갑자기 먼 데를 잘 보는 독수리가 날개를 펴고 30-40피트 상공으로 날아올라 선회하더니 다시 땅 위로 내려앉았다.

    "왕들과 여왕들이여"라고 그가 외쳤다. "우리 모두는 소경이었습니다. 우리는 이제 우리가 도착한 곳을 막 보기 시작했습니다. 저 위에서는 모든 것이 다 보입니다―에틴스미어, 비버스댐, 그레이트 강, 케어 패러벨은 여전히 동쪽 바다의 가장자리에서 반짝이고 있습니다. 나니아는 죽지 않았습니다. 이 땅이 바로 나니아입니다."

"그런데 어떻게 그럴 수가 있지?"라고 피터가 말했다. "아슬란이 우리에게 다시는 나니아로 돌아갈 수 없다고 말했거든. 그런데 우리가 이곳에 있으니 말이야."

"맞아요"라고 에스테이스가 말했다. "그리고 우리는 나니아가 완전히 파괴되고 태양이 꺼져 버린 것을 보았잖아요."

"그리고 모든 것이 너무 다르잖아"라고 루시가 말했다.

"독수리가 맞아"라고 디고리경이 말했다. "들어봐, 피터. 아슬란이 네게 다시는 나니아로 결코 돌아갈 수 없다고 말했을 때에 그는 네가 생각하고 있던 나니아를 의미한 것이었어. 그 나니아는 시작과 끝이 있지. 그것은 진짜 나니아의 그림자, 곧 복사본이었어. 진짜 나니아는 언제나 여기에 있었고 언제나 이곳에 있을 거야. 우리의 세상인 영국과 그 모든 것은 아슬란의 진짜 세상에 있는 어떤 것의 그림자나 모조품이었어. 루시, 너는 나니아를 위해 더 이상 울 필요가 없어. 옛날 나니아의 중요한 모든 것과 모든 사랑하는 피조물들이 이 문(the Door)을 통해 진짜 나니아로 옮겨왔어. 물론 다르지. 실물이 그림자와 다르고 실제로 걷는 삶과 꿈이 다르듯이 말이야."

옛날 나니아와 새 나니아의 차이는 그와 같았다. 새 나니아는 더 깊은 나라였다. 모든 바위와 꽃, 그리고 풀의 줄기는 더 실제적으로 보였다. 나는 그 이상 어떻게 표현을 할 수가 없다. 당신이 그곳에 도착하게 되면 내 말을 이해할 것이다.

모든 사람이 느끼는 바를 요약해서 유니콘이 말했다. 그는 그의 오른쪽 앞발을 땅에 내딛으면서 소리 내어 외쳤다.

"마침내 집에 왔다! 이곳이 내 진짜 나라야! 이곳이 내 고향이야. 비록 지금까지 이곳을 알지 못했지만 내가 평생 동안 찾았던 땅이야. 우리가 옛 나니아를 사랑했던 이유는 그곳이 가끔씩 조금이나마 이곳과 비슷하게 보였기 때문이야."[4]

루이스는 옛 땅과 새 땅의 성서신학과 그 둘 사이의 연속성을 내가 아는 그 어떤 신학자보다 더 잘 간파했다. 당신도 그의 메시지를 간파했는가? 우리의 세상은 "그림자의 나라"(Shadowlands), 즉 이전에 있었던 에덴의 모조품이지만 그럼에도 불구하고 앞으로는 새 땅이 될 것이다. 옛 땅의 모든 중요한 것들은 천국으로 옮겨져 새 땅의 일부분이 될 것이다.

루이스는 후에 「최후의 전투」에서 더 깊이 들어간다.

"이봐!"라고 피터가 소리쳤다. "영국이야. 그리고 저것은 우리의 모든 모험이 시작된 커크 교수의 옛날 시골 집 바로 그 집이야!"
"나는 저 집이 파괴되었다고 생각했어"라고 에드먼드가 말했다.
"그래 맞아. 그랬어"라고 파운이 말했다. "그런데 너는 이 땅이 진짜 나니아인 것처럼 진짜 영국 내에서 영국을 보고 있어. 더 깊은 곳의 영국에서 좋은 것 중 그 어떤 것도 파괴되지 않았어."⁵

성경이 새 땅과 새 예루살렘에 관해 우리에게 말해 주는 것과 어떤 것들은 회복될 것이라는 사실에 근거하여, 나는 루이스의 그림이 매우 가능하다고 생각한다. 새 땅에서 우리는 진짜 땅을 볼 것이며, 그곳에서 하나님이 창조하신 자연뿐만 아니라 하나님의 영광을 위하여 인간이 창조한 것도 볼 것이다. 새 땅에서는 그 어떤 선한 것도 파괴되지 않을 것이다.

옛 땅에서 우리가 사랑한 모든 것들이 새 땅에서도 우리의 것이 된다는 사실—같은 모양이든 다른 모양이든 간에—은 모든 것을 바꿔 놓는다. 우리가 이것을 이해하면 우리는 우리가 본 세상의 모든 불가사의와 이별하는 것을 섭섭해 하지 않을 것이며 또한 이 세상의 다른 불가사의를 보지 못한 것을 슬퍼하지 않을 것이다. 왜 그런가? 왜냐하면 우리는 언젠가 그들을 다시 볼 수 있기 때문이다.

제23장 | 위대한 도성은 무엇과 같을 것인가?

왜 마젤란과 콜럼버스 그리고 모든 탐험가들과 그들의 선원들은 "신세계"를 찾아 나섰는가? 왜냐하면 우리는 새로운 세상을 찾도록 만들어졌기 때문이다. 우리는 구도자와 탐험가가 되도록 만들어졌다. 우리가 하나님의 피조세계를 탐구하고 탐험하면서 우리는 하나님을 아는 지식에서 자라가며, 하나님 그분의 경이로움을 탐구하려는 동기를 더 많이 부여받게 된다.

현재 삶의 요구와 분주함 때문에, 우리는 탐험에 대한 갈망을 제쳐놓거나 억누르도록 가르치지만 그 갈망은 여전히 표면으로 떠오른다. 새 땅에서 그 갈망은 좌절되거나 실용적인 생각 때문에 짓밟히지 않는다. 오히려 하나님, 이웃, 그리고 우리 안에 있는 모든 것들이 그 갈망을 자극하고 격려할 것이다.

그러나 우리가 가장 먼저 탐험하고 싶은 곳은 지금까지 존재한 도시 중에 가장 큰 도시인 새 땅의 수도일 것이다. 새 예루살렘은 고도의 아름다움과 자연의 경이로운 장소이다. 그것은 광대한 에덴이며, 인간 최고의 문화가 만나는 곳이고, 그리스도께서 통치하시는 곳이다. 인간 전 역사에 걸쳐 축적된 부보다 더 많은 부가 광대한 도시 전역에 걸쳐 마음껏 분배될 것이다.

그 도시는 얼마나 엄청난가?

예수님께서 청지기의 비유에서 언급하신 대로 아마도 많은 다른 도시들이 새 땅에 있을 것이다(눅 19:17-19). 자신들의 보배를 가지고 새 예루살렘으로 들어오는 열방의 왕들이 어디로부턴가 와서 다시 그곳으로 돌아가는데 아마도 새 예루살렘 밖에 있는 시골이나 도시들일 것이다. 그러나 이 도시는 왕 중 왕이 자기 집이라 부를 것이기 때문에 어느 도시도 이 도시와 같지 않을 것이다.

천국의 수도는 장관으로 가득할 것이다. "하나님의 영광이 있어 그 성의 빛이 지극히 귀한 보석 같고 벽옥과 수정같이 맑더라"(계 21:11). 요한은 계속해서 이 도시의 풍요를 묘사한다. "그 성곽은 벽옥으로 쌓였고 그 성은 정금인데 맑은 유리 같더라. 그 성의 성곽의 기초석은 각색 보석으로 꾸몄는데"(계 21:18-19). 그리고 나서 요한은 12보석의 이름을 언급하는데 그 중 여덟은 대제사장의 흉패에 있는 보석과 일치한다(출 28:17-20).

보석들과 황금은 엄청난 부를 대표하며, 하나님의 위엄의 엄청난 부요함을 말해 준다.

"그 열두 문은 열두 진주니 각 문마다 한 개의 진주로 되어 있고 성의 길은 맑은 유리 같은 정금이더라"(계 21:21).

각 문의 타워는 하나로 된 거대한 진주를 조각한 것이다. 이 본문은 이것을 말하고 있지 않지만 주석가들은 진주는 진주조개의 아픔을 통해 만들어지기 때문에 진주는 우리를 위한 그리스도의 고난을 상징할 뿐만 아니라 우리의 일시적 고난으로부터 오는 영원한 아름다움을 상징한다고 말한다.

생명수의 강은 무엇인가?

요한은 새 예루살렘의 중앙에 있는 자연의 경이를 묘사한다. "또 그가 수정같이 맑은 생명수의 강을 내게 보이니 하나님과 및 어린 양의 보좌로부터 나와서 길 가운데로 흐르더라"(계 22:1-2). 물은 왜 중요한가? 왜냐하면 이 도시는 인간 삶의 중심이고 물은 생명의 필수 부분이기 때문이다. 유령들은 물을 필요로 하지 않지만 인간의 몸은 물이 필요하다. 우리 모두는 목마름이 무엇인지 안다. 하지만 뼈처럼 메마른 기후에서 사는 사람들에게 언제나 시원하고 맑고 오염되지 않은 물은 곧 경이이며, 가장 깊은 그들의 갈증을 만족시켜 줄 수 있다.

새 땅에서 우리는 자연의 아름다움을 찾기 위해 도시를 떠날 필요가 없을 것이다. 자연은 그 도시와 함께 있으며 생명수의 강이 그 근원이다. 이 강은 이 도시의 중앙로를 따라 흐른다. 그리고 이 강은 도시의 나머지 전체에 걸쳐 흐르는 수많은 지류들을 가지고 있을 것이다. 이 강가에서 사람들이 담소를 나누고 웃으며, 손과 얼굴을 이 물에 담고 물을 마시는 모습을 그릴 수 있는가?

생명나무는 무엇인가?

요한이 생명수의 강을 묘사한 후에 그는 눈에 띄는 또 다른 것을 언급한다. "강 좌우에 생명나무가 있어 열두 가지 열매를 맺되 달마다 그 열매를 맺고 그 나무 잎사귀들은 만국을 치료하기 위하여 있더라"(계 22:2).

창세기 2장에서 세 번 언급된 에덴의 생명나무는 계시록에서 다시 네 번 언급되며, 그 중에 세 번은 마지막 장에서 나온다. 이 예들은 문자 그대로 에덴에 있던 바로 그 생명나무를 가리키는 것처럼 보인다. 우리는 생명나무가 현재 중간천국인 낙원에 있다는 말을 듣는다(계 2:7). 새 예루살렘도 지금 현재 천국에 있으며, 생명나무와 모든 것과 함께 새 땅으로 내려올 것이다(계 21:2). 나무가 분명히 에덴에서 현재 천국으로 옮겨진 것처럼 그것은 다시 새 땅으로 옮겨질 것이다.

에덴에서 이 나무는 지속되는 물리적 생명의 근원이었던 것처럼 보인다. 생명나무의 임재는 아담과 이브가 그들의 창조주가 제공한 과일을 먹을 때에 초자연적으로 생명을 공급해 주었음을 암시한다. 아담과 이브는 영원히 살도록 만들어졌지만 그렇게 하려면 그들은 생명나무의 열매를 먹었어야만 했던 것 같다. 그들이 범죄하자 그들은 에덴 동산의 출입이 금해졌고, 그 나무와 분리되었으며, 영적인 사망을 맛보았던 것처럼 물리적인 사망을 맛보아야 했다.

　새 땅에서 우리는 아담과 이브에게 양분을 공급했던 그 동일한 나무의 열매를 자유롭게 먹을 것이다. "이기는 그에게는 내가 하나님의 낙원에 있는 생명나무의 열매를 주어 먹게 하리라"(계 2:7). 인간은 이 나무로부터 한 번 더 그들의 힘과 생명력을 얻게 될 것이다. 이 나무는 한 가지 종류의 열매만 맺는 것이 아니라 12가지를 맺는다. 천국의 새로움과 신선함이 매월 열리는 이 나무의 과일을 통해 입증된다. 이 열매는 단지 흠모의 대상이 아니라 직접 먹을 수 있다.

　계시록 22장의 생명나무의 설명은 구약성경에서 예언한 내용을 그대로 반영한다. "강 좌우 가에는 각종 먹을 과실나무가 자라서 그 잎이 시들지 아니하며 실과가 끊이지 아니하고 달마다 새 열매를 맺으리니 그 물이 성소를 통하여 나옴이라 그 열매는 먹을 만하고 그 잎사귀는 약 재료가 되리라"(겔 47:12).

　또한 요한은 우리에게 "그 나무 잎사귀들은 만국을 치료하기 위하여 있더라"고 말한다(계 22:2). 계시록 21-22장에서 세 번째로 새 땅의 거주자들을 만국으로 언급한다. 만국은 없어지지 않고 치유될 것이다. 그러나 우리는 천국에서 고통이나 질병을 겪지 않는데 잎사귀들이 치료하기 위해 있다는 말은 무엇인가? 아마도 생명나무 열매처럼 이 잎사귀도 생명을 유지해주거나 아니면 사람들의 건강과 에너지를 유지시키는 생명강화의 성질을 가지고 있을지 모른다. 우리의 물리적 생명과 건강, 심지어 우리의 치유는 우리의 내재적인 불멸성에서 나오지 않고 생명나무의 열매와 잎사귀 안에 있는 하나님의 은혜의 공급하심에 참예함으로써 나온다. 따라서 우리의 웰빙(well-being)은 단번에 주어지지 않고, 우리가 하나님을 의지해서 그분의 공급하심을 받을 때에 영원히 유지되고 새로워질 것이다.

새 땅에는 자연의 다른 불가사의들이 있겠는가?

성경이 생명수 강과 생명나무, 그리고 그 열매를 말한다는 것은 자연의 불가사의들이 새 땅의 일부가 될 것을 가리킨다. "나무"란 단어가 많은 나무들을 말하는 것처럼 "강"이란 단어도 많은 강들이 있다는 말이어서 호수들을 이룰 것 같다. 이곳은 새 땅이기 때문에 우리는 땅의 지리적 특징들—산, 폭포, 그리고 다른 자연의 불가사의들—을 기대할 수 있다.

새 땅을 묘사하면서 요한은 "크고 높은 산"을 말한다(계 21:10). 요한이 그것을 그 산(the mountain)이라고 부르지 않고 한 산(a mountain)이라고 부른 것에 주의하라. 우리는 새 땅에 최소한 하나의 산이 있음을 이제 알았기 때문에 그곳에 수백, 수천의 산들이 있다고 생각할 수 있다.

부활의 몸이 우리의 현재 몸보다 훨씬 나을 것처럼 새 땅의 자연의 불가사의들도 아마 우리가 지금 알고 있는 것보다 훨씬 더 장엄할 것이다. 우리는 지금 이 땅에 있는 것들보다 훨씬 더 장엄한 산들과 더 아름다운 호수들과 꽃들을 기대한다.

우리의 취향은 너무나 달라서 우리 중 어떤 이들은 커다란 문화 행사를 위해 중앙로나 강당에 모이기를 좋아하는 반면에 다른 이들은 한적한 곳에서 호수 위에 놀고 있는 오리들에게 모이를 주거나 친구들과 도시를 떠나 미개발지에서 모험을 하고 싶어한다. 우리가 어디를 가든지 그리고 무엇을 하든지 간에 우리는 결코 왕이신 하나님의 임재를 떠나지 않을 것이다. 비록 그분이 새 예루살렘에 거하신다 할지라도 여전히 새 우주의 모든 곳에 편재하시기 때문이다. 그 우주에서 모든 원자 속의 입자들까지도 그의 영광을 외칠 것이다.

제24장 | 공간과 시간이 있겠는가?

많은 책들은 우리가 천국에서 시간과 공간이 없이 존재할 것이라고 말한다. 어떤 책은 천국을 "시공의 개념이 무의미한 존재 양식"으로 설명한다.[1] 정말 그럴까?

천상의 새 하늘은 어떤 모습일까?

구약성경은 우주 즉 코스모스란 단어를 단독으로 사용하지 않는다. 창세기 1:1에서 하나님이 "천지"를 창조하셨다고 말할 때에 이 단어는 "우주"와 동의어이다. "하늘"은 땅 위의 세계를 가리킨다. 그것은 대기, 태양, 달, 별들, 그리고 밖의 공간 안에 있는 모든 것을 말한다. 그래서 이사야에서 하나님은 "보라 내가 새 하늘과 새 땅을 창조하나니"라고 말씀하신다(사 65:17). 이 말씀은 창세기 1:1과 일치하며 하나님이 처음 창조하신 바로 그 물리적 우주를 완전히 새롭게 하실 것을 가리킨다.

땅은 청지기로서 인간이 맡은 첫 영역이지만 통치 영역은 땅만이 아니다. 온 우주가 인간의 죄의 영향을 받은 것으로 보아 온 우주는 본래 인간이 통치하기로 되어 있었다고 결론을 내릴 수 있다. 그렇다면 새로운 우주 전체는 우리의 것으로서 우리는 하나님의 영광을 위하여 그곳을 여행하고 그곳에 거주하고 그것을 다스릴 것이다.

새 하늘에는 새로운 은하계와 새로운 행성들, 달들, 꼬마 흰 별들, 중성자별들, 블랙홀들과 준성들이 있을 것인가? 그렇다. 이들이 첫 우주에 속했었고 최소한 그들의 본래의 모습을 보시고 하나님이 "심히 좋았더라"고 하신 사실은 이들이 부활한 우주에 속할 것을 의미한다. 내가 마두성운(Horsehead Nebula)을 보고 저곳에 가보면 어떨까라고 자문하지만 나는 언젠가 알게 될 것이라고 생각한다. 웨스트민스터 고백처럼 이 "동일한 몸"(self-same body)이 부활하고 "동일한" 땅이 부활하는 것처럼 나는 "동일한" 마두성운도 부활할 것이라고 믿는다. 왜 그런가? 왜냐하면 그것은 현재 하늘에 속하였고 새 하늘에서도 부활할 것이기 때문이다.

새로운 행성들은 단지 장식품인가 아니면 하나님께서 우리로 어느 날 그곳에 가 보도록 하기 위해 만드신 것인가? 지금 저주 아래 있음에도 우리는 달을 탐사할 수 있고 화성에 착륙할 기술을 가지고 있다. 우리가 부활한 마음과 무한한 자원, 완전한 과학의 협동 그리고 더 이상 죽음이 없을 때에 하나님의 영광을 위하여 무엇을 달성할 수 있겠는가? 우리 은하계의 가장 먼 곳도 갈 수 있지 않을까? 푸른 초장의 풀처럼 많은 다른 은하계들은 어떨까? 나는 우리가 그리스도 중심의 의로운 인간의 통치 영역을 확대할 것이라고 생각한다. 그때는 다른 사람들의 것을 빼앗는 정복자로서가 아니라 하나님의 물리적 피조세계의 모든 곳을 차지하고 이를 관리하는 신실한 청지기로서 그리할 것이다.

새벽 별은 무엇인가?

주님은 이기는 자에게 "내가 또 그에게 새벽 별을 주리라"고 말씀하신다(계 2:28). 새벽 별은 천상의 물체이며 금성을 말한다. 대부분의 사람들은 예수님의 말씀을 비유적으로 생각하지만 이 말씀은 하나님께서 새 하늘에서 그분의 자녀들에게 행성들과 별들(그들의 태양계와 함께)을 맡기실 수 있음을 암시한다. 새 창조가 정말로 옛 창조의 부활한 모습이라면 결국 새 금성도 존재할 것이다.

현재 금성은 매우 살기 어려운 행성이다. 인간은 결코 그처럼 강한 열과 부식성의 대기에서 생존할 수 없다. 그러나 불멸의 부활의 몸은 그러한 대기를 견딜 수 있을 것이다. 또한 저주가 걷히면 금성은 아름다운 낙원이 될지도 모른다.

우리는 하나님께서 한 세계, 즉 땅을 자기 자녀들의 권세 하에 맡기실 것을 알고 있다. 나머지 행성들과 우주 전체가 인간과 함께 타락하고 인간과 함께 부활한다면 나는 우리가 다른 부활한 행성들에 살면서 그들을 다스리는 모습을 쉽게 그릴 수 있다.

우리는 새 토성과, 새 목성, 새 가니메데(목성 최대의 위성-역주), 새 플레이아데스성단과 새 은하수를 보겠는가? 나는 그것이 성경이 계시한 것에 근거한 논리적 결론이라고 생각한다. 새 땅이 재창조되어도 옛 땅과 연속성을 가짐으로 여전히 땅인 것과 마찬가지로 새 우주의 하늘도 옛 하늘이 새롭게 된 것일 것이다.

우리 인간의 눈으로 결코 보지 못한 멀리 있는 은하계의 높은 산에 하나님께서는 무엇을 만드셨을까? 어느 날 우리는 그 불가사의들을 목격할 것이며, 입이 딱 벌어지는 경외감으로 그것들을 바라볼 것이다. 그것으로 충분하지 않다면, 우리는 하나님께서 첫 창조에서 아껴두고 사용하지 않으셨던 불가사의들을 볼지도 모른다. 우리가 그 불가사의들을 볼 때에 그것들은 우리를 놀라게 만들어 우리는 무릎을 꿇고 경배할 것이다.

그것들을 발견할 날이 기대되지 않는가?

우리는 천국에서 시공을 경험할 것인가?

부활의 가르침은 우리가 영원히 공간을 차지할 것을 힘주어 말한다. 우리는 물리적 우주에서 사는 물리적 인간일 것이다. 부활하신 주께서는 "나를 만져보라 영은 살과 뼈가 없으되 너희 보는 바와 같이 나는 있느니라"고 말씀하셨다(눅 24:39). 그는 땅 위를 걸으셨으며 우리도 땅 위를 걸을 것이다. 그분은 공간을 차지하셨으며 우리도 공간을 차지할 것이다.

성경은 "주께는 하루가 천 년 같고 천 년이 하루 같다"고 말한다(벧후 3:8). 이 말이 천국에는 시간이 없다는 것을 의미하는가?

사람들은 자신들이 천국에는 시간과 공간이 없다고 말하면 천국이 경이로운 곳처럼 들린다고 상상한다. 그러나 반대로 그들은 천국을 너무나 이상하고 매력 없게 만든다. 새 땅에 대한 자연스러운 이해는 그곳은 시간과 공간 안에 존재하는 곳이며, 지금 땅이 그러하듯이 그 미래가 점진적으로 펼쳐질 것이라는 생각이다. 그러나 사람들은 계속해서 "천국에는 시간이 없을 것"이라고 말한다. 한 신학자는 "천국에 더 이상 시간이 존재하지 않는다는 것을 아는 것은 얼마나 안심이 되고 기쁜 일인가!"라고 주장한다.[2] 또 다른 저자는 "천국은 시간이 정지한 곳이 될 것이다"라고 말한다.[3]

이런 개념들은 어디서 온 것인가? 킹 제임스 성경의 잘못된 번역은 "시간이 다시 없으리니"라고 말한다(계 10:6). 이를 근거로 해서 신학자들은 천국에는 시간이 없을 것이라고 결론을 내린다. 그러나 다른 성경들은 이 구절을 "지체하지 아니하리니"라고 바르게 번역했다(NIV, RSV). 이 말은 시간 자체가 멈출 것이라는 의미가 아니라 하나님께서 심판을 행하시기까지 남아 있는 시간이 없다는 의미이다.

다른 사람들도 "시간이 없으리라"(Time shall be no more)는 찬송가 구절을 기억하고 그것이 성경에서 나왔다고 생각하기 때문에 혼란을 겪는다. 역설적으로 그 동일한 찬송가는 "아침이 밝아 올 때"(When the morning breaks)라고 말한다. 아침, 때는 모두가 시간을 가리키는 말이다.

존 뉴턴의 찬송가 "나 같은 죄인 살리신"(Amazing Grace)은 시간을 더 잘 파악하고 있음을 보여 준다.

> 우리가 해처럼 밝게 거기서
> 천 년을 살았더라도
> 우리가 처음 찬송을 시작했을 때보다
> 하나님을 찬양할 날이 더 많도다.[4]
>
> (우리말 찬송가는 "거기서 우리 영원히 주님의 은혜로 해처럼 밝게 살면서 주 찬양하리라"로 번역했다—역주)

성경은 천국의 시간에 대해 많은 다른 증거들을 가지고 있다.

- 천국의 거주자들은 땅에서 죄인 하나가 회개할 때에 기뻐하는 것을 비롯하여 시간 안에서 일어나는 사건들을 일일이 다 추적한다(눅 15:7).
- 천국의 순교자들은 그리스도께서 땅의 거민들을 심판하시고 순교자들의 피를 신원하실 때까지 "어느 때까지" 기다려야 하는지 묻고 "아직 잠시 동안 쉬라"는 말씀을 듣는다(계 6:10-11). 천국에서 시간이 없다면 천국에 있는 자들이 "어느 때까지"란 질문을 할 수 없고 "아직 잠시 동안 쉬라"는 말씀을 들을 수 없을 것이다.
- 바울은 천국을 "오는 여러 세대"(복수)라는 용어로 말한다(엡 2:7). 그는 단지 미래의 한 세대라고 말하지 않고 여러 세대(복수)라고 말한다.
- 천국의 하나님의 사람들은 "밤낮 하나님을 섬긴다"(계 7:15).
- 새 땅의 생명나무는 "달마다 그 열매를 맺는다"(계 22:2). 중간 천국과 영원한 천국 모두에는 날과 달이 있다.
- 하나님께서는 "내가 지을 새 하늘과 새 땅이 내 앞에 항상 있을 것같이…매월 초하루와 매안식일에 모든 혈육이 내 앞에 나아와 예배하리라"고 말씀하신다(사 66:22-23). 초하루와 안식일은 달과 태양과 시간을 요한다.
- 하나님께서는 "여름과 겨울과 낮과 밤이 쉬지 아니하리라"고 말씀하셨다(창 8:22). 이것은 저주의 결과 때문이 아니었다. 그것은 하나님의 본래 계획이었다.
- 우리는 "하늘이 반 시간쯤 고요하더니"라는 말씀을 듣는다(계 8:1).
- 계시록은 중간 천국의 거주자들이 시간 안에서 활동하고 있음을 보여준다. 예배의 모습도 하나님의 보좌 앞에 엎드린다거나 면류관을 그분 앞에 던지는 것과 같은 일련의 행동들을 포함한다(계 4:10). 사건의 순서가 있고 한 사건이 일어난

후에 다음 사건이 일어나며 동시에 한꺼번에 일어나지 않는다.
- 천국의 거주자들은 노래를 한다(계 5:9-12). 천국의 음악에는 시간이 필요하다. 소절, 박자, 쉼표 모두는 음악의 필수 요소이며, 각 요소는 시간과 관련이 있다. 어떤 음표는 다른 음표보다 더 길게 부른다. 노래는 시작과 중간 그리고 끝이 있다. 그것은 이 노래가 시간 안에서 일어남을 의미한다.

성경이 천국의 시간에 관해 어떻게 더 이상 분명하게 말할 수 있는가? 우리가 시간 밖에서 존재할 것이라고 말하는 것은 우리가 모든 것을 다 알 것이라고 말하는 것과 같다. 그것은 영원을 유한과 혼동시킨다. 한 마디의 말, 한 사건은 이전의 말과 사건에 이어 나오며, 또한 다음의 말과 사건과 이어지는 연대기적 사건의 연속 가운데 우리는 계속해서 살 것인가? 성경의 대답은 "그렇다"이다.

제9부
우리의 삶은 어떠할 것인가?

제25장 · 우리는 우리 자신일 것인가?

제26장 · 우리의 몸은 어떠할 것인가?

제27장 · 우리는 새 땅에서 먹고 마실 것인가?

제28장 · 우리는 죄를 지을 수 있겠는가?

제29장 · 우리는 무엇을 알고 배우겠는가?

제30장 · 우리의 일상생활은 어떠할 것인가?

제25장 | 우리는 우리 자신일 것인가?

디킨스의 「크리스마스 캐럴」에서 에벤에셀 스크루지는 유령을 보고 기겁을 하였다.

"누구십니까?"라고 스크루지가 물었다.
"내가 누구였는지 물어봐라"라고 유령이 대답했다.
"그러면 당신은 누구였습니까?"라고 스크루지가 말했다…
"살았을 때에 나는 너의 동업자 제이콥 말리였다."[1]

몸이 없는 영들은 이전의 존재가 아니다. 정체성의 연속성은 궁극적으로 몸의 부활을 요구한다.

스탠리 큐브릭의 영화 "2010"에서 데이비드 보우먼은 유령으로 나타난다. 그가 누구인지 묻자 그는 "나는 옛날에 데이비드 보우먼이었다"라고 대답한다.

우리가 부활을 붙들지 않는다면 우리는 내세에서도 계속해서 우리 자신일 것이라는 사실을 믿지 않을 것이다. 우리는 물리적인 존재이다. 영원한 천국이 몸이 없는 상태라면 우리의 인간성은 사라지거나 아니면 초월적 존재로 바뀌거나 둘 중 하나가 될 것이며, 죽은 후에 우리는 결코 다시는 우리 자신이 되지 않을 것이다.

제이콥 말리, 데이비드 보우먼의 말과 욥과 예수님의 말을 비교해 보라. 욥은 "내가 육체 밖에서[영어 성경에는 '안에서'로 되어 있다—역주] 하나님을 보리라. 내가 그를 보리니…낯선 사람처럼 하지 않을 것이라…"(욥 19:26-27). 부활하신 예수님께서는 "내 손과 발을 보고 나인 줄 알라. 또 나를 만져보라. 영은 살과 뼈가 없으되 너희 보는 바와 같이 나는 있느니라"고 말씀하셨다(눅 24:39).

예수님께서는 중간 천국에 있는 나사로(눅 16:25)와 영원한 천국에 있는 아브라함과 이삭과 야곱을 포함하여 천국에 있는 자들의 이름을 부르셨다(마 8:11). 이름은 구별되는 정체성, 즉 한 개인을 나타낸다. 천국의 사람들이 그들이 땅에서 가졌던 동일한 이름으로 불릴 수 있다는 사실은 그들이 동일한 사람들임을 보여준다. 천국에서 나는 랜디 알콘이며 나의 나쁜 부분들은 영원히 사라질 것이다. 당신이 예수님을 안다면 당신도 당신 자신일 것이며 나쁜 부분들은 영원히 사라질 것이다.

우리는 개성 있는 독특한 존재일 것인가?

불교, 힌두교, 뉴에이지, 신비주의에서 개인은 망각되거나 열반에 동화된다. 그러나 성경에 따르면, 우리가 비록 그분의 광대하심 가운데 압도되는 느낌을 받을 수 있지만, 그분을 목도했을 때에 우리는 우리의 정체성을 잃지 않는다. 오히려 우리는 우리의 진정한 정체성을 찾는다. "누구든지 나를 위하여 제 목숨을 잃으면 찾으리라"(마 16:25).

현재 우리의 유전자와 지문이 유일한 것처럼 동일하게 우리는 우리 몸에 대해서도 이런 유일성을 기대해야만 한다. 개인의 정체성은 인성의 필수요소이다. 하나님은 각 개인의 정체성과 인성의 창조주이시다. 그분은 눈의 결정도 똑같은 두 개를 만들지 않으신 것처럼 사람도 똑같은 두 사람을 만들지 않으신다. "똑같은 쌍둥이"라 할지라도 똑같지 않다. 개성은 죄와 저주보다 선재한다. 개성은 태초부터 존재한 하나님의 계획이다.

천국의 거주자들이 기뻐하는 자들은 단순히 하나님께 나아오는 무명의 군중들이 아니다. 그들은 모든 사람들을 각 개인별로 기뻐한다(눅 15:4-7). 이것은 천국에서는 각 사람을 독립된 개체로 본다는 강력한 증거이며, 각 개인의 삶도 하나씩 차례대로 관찰되고 보호를 받는다.

모세와 엘리야가 천국에서 나와서 그리스도와 함께 변화산상에 섰을 때 그리스도와 함께했던 제자들은 모세와 엘리야를 있는 모습 그대로의 독립된 개체로 인식하였다. 그들은 땅에 있을 때와 동일한 인물들이었으며 거룩함이 배어 있었다.

아브라함, 이삭, 야곱과 천국 잔치에서 함께 먹는다는 말을 들을 때에 우리는 일반 군중이 아니라 개인 각 사람과 함께 앉아 먹고 대화를 하며 함께 웃을 것이다(마 8:11).

그의 저서 「고통의 문제」(*The Problem of Pain*)에서 씨. 에스. 루이스는 하나님께서 우리를 창조하신 다양성에 대해 경외감을 표현했다.

"만일 하나님께서 이 모든 차이점들을 사용하시지 않는다면 왜 그분이 한 영혼이 아닌 이렇게 많은 영혼들을 창조하셨는지 난 그 이유를 모르겠다…당신의 영혼의 모양은 신기하다. 왜냐하면 당신의 영혼은 무한하신 하나님의 본질의 한 부분과 잘 맞는 오목한 부분이거나 아니면 그분의 대저택의 많은 방 중에서 한 방을 여는 열쇠이기 때문이다. 구원을 받는 존재는 추상적인 인간이 아니라 바로 당신—이 책을 읽고 있는 당신이다…천국에서 당신의 자리는 오직 당신만을 위한 것처럼 보인다. 왜냐하면 마치 장갑의 한올 한올이 손을 위해 만들어진 것처럼 당신도 그 자리를 위해 만들어졌기 때문이다."[2]

무엇이 당신을 당신답게 만드는가? 당신의 몸뿐만 아니라 당신의 기억, 인성, 성품, 은사, 열정, 선호도, 관심분야가 당신을 당신답게 만든다. 나는 마지막 부활 때에 이 모든 면들이 죄와 저주의 영향을 받지 않고 회복되고 강화되리라고 믿는다.

우리는 감정이 있을 것인가?

성경은 하나님이 기뻐하시고, 사랑하시고, 웃으시고, 즐거워하시며, 환희에 찬 분이시고, 또한 화를 내시며, 행복해 하시고, 질투하시고, 반가워하신다고 말한다. 이러한 행동들과 설명을 단순히 의인법으로 보기보다는 이를 통해 우리의 감정이 하나님께로부터 왔다는 것을 생각해 봐야만 한다. 우리의 형상을 따라 하나님을 지어내는 잘못을 항상 피해야 함에도 불구하고 우리가 그분의 형상대로 창조되었다는 사실은 변함이 없다. 그러므로 우리의 감정은 하나님을 표현하는 것이며 때로는 (우리의 죄 때문에) 하나님의 감정이 왜곡되어 표현되기도 한다. 하나님을 닮았다는 것은 감정이 있고 또한 이를 표현한다는 것이다. 따라서 천국에는 하나님의 영광과 우리의 유익을 위해 감정이 존재할 것 같다.

천국에서 우리는 지성뿐만 아니라 감정도 사용할 것이다(계 6:10; 7:10). 심지어 천사들도 감정을 가지고 반응한다(계 7:11-12; 18:1-24). 감정은 하나님이 창조하신 인간성의 일부이며, 없애야 할 귀찮은 짐이 아니다. 우리는 현실에 따라 움직이는 순수하고 정확한 감정을 기대한다. 우리의 현재의 감정은 죄로 인해 왜곡되었지만 장차 그런 왜곡에서 구원될 것이다.

우리의 현재의 감정들은 죄로 인해 왜곡되었지만, 하나님께서 저주를 제하시면 다시 영원히 올곧게 될 것이다.

많은 사람들은 자신들의 감정으로 인해 힘들어한다. 천국에서 우리는 강렬한 감정을 자유롭게 느낄 것이며 우리의 감정을 결코 두려워하지 않을 것이다.

우리는 여러 갈망들을 가질 것인가?

천국에서 우리의 갈망이 크겠지만 거룩하지 못한 갈망은 없을 것이다. 우리가 원하는 것은 모두가 선할 것이다. 우리의 갈망은 하나님을 기쁘시게 하는 것이다. 모든 갈망은 그 세계와 일치되고 금지된 것이 하나도 없을 것이다. 아버지가 바비큐 그릴에 스테이크를 구울 때 가족들은 지글지글 고기 익는 소리를 듣고 그것을 먹기를 간절히 갈망한다. 하나님께서는 우리의 갈망들뿐만 아니라 우리가 갈망하는 모든 대상들을 창조하셨다. 그분은 그분이 준비하신 것을 보고 우리가 군침을 흘릴 때에 기뻐하신다. 우리가 그것을 기뻐할 때에 우리는 하나님을 기뻐하는 것이다.

천국의 가장 위대한 것 중 하나는 우리가 더 이상 우리의 갈망들과 전투를 벌일 필요가 없다는 사실이다. 그 갈망들은 언제나 순수하고 갈망의 대상들도 그러하다. 우리는 식탐이나 식습관의 이상을 경험하지 않고도 음식을 즐길 것이다. 우리는 정욕과 간음 혹은 배신이 없어도 흠모와 애정을 표현할 수 있을 것이다. 이런 것들은 아예 존재하지 않을 것이다.

우리의 욕망이 새 땅에서 거룩해지고 만족될 것이라고 가르치는 기독교는 갈망에 대해 매우 독특한 관점을 가지고 있다. 반대로 불교의 구원관은 어느 날 사람들의 갈망이 제거될 것이라고 가르친다. 근본적으로 다른 점이 바로 이것이다. 기독교는 예수께서 우리의 죄를 짊어지심으로 우리의 갈망을 구속하셨다고 가르친다. 갈망은 인성의 필수 부분이며, 죄가 그 검은 그림자를 땅에 드리우기 이전에 하나님께서는 사람들 속에 이를 심어 놓으셨다. 나는 나의 갈망들이 구속되길 고대한다. (지금도 구속받은 하나님의 자녀로서 우리는 그 맛을 보고 있다. 그렇지 않은가?)

우리가 갈망의 불확실로부터 해방된다면 놀랍지 않은가? 때때로 나는 어느 갈망이 옳고 어느 것이 옳지 않은지 모른다. 나는 이러한 불확실성과 의심에서 해방되길 원한다. 나는 항상 선하고 옳은 것을 원할 수 있기를 간절히 바란다.

새 땅에서 우리의 행함과 우리의 원함은 같아질 것이다. 더 이상 의무와 기쁨의 차이도 없을 것이다.

우리는 우리 자신의 정체성을 유지할 것인가?

당신은 천국에서 당신이다. 당신 외에 다른 어떤 사람일 수 있겠는가? 땅의 밥(Bob)이 천국에 갔다고 더 이상 밥이 아니라면 실제로 밥은 천국에 간 것이 아니다. 내가 천국에 갔을 때에 동일한 정체성과 역사, 그리고 기억을 지닌 동일 인물이 아니라면 나는 천국에 간 것이 아니다.

부활하신 예수님도 다른 예수님이 아니었다. 그분은 계속해서 부활하시기 이전의 그분이셨다. "나인 줄 알라"(눅 24:39). 요한복음에서 예수님은 마리아, 도마, 베드로를 매우 개인적으로 다루셨고, 그들에 관한 과거의 지식을 사용하셨다(요 20:10-18, 24-29; 21:15-22). 주님이 부활하시기 이전의 지식과 관계들은 계속 이어졌다. 도마가 "나의 주시며 나의 하나님이시니이다"라고 말했을 때에 그는 자신이 좇았던 바로 그 예수님에게 말하고 있음을 알았다. 요한이 "주님이시다"라고 말했을 때에 그가 의미한 바는 "정말로 그분이셔. 우리가 알았던 바로 그 예수님 말이야"라는 뜻이었다(요 21:4-7).

내세에서 우리가 우리 자신이 아니라면 우리는 이생에서 행한 일에 대해 책임을 질 수가 없다. 그렇다면 심판은 무의미해질 것이다. 바바라가 더 이상 바바라가 아니라면 바바라가 행한 것에 대해 그녀는 상급을 받거나 책임을 질 수가 없다. 그녀는 "그런데 그건 제가 아니었습니다"라고 말할 수 있을 것이다. 심판과 영원한 상급의 교리는 사람들이 금생에서 내생으로 옮길 때에 그들의 고유한 정체성을 유지할 때에만 가능하다.

브루스 밀네는 다음처럼 쓴다. "우리는 불교가 우리 앞에 제시하는 '삼라만상'(All) 속으로 흡수된다는 두려움이나 힌두교의 사후의 환생과 같은 모든 두려움을 물리칠 수 있다…우리에게 생명의 선물로 창조주 하나님이 부여하신 자아, 즉 십자가에서 우리를 위해 하나님께서 자발적으로 대속하심으로 그 가치가 영원히 확보된 자아, 바로 그 자아는 영원까지 지속될 것이다. 죽음도 우리를 파괴시킬 수 없다."[3]

우리 개인의 역사와 정체성은 이 땅에서 다음 땅까지 계속된다. "내가 지을 새 하늘과 새 땅이 내 앞에 항상 있는 것같이 너희 자손과 너희 이름이 항상 있으리라 여호와의 말이니라"(사 66:22). 예수님께서도 제자들에게 "내가 포도나무에서 난 것을 이제부터 내 아버지의 나라에서 새것으로 너희와 함께 마시는 날까지 마시지 아니하리라"고 말씀하셨다(마 26:29). 이 동일한 예수님이 동일한 제자들과 함께 동일한 포도주를 마실 것이다. 과거의 우리는 과거의 아브라함, 이삭, 야곱과 교제하지 않는다. 오히려 같은 사람이지만 온전히 깨끗함을 입은 후에 아브라함, 이삭, 야곱 각 사람과 한 식탁에서 먹을 것이다(마 8:11).

천국에서 우리는 현재 사용하고 있는 이름으로 불릴 것인가? 하나님의 자녀들의 이름은 어린 양의 생명책에 기록되어 있다(계 20:15; 21:27). 나는 그 이름들이 이 땅에서 사용된 이름들이라고 믿는다. 하나님은 아담이 동물들에게 지어준 이름들을 귀하게 여기셨다. 하나님은 사람들을 그들이 땅에서 사용한 이름으로, 예를 들어 아브라함, 이삭, 야곱으로 부르신다. 우리가 분명히 알고 있는 이스라엘의 열두 아들과 사도들의 이름도 새 예루살렘의 성문과 그 성벽의 기초에 새겨져 있다(계 21:12-14). 우리의 이름은 우리의 개성을 나타낸다. 땅에서 사용된 바로 우리의 그 이름이 천국에 적혀 있다는 것은 금생과 내생 사이에 연속성이 있음을 말해준다.

땅에서 사용된 이름과 더불어 우리는 천국에서 새 이름을 받을 것이다(사 62:2; 65:15; 계 2:17; 3:12). 그러나 새 이름으로 인해 옛 이름이 무효화되지 않는다.

우리는 우리 자신을 잃어버릴 것인가?

한 남자가 천국에서 자신의 정체성을 잃어 버릴까봐 두려워하는 내용을 나에게 편지로 보내왔다. "예수님처럼 된다는 것은 저 자신이 없어진다는 것을 의미합니까?" 그는 우리 모두가 똑같아져서 그와 그의 소중한 친구들이 독특한 품성과 그들을 독특한 존재로 만들어주는 개성을 잃을까봐 두려워했다. 그러나 걱정할 필요가 없다. 우리 모두는 주님과 같이 되지만 여전히 개성은 지니게 될 것이다.

개성은 하나님이 창조하신 것이지 사단이 만든 것이 아니다. 우리를 고유한 존재로 만들어 주는 것은 계속 남을 것이다. 사실 우리의 고유함의 많은 부분이 처음으로 드러날지도 모른다.

「순전한 기독교」(Mere Christianity)의 끝 부분에서 씨. 에스. 루이스는 다음처럼 쓴다. "당신이 주님께 당신의 자아를 드리기 전에 당신은 진정한 자아를 갖지 못할 것이다. 동일성은 그리스도에게 자신을 드린 사람들이 아니라 '자연인' 가운데 가장 많이 발견된다. 지독한 독재자들과 정복자들 모두가 얼마나 단조로울 정도로 똑같았는가! 반면에 성자들의 다름은 얼마나 영광스러운가!…당신 안에서 죽지 않은 부분은 그 어느 것도 결코 죽은 자 가운데서 부활하지 못할 것이다. 당신 자신을 찾으라. 그리하면 당신은 결국 증오, 고독, 절망, 분노, 파괴, 그리고 부패만을 발견할 것이다. 그러나 그리스도를 찾으라. 그리하면 당신은 주님을 발견하고 주님과 함께 덤으로 다른 모든 것을 발견할 것이다."[4]

제26장 | 우리의 몸은 어떠할 것인가?

우리의 부활한 몸은 죄의 저주에서 자유롭게 되고 구속함을 받아서 그 본래의 미와 에덴의 목적에 따라 다시 회복될 것이다.

당신이 가장 아름다운 미인을 봤을지라도 그 사람은 저주 아래에 있으며, 본래 인간의 특징을 이뤘던 아름다움의 그림자일 뿐이다. 우리가 아담과 이브를 에덴 동산에 있던 모습 그대로 보았다면 우리는 숨이 멈췄을 것이다. 반면 그들이 지금 우리의 모습을 보았다면 충격과 연민으로 가득 찼을 것이다.

우리의 완전한 몸의 모습을 결정할 분은 하나님이시지만 우리의 모습이 모두 똑같을 거라고 생각해서는 안 된다. 피부색깔이 다르듯이 신장과 무게도 서로 다를 것 같다. 인종적 정체성들은 지속되고(계 5:9; 7:9), 일반적 특질들도 옛 몸에서 새 몸으로 옮겨질 것 같다. 이 모두가 추측이긴 하지만 키가 큰 사람들은 키가 큰 부활의 몸을 가질 것 같다. 키가 작은 사람들은 키가 작을 것 같다. 본래 날씬한 사람은 날씬하고, 본래 뚱뚱한 사람은 뚱뚱할 것 같다. 그러나 어떤 몸집도 저주나 질병 혹은 장애의 제약을 받지 않기 때문에 건강하고 매력적이며 각 사람은 하나님이 우리를 위해 만드신 신체에 대해 흡족해 할 것이다.

어떤 사람들은 이 주제가 영적이지 않다고 여기지만 교회 역사상 가장 위대한 신학자 중 한 사람인 어거스틴은 그렇게 생각하지 않았다. 그는 「하나님의 도성」에서 이렇게 말한다. "[몸]은 황금기인 청년의 체구이며, 신체 각 부분의 완벽한 몸매가 주는 아름다움을 즐길 것이다…너무 키가 크거나 야윈 사람은 이 땅에서도 되고 싶지 않은 그런 모습을 천국에서도 갖게 될까봐 두려워할 필요가 없다."[1]

우리는 새 땅에서 과식하거나 배고프지 않을 것이다. 건강과 생명력, 자유함 가운데 우리 모두는 충분히 활동할 것이다. 칼로리는 지금처럼 우리에게 동일한 영향을 미칠까? 나도 모른다. 그러나 분명히 우리는 심장병, 당뇨, 천식, 골다공증, 관절염, 암, 동맥경화, 에이즈 혹은 건강을 위협하는 다른 모든 질병에 걸리지 않을 것이다.

대부분의 사람들은 완전한 몸보다는 그런 몸에 수반되는 행복과 다른 사람의 인정을 더 갈망한다. 이에 대해 우리는 안심해도 좋다. 우리가 어떤 모습이라 하더라도 우리의 몸은 주님과 우리 자신, 그리고 다른 이들에게 기쁨이 될 것이다. 우리는 거울을 들여다 보면서 코나 뺨, 귀 혹은 치아를 바꾸고 싶어하지 않을 것이다. 죄 없는 속사람의 아름다움이 겉사람의 아름다움으로 흘러 넘칠 것이다. 우리는 불안감도 교만함도 느끼지 않을 것이며 약점을 숨기거나 상대에게 좋은 인상을 주려고 애쓰지 않아도 될 것이다. 또한 아름답게 보이려고 노력할 필요도 없다. 우리는 아름다울 것이기 때문이다.

우리는 우리의 외모가 아니라 우리의 건강과 힘에 대해 가장 고맙게 생각할 것이다. 우리는 예술가이신 하나님께서 원하시는 대로 우리를 지으셨음을 알고, 그분이 은혜로 우리에게 주신 건강과 아름다움을 결코 잃지 않는다는 사실을 알게 될 것이다.

우리의 새 몸은 새로운 능력을 가질 것인가?

그리스도의 부활한 몸은 잠긴 문을 통과하여 사도들에게 갑자기 나타났고(요 20:19), 엠마오로 가는 두 제자에게 나타났다가 "사라지는" 능력을 지녔다(눅 24:31). 그리스도께서 지구를 떠나실 때에 그는 중력을 이기시고 하늘로 승천하셨다(행 1:9).

인간이지만 하나님이신 부활하신 그리스도는 분명히 우리가 가지지 않은 능력을 가지고 계시다. 현현과 사라짐은 주님의 편재의 국부적 표현에 불과하며 그분의 승천은 우리의 몸이 흉내낼 수 없을지 모른다. 반대로 우리의 부활의 몸이 그리스도의 몸과 같이 된다고 말하기 때문에 현재의 물리학의 법칙을 때때로 초월하거나 아니면 지금은 우리가 할 수 없는 방식으로 여행할 수 있을지 모르겠다. 반대로 시간과 공간 안에 몸을 가지고 존재한다는 것은 하나님이 주신 인간의 본질이다. 그러므로 아담과 이브를 지배했던 동일한 물리학의 법칙이 장차 우리를 다스릴 것 같다. 우리는 확신할 수 없지만 어느 쪽이든 그것은 놀라울 것이다.

우리는 하나님께서 우리 몸에 대해 가지고 계신 영광스러운 계획들을 다 알지 못한다. 우리는 고래와 같은 잠수능력을 가지거나 독수리와 같이 날 수 있는 능력을 가질지도 모른다. 우리는 치타처럼 달리거나 산양처럼 산을 오를지도 모른다. (그러나 치타와 산양이 할 수 있는 것을 아는 사람이 누구인가?)

우리의 몸은 완전할 것인가?

나는 중증 장애인들과 시간을 보낼 때마다 부활한 몸을 갖는다는 것이 얼마나 놀라울 것인지를 통렬하게 느낀다. 내 친구인 데이비드 오브라엔은 총명한 사람이지만 탄식 중에 구속을 기다리는 몸에 갇혀 있다. 그의 뇌성마비는 그가 이 세상을 떠나 중간 천국으로 가는 순간에 사라질 것이다. 그러나 가장 큰 만족은 부활 때에 나타난다. 그때에 그는 새 몸을 가짐으로 영원히 질병으로부터 자유할 것이다. 나는 데이비드가 다른 사람들이 자기 말을 이해하지 못해서 반복해서 말해야만 하는 일이 다시는 없을 모습을 그려본다. 나는 그가 새 땅에서 들녘을 가로질러 달리는 모습을 본다. 나도 데이비드 옆에서 달리는 모습을 바라본다. 아마도 그가 나를 이길 것이다.

종종 나는 양측 하지 마비자들과 사지(四肢) 마비자들, 그리고 계속해서 고통을 겪는 자들이 새 땅에서 걷고, 뛰며, 웃는 모습을 생각해 본다. 지금 앞을 보지 못하는 신자들도 새 땅의 경이를 보고 놀라 입을 다물지 못할 것이다. 이 얼마나 큰 기쁨인가!

사지 마비자인 조니 에릭슨 타다는 말한다.

나는 아직도 믿을 수 없다. 마르고 휘어진 손가락과 퇴화된 근육, 비틀어진 무릎, 그리고 어깨 아래로 무감각한 내가 어느 날 밝고 빛나며, 의의 옷을 입은 새 몸을 받을 것이다. 그 몸은 힘이 있고 눈부시다. 나처럼 중추신경을 다친 사람에게 주는 소망을 상상할 수 있는가? 뇌성마비나 뇌의 부상을 입은 환자나 다중 동맥경화 환자에게는 어떤가? 조울증 환자에게 주는 소망을 상상해 보라. 새로운 몸과 새로운 마음, 새로운 생각을 주겠다고 약속하는 철학자는 하나도 없다. 단지 그리스도의 복음 안에서 상처받은 사람들만 믿을 수 없는 소망을 발견한다.[2]

조니는 정신 장애가 있는 그리스도인들에게 말한 내용을 이야기한다. 그녀는 자신이 새 몸을 갖게 될 것이라고 말하자 그들은 괜찮은 내용이라고 생각했다. 그러나 그녀가 "그리고 여러분들은 새로운 마음을 갖게 될 겁니다"라고 말하자 그들은 환성을 지르며 박수를 쳤다. 그들은 자신들이 정말 원하는 것이 무엇인지 알았다. 그것은 새로운 마음이었다.

내 몸과 마음은 현재 그런대로 건강할지 모른다. 그러나 인슐린을 의존하는 당뇨환자로서 나는 나의 몸과 마음이 나에게 실패를 가져다주는 것이 어떤 것인지 안다. 내 몸과 마음도 저주 아래에서 충분히 고통을 받았기에 나도 역시 내가 원하는 것이 무엇인지 안다. 그것은 죄와 고통 그리고 무기력이 없는 새로운 몸과 새로운 마음이다. 매년 시간이 흘러갈수록 나는 부활의 사람이 되어 부활한 땅에서 부활한 나의 형제자매들과, 그리고 무엇보다도 나의 부활하신 예수님과 살기를 더 갈망한다.

우리는 남자나 혹은 여자이겠는가?

천국에 관한 책 중에 어떤 책은 다음처럼 주장한다. "그곳에는 남자와 여자가 없을 것이다. 우리 모두는 하나님의 자녀이기에 성은 더 이상 우리의 본성의 일부가 아닐 것이다."³ 이 책은 계속해서 "남자는 더 이상 남자가 아니고 여자도 더 이상 여자가 아닐 것이다"라고 말한다.⁴

마찬가지로 또 다른 책은 천국의 사람들에 관해 "이들은 성적 차이를 초월했거나 아니면 남녀의 성의 성질이 혼합된 양성(androgynous) 상태에 도달한다"고 말한다.⁵

성경은 이렇게 말하지 않는다. 예수님께서 부활하신 후에 성이 없으셨는가? 물론 아니다. 어느 누구도 그분을 여자로 오해하거나 아니면 양성으로 오해하지 않았다.

성은 결코 없어지지 않을 것이다. 왜냐하면 인간의 몸은 성을 가지고 있기 때문이다. 부활의 핵심은 우리가 우리의 본래의(original) 몸과 필연적으로 연결된 인간의 몸을 가지게 될 것이라는 데 있다. 성은 하나님께서 창조하신 인성의 한 단면이다.

우리는 옷을 입을 것인가?

아담과 이브가 나체였어도 부끄러워하지 않았기에 어떤 이들은 우리도 천국에서 옷을 입을 필요가 없다고 주장한다. 그러나 마지막 부활 이전의 중간 천국에서 조차도 사람들은 로브(robe: 길고 낙낙한 옷-역주)를 입은 것으로 묘사된다. 그 옷은 흰 옷으로서 그리스도 안에서의 우리의 의를 상징한다(계 3:4; 6:11). 우리도 옷을 입을 것처럼 보이는데 그것은 수치나 유혹이 있어서가 아니라 아마도 옷이 우리의 외모와 편안함을 배가시켜 주기 때문인 것 같다.

로브(robe)를 입는 것은 우리에게 낯설거나 딱딱하게 보일지 모른다. 그러나 1세기의 독자들에게 로브(robe)이외의 다른 옷들은 이상하게 보였을 것이다. 왜 그런가? 로브는 그들의 평상복이었기 때문이다. 우리 모두가 로브(우리말 성경에는 흰 옷으로 나와 있음-역주)를 입을 것이라고 결론을 내리기보다는 우리 모두가 옛 땅에서처럼 평상복을 입을 것이라고 추측하는 편이 낫다. 그렇다면 지금처럼 청바지, 반바지, T-셔츠, 폴로셔츠를 입고 발가락 사이에 끼는 슬리퍼를 신을 것이라는 말인가? 글쎄, 로브와 샌들이 1세기의 사람들을 위한 것이었다면 이런 복장은 21세기의 사람들에게는 일상적이지 않은가?

로브는 공식적인 행사만을 위해 예비되지 않았다. 그것은 일상복 중 하나였다. 물론 우리도 때로는 행사 종류에 따라 정장을 입거나 다소 캐주얼한 옷을 입는다. 우리가 선택할 수 있는 종류가 단 한 가지밖에 없다는 증거는 없다.

우리 모두는 흰 옷을 입을 것인가? 변화산에서 그리스도의 옷이 그랬던 것처럼 흰 옷은 우리의 의를 상징한다(계 7:9). 흰 옷이 강조하는 바는 깨끗함이며, 당시 문화에서 깨끗함을 유지하기란 극히 어려웠다. 놀랍게도 천국에서 흰색 로브를 입고 있지 않은 유일한 분은 예수 그리스도이시다. "또 그가 피 뿌린 옷을 입었는데"(계 19:13).

옷의 색깔이 흰색뿐이겠는가? 그렇지 않다. 금띠도 있다(계 15:6). 부활한 사람들은 자기의 개성과 국적을 지니고 있고(우리는 이에 관해 뒤에 자세히 살펴볼 것이다) 많은 민족들이 다양한 색상의 옷을 입기 때문에 새 땅에서도 이것을 기대해야만 한다.

계시록은 우리가 천국에서 제사장과 왕이 될 것이라고 말한다. 구약시대의 제사장들을 위해 하나님이 특별한 의복을 준비하신 것을 상고할 때에(출 28:4-43) 하나님의 왕 같은 제사장들도 천국에서 아름다운 옷을 입을 것 같다.

우리는 모두 동갑처럼 보일 것인가?

6살에 죽은 어린이는 천국에서 몇 살일까? 80세에 죽은 사람은 새 땅에서 걸을 때에 80세처럼 보일 것인가?

사람들은 수세기에 걸쳐 이와 비슷한 질문들을 해왔다. 알리스터 맥그래스는 말한다.

이 문제는 신학적으로 많은 논쟁을 불러 일으켰으며 특히 중세기에는 더 심했다…13세기 후반에 교회에는 다음과 같은 공감대가 생겨나기 시작했다. "사람이 30세가 되면 그 완성도가 절정에 이르는 것처럼 사람들이 부활할 때에도 이때처럼 보일 것이다. 심지어 그 나이에 이르지 못한 사람들도 그러할 것이다." 이 문제에 관해 피터 롬바르드의 주장은 전형적인 그의 시대의 모습을 보여준다. "태어나자마자 죽은 사내아이는 그 아이가 30세까지 살았을 때에 그가 가지게 될 형체로 부활할'것이다. 따라서 새 예루살렘은 30세로 보이는 남녀로 가득할 것이다…그러나 모든 결점은 제거될 것이다."[6]

중세의 위대한 신학자였던 토마스 아퀴나스도 우리 모두가 그리스도께서 십자가에 못 박히셨던 때의 나이인 33세와 같을 것이라고 주장한다.

행크 헤네그라프는 다음처럼 말한다. "우리의 DNA는 기능적인 면에서 최적의 발전 상태에 도달하도록 프로그램화 되어 있다. 대부분의 경우에 이 단계는 우리의 20대와 30대 부근에서 이뤄진다…만일 우리의 영화된 몸의 설계도 DNA형태로 되어 있다면 우리의 몸도 우리의 DNA가 결정하는 최적의 발전 단계로 부활한다고 추정해도 될 것 같다."[7]

이것은 천국에 간 어린 아이들이 그곳에 도달하면 어린 아이가 아니라는 의미인가? 아니면 새 땅에는 어린 아이들이 전혀 없다는 의미인가? 이사야 11:6-9은 새 땅에 관해 말하면서 그곳에는 "표범이 어린 염소와 함께 누우며 송아지와 어린 사자와 살진 짐승이 함께 있어 어린 아이에게 끌리며…젖 먹는 아이가 독사의 구멍에서 장난하며 젖뗀 어린 아이가 독사의 굴에 손을 넣을 것이라. 내 거룩한 산 모든 곳에서 해됨도 없고 상함도 없을 것이니…"라고 말한다.

이사야의 전체 맥락은 땅 위의 하나님의 영원한 나라와 관련이 있기 때문에 이 구절을 반역과 인간의 멸망으로 끝나는 천년왕국에만 국한시키는 것은 적절하지 않아 보인다. 죄의 종말과 또한 땅의 모든 거주자들의 완전한 의는 새 땅이 도래하기까지 오지 않을 것이다. 그러나 이사야 11장이 이사야 65장의 병행구절처럼 새 땅에 관해 말하고 있다면 짐승들과 함께 놀고 있는 젖 먹는 아이와 어린 아이들은 누구인가? 어린 아이들이 새 땅에서 부활한 후에 그들이 죽었을 때와 같은 성장 단계에 있을 가능성은 없는가?

만일 있다면 이 아이들은 아마도 새 땅에서 계속해서 성장하도록 허락될지도 모른다. 왜냐하면 최소한 어린 시절은 바람직한 것들이 있을 수 있기 때문이다. 그럴 경우에 믿는 부모들은 아마도 그들의 자녀들이 성장하는 모습을 지켜볼 수 있고 그렇게 함으로써 그들의 삶에서 중요한 역할을 담당할 것 같다. 이는 뒤에 나의 제안, 즉 금생에서 상실한 기회들이 놀라운 방법을 통해 회복될 것이라는 사실과 일치한다. 직접적인 언급이 없어서 나의 추측이긴 하지만 자기 자녀들의 죽음으로 무너진 가슴을 지닌 부모들은 그들과 재회할 뿐만 아니라 그들이 성장하는 모습을 완벽한 세계에서 지켜보는 기쁨을 누릴지도 모른다.

또한 새 땅에서 우리는 나이가 없어 보일지도 모른다. 씨. 에스. 루이스는 「천국과 지옥의 이혼」(*The Great Divorce*)에서 천국의 거주자들에 관해 말하면서 이를 설명한다. "무리 중에서 어떤 이도 일정한 나이가 들어 보이지 않았다. 심지어 우리나라에서도 우리는 나이 없는 모습을 볼 수 있다. 심각한 생각에 빠진 듯한 영아의 얼굴과 아주 나이 많은 노인의 얼굴에 나타난 장난기 어린 유년시절의 모습이 그렇다."[8]

나의 소설에서 나는 천국에서 우리들이 땅에서 가장 잘 기억할 수 있는 모습으로 사람들을 보게 될 가능성을 제안했다. 따라서 나는 나의 부모님을 연장자로 보고 그분들은 나를 어리게 볼 것이다. 나는 나의 자녀들을 어리게 보고 그들은 나를 연장자로 볼 것이다. 이는 물리적인 형체가 실제로 그렇게 바뀐다는 뜻이 아니라 부활의 몸이 이전에 우리가 알았던 그 사람의 실제를 지닐 것이며, 우리는 다른 눈을 통해 서로를 보게 될 것을 뜻한다.

　새 땅은 성숙과 완전함이 있는 곳이다. 우리가 몇 살로 보이든 간에 나는 우리의 몸이 예수님께서 어린 아이에게서 그렇게 소중히 여기셨던 젊음의 특질들을 보여줄 것이라고 믿는다. 하나님께서는 원하시기만 한다면 사람들에게 어린이의 성장 과정을 빼고 쉽게 성인이 될 수 있도록 하는 방법을 만드셨을 것이다. 그러나 그분은 그렇게 하지 않으셨다. 그분은 어린이에게 특별한 기질들을 넣으셨다. 그 기질들은 우리와 그분이 기뻐하는 것이다. 나는 우리 모두가 호기심, 감사하는 마음, 배우고 탐구하고자 하는 열망, 그리고 이야기를 들으려 하고 사랑하는 사람에게 가까이 다가가고자 하는 열심과 같은 특질들을 갖게 되기를 온전히 기대한다.

　조나단 에드워즈는 "천국의 거주자들은 영원히 젊음 가운데 있을 것이다"라고 말했다.[9] 비록 우리가 어른처럼 보인다 할지라도 천국은 어린 아이들로 가득할 것이다. 우리가 어린이에게서 사랑하는 것은 그들의 기쁨, 풍부, 호기심, 웃음, 그리고 천진난만함이다. 천국에서 어린 아이의 체구나 외모를 가졌든지 아니면 그렇지 않든지 상관없이 우리 모두는 우리와 우리 아버지 하나님에게 기쁨을 준다는 의미에서 어린 아이와 같을 것이다.

제27장 | 우리는 새 땅에서 먹고 마실 것인가?

식사와 음식을 설명하는 단어들은 성경에서 천 번 이상 등장하고 영어성경에 "feast"(연회, 절기)로 번역된 단어는 187번이나 나온다. 연회에는 축하와 재미가 들어 있으며 그것은 관계와 깊은 관련이 있다. 멋진 대화, 이야기, 관계 구축, 그리고 웃음 등은 종종 식사 중에 발생한다. 유월절을 포함하여 절기는 영적인 집회로서 하나님과 그분의 위대하심, 그리고 그분의 대속의 목적에 관심을 집중시킨다.

사랑하는 사람들은 함께 식사를 하길 좋아한다. 예수님께서도 제자들에게 "내 아버지께서 나라를 내게 맡기신 것같이 나도 너희에게 맡겨 너희로 내 나라에 있어 내 상에서 먹고 마시며 또는 보좌에 앉아 이스라엘 열두 지파를 다스리게 하려 하노라"고 말씀하셨다(눅 22:29-30). 성경은 "만군의 여호와께서 이 산에서 만민을 위하여 기름진 것과 오래 저장하였던 포도주로 연회를 베푸시리니 곧 골수가 가득한 기름진 것과 오래 저장하였던 맑은 포도주로 하실 것이며"라고 말씀한다(사 25:6).

문자 그대로 우리는 먹고 마실 것인가?

부활하신 예수님은 "와서 조반을 먹으라"고 말씀하시면서 제자들을 초청하셨다. 주님은 음식을 준비하여 그들과 함께 떡과 물고기를 드셨다(요 21:4-14). 주님은 부활의 몸이 음식, 즉 진짜 음식을 먹을 수 있음을 증명하셨다. 그리스도께서는 원하시면 음식을 금하실 수도 있었다. 그분이 금하지 않으셨다는 사실은 그분의 부활의 몸의 본질을 강력히 설명해 줄 뿐만 아니라 또한 우리의 부활의 몸도 그러할 것을 암시한다. 왜냐하면 그리스도는 "만물을 자기에게 복종하게 하실 수 있는 자의 역사로 우리의 낮은 몸을 자기 영광의 몸의 형체와 같이 변하게 하실" 것이기 때문이다(빌 3:21).

다른 말씀들을 보면 우리는 땅의 왕국에서 그리스도와 함께 잔치에 참여하여 먹을 것 같다. 예수님께서는 제자들에게 "내가 너희에게 이르노니 내가 이제부터 하나님의 나라가 임할 때까지 포도나무에서 난 것을 다시 마시지 아니하리라"고 말씀하셨다(눅 22:18). 다른 경우에 예수님께서는 "동서로부터 많은 사람이 이르러 아브라함과 이삭과 야곱과 함께 천국에 앉으려니와"라고 말씀하셨다(마 8:11). 하나님의 나라는 어디에 임하는가? 땅에 임한다. 하나님의 나라는 어디서 그 영원한 절정 상태에 이르는가? 새 땅 위에서이다.

천국의 천사가 요한에게 "어린 양의 혼인 잔치에 청함을 받은 자들은 복이 있도다"라고 말했다(계 19:9). 저녁 식사, 특히 결혼 피로연 때에 사람들은 무엇을 하는가? 사람들은 먹고 마시고 담소를 나누고 이야기를 하며, 축하하고 웃으며 디저트를 먹는다. 중동에서의 결혼 잔치는 종종 일주일 내내 계속된다. 우리가 어린 양의 혼인 잔치에 참석할 때에 우리는 하객이 아니라 신부가 될 것이다!

어느 날 바리새인의 집에서 식사를 하고 있을 때에 예수님께서 자기를 청한 자에게 말씀하셨다. "네가 점심이나 저녁이나 베풀거든 벗이나 형제나 친척이나 부한 이웃을 청하지 말라…잔치를 베풀거든 차라리 가난한 자들과 몸 불편한 자들과 저는 자들과 맹인들을 청하라. 그리하면 그들이 갚을 것이 없으므로 네게 복이 되리니 이는 의인들의 부활시에 네가 갚음을 받겠음이라 하시더라"(눅 14:12-14). 죽은 자의 부활에 관해 예수님께서 언급하시자 그 식사에 참석했던 한 사람이 주님께 "무릇 하나님의 나라에서 떡을 먹는 자는 복되도다"라고 말했다(눅 14:15). 그때에 그들은 함께 먹고 있었기 때문에 "먹는", "잔치"라는 말의 분명한 의미는 문자 그대로이다. 만일 이것을 말한 사람이 몸의 부활 이후에 문자 그대로 음식을 먹는 것을 잘못 설명했다면 예수님께서는 그를 교정하기 위해 모든 기회를 다 사용하셨을 것이다. 그러나 주님은 그렇게 하지 않으셨다. 실제로 주님은 그 사람의 말을 근거로 잔치를 베풀고 많은 하객들을 초대한 어떤 사람에 관한 이야기를 들려 주셨다(눅 14:16-24). 분명히 그 사람과 예수님은 그들이 잔치에 참석했던 것처럼 실제로 베푼 잔치에서 실제로 먹는 것에 관해 이야기하였다. 어떤 번역은 이 잔치에 참석한 사람이 "하나님의 나라에서 분깃을 받는 것은 너무나 큰 특권입니다"라고 말한 것으로 번역했다(눅 14:15, NLT). 그러나 헬라어 단어는 "분깃을 받다"라는 의미가 없다. 그 단어의 뜻은 하나님의 나라에서 "먹는다"는 의미이다.

나는 성경을 언제나 문자적으로 해석하진 않는다. 성경에는 많은 수사법들이 담겨 있다. 그러나 어떤 수사법이 천국을 묘사하기 위해 사용되었기 때문에 성경이 천국에 대해 말하는 모든 것을 비유라고 생각하는 것은 잘못이다. 우리가 그리스도의 몸과 같이 부활할 것이며 주님이 부활하신 몸으로 음식을 드셨다는 말을 들었음에도 불구하고 왜 우리는 주님이 식탁, 잔치, 그리고 그분의 나라에서 먹고 마시는 것을 언급하실 때에 비유로 말씀하신다고 생각해야만 하는가?

먹고 마시는 것과 새 땅에서의 삶의 물리적 성질에 관해 웨인 그루뎀은 다음처럼 쓰고 있다. "이러한 표현들이 단순히 상징적이고 실제로 문자가 가르키는 대상이 없다고 말할 강력한 이유가 없다. 하나님의 영원한 계획 가운데 상징적인 잔치, 상징적인 포도주, 상징적인 강과 나무들이 어째서 실제의 잔치, 실제의 포도주, 실제의 강과 나무보다 더 나은가? 이것들은 하나님이 만드신 물리적 피조세계의 완전함과 지고선의 탁월한 모습의 일부일 뿐이다."[1]

우리는 "너희 몸으로 하나님께 영광을 돌리라"는 명령을 받는다(고전 6:20). 우리는 영원히 무엇을 할 것인가? 우리의 몸으로 하나님께 영광을 돌릴 것이다. 우리는 "너희가 먹든지 마시든지 무엇을 하든지 다 하나님의 영광을 위하여 하라"는 말씀을 듣는다(고전 10:31). 우리는 영원히 무엇을 할 것인가? 하나님의 영광을 위해 먹고 마시고 모든 일을 할 것이다.

음식 맛은 어떠할 것인가?

오직 두 사람만이 타락 전에 살았다. 이것은 오직 두 사람만이 맛을 볼 수 있는 최상의 능력을 가지고 최상의 음식을 먹었다는 것을 의미한다.

누가 우리의 미각을 창조하셨는가? 우리가 좋아하고 싫어하는 것을 결정하시는 분은 누구신가? 하나님이시다. 우리가 먹는 음식은 하나님의 손으로부터 온 것이다. 우리의 부활한 몸은 부활한 미각을 가질 것이다. 새 땅에서 먹는 음식은 어떤 것은 친숙하고 어떤 것은 전혀 새로운 것이겠지만 우리가 이곳에서 지금까지 먹은 것 그 어느 것보다 더 맛이 좋을 것이라고 믿어도 좋다.

음식은 단순히 기능적이지 않다. 색깔, 질감, 맛은 상관하지 않고 모든 음식을 믹서에 함께 갈아서 먹어도 결국 영양가는 얻을 수 있다. 그러나 음식은 또한 우리의 즐거움을 위한 것이다. 먹는 것뿐만 아니라 또한 그것을 준비하고 차리는 것은 우리의 즐거움이다. 이러한 것 가운데 또한 우리의 무한한 창조성을 기대해야만 하지 않을까? (놀라운 영화인 "바베트의 만찬"을 보았다면 당신은 내가 의미하는 바가 무엇인지를 알 것이다.)

장차 우리에게는 고급 요리가 필요하지 않을 것이다. 지금도 우리는 고급 요리를 필요로 하지 않는다. 그러나 우리는 지금 그것을 즐기며 동일한 이유로 그때에도 우리는 그것을 즐길 것이다. 왜냐하면 하나님께서는 그것을 즐기도록 우리를 지으셨으며, 우리가 먹고 마심으로 그분을 영화롭게 하도록 지으셨기 때문이다(고전 10:31).

우리는 잔치를 기대해야만 하는가?

당신과 나는 타락과 저주의 영향을 받지 않은 세상에서 음식을 먹어 본 적이 없다. 혀와 미각은 타락 중에 모든 음식의 재료와 마찬가지로 망가졌다. 우리가 지금까지 먹어본 것 중에 가장 맛있는 음식은 에덴에서의 맛이나 새 땅에서의 맛보다 못하다.

땅에서 가장 다양한 음식을 먹어본 사람이라도 아직 맛보지 못한 것이 수없이 많다. 새 땅에서는 특별한 음식들이 얼마나 많겠는가? 아직도 당신은 당신이 가장 좋아하는 음식을 맛보지 못했을 수 있다. 그리고 당신이 맛보았다 할지라도 그것은 장차 천국에서 맛있는 것만큼 맛있지 않다. 당신이 먹게 될 가장 맛있는 음식들은 아직도 당신 앞 새 땅에 있다.

이러한 것들을 기대하는 것이 사소하거나 영적이지 않아 보인다면 새 땅에서 우리가 식탁에 앉고 잔치와 연회에 참석하여, 최상의 음식과 음료를 즐길 것을 약속하신 분은 하나님이시라는 사실을 기억하라. 우리 하늘 아버지께서는 그분이 친히 우리를 위해 가장 좋은 음식들을 준비하겠다고 약속하셨다(사 25:6).

당신은 주님이 우리가 그분의 식탁에서의 식사를 고대하길 원하신다고 생각하지 않는가?

제28장 | 우리는 죄를 지을 수 있겠는가?

사람들은 나에게 말한다. "천국은 완전하겠지만 죄 없는 환경이 곧 우리가 죄를 지을 수 없다는 것을 의미하지는 않습니다. 아담과 이브가 그것을 증명했잖아요. 그들은 죄 없는 곳에서 살았지만 그럼에도 불구하고 죄를 지었습니다."

사단이 그들을 유혹하였지만 그도 본래 완전한 환경에서 하나님을 친히 보면서 살았던 완전한 존재였다는 것은 사실이다. 천국에는 죄가 없었고 온 우주에도 죄가 없었다. 그럼에도 사단은 죄를 범했다. 따라서 천국의 완전함도 장차 죄가 없을 것을 보장해 주지 않는 것처럼 보인다.

또한 어떤 이들은 인간은 자유 선택을 필요로 하기 때문에 우리는 천국에서도 악을 선택할 수 있는 능력이 있어야만 한다고 주장한다. 만일 그것이 사실이라면 우리는 또 다른 타락을 경험할 수 있다.

분명히 이것은 매우 중요한 문제이다.

우리가 죄를 짓지 않을 것을 알 수 있는가?

그리스도께서는 새 땅에 관해 "다시는 사망이 없고 애통하는 것이나 곡하는 것이나 아픈 것이 다시 있지 아니하리니 처음 것들이 다 지나갔음이러라"라고 약속하신다(계 21:4). "죄의 삯은 사망"이기 때문에(롬 6:23) 더 이상 사망이 없을 것이라는 약속은 더 이상 죄가 없을 것이라는 약속이다. 죄인은 언제나 죽기 때문에 결코 죽지 않는 사람들은 결코 죄를 범할 수 없다. 죄는 애통과 곡하는 것과 아픈 것의 원인이다. 만일 이러한 것들이 다시 없다면 죄도 결코 다시 있을 수 없다.

"처음 것들이 다 지나갔음이러라"라고 말하는 계시록 21:4의 마지막 부분을 상고해 보라. 접속사 for(우리말 성경에는 영어 성경의 이유를 나타내는 접속사 for에 대한 번역의 의미가 약하다—역주) 다음에 나오는 내용은 천국에 사망과 애통하는 것과 곡하는 것과 아픈 것이 없는 이유를 설명해 준다. 이런 것들은 우리가 영원히 뒤로 할 처음 것들의 일부분이다. 이들의 원인이 된 죄도 더 이상 존재하지 않을 것이다. 우리는 두 번째 타락을 두려워할 필요가 없다.

성경은 그리스도께서 죄를 처리하시기 위해 단번에 죽으셔서 결코 다시 죽으실 필요가 없음을 강조한다(히 9:26-28; 10:10; 벧전 3:18). 우리는 하나님의 바로 그 의를 가질 것이다(고후 5:21). 우리는 천국에서 하나님께서 죄를 짓지 않으시는 바로 그 이유로 죄를 범하지 않을 것이다. 그분은 죄를 범하실 수가 없다. 죄를 지을 수 없는 우리의 영원한 능력은 그리스도의 보혈로 값 주고 산 것이다.

"그가 거룩하게 된 자들을 한 번의 제사로 영원히 온전하게 하셨느니라"(히 10:14). 십자가에서 우리 구주께서 영원히 우리의 온전함을 값 주고 사셨으며, 그분의 부활을 통해 이를 확증하셨다.

"무엇이든지 속된 것이나 가증한 일 또는 거짓말하는 자는 결코 그리로[새 예루살렘] 들어가지 못하되 오직 어린 양의 생명책에 기록된 자들만 들어가리라"(계 21:27). 이 구절은 "누군가가 속되게 되거나 가증하게 되거나 아니면 거짓을 말하게 되면 그는 쫓겨날 것이다"라고 말하지 않는다. 그곳에는 죄인과 의인 간에 절대적인 구별이 있다. 또한 사단과 악인들이 영원히 불못에 던져진다는 것은(계 20:10과 21:28) 악을 새 땅에서 영원히 분리시킴을 보여준다. 천국에는 철저하게 악이 없으며, 악으로 더럽혀질 위험도 전혀 없을 것이다. 성경의 마지막 두 장에서 세 번씩이나 우리는 아직도 죄를 지닌 자들은 천국에 들어갈 수 없고 결코 들어가지 못할 것이라는 말을 듣는다(계 21:8, 27; 22:15). 악은 더 이상 천국에 발을 들여놓을 수 없으며 우리에게 영향을 줄 빌미도 없을 것이다.

히브리서 9:26은 "죄를 없이 하시려고" 그리스도께서 자신을 희생 제물로 드리셨다는 영원성을 가지고 말한다. 죄는 과거의 한 가지 일에 지나지 않게 될 것이다.

우리는 "썩지 아니할 것"으로 부활할 것이다(고전 15:52). 썩지 아니할 것 (incorruptible)이란 말은 부패하지 않는 것(uncorruptible)이란 말보다 더 강한 말이다. 우리의 부활한 몸, 즉 우리의 새로운 존재는 타락에 면역성이 있을 것이다. 죄의 삯은 사망이기 때문에 만일 우리가 죽지 않는다면 우리는 죄를 지을 수 없다.

"이는 죽은 자가 죄에서 벗어나 의롭다 하심을 얻었음이라"(롬 6:7). 그리스도는 그분이 우리를 구원하시기 위해 죽으신 바로 그것에 우리가 다시 넘어지는 것을 허락지 않으실 것이다. 우리의 의는 영원히 의로우신 그리스도 안에 뿌리를 두고 있기 때문에 우리는 결코 그것을 잃어버릴 수 없다.

우리는 천국에서 자유의지를 가질 것인가?

어떤 이들은 만일 우리가 천국에서 자유의지를 가지면 첫 사람처럼 죄를 지을 자유가 있어야만 한다고 믿는다. 그러나 아담과 이브의 상황은 달랐다. 그들은 죄가 없었지만 그리스도로 말미암아 의롭게 되지 않았다. 반대로 우리는 그리스도의 대속으로 말미암아 의롭게 되었다. "한 사람이 순종하지 아니함으로 많은 사람이 죄인 된 것같이 한 사람이 순종하심으로 많은 사람이 의인이 되리라"(롬 5:19). 우리가 그리스도의 의를 지니고서 여전히 죄를 지을 수 있다는 것은 그리스도께서도 죄를 지으실 수 있다고 말하는 것과 같다. 하나님께서는 우리를 죄에서 온전히 구원하셨으며, 또한 죄를 지을 가능성에서도 구원하셨다.

심지어 지금도 우리는 "신성한 성품에 참여하는 자"가 될 수 있다(벧후 1:4). 천국에서는 더 이상 악한 욕망이나 타락이 없을 것이기에 우리는 죄 없으신 하나님의 완전함에 온전히 참여할 것이다.

인간의 자유 관점에서 이 말은 무슨 뜻인가? 어떤 이들은 우리의 자유 선택은 현재의 삶에 일시적으로 주어진 조건이며 천국에서는 그런 것이 없을 것이라고 주장한다. 그러나 선택할 수 있는 능력은 우리를 인간답게 만드는 요소처럼 보인다. 만일 우리가 선택할 수 없고 단지 드리기만 할 수 있다면 하나님께서 우리의 예배를 통해 기뻐하실 것이라고 믿기가 어렵다. 하나님께서 우리로 하여금 억지로 예배하게 하거나 아니면 예배를 비자발적으로 자동적으로 하도록 하신다는 것은 또 다른 이야기이다. 그리스도께서는 자기의 신부에게 청혼을 하신다. 그분은 신부가 오직 자기만을 사랑하도록 그녀를 "고치시지" 않는다.

죄를 지을 수 없는 능력은 본질적으로 자유의지와 어긋나지 않는다. 내가 천사나 하나님, 토끼나 꽃이 될 수 없는 능력은 나의 자유의지와 어긋나지 않는다. 그것은 단순히 내 본성의 실제일 뿐이다. 천국에서 우리의 것이 될 새로운 본성—그리스도의 의—은 마치 다이아몬드가 무를 수 없고, 파란 색이 빨간 색이 될 수 없는 것처럼 죄를 지을 수 없는 본성이다. 하나님께서는 죄를 지으실 수 없지만 그럼에도 불구하고 하나님보다 더 자유롭게 선택할 수 있는 더 큰 존재는 없다.

신학자 폴 헬름은 말한다. "그러므로 천국의 자유는 죄로부터의 자유이다. 그것은 신자가 단지 어쩌다가 우연히 죄에서 자유하게 된 것이 아니라 체질적으로 그렇게 만들어지거나 그렇게 재편성되었기 때문에 그는 죄를 지을 수가 없다. 그는 죄를 짓기를 원하지 않을 뿐더러 죄를 짓길 원하는 것도 원하지 않는다."[1]

우리는 유혹을 받을 수 있겠는가?

우리는 유혹을 받아 그리스도를 배신할 수 있겠는가? 그렇지 않다. 무엇이 우리를 유혹하겠는가? 순진무구(innocence)는 무엇인가(죄)가 없는 상태이지만 의는 무엇인가(하나님의 거룩)가 있는 상태이다. 하나님은 결코 우리에게서 그분의 거룩함을 철회하지 않으실 것이다. 그러므로 우리는 죄를 지을 수 없다.

우리는 결코 죄의 추함을 잊지 않을 것이다. 심한 화상을 경험한 사람들은 모닥불 위를 걷고 싶은 유혹을 받지 않는다. 사망과 생명을 알기 때문에 생명을 경험한 우리는 절대로 다시 사망으로 돌아가고 싶어하지 않을 것이다. 우리는 결코 유혹을 받아 하나님께서 우리에게서 선한 것을 숨기고 계시다고 생각하거나 아니면 죄를 우리의 최고의 관심사 중 하나로 여기지 않을 것이다.

사단은 우리에게 접근할 수 없을 것이다. 그러나 그렇다 할지라도 우리는 유혹을 받지 않을 것이다. 우리는 의가 무엇인지 알 뿐만 아니라 또한 죄가 무엇인지 아니면 무엇이었는지 알 것이다. 우리는 언제나 죄의 대가들을 알고 있을 것이다. 우리가 왕이신 예수님의 못자국난 손을 볼 때마다 우리는 기억할 것이다. 우리는 하나님이 보시는 그대로 죄를 보게 될 것이다. 죄의 환영은 벗겨지고 더 이상 절대로 매력적으로 보이지 않을 것이다.

우리의 마음이 깨끗하고 우리가 사람들을 그들의 본래의 모습으로 보기 때문에 천국에서의 모든 관계는 순결할 것이다. 우리는 우리 사랑의 생명 되신 왕인 예수님에게 충성할 것이다. 만일 우리가 원한다 할지라도 우리는 그분의 등 뒤에서 어떤 배신의 행위도 할 수 없을 것이다. 그리고 우리는 결코 그렇게 원할 수도 없을 것이다.

누군가가 나에게 "우리가 죄가 없어도 여전히 사람일 수 있나요?"라고 질문했다. 현재 죄는 우리의 일부분이지만 그것은 우리 인간성에 필수적인 것은 아니다. 실제로 그것은 인간성과 맞지 않는다. 죄는 우리를 왜곡시키고 예전의 죄가 없었던 우리의 모습과 장차 죄가 없을 우리의 모습에 방해가 된다.

천국에서 우리의 가장 위대한 구원은 우리 자신으로부터의 구원일 것이다. 우리의 거짓, 타락, 자의, 자족, 위선 등 이 모든 것은 영원히 사라질 것이다.

제29장 | 우리는 무엇을 알고 배우겠는가?

"지금은 알지 못하지만 천국에 가면 모든 것을 안다"라고 사람들이 말하는 것을 자주 듣는다. 정말 그럴까?

우리는 모든 것을 다 알 수 있을 것인가?

우리가 천국에 가면 모든 것을 다 알게 된다고 말하는 것은 오해이다. 전지전능하신 분은 하나님뿐이다. 우리가 죽으면 만물을 보다 더 분명하게 보고 지금보다 더 많은 것을 알겠지만 결코 모든 것을 다 알지는 못한다.

사도 바울은 "우리가 지금은 거울로 보는 것같이 희미하나 그때에는 얼굴과 얼굴을 대하여 볼 것이요 지금은 내가 부분적으로 아나 그때에는 주께서 나를 아신 것같이 내가 온전히 알리라"고 썼다(고전 13:12).

자신의 저서 「조직 신학」(Systematic Theology)에서 웨인 그루뎀은 다음처럼 말한다. "고린도전서 13:12은 우리가 전지하여 모든 것을 다 안다고 말하지 않는다(바울이 그렇게 말하길 원했다면 우리가 모든 것(타 판타, ta panta)을 다 안다고 말했을 것이다.) 그러나 정확히 번역된 역본처럼 그는 단순히 '주께서 우리를 아신 것처럼' 우리가 보다 더 분명하게 혹은 온전하게 알 것이라고 말한다. 즉, 어떤 실수나 오해 없이 주님이 우리를 아신 것처럼 말이다."[1]

새 현대인의 성경(New Living Translation)은 "지금 우리는 질이 좋지 않은 거울로 보는 것처럼 만물을 불완전하게 봅니다"라고 번역했다. 바울 시대에 거울은 심각한 결함을 지니고 있었다. 고린도는 청동거울로 유명했지만 그 거울의 색은 퇴색되고 그 모양은 변형되었다. 거울에 비친 상은 얼굴을 맞대고 직접 대면하는 것과 같은 품질이 아니었다. 헬라인의 사고에서는 아는 것과 보는 것이 거의 같다.[2] 더 많이 볼수록 당신은 더 많이 안다.

어느 날 우리는 하나님의 존안을 뵙고 그분을 진실로 알게 될 것이다(계 22:4). 저주 아래에서 우리는 근시안적으로 볼 뿐이다. 우리가 부활하면 우리의 시력도 교정될 것이다. 마침내 우리는 이전에 볼 수 없었던 영원한 실제들을 볼 수 있게 될 것이다(고후 4:18).

하나님은 정확하게 보시고 포괄적으로 보신다. 천국에 가면 우리도 보다 더 정확하게 보겠지만 우리는 결코 포괄적으로 보지는 못할 것이다. 우리의 지식과 하나님의 지식을 비교한다면 우리는 정확한 의미에서 "온전히" 알지만 "모두 다" 알지는 못한다.

천국에 가면 우리는 흠이 없겠지만 모든 것을 모른다고 해서 흠이 있는 것은 아니다. 그것은 유한한 존재의 한 부분이다. 의로운 천사들도 모든 것을 다 알지 못하고 그들도 더 알길 원한다(벧전 1:12). 그들도 흠은 없지만 유한한 존재이다. 우리도 우리가 구하는 더 큰 지식을 얻는 데 영원을 사용할 것이다.

우리는 배울 것인가?

나는 어떤 목사가 "천국에 가면 더 이상 배울 필요가 없다"고 말하는 것을 들었다. 어떤 저자는 천국에서는 "조사, 이해, 탐구와 같은 활동들은 결코 필요하지 않으며 우리의 지식은 완전할 것이다"라고 말한다.[3] 천국에 관한 갤럽여론조사에 따르면 단지 18퍼센트의 사람들만이 천국에 갔을 경우에 지능이 성장할 것이라고 생각했다.[4]

성경은 우리가 천국에 가면 배울 것이라고 말하는가? 그렇다. 에베소서 2:6-7을 상고해 보라. "또 함께 일으키사 그리스도 예수 안에서 함께 하늘에 앉히시니 이는 그리스도 예수 안에서 우리에게 자비하심으로써 그 은혜의 지극히 풍성함을 오는 여러 세대에 나타내려 하심이라." "나타낸다"는 말은 "계시하다"라는 의미이다. "오는 여러 세대에"라는 말은 이것이 점진적이고 계속해서 나타나는 계시임을 분명히 말해 준다. 그 계시를 통해 우리는 하나님의 은혜에 관해 계속해서 더 많은 것들을 배우게 될 것이다.

비록 오랜 세월 동안 알고 지냈지만 종종 나는 아내와 딸들 그리고 가까운 친구들에게서 새로운 것들을 배운다. 내가 유한한 인간으로부터 언제나 새로운 것들을 배운다면 분명히 예수님으로부터도 많은 것을 배울 것이다. 우리 중에 그분의 깊은 것들을 다 배울 사람은 아무도 없을 것이다.

예수님께서 제자들에게 "내게 배우라"고 말씀하셨다(마 11:29). 새 땅에서 우리는 마리아처럼 예수님의 발 아래 앉거나 제자들처럼 시골길을 걸으면서 항상 그분에게서 배우는 특권을 누릴 것이다. 천국에서 계속해서 하나님에 관해 새로운 것들을 배움으로써 우리의 지식은 날로 깊어질 것이다.

고린도전서 13:12에 "온전히 안다"로 번역된 단어는 "항상 계속해서 배운다"는 말씀으로 번역될 수 있다.

우리를 배움의 사람으로 만든 분은 사단이 아니라 하나님이시다. 하나님은 우리가 배움을 멈추길 원하지 않으신다. 그분이 멈추길 원하시는 것은 우리의 배움을 방해하는 것이다.

천국에 관해 열심히 연구했던 청교도 전도자 조나단 에드워즈는 "성도들이 영원까지 점진적으로 알아간다"고 믿었다.[5] 또한 그는 "성도들의 아는 개념의 숫자도 계속해서 영원히 증가한다"고 말했다.[6]

새로운 것을 발견하길 좋아하는가? 새 땅에서의 가장 위대한 발견들은 지금 우리가 이곳에서 살고 있는 삶과 관련이 있을지 모른다. 칼럼니스트이면서 해설가인 폴 하비는 "뒷이야기"를 하는 것을 직업으로 삼았다. 이것이 바로 우리가 천국에서 반복해서 발견할 내용, 곧 뒷이야기다. 우리는 하나님께서 우리가 까맣게 잊어버린 사람들에게 영향을 주기 위해 우리의 삶을 얼마나 멋지게 지휘하셨는지 알고는 소스라치게 놀랄 것이다.

가끔씩 우리는 영원에서 배울 내용의 냄새를 솔솔 풍기는 이야기들을 듣는다. 어느 날 아침 내가 교회에서 말씀을 전한 후에 한 젊은 여인이 와서 물었다. "비행기에서 당신 옆에 탔던 대학교로 돌아가던 청년을 기억하십니까? 당신은 그에게 당신의 소설 「데드라인」을 줬지요." 나는 비행기 안에서 사람들에게 내 책을 많이 나눠 주었다. 잠시 생각한 후에 나는 그를 떠올렸다. 그는 불신자였다. 우리는 예수님에 관해 이야기를 나누었고, 비행기에서 내릴 때에 나는 그에게 책을 주고 그를 위해 기도했다.

그 젊은 여인이 나에게 다음과 같은 말을 했을 때에 나는 놀랐다. "그가 말하길 당신과 연락을 하지 않았기 때문에 당신은 무슨 일이 있었는지 모를 것이라고 했습니다. 그는 학교로 돌아가 기숙사에 들어간 후에 앉아서 당신 책을 읽었습니다. 책을 다 읽은 후에 그는 자기의 죄를 고백하고 그의 삶을 예수님께 드렸습니다. 솔직히 말씀드려서 그는 제가 만난 그리스도인 중에 가장 역동적인 그리스도인입니다."

내가 한 것이라고는 잠시 이야기를 나눈 것과 그에게 책을 주고 기도한 것밖에 없다. 그러나 그 젊은 여인이 내게 말해주지 않았더라면 나는 무슨 일이 일어났는지 전혀 몰랐을 것이다. 그 이야기를 들으면서 천국에서도 얼마나 많은 위대한 이야기들이 우리를 기다리고 있으며 또한 그곳에 오래 머물면서 얼마나 많은 이야기들을 듣게 될까 하는 생각이 들었다. 우리는 모든 것을 알지 못할 것이며, 설령 안다 하여도 한번에 모두를 다 알지는 못할 것이다. 우리는 영원히 배운다. 이보다 더 신나는 일은 별로 없다.

우리는 과정을 경험할까?

천국의 거주자들이 놀란 것으로 보아 천국은 정체된 곳이 아니라 신선한 자극으로 가득한 곳이며, 하나님의 위대하심을 점점 더 깊이 이해하는 곳임을 알 수 있다(계 4-6장). 천국의 부요함의 근원은 천국에 계신 하나님이시다. 우리가 계속해서 하나님에 관해 점점 더 많은 것을 배우기 때문에 천국은 계속해서 발견을 자극하고 신선한 배움이 있는 과정의 장소가 될 것이다.

「햄릿」에서 셰익스피어는 죽음 너머를 "미지의 세계"라고 불렀다.[7] 그곳은 우리가 간절히 발견하고자 하는 나라이며, 그리스도의 은혜로 말미암아 발견할 것이다. 세상에서 뛰어난 신학자였던 조나단 에드워즈는 이러한 생각을 변호 발전시켰으며 이를 중요하게 여겼다. 그는 다음처럼 썼다. "땅의 연인들은 얼마나 빨리 상대방의 아름다움을 발견하기를 그치는가! 그리고 얼마나 빨리 볼 것을 다 봐버리고 마는가! 그러나 천국에서는 새로운 아름다움의 발견이 언제나 영원한 진행형의 과정이다."[8] 그는 계속해서 "천국의 행복도 진행형의 과정으로서 여러 기간들이 있고, 각 기간마다 행복은 새롭고 영광스러운 진보를 이루며, 또한 행복의 구성은 하나님께서 구속 역사를 통해 자신을 드러내신 것들이다"라고 말했다.[9] 에드워즈는 우리가 "하나님의 영광을 더욱 더 계속해서 끊임없이 발견함으로써 천국에서 더 행복하며 그분 안에서 더욱 큰 기쁨을 누리게 될 것이다"라고 주장했다.[10] 그는 "구속받은 자들이 발견하고 즐길 영광이 더 이상 없는 때는 결코 없을 것이다"라고 말했다.[11] 우리 신랑 되신 그분에 관해 항상 새로운 것을 배울 것이기에 "하나님과 교회의 연합이 완성되는 때는 결코 오지" 않을 것이다.[12] 우리는 하나님의 얼굴을 뵙고 계속해서 "그와 같은 형상으로 변화하여 영광에서 영광에 이를" 때에 영원히 그리스도의 형상을 닮아갈 수 있다(고후 3:18). 우리는 이 같은 기쁨의 과정을 지금 이곳에서 시작할 수 있으며, 그것은 영원히 계속

될 것이다.

배운다는 것은 무엇과 같을까?

우리가 천국에 입성하면 아마도 우리는 죽은 시점의 지식에서 시작할 것 같다. 하나님은 우리의 지식을 향상시키셔서 수많은 오류들을 고쳐 주실 것이다. 나는 주님이 많은 새로운 것들을 우리에게 계시해 주시고 나서 아담과 이브처럼 계속해서 우리로 배움의 길을 걷게 하신다고 생각한다. 일단 부활한 뇌를 지닌 부활의 몸을 받게 되면 우리의 배움의 능력은 증가될 것이다. 수호천사들과 이미 천국에 와 있는 사랑하는 자들이 우리의 가정교사가 되어 우리를 가르칠지 모른다.

또한 우리는 공부할 것이다. 마틴 루터는 "만일 하나님께서 오른손에 모든 정답을 들고 계시고, 정답을 찾으려는 노력을 왼손에 들고 계신다면 나는 하나님의 왼손을 택하겠다"고 말했다. 왜 그런가? 우리가 원하는 것은 단순히 진리뿐만 아니라 그 진리를 배우는 기쁨이기 때문이다. 우리의 배움의 과정에서 하나님은 종종 유한한 우리에게 먹기 좋은 알맞은 크기로 자신을 계시하신다.

천국에서 교리 공부를 할까? 교리는 진리이며, 하나님의 성품의 연장(extension)이기 때문에 끝이 있을 수 없다. 우리는 영원토록 탐구할 시간을 가질 것이다. 진리는 생생하며, 결코 마르거나 먼지가 나지 않는다. 우리는 하나님에 관해 더 많은 것들을 발견하기 때문에 서로에게 인상을 심어 주기 위해서가 아니라 서로와 자신을 부요하게 하기 위해 진리에 관해 말할 것이다.

창조를 연구하는 것은 창조주를 연구하는 것이다. 하늘과 모든 피조세계는 하나님의 영광을 선포하기 때문에 과학은 예배로 가득한 발견이 될 것이다. 하나님은 꽃, 폭포, 동물, 행성 가운데 자신을 계시하신다. 하나님의 이름은 자연과 아름다움, 기술과 정밀, 그리고 모든 세밀한 부분에 크게 새겨져 있다. 그분은 예술의 대가이시다. 새 땅의 만물은 우리가 그분을 바라보는 렌즈가 될 것이다. 생물학, 동물학, 화학, 천문학, 물리학 등 이 모든 학문들은 하나님을 연구할 것이다.

이 우주에는 너무나 발견할 것들이 많다. 그러나 시간과 발견할 기회가 우리에게 너무나 적게 주어진다. 내가 읽지 못한 책, 듣지 못한 음악, 가보지 못한 장소들의 목록은 끝이 없다. 알아야 할 것들이 너무나 많다. 나는 천국에서 새로운 것들을 발견하길 고대한다. 영원히. 매일 일을 마칠 때면 남은 시간은 어제와 동일하다. 그날 내가 배우지 못한 것들, 내가 만나지 못한 사람들, 내가 할 수 없었던 일들을 그 날에 나는 배우고, 만나고 할 것이다. 장소도 무너지지 않고, 사람들도 죽지 않으며, 나도 죽지 않을 것이다.

나는 한 성경교사가 "천국에 가면 더 이상 가르침이 없을 것이다. 그럴 필요조차도 없을 것이다"라고 말하는 것을 들었다. 이것은 우리가 전지하고, 배우지 않음을 전제로 하지만 성경과 하나님이 우리를 만드신 방식과는 상반된다. 나는 내가 출강하여 가르친 대학과 신학대학원에서 자극을 통해 많은 유익을 얻었다. 진지한 학생들과 교수들과의 대화는 즐거웠다. 나는 나와 의견을 나눈 다른 사람들의 통찰력 속에서 하나님을 발견한다. 배움이란 흥분되는 것이다. 이 타락한 땅에서의 교육은 때로 매력이 없고, 심지어 진리를 손상시키기도 하지만 천국에서 모든 교육은 매혹적인 하나님의 진리를 드러내는 강단이어서 우리로 그분께 더 가까이 다가가도록 만들어 줄 것이다.

지적 발달이 얼마나 흥분될지 생각해 보라. 보드로 신부는 다음처럼 썼다. "천국생활은 지적 기쁨을 누리는 삶이다…그곳에서 인간의 지성은 초자연적인 빛의 조명을 받는다…따라서 지성은 정화되고, 강화되고, 확대되어 하나님을 그분의 본질 그대로 볼 수 있다. 지성은 진리의 첫 본질이신 그분을 대면하여 관상할 수 있다. 지성은 무한한 미와 선 그리고 지혜의 으뜸이신 그분을 뵐 때도 눈부시지 않고 바라본다. 그리고 피조물 가운데 발견되는 모든 제한적인 미와 선 그리고 지혜는 그분으로부터 흘러나온다. 지성이 모든 진리를 있는 그대로 볼 때에 인간 지성의 고상한 기쁨의 깊이를 그 누가 측량할 수 있을까!"[13]

진리를 "있는 그대로" 보기만 해도 이 땅에서 교육을 받은 사람들이 그렇게 흥분했다면 한 번도 글과 교육의 혜택을 받아 본 적이 없는 사람들에게 그것이 어떨지 상상해 보라.

아이작 뉴튼, 마이클 패러데이, 토마스 에디슨과 과학을 논하고 파스칼과 수학을 논하는 것이 어떨지 생각해 보라. 말콤 머거리지나 프란시스 쉐퍼와 장시간 토론하는 것을 상상해 보라. 씨. 에스. 루이스, 제이. 알. 알. 톨킨, 지. 케이. 체스터톤 혹은 도로시 세이어의 저서들을 저자들과 직접 토론하고 읽는 모습을 생각해 보라. 원탁에 앉아 존 밀턴, 다니엘 디포, 빅터 유고, 피오도르 도스토에프스키, 레오 톨스토이, 플래너리 오코너와 함께 소설의 힘에 관해 이야기하는 것은 어떨까?

스테판 차르녹, 에이. 더블유. 핑크, 에이. 더블유. 토저 그리고 제이. 아이. 패커와 하나님의 성품에 관해 토론하는 것은 어떤가? 혹은 어거스틴, 아퀴나스, 칼빈, 루터와 신학을 논하는 것은 어떤가? 그때에 의견 차이가 생긴다면 예수님을 초청하여 모든 것을 해결할 수 있지 않을까?

조지 휫트필드, 조나단 에드워즈, 찰스 피니, 찰스 스펄전의 설교를 설교자 자신들과 함께 토론하는 모습을 상상해 보라. 혹은 가족과 앉아서 기도에 관해 수잔 웨슬리의 통찰력을 듣는 것은 어떤가? 혹은 조지 뮬러나 빌 브라이트와 함께 믿음에 관해 담소를 나눈 후에 그들의 간증을 듣는 것은 어떤가? 아브라함 링컨과 해리어트 비처 스토우와 함께 남북전쟁 시대를 탐구할 수 있다. 혹은 윌리엄 캐리, 에이미 카마카엘, 로티 문, 허드슨 테일러, 마리아 테일러 부부와 함께 선교역사를 나눌 수 있다. 브라더 앤드류, 조지 버워, 루이스 파울라, 빌리 그래함, 조니 에릭슨 타다, 척 콜슨, 엘리자베스 엘리엇과 함께 사역에 관한 아이디어들을 토론할 수 있다.

우리는 하나님의 성품과 역사를 관찰하고, 저녁을 먹거나 차를 마시면서 아니면 산책을 하거나 거실에서, 강가나 모닥불 곁에서 오랫동안 이를 나눌 것이다. 지적 호기심은 저주에 속한 것이 아니다. 그것은 자기 형상을 닮은 자들에게 주시는 하나님의 축복이다. 그분은 우리가 진리를 추구함으로써 우리의 가장 위대한 기쁨의 근원이신 그분을 발견하도록 하기 위해 우리를 풍성한 호기심을 지닌 존재로 만드셨다.

1546년에 필립 멜랑크톤은 작고한 친구인 마틴 루터에 관해 기념 연설을 했다. 그 연설에서 멜랑크톤은 천국에서 믿음의 선배들과 교제를 나누고 있을 루터를 그리면서 말했다. "우리는 그가 강의를 하면서, 상담을 하면서, 선지자들의 위험과 탈출을 말하면서, 그리고 교회사 전체에 관해 강의하면서 보여줬던 그 큰 기쁨을 기억합니다. 이는 그가 이 모든 놀라운 신앙인에 대해 대단한 열정으로 불탔음을 보여줍니다. 이제 그는 그들을 만나 그들의 이야기를 듣고 또한 그들에게 자기 이야기를 하면서 기뻐합니다. 지금 그들은 그를 친구로 기쁘게 영접하고 그를 통해 교회를 모으시고 보전하신 하나님께 감사를 드립니다."[14]

천국에 책이 있을까?

우리는 66권으로 되어 있는 성경이 천국에 있을 것을 알고 있다. "여호와여 주의 말씀은 영원히 하늘에 굳게 섰사오며"(시 119:89). 예수님께서도 "천지는 없어질지언정 내 말은 없어지지 아니하리라"고 말씀하셨다(마 24:35). 아마 우리는 하나님의 말씀을 읽고, 연구하고, 묵상하며 토론할 것 같다.

또한 천국에는 다른 책들도 있다. "또 내가 보니 죽은 자들이 큰 자나 작은 자나 그 보좌 앞에 서 있는데 책들이 펴 있고 또 다른 책이 펴졌으니 곧 생명책이라 죽은 자들이 자기 행위를 따라 책들에 기록된 대로 심판을 받으니"(계 20:12).

이 책들은 무엇인가? 이 책들은 땅의 모든 사람들이 행한 모든 행위를 문서화한 것처럼 보인다. 최소한 그 분량이 방대할 것임에 틀림없다.

어떤 이들은 이 책이 하나님의 전지하심을 나타낸다는 비유로 해석하지만 우리는 이 책들이 실제 책이 아니라고 가정해서는 안 된다. 만일 그렇다면 차라리 우리에게 "전지하신 하나님께서 만민을 심판하시니"라고 말하는 편이 훨씬 쉬웠을 것이다.

또 다른 책은 하나님의 백성들의 이름이 적힌 생명책이다. 요한은 이 책을 계시록 전체에 걸쳐 언급한다(계 3:5; 13:8; 17:8; 20:12, 15; 21:27). 이 책은 히브리어 성경에도 나온다(출 32:32-33; 단 12:1). 또한 이 책은 희년기(the book of Jubilees)와 사해문서와 같은 후기 문헌에도 언급되고 있다. 사도 바울도 이 책을 빌립보서 4:3에서 언급한다.

천국의 책을 설명하는 다른 구절들이 있다. 예수님은 커다란 책을 펴시고(계 5:1, 5), 천사는 작은 책을 들고 있다(계 10:2). 시편 기자인 다윗은 "나의 눈물을 주의 병에 담으소서 이것이 주의 책에 기록되지 아니하였나이까"(시 56:8). 그는 그의 눈물이 영원히 천국에 기록되어 남아 있길 구했다.

말라기 3:16-18도 놀라운 메시지로서 이 땅에서 하나님이 그분의 자녀들의 신실한 행위를 기록으로 남기신다고 말한다. "그때에 여호와를 경외하는 자들이 피차에 말하매 여호와께서 그것을 분명히 들으시고 여호와를 경외하는 자와 그 이름을 존중히 여기는 자를 위하여 여호와 앞에 있는 기념책에 기록하셨느니라 만군의 여호와가 이르노라 내가 정한 날에 그들을 나의 특별한 소유로 삼을 것이요 또 사람이 자기를 섬기는 아들을 아낌같이 내가 그들을 아끼리니 그때에 너희가 돌아와서 의인과 악인을 분별하고 하나님을 섬기는 자와 섬기지 아니하는 자를 분별하리라."

하나님은 자기를 경외하고 그분의 이름을 존중히 생각하는 자를 자랑스럽게 여기시며 자기를 섬긴 자와 섬기지 않은 자를 분별하시는 것을 모든 자들로 보도록 하시 겠다고 약속하신다. 이러한 분별은 천국의 책에 보관되어 있다.

왕은 사관으로 하여금 자기 백성의 행위를 기록하도록 시켰는데 이는 백성들의 선행을 기억하고 그에 해당하는 상급을 주기 위해서였다(에스더 6:1-11). 하나님에게 생각나게 할 필요는 없지만 어느 날 온 우주로 하여금 의인에게 상급을 주시고 악인을 벌하시는 그분의 공의를 알도록 하시기 위해 그분도 영구적인 기록을 하신다.

하나님께서 현재 천국에 있는 책들과 두루마리들의 전부나 일부를 파기할 기미는 전혀 없다. 이 땅에 있는 하나님의 백성들의 신실한 행위들을 기록한 이 책들은 오는 여러 세대 동안 정기적으로 읽힐 것 같다.

책에는 이 땅 위에 산 모든 인생들의 상세한 역사기록이 담겨 있다. 우리 각 사람도 이 기록에 들어가 있다. 아주 소수의 사람들만 들었던 말이나 애매모호한 사건들이 다 밝혀질 것이다. 다른 사람들이 모르는 당신의 신실한 행동들과 친절도 하나님께서 드러내실 것이다. 하나님은 자기의 책에 그러한 행동들을 지금 기록하고 계시며, 천국에서 그에 대해 당신에게 상급을 주실 것이다.

땅에서 작은 친절을 베풀고서 그 결과가 어떠했는지 모르는 경우가 얼마나 많은가? 사람들에게 복음을 전하고서 그가 믿지 않았다고 생각했지만 수년 후에 뿌려진 씨로 말미암아 예수님께 나아온 사람들이 얼마나 많을까? 태어나지 않은 태아들을 위해 목소리를 높였지만 아무런 결과도 보지 못했으나 그로 인해 누군가가 낙태하지 않기로 결심함으로써 한 어린 생명을 구한 적은 얼마나 많을까? 설거지를 하고 기저귀를 갈아 주며 한밤중에 우는 아이에게 노래를 들려주었지만 우리가 보여준 사랑의 결과를 보지 못했던 적이 얼마나 많은가? 우리가 결과를 보지 못했지만 하나님께서는 여전히 우리의 수고를 기뻐하신 적이 얼마나 많을까?

하나님은 지금도 지켜보시며 기록하신다. 천국에 가면 그분은 그분을 향한 우리의 신실함에 대해 상급을 주실 것이다. 그분의 이름으로 필요한 자에게 준 냉수 한 잔도 상을 잃지 않을 것이다(막 9:41). 그리고 하나님은 지금도 천국의 책에 영구히 기록하고 계시다.

하나님의 책 이외에 다른 책들이 있을까?

나는 새 땅에서 우리도 사람들이 쓴 새 책과 헌책을 읽을 것이라고 믿는다. 우리의 지성이 향상되고, 호기심은 강해지고, 시간은 무한정 많기 때문에 책은 지금보다 천국의 삶에서 더 중요한 역할을 할 것 같다. 새 땅의 도서관들은, 내 생각에, 너무나 환상적일 것 같다.

우리가 땅에서 읽는 역사와 달리 천국의 책은 객관적이고 정확할 것이다. 누군가를 더 좋게 보이게 하거나 아니면 다른 사람들을 더 나쁘게 보이게 하기 위해 어떤 과장이나 왜곡도 없을 것이다. 우리는 우리 조상들의 실수를 다룰 수 있을 것이다. 왜냐하면 그를 통해 우리에 대한 바른 관점을 가지게 될 테니까 말이다.

성경의 모든 족보들은 하나님께서 역사, 전통, 그리고 땅 위에서 벌어지는 사건들에 대해 관심이 있으시다는 증거이다. 하나님은 새 땅에서 흥미를 잃으실까? 우리도 그럴까? 아니다. 새 땅의 역사는 옛 땅의 역사를 포함한다. 그러나 새 역사가 건설되고 기록될 것이며, 상상을 초월하는 새로운 문명이 건설될 것이다. 그리고 왕을 아는 우리는 그 역사에 참여할 것이다.

책은 문화의 일부분이다. 나는 새 땅에서 많은 새 책들과 위대한 작품들이 쓰이기를 기대한다. 그러나 또한 나는 옛 땅의 어떤 책들은 계속 될 것이라고 믿는다. 거짓을 담거나 하나님을 모독하는 책은 천국에 없을 것이다. 그러나 비소설과 소설의 위대한 작품들은 어떤가? 알. 더블유. 토저의 작품 「거룩에 관한 지식」(*The Knowledge of the*

Holy), 제임스 패커의 「하나님을 아는 지식」(*Knowing God*), 존 파이퍼의 「여호와를 기뻐하라」(*Desiring God*), 존 번연의 「천로역정」, 찰스 쉘돈의 「그리스도를 본받아」(*In His Steps*)와 같은 작품들을 새 땅에서 볼 수 있을까? 그곳에서 이들 작품들을 보지 못한다면 존 뉴튼의 "나 같은 죄인 살리신"(Amazing Grace) 찬송을 부르지 않을 경우에 놀랄 것처럼 나는 놀랄 것이다.

우리 중에서 작가인 사람들은 아마도 기존 출판물 중 일부를 우리가 얻게 될 관점에 비춰 새롭게 쓸 것 같다. 아마 우리는 다른 책들을 보면서 그들이 더 이상 중요하지 않으며, 어떤 책들은 한 번도 중요해 본 적이 없었다는 사실을 알게 될 것 같다. 이 책에서 내가 쓴 것 중에서 많은 것들이 새 땅에서 사실로 확인될 것이라 생각되고, 어떤 것들은 완전히 사실이 아닐 것이다. "그때 무슨 생각을 했었지?"라고 나는 자문할 것이다. (지금 어느 부분이 맞는지 안다면 나는 따로 오려 놓겠다!) 그리고 새 땅이 내가 생각한 것보다 얼마나 더 좋은지 보고 놀랄 것이다.

제30장 | 우리의 일상생활은 어떠할 것인가?

청교도 목사인 리처드 백스터의 1649년 책 「성도들의 영원한 안식」(The Saints' Everlasting Rest)은 지금까지 쓰여진 책 중에서 천국에 관한 가장 영향력 있는 책이다. 백스터는 사람들이 천국을 생각하고 반드시 그리로 가기 위해 다른 모든 것을 제쳐놓지 않는 것을 보고 놀랐다. 그러나 웬일인지 천국은 우리의 상상력을 사로잡거나 우리의 삶을 만들어 내지 못한다.

천국에서의 삶은 정말로 어떤 모습일까? 성경은 우리가 실제로 우리의 영원한 집에서 무엇을 할 것이라고 말하는가?

우리는 안식하는가?

천국에서의 우리의 삶에는 안식이 포함될 것이다(히 4:1-11). "지금 이후로 주 안에서 죽는 자들은 복이 있도다 하시매 성령이 이르시되 그러하다 그들이 수고를 그치고 쉬리니 이는 그들의 행한 일이 따름이라 하시더라"(계 14:13).

에덴은 안식의 그림이다. 그 그림 속에서 일은 의미 있고, 음식은 풍성하며, 환경은 아름답고, 하나님과 그리고 다른 사람들과의 교제는 방해를 받지 않는다. 에덴의 완전한 안식 중에도 한 날은 특별히 안식하고 예배하는 날로 따로 정해졌다. 새 땅에서 일은 기운나게 하는 것이지만 우리의 삶에 정기적인 안식이 있을 것이다.

우리가 천국을 안식의 장소로 인식하지 못하는 것은 우리가 지금 매주 한 날에 안식 속으로 들어가지 못하기 때문이다. 우리의 책임들로부터 거의 눈을 떼지 못하기 때문에 우리는 저주에서 온전한 안식으로 구원받는 날이 오고 있음을 바라보지 못한다.

하나님께서는 제7일에 안식하셨으며 그것은 죄가 세상에 들어오기 전이었다. 그분은 죄 없는 아담과 이브에게 안식의 처방을 내리셨으며, 또한 죄의 저주 아래 있는 자들에게도 그 처방을 내리셨다. 규칙적인 안식은 다가올 새 우주에서의 생활의 일부가 될 것이다. (지금부터 안식하는 법을 배워 두는 것이 현명하지 않을까?)

우리는 잠을 자겠는가?

새 땅에서 우리의 삶에 안식이 있다면 우리는 잠을 자야만 하는가? 어떤 이들은 우리가 완전한 몸을 가지고 있기 때문에 잠을 자지 않을 것이라고 주장한다. 그러나 동일한 주장이 음식에도 적용되어야 할 것이다. 그러나 우리가 아는 바대로 우리는 먹는다. 아담과 이브가 완전하게 지음을 받았는데 그들도 잠을 잤을까? 아마도 그랬을 것 같다. 만일 그렇다면 잠은 불완전한 요소가 아니다. 그것은 삶의 리듬을 위해 만드신 하나님의 계획이다.

잠은 삶의 커다란 즐거움 중 하나이다. 그것은 땅에 살면서 몸을 가진 인간을 위한 완전한 하나님의 계획의 일부이다. 수면 장애나 불면증은 죄와 저주의 산물이지만 잠 그 자체는 하나님의 선물이다. 나는 우리가 잠이 필요하고 또한 그것을 즐길 것이라고 믿는다.

어떤 이들은 "그러나 피로가 없을 것 아니냐"고 말한다. 왜 피로가 없다고 생각하는가? 에덴에서 그러했던 것처럼 완전하지만 유한한 세계에서도 힘이 고갈되면 새롭게 충전될 수 있지 않았을까? 우리도 천국에서 쉬면서 재충전을 할 것이다. 달콤한 잠보다 더 안식을 주고 새롭게 하는 것이 무엇인가? 만일 우리가 먹고, 걷고, 일하고, 웃고, 논다면 왜 자지 않겠는가?

우리는 일을 할 것인가?

천국에서 일을 한다는 생각은 많은 사람들에게 낯설다. 그러나 성경은 분명하게 이것을 가르치고 있다. 하나님께서 아담을 창조하셨을 때에 하나님은 "그 사람을 이끌어 에덴 동산에 두어 그것을 경작하며 지키게 하셨다"(창 2:15). 일은 본래 에덴의 한 부분이었으며 땅에 사는 완전한 인간 생활의 일부였다.

일은 저주의 부분이 아니다. 오히려 저주가 일을 귀찮고 힘들며 좌절되는 것으로 만들어버렸다. "땅은 너로 말미암아 저주를 받고 너는 네 평생에 수고하여야 그 소산을 먹으리라. 땅이 네게 가시덤불과 엉겅퀴를 낼 것이라 네가 먹을 것은 밭의 채소인즉 네가 흙으로 돌아갈 때까지 얼굴에 땀을 흘려야 먹을 것을 먹으리니 네가 그것에서 취함을 입었음이라. 너는 흙이니 흙으로 돌아갈 것이니라 하시니라"(창 3:17-19).

그러나 새 땅에서 일은 하나님이 의도하신 것으로 구속되고 변화될 것이다. "다시 저주가 없으며 하나님과 그 어린 양의 보좌가 그 가운데에 있으리니 그의 종들이 그를 섬기며"(계 22:3). "섬긴다"는 말은 동사이다. 종들은 일을 하고 일을 맡고 임무를 수행하는 사람들이다.

하나님 자신도 일하시는 분이다. 그분은 세상을 창조하신 후에 은퇴하시지 않았다. 예수님도 "내 아버지께서 이제까지 일하시니 나도 일한다"고 말씀하셨다(요 5:17). 예수님은 자신의 일 가운데서 깊은 만족을 얻으셨다. "예수께서 이르시되 나의 양식은 나를 보내신 이의 뜻을 행하며 그의 일을 온전히 이루는 이것이니라"(요 4:34). 우리도 일을 해야만 할 것이며, 그 일은 만족하게 하고 부요하게 하는 일이어서 우리는 일터로 너무나 다시 돌아가고 싶어하며, 그 일은 결코 귀찮은 일이 아닐 것이다. 하나님은 최초의 일꾼이시며 또한 그의 형상을 지닌 자인 우리도 일하도록 지음을 받았다. 우리도 창조하고, 성취하며, 목표를 정하고 이를 달성한다. 하나님의 영광을 위해서 말이다.

「천국의 행복」(The Happiness of Heaven)에서 보드로 신부는 천국은 모든 움직임이 하나님에 대한 지적 묵상으로 흡수되는 정지된 곳이라는 아퀴나스의 믿음을 반대하면서 다음과 같은 주장을 했다.

> 우리는 본성적으로 움직이는 존재이다. 그러므로 마음과 몸 모두의 움직임은 우리 존재의 법칙이며 이것은 우리의 본성 모두를 급격히 변화시키거나 아니 차라리 파괴하지 않고서는 바꿀 수 없다. 그러나 파괴되기보다는 천국에서 우리는 우리가 지금 이곳 아래에서 할 수 있는 것보다 훨씬 더 많이 움직일 것이다…예수 그리스도의 영혼은 이곳 땅에서 죽을 육체 가운데에서도 축복의 비전(the Beatific Vision)을 즐기셨다. 이 때문에 그분께서 하나님의 본질을 묵상하는 것 이외에 다른 일들을 하지 않으셨는가? 분명히 그러지 않으셨다. 그분은 노동을 하시고 설교도 하셨다. 또한 마시기도 하고 주무시기도 했으며 친구들을 방문하시고 수천 가지의 다른 일들을 행하셨다.[1]

그리스도의 활동들을 상고해 보라. 목수의 작업실에서 일하시고, 시골길을 걸으셨으며, 고기를 잡으시고, 배를 타셨으며, 사람들을 만나고, 이야기를 나누시고, 가르치시고, 음식을 드셨다. 그분은 그분의 일상의 일들을 하신 것이다. 부활하신 후에도 주님은 이곳저곳으로 옮겨 다니셨고, 자기 제자들을 만나시면서 그분의 일을 계속하셨다. (이것은 우리의 부활 후의 삶의 예고편이다.)

일은 죄와 저주 이전에 시작되었고 또한 죄가 없으신 하나님께서 일하시는 분이 되셨기 때문에 우리는 인간이 새 땅에서 일을 할 것이라고 생각해야만 한다. 우리는 아담과 이브가 시작한 일을 다시 받아서 땅을 거룩하게 통치하고 하나님의 영광을 위해 그것을 다스릴 수 있을 것으로 가정해야만 한다.

그러나 우리는 이것을 단지 가정만 할 필요가 없다. 성경이 직접적으로 우리에게 말해준다. 충성된 종이 천국에 들어갈 때에 그는 은퇴가 아니라 다음과 같은 말을 듣는다. "잘하였도다 착하고 충성된 종아 네가 적은 일에 충성하였으매 내가 많은 것으로 네게 맡기리니 네 주인의 즐거움에 참여할지어다"(마 25:23).

천국에서 우리는 어떤 종류의 일을 하겠는가? 아마도 나사렛의 요셉이나 아니면 예수님과 함께 선반을 만들지도 모른다. 다윗과 함께 양을 치고, 누가와 의학을 토론하며, 도르가와 함께 바느질을 하고, 리디아와 함께 옷을 만들며, 바울과 브리스가와 함께 새 천막을 고안하고, 아이작 와츠와 함께 작곡을 하고, 요한 웨슬레와 말을 타거나 아니면 키이스 그린과 함께 노래를 할지도 모른다. 바울, 요한, 폴리캅, 키프리안, 어거스틴, 칼빈, 웨슬리…그리고 예수님으로부터 힌트를 얻어 당신의 생각을 모아 삼위일체의 신학을 쓸 수도 있을 것이다.

우리의 일은 기쁘고 만족스러우며, 하나님께 영광을 돌릴 것이다. 이보다 더 멋진 것이 무엇인가? 일반적으로 실업자들은 행복하지 않다. 일은 축복이며, 단지 재정적인 보상만을 위해 하는 것은 아니다. 저주 아래 있는 이 세상에서 우리들 가운데 대부분은 일의 만족감을 안다. 스펄전은 자기의 회중에게 "사랑하는 교우 여러분, 여러분은 일의 달콤함을 아십니까?"라고 물었다.[2]

예수님께서는 아버지 하나님께 "아버지께서 내게 하라고 주신 일을 내가 이루어 아버지를 이 세상에서 영화롭게 하였사오니"라고 말씀하셨다(요 17:4). 그렇다면 우리도 주님께서 우리에게 하라고 하신 모든 일을 행함으로써 얼마나 하나님께 영원토록 영광을 돌리겠는가? 하나님께서 인간에게 처음으로 말씀하신 것이 무엇이었는가? 그것은 땅에 충만하고 그것을 다스리라는 것이었다. 하나님께 영광을 돌리기 위해 우리는 영원히 무엇을 하겠는가? 우리는 땅을 다스리고 하나님의 형상을 지닌 자로서 하나님의 창조의 능력과 순전함을 드러내며 그리스도를 높이는 문화를 창출할 것이다.

우리는 우리 자신의 집을 가질 것인가?

요한복음 14:2에서 예수님은 "내 아버지 집에 거할 곳이 많도다…내가 너희를 위하여 거처를 예비하러 가노니"라고 말씀하신다. 라틴어 성경인 벌게이트는 이 구절에서 "만시오네스"(mansiones)란 단어를 사용했으며 킹 제임스 성경도 "맨션"(mansions)이란 단어를 사용함으로써 벌게이트 성경을 따랐다. 불행하게도 이 말은 서로 분리된 여러 택지(estate)에 거대한 집들을 가진 모습을 생각나게 해주기 때문에 오해를 불러일으킨다. 본래 의도한 의미는 우리가 한 택지에 독립된 여러 거처들을 가지거나 아니면 한 집에서 독립된 여러 방들을 가진다는 의미처럼 보인다.

신약학자인 디. 에이. 카슨은 말한다. "여기서 천국은 하나님 아버지의 집으로 묘사되었기 때문에 집의 '거할 곳'을 여러 방들이나 스위트 룸(suits)으로 생각하는 것이 더 자연스럽다. 요지는 각 아파트의 화려함에 있는 것이 아니라 모든 것이 풍성하게 제공되기 때문에 예수님의 제자들인 모든 사람들이 아버지의 집에서 그분과 함께 지낼 수 있을 정도로 넓은 공간이 있을 것이라는 사실에 있다."[3]

NIV 성경은 요한복음 14:2을 다음처럼 번역했다. "내 아버지의 집에는 많은 방들이 있느니라…내가 너희를 위해 한 장소를 준비하러 가노라." "장소"란 말은 단수이며 "방들"은 복수이다. 이것은 예수님께서 우리 각 사람을 위해 개인용 거처를 염두에 두고 계시며, 그 거처는 보다 큰 장소의 작은 부분임을 암시한다. 이 장소가 가장 고유한 의미에서 우리의 집이 될 것이다.

"방"이란 용어는 안락하고 친밀하다. "집"(house)이나 "택지"(estate)란 용어는 공간의 넓음을 암시한다. 천국은 공간이 넓고 친밀한 장소이다. 우리 중 어떤 이들은 은밀한 장소에서 안락함을 즐긴다. 다른 이들은 크고 넓은 공간을 즐긴다. 우리들 대부분은 둘 다 즐기며, 새 땅은 이 둘 모두를 제공해 줄 것이다.

천국의 집들은 모두가 똑같지 않을 것 같다. 하나님은 다양성을 사랑하시기에 그분은 그의 자녀들을 위해 맞춤집을 주시고 그들에게 맞는 것들을 공급해 주신다. 우리가 주님이 우리를 위해 특별히 준비하신 곳을 볼 때에—인류 전체를 위한 곳이 아니라 우리 각자를 위한 곳—우리는 우리의 이상향을 보고 즐거워할 것이다.

나는 오리건 주에 산다. 내가 외국에서 돌아와 집 위를 비행기로 지나 뉴욕에 기착할 때에 나는 "집에" 왔다고 느끼며, 그것은 내가 나의 조국에 왔다는 것을 의미한다. 그리고 내가 오리건 주에 착륙할 때에 나는 더 집에 왔다는 느낌을 받는다. 내가 사는 동네에 오면 모든 것이 친숙해 보인다. 마침내 내가 집에 도착할 때에 나는 정말로 집에 왔다. 그러나 그곳에서도 나는 특별하게 느끼는 방이 하나 둘 있다. 성경의 여러 가지 용어들—새 땅, 나라, 도시, 처소, 방들—은 "집"이란 단어의 다양한 뉘앙스들을 지니고 있다.

낸시와 나는 우리의 집을 사랑한다. 우리가 너무 오랫동안 집을 떠났을 때에 우리는 집을 그리워한다. 우리가 그리워하는 것은 단지 장소뿐만이 아니다. 그것은 가족들, 친구들, 이웃들, 그리고 교회식구들이다. 그러나 장소는 일상 속의 안식과 침대의 포근함, 그리고 선반의 책들의 느낌을 제공해 준다. 그것은 공상이 아니라 집이다. 우리 딸들이 어렸을 때에 우리 가족은 두 달 동안 여섯 나라에 있는 선교사들을 방문하였다. 그것은 너무나 멋진 모험이었지만 여행이 끝나기 삼 일 전에는 우리의 마음은 바뀌어 온통 집 생각뿐이었다.

우리가 집을 사랑하고 집을 그리워하는 것은 우리의 진짜 집을 그리워하는 우리의 갈망의 그림자이다.

이사야의 한 말씀은 "보라 내가 새 하늘과 새 땅을 창조하나니"로 시작하여 "나의 성산에서는 해함도 없겠고 상함도 없으리라"로 끝난다(사 65:17-25). 그 사이에 새 땅에서의 삶을 가리키는 것처럼 보이는 한 구절이 있다. "그들이 가옥을 건축하고 그 안에 살겠고 포도나무를 심고 열매를 먹을 것이며"(사 65:21). 이 구절은 집뿐만 아니라 땅을 말한다. (어떤 이들은 앞 구절이 사망에 관해 말하고 있는 것처럼 보이기 때문에 이 구절은 단지 천년왕국만을 가리켜야 한다고 주장한다.)

새 땅의 시민들은 이 땅의 거민들이 언제나 그런 것처럼 집을 짓고, 나무를 심으며, 먹을 것이다. 에덴 동산의 아담과 이브처럼 우리는 하나님께서 우리를 위해 준비하신 장소를 유업으로 받을 것이다. 그러나 우리는 자유롭게 그곳에서 집을 짓고 하나님의 영광을 위하여 우리가 보기에 알맞게 그 땅을 개발할 것이다.

우리는 우리의 집을 손님들에게 개방할 것인가?

내가 믿는 바로는 성경이 새 땅에서 우리가 우리의 집을 손님들에게 개방한다고 가르친다. 나는 이것을 누가복음 16장에서 그리스도께서 하신 말씀에 근거한다.

땅의 재물을 이용하여 "사람들이 나를 자기 집으로 영접하도록"(4절) 하길 원한 지혜로운 종에 관해 말씀을 하신 후에 예수님은 제자들에게 "불의의 재물로 친구를 사귀라"(9절)고 말씀하셨다. 예수님께서는 그들에게 땅의 재물을 사용하여 땅 위에서 사람들의 삶에 변화를 가져다줌으로써 친구를 사귀라고 명하셨다. 그 이유는? "그리하면 [땅 위에서의 삶이] 없어질 때에 그들이 너희를 영주할 처소로 영접하리라"(9절).

천국에 있는 우리의 "친구들"은 우리가 이 땅에서 영향을 준 사람들처럼 보이고 그들은 지금 자기 자신의 "영주할 처소"를 가지고 있다. 누가복음 16:9은 우리 친구들의 이 "영주할 처소들"이 우리가 머물고 교제를 나눌 장소이며 우리가 천국에서 이리저리 돌아다닐 때에 두 번째의 우리집인 것처럼 말한다.

많은 사람들이 천국은 땅과 같지 않다고 믿기 때문에 이런 말씀을 문자적으로 해석할 수 있다는 생각이 그들에게는 결코 들지 않는다. 그들은 "영주할 처소"를 천국에 대한 일반적인 언급으로 생각한다. 그러나 그리스도께서는 분명히 우리가 돈을 지혜롭게 사용했기 때문에 천국에 들어갈 것이라고 말씀하고 계시지 않다. 이 비유에서 영주할 처소는 그 지혜로운 종이 이 땅에서 거할 수 있었던 개인들의 집과 같은 천국을 의미한다.

예수님께서 지금 말씀하시는 것이 실제로 우리가 하나님의 나라에서 친구들과 함께 머물고, 함께 식사와 교제를 나눌 것을 의미한다고 내가 믿는다는 말인가? 그렇다. 일부 독자들은 이것이 너무 지나친 해석이라고 생각한다는 것을 나는 잘 안다. 그러나 이런 생각을 하는 이유는 우리가 천국을 생각할 때에 우리는 부활한 땅, 부활의 장소에서 함께 먹고 함께 교제하는 부활한 사람들을 생각하지 않기 때문이다. 그러나 이것이 바로 성경이 우리에게 가르치고 있는 내용이 아닌가?

레이 볼츠의 찬양 "감사해요"에서 그는 천국에 있는 우리들의 모습을 그리고 있는데, 우리는 우리의 섬김을 통해 그들의 삶이 어떻게 변화되었는지를 설명하는 사람들을 만난다. 그들은 말한다. "주님께 드린 것을 감사해요. 저는 당신의 섬김을 기뻐합니다." 이것은 멋진 다감의 말 이상을 의미한다. 그것은 실제로 일어날 일이다. 우리가 선교사에게 헌금하고 굶주린 자들에게 먹을 것을 줄 때마다 우리는 천국에서 만나게 될 그들을 생각해야만 한다. 새 땅에서 우리는 어느 날 그들의 집을 방문할 것이다.

네이트 세인트(Nate Saint)를 창으로 찌른 아우카 인디언 민카예(Mincaye)는 현재 예수 그리스도의 제자이다. 민카예에게 천국에서 네이트 세인트를 만나면 무엇을 하겠냐고 묻자 그는 대답했다. "저는 달려가 나의 팔을 벌여 네이트 세인트를 안고 예수 그리스도를 나와 내 민족에게 전해 주셔서 감사하다고 말할 것입니다." 그는 네이트 세인트가 자기를 그의 집으로 환영해 줄 것이라고 덧붙였다.[4]

얼마나 놀라운 많은 만남과 재회가 있겠는가? "손님 대접하기를 잊지 말라 이로써 부지중에 천사들을 대접한 이들이 있었느니라"(히 13:2). 아마도 우리는 사람들의 집에서만 환영을 받는 것이 아니라 천사들의 집에서도 환영을 받을 것 같다. 그들은 우리가 옛 땅에서 그들에게 보인 대접을 보답할 것이다.

당신의 집에서 환영할 손님 중에 예수님도 계시겠는가? 그분이 땅에서 사실 때에 예수님은 자주 자기 친구인 마리아, 마르다, 나사로의 집을 방문하셨다. 십자가를 지시기 바로 직전에 예수님은 제자들에게 말씀하셨다. "내가 포도나무에서 난 것을 이제부터 내 아버지의 나라에서 새것으로 너희와 함께 마시는 날까지 마시지 아니하리라"(마 26:29). 주님은 이 말씀을 한 개인 집에서 제자들과 함께 식사를 하면서 말씀하셨다. 그분이 새 땅에서 제자들과 함께 먹고 마실 때에 집보다 더 좋은 장소가 있겠는가?

믿기지 않아 보이지만 예수님은 우리와의 교제를 갈망하신다. 그분은 천국에서 우리를 위한 장소를 준비하고 계시다. 그분은 우리를 자기 집으로 환영하실 것이다. 그리고 우리도 그분을 우리의 집으로 환영할 날을 기대해야만 한다.

제10부
우리의 관계는 어떠하겠는가?

제31장 · 우리는 하나님 외에 다른 이와의 관계를 원할 것인가?

제32장 · 결혼, 가족, 우정 같은 것이 있겠는가?

제33장 · 우리가 만날 사람들은 누구이며 우리가 함께 경험하는 것은 무엇이겠는가?

제34장 · 우리는 서로와 어떤 관계를 맺을 것인가?

제35장 · 새 땅에서의 사회는 어떠할 것인가?

제31장 | 우리는 하나님 외에 다른 이와의 관계를 원할 것인가?

여러 세대에 걸쳐 그리스도인들은 자신들의 사랑하는 이들과의 재회를 고대해 왔다. 710년에 역사학자인 비드 부주교는 천국에 관해 다음과 같은 말을 썼다.

우리의 사랑하는 이들이 거대한 무리를 이루어 그곳에서 우리를 기다리고 있다. 그들은 부모, 형제, 자녀들이며 거대한 무리로서 지금 확실하게 자신들의 안전을 확보하고 있지만 그럼에도 불구하고 우리의 구원을 간절히 소망하며, 우리가 그들의 오른편으로 와서 그들을 안아 주길 원하며, 우리와 그들 모두가 공유하게 될 기쁨, 즉 우리 자신뿐만 아니라 우리 동료들도 함께 고대하는 그 기쁨과 온전하고 영원한 복락을 누리길 원한다…그들에게 가는 것이 기쁨이라면 곧 그들과 함께하고 또한 그리스도와 함께하기 위해 열심을 내고 심히 갈망하는 마음으로 우리의 길을 재촉하자.[1]

우리는 그리스도 이외의 다른 이를 원할 것인가?

그리스도는 "알파와 오메가요 처음과 마지막이요 시작과 마침이라"(계 22:13). 오직 그분만이 우리의 모든 필요를 채우시기에 충분하다.

그러나 하나님께서는 자신뿐만 아니라 다른 사람들과의 관계를 위한 존재로 우리를 만드셨다. 하나님께서 세상을 창조하신 후에 주님은 자신의 작품을 보시기 위해 뒤로 물러나시면서 그것이 "심히 좋았더라"고 선언하셨다. 그러나 그분의 창조가 완성되기 전에 오직 한 가지가 좋지 않다고 말씀하셨다. "사람이 혼자 사는 것이 좋지 아니하니 내가 그를 위하여 돕는 배필을 지으리라"(창 2:18). 하나님께서는 아담과 모든 인류를 위해 계획하실 때에 인간에게 동무가 필요하도록 만드셨다. 다른 말로 하면 하나님께서는 사람들이 자신 외에 다른 사람들을 필요로 하고 그들을 사모하도록 만드신 것이다.

어떤 이들에게 이 말은 이단처럼 들릴 것이다. 결국 아삽은 "하늘에서는 주 외에 누가 내게 있으리오. 땅에서는 주 밖에 나의 사모할 이 없나이다"라고 기도한다(시 73:25). 가끔씩 이 구절은 우리가 하나님 이외에 다른 어떤 것도 사모해서는 안 되며 인간관계를 포함한 "땅의 것들"을 사모하는 것은 잘못된 것임을 입증하는 데 사용된다. 그러나 하나님께서는 음식, 물, 거처, 따스함, 일, 휴식, 인간의 우정, 그리고 그 외의 많은 땅의 것들을 원하도록 우리를 지으셨다. 천국에서도 그것은 바뀌지 않을 것이다.

사람들은 나에게 우리는 천국을 원해서는 안 되고 오직 하나님만을 원해야 한다고 말한다. 만일 그것이 사실이라면 하나님께서는 "하늘에 있는 더 나은 본향"을 사모하는 자들을 정죄하실 것이다(히 11:16). 다윗왕은 하나님 그분을 찾는 것과 장소인 천국을 찾는 것 사이에서 모순을 발견하지 못했다. 이 둘은 분리할 수 없었다. "내가 여호와께 바라는 한 가지 일 그것을 구하리니 곧 내가 내 평생에 여호와의 집에 살면서 여호와의 아름다움을 바라보며 그의 성전에서 사모하는 그것이라"(시 27:4). 다윗이 찾았던 "한 가지 일"이 하나님의 장엄한 성전에 있으면서 또한 위대하신 하나님 그분과 함께하는 것이라는 사실에 주의하라.

그리스도는 천국의 중심이시지만 자연의 불가사의와 천사들, 혹은 사람들을 즐긴다고 해서 그분의 중요성이 감소되지는 않는다. 반대로 우리는 그분이 창조하신 모든 것을 즐길 때에 그분을 높이고 그분께 더 가까이 나아가게 될 것이다.

바울은 천국에서의 재회에 관해 뭐라고 말하는가?

바울은 데살로니가에 있는 자신의 친구들에게 "우리가 이같이 너희를 사모하여" "너희가 우리의 사랑하는 자 됨이라"고 말한 후에 그들과 함께하기를 "열정으로 더욱 힘썼노라"고 말한다(살전 2:8, 17). 사실 바울은 천국의 상급으로서 데살로니가 교인들과 함께 계속해서 교제하기를 고대한다. "우리의 소망이나 기쁨이나 자랑의 면류관이 무엇이냐 그의 강림하실 때 우리 주 예수 앞에 너희가 아니냐. 너희는 우리의 영광이요 기쁨이니라"(살전 2:19-20).

이것은 우리가 천국에서 사람들을 깊이 사랑하고 그들과 함께하길 고대하는 것이 합당함을 힘주어 말하는 증거가 아닌가? 바울은 그리스도와 그의 친구들 모두를 자기의 소망과 기쁨과 면류관으로 보는 데 갈등을 느끼지 않았다.

그리고 나서 바울은 질문을 던진다. "우리가 우리 하나님 앞에서 너희로 말미암아 모든 기쁨으로 기뻐하니 너희를 위하여 능히 어떠한 감사로 하나님께 보답할까." (3:9). 그가 자기의 친구들에게 누리는 기쁨은 하나님에게서 누리는 기쁨과 경쟁하지 않는다. 그것은 하나님의 기쁨의 일부이다. 바울은 자기 친구들로 인해 하나님께 감사한다. 우리가 사람들로 인해 하나님께 감사하고픈 감동을 받을 때마다 우리는 바로 그분이 의도하신 바를 경험하는 것이다.

바울은 또한 데살로니가 교인들에게 말한다. "우리가 너희를 간절히 보고자 함과 같이 너희도 우리를 간절히 보고자 한다 하니…우리가 우리 하나님 앞에서 너희로 말미암아 모든 기쁨으로 기뻐하니 너희를 위하여 능히 어떠한 감사로 하나님께 보답할까. 주야로 심히 간구함은 너희 얼굴을 보고 너희 믿음의 부족한 것을 보충하게 하려 함이라"(3:6, 9-10). 바울은 다른 사람들로 인해 하나님 앞에서 기뻐한다. 그는 "그의 모든 성도와 함께 강림하실 때"를 고대한다(3:13). 그는 예수님과 또한 그의 백성들과 함께하기를 고대하고 있다.

바울은 데살로니가 교인들에게 우리가 천국에서 믿는 가족들과 친구들과 재회할 것을 말한다. "형제들아 자는 자들에 관하여는 너희가 알지 못함을 우리가 원하지 아니하노니 이는 소망 없는 다른 이와 같이 슬퍼하지 않게 하려 함이라…이와 같이 예수 안에서 자는 자들도 하나님이 그와 함께 데리고 오시리라. 그 후에 우리 살아남은 자들도 그들과 함께 구름 속으로 끌어 올려…우리가 항상 주와 함께 있으리라. 그러므로 이러한 말로 서로 위로하라"(4:13-14, 17-18). 우리의 위로의 근원은 천국에서 주님과 함께한다는 것과 또한 우리가 다른 이들과 함께한다는 데 있다.

청교도인 리처드 백스터는 이 위로를 사모했다. "나는 그리스도께서 모든 것 되신다는 것을 안다. 그리고 천국이 천국인 것은 그곳에 하나님이 함께하시기 때문이라는 것도 안다. 그럼에도 불구하고 그곳에 그렇게도 많은 나의 소중한 그리스도 안에서의 친구들이 있다는 사실은 그곳의 생각을 더욱 달콤하게 만들어 준다."[2]

우리는 무엇을 기억할 것인가?

한 저자는 다음처럼 주장한다. "우리는 소위 땅이라 불리는 옛 세상을 기억조차 하지 않을 것이며…그곳을 회상하지도 않을 것이다! 그것은 생각조차 나지 않을 것이다."[3] 이러한 일반적인 오해는 사람들을 혼동시킨다. 그들은 우리가 이 땅에서의 우리에게 너무나 소중한 관계들을 포함해 우리의 삶을 기억하지 않을 것이라고 생각한다.

제7장에서 우리는 지금 중간 천국에 있는 순교자들이 자신들이 큰 고난을 견딘 것을 포함하여 땅에서 일어난 일들을 기억하고 있음을 배웠다(계 6:9-11). 예수님은 땅에서 고난을 받은 자들이 천국에서는 위로를 받을 것을 약속하셨다(눅 16:25). 그 위로는 과거에 일어난 일의 기억과 관련이 있다. 우리가 고난에 대한 기억이 없다면 왜 위로를 받아야 할 필요가 있겠는가? 어떻게 우리는 그 위로를 느낄 수 있겠는가?

우리의 마음은 천국에서 안개처럼 뿌옇지 않고 맑을 것이다. 기억은 개성의 기초이다. 연속성의 법칙은 우리가 우리의 과거의 삶을 기억할 것을 요구한다. 천국은 우리의 죄와 실수의 돌비를 닦아내지만 그에 대한 우리의 기억을 지우지 않는다. 하나님의 사랑, 은혜, 공의에 관해 이 땅에서 배운 교훈들은 분명히 잃지 않고 천국으로 이월될 것이다. 보드루 신부는 말한다. "너무나 자주 우리를 떨게 만들던 죄들은 예수 그리스도의 보혈로 씻겨졌기 때문에 이제 더 이상 고통의 근거가 없다. 오히려 그들을 기억할 때에 자비의 하나님에 대한 우리의 사랑은 심화되고 따라서 우리의 행복은 배가된다."[4]

우리가 현재의 삶을 기억하지 않을 것이라고 믿는 사람들은 자주 이사야 65:17을 증거로 인용한다. "보라 내가 새 하늘과 새 땅을 창조하나니 이전 것은 기억되거나 마음에 생각나지 아니할 것이라." 그러나 이 구절은 문맥에 따라 봐야 한다. 이 구절은 앞 구절과 연결되어 있다. 앞 구절에서 하나님은 말씀하신다. "이는 이전 환난이 잊어졌고 내 눈 앞에 숨겨졌음이라." 이것은 마치 하나님의 전지하심이 과거를 회상할 수 없는 것처럼 문자적으로 기억이 나지 않는다는 의미가 아니다. 오히려 이것은 하나님께서 예레미야에게 "다시는 그 죄를 기억하지 아니하리라"고 하신 말씀과 같다(렘 31:34). 하나님께서는 우리의 과거의 죄를 들추어내거나 혹은 그것을 우리에게 전가하지 않기로 선택하셨음을 의미한다. 영원의 관점에서 과거의 죄와 슬픔은 하나님이나 우리의 마음을 빼앗지 않을 것이다. 우리는 천국의 기쁨을 축소시키는 어떤 것을 회상하거나 혹은 찬찬히 생각하지 않기로 선택할 수 있는 능력을 가지게 될 것이다.

우리가 절망적인 죄인이었다는 사실을 망각한다면 어떻게 우리가 우리를 위한 그리스도의 대속의 의미와 그 깊이를 이해할 수 있었겠는가?

하나님께서는 이 세상에 있는 눈물과 슬픔을 씻어 주시겠지만 우리의 마음에서 인간의 역사와 그리스도의 개입을 지우시지 않을 것이다. 그래서 나는 그리스도의 부활의 몸에 못자국 난 손과 발이 있다고 믿는다. 천국에서 이런 상처들을 볼 때 우리는 우리의 죄 때문에 예수님이 십자가에 못 박히셨음을 언제나 기억할 것이다. 천국에서의 행복은 땅에서 일어났던 일들을 망각했기 때문이 아니다. 오히려 이 땅에서 발생했던 일들 가운데 하나님의 영광스러운 은혜와 공의가 개입했음을 깨달음으로 행복이 증가될 것이다.

진리라는 뜻의 헬라어 "알레쎄이아"(aletheia)는 "망각하다"(to forget)라는 의미의 동사의 부정형이다. "진리를 안다"는 것은 "망각하기를 중단한다"(stop forgetting)라는 의미이다. 단어의 역사가 그 단어의 현재 의미를 결정하지는 않지만 이 경우에는 분명히 그런 부분을 암시해 준다. 진리에 관한 기독교의 견해는 망각에 근거하지 않고 기억에 근거한다. 진리란 과거, 현재, 미래의 모든 사건 가운데 하나님이 역사하시는 것을 보는 것이다.

새 땅에는 열두지파와 사도들에 대한 기념물이 있을 것이다(계 21:12-14). 이것은 역사의 연속성과 기억을 나타낸다. 만일 우리가 옛 땅에서의 다른 사람들의 과거를 알지 못한다 할지라도 분명히 우리는 우리 자신의 과거를 알 것이다.

하나님의 주권적인 신실한 은혜는 우리의 마음속에서 결코 지워지지 않을 것이다. 천국의 행복은 우리의 무지에 달려 있는 것이 아니라 우리의 관점에 달려 있다. 우리는 결단코 이전처럼 보고 이전처럼 알지 않을 것이다.

우리는 서로를 알아볼 것인가?

천국에서 우리가 친구를 알아볼 수 있을지에 대해 질문을 받았을 때에 조지 맥도날드는 "천국에서 우리는 이곳에서보다 더 바보가 되겠습니까?"라고 대답했다."[5]

그러나 많은 사람들이 우리가 천국에서 서로를 알아볼지에 대해 의심한다. 이 질문의 배후에 숨어있는 것은 기독교 플라톤주의이며, 또한 천국에서 우리는 우리의 정체성과 기억들을 잊어버린 몸이 없는 영혼일 것이라는 생각은 잘못된 가정이다. 누가 어떻게 영을 인식할 수 있겠는가?

그러나 이미 살펴본 것처럼 이러한 가정들은 비성경적이다. 그리스도의 제자들은 그분이 부활하신 후에 여러 번 주님을 알아보았다. 그들은 주님이 자신들을 위해 아침을 지으실 때에도 해변에서 그분을 알아보았다(요 21:1-14). 그들은 의심 많은 도마에게 주님이 나타나셨을 때에도 알아보았다(요 20:24-29). 그들은 주님이 오백 명의 성도들에게 동시에 나타나셨을 때에도 알아보았다(고전 15:6).

그러나 동산에 있었던 마리아나 엠마오로 가던 두 제자는 어떠했는가? 그들은 예수님을 알아보지 못했다. 어떤 이들은 이 구절을 보고 예수님은 알아볼 수가 없다고 주장한다. 그러나 좀더 자세히 살펴보면 그렇지 않음을 보여준다.

예수님께서는 동산에서 마리아에게 "여자여 어찌하여 울며 누구를 찾느냐 하시니 마리아는 그가 동산지기인 줄로 알고 이르되 주여 당신이 옮겼거든 어디 두었는지 내게 이르소서 그리하면 내가 가져가리이다"(요 20:15).

슬픔에 잠겨 눈물을 흘리던 마리아는 예수님이 죽었다고 알고 있었고, 또한 낯선 사람과는 눈을 마주치지 않기 때문에 자연스럽게 그를 동산지기로 생각하였다. 그러나 예수님께서 자신의 이름을 부르시자마자 그녀는 주님을 알아보았다. "돌이켜 히브리 말로 랍오니 하니 (이는 선생님이라는 말이라)"(요 20:16).

어떤 주석가들은 엠마오로 가던 제자들이 예수님을 알아보지 못한 사실을 강조한다. 그러나 본문이 말하는 것을 주의해 보라. "그들이 서로 이야기하며 문의할 때에 예수께서 가까이 이르러 그들과 동행하시나 그들의 눈이 가리어져서 그인 줄 알아보지 못하거늘"(눅 24:15-16). 하나님께서는 기적적으로 개입하셔서 그들이 주님을 알아보지 못하도록 하셨다. 이것이 암시하는 바는 초자연적인 개입이 없을 경우에 그들은 후에 그러한 것처럼 예수님을 알아보았을 것이라는 점이다. "그들의 눈이 밝아져 그인 줄 알아보더니 예수는 그들에게 보이지 아니하시는지라"(눅 24:31).

또 다른 암시는 천국에 있는 사람들이 변화되었음을 알게 된다는 사실이다. 그리스도의 제자들은 모세와 엘리야가 어떻게 생겼는지 알지 못했지만 그들의 몸을 알아보았다(눅 9:29-33). 이것은 개성이 그 사람의 몸을 통해 흘러나오기 때문에 우리는 이전에 만나 보지는 못했지만 우리가 들어서 알고 있는 사람을 즉각적으로 알아본다는 사실을 암시한다(눅 9:29-33). 만일 우리가 전혀 만나본 적이 없는 사람들을 알아볼 수 있다면 우리의 가족들이나 친구들은 얼마나 더 잘 알아보겠는가?

성경은 기억이 완전히 사라져서 우리가 가족이나 친구들을 알아보지 못한다는 암시를 주지 않는다. 바울은 천국에서 데살로니가 교인들과 함께하기를 기대했으며, 그가 그들을 알아보지 못한다는 생각은 전혀 하지 않았다. 실제로 만일 우리가 우리의 사랑하는 자들을 알아보지 못한다면 데살로니가전서 4:14-18의 내세에서의 "위로"는 전혀 위로가 되지 않을 것이다. 제이. 씨. 라일은 이 구절에 관해 다음처럼 말했다. "성도들이 서로를 알아보지 못한다면 위로에 관한 이 말씀은 헛될 것이다. 바울이 슬퍼하는 그리스도인들에게 격려하고자 하는 소망은 언젠가 다시 그들의 사랑하는 자들을 만날 것이라는 소망이다…구원을 얻은 우리가 천국에 있는 우리의 여러 친구들을 만나는 순간 우리는 즉시 그들을 알아보고 그들도 즉시 우리를 알아볼 것이다."[6]

우리 부활의 몸과 마음의 연속성은 우리가 서로를 알아보는 데 문제가 없을 것을 말한다. 실제로 훨씬 더 문제가 적을 것이다. 아마도 우리는 천국에서 무리 가운데 아는 사람들을 알아보고 그들의 이름을 잊어버리지 않을 것이다.

선교사인 에이미 카미카엘은 이 문제에 대해 강한 신념을 가지고 있었다.

천국에서 우리는 서로를 알아볼 것인가? 우리는 사랑하고 기억할 것인가? 나는 어느 누구도 이에 대해 한순간이라도 의아해 하거나 의심할 필요가 없다고 생각한다. 우리가 기억하지 못할 것이라는 말을 전혀 듣지 못한다. 왜냐하면 내 생각에 우리 자신의 마음이 우리에게 말하는 내용에 관해 굳이 뭐라고 말할 필요가 없기 때문이다. 사실은 말조차 필요 없다. 잠시만 생각해 보아도 우리는 안다. 당신이 사랑하지 않고 기억하지 않는다면 당신 자신이 될 수 있겠는가?…우리는 우리 자신이 우리 주 예수님과 같이 될 것이라는 말을 듣는다. 분명히 이 말은 거룩에서뿐만 아니라 모든 것에 있어서 그렇게 될 것을 의미한다. 그렇다면 주님은 모르시고 사랑하지 않으시고 기억하지 못하시는가? 만일 그렇다면 주님은 주님이실 수가 없을 것이며 그렇다면 우리도 우리 자신이 될 수가 없을 것이다.[7]

제32장 | 결혼, 가족, 우정 같은 것이 있겠는가?

영화로운 몸을 받고 새 땅으로 옮겨진다고 해서 역사가 지워지지 않으며, 오히려 그것은 역사의 절정을 이룬다. 그 어떤 것도 우리가 옛 땅에서 가족이었다는 사실을 부정하거나 축소하지 않을 것이다. 비록 내 딸들이 먼저는 하나님의 딸들이 되겠지만 그들은 언제나 내 딸들일 것이다. 내 손자들도 언제나 내 손자들일 것이다. 부활의 몸은 아마도 우리 가족간의 유전적 연관성을 영원히 증거해 주는 염색체나 DNA를 가질지 모른다.

천국에는 가족이 있으며 하나의 대가족을 이룰 것이다. 이 안에서 모든 가족원들은 친구가 되고 모든 친구들은 가족원이 된다. 그리고 우리는 새 친구와 오래된 친구 모두와 가족 관계를 갖게 될 것이다. 우리가 죽으면 물질을 가지고 갈 수 없지만 우리의 우정은 천국으로 가져갈 수 있으며, 어느 날 새롭게 될 것이다.

우리 중 많은 사람들은 가족을 소중하게 여긴다. 그러나 많은 사람들은 왜곡된 가족관계로 인해 상처의 시간을 참아왔다. 천국에서 우리도 그리고 우리의 가족원들도 고통의 원인이 되지 않을 것이다. 우리의 관계는 조화를 이룰 것이며, 그것을 갈망해 왔다.

누군가가 예수님에게 어머니와 형제들이 주님을 만나기를 원한다고 말하자 주님은 "내 어머니와 내 동생들은 곧 하나님의 말씀을 듣고 행하는 이 사람들이라"고 대답하셨다(눅 8:19-21). 예수님은 하나님께 대한 헌신이 생물학적 가족관계를 초월하는 연합을 만들어낸다고 말씀하신다. 또한 예수님께서는 자기를 따르는 자들은 "형제와 자매와 어머니와 자식"을 얻게 될 것을 말씀하셨다(막 10:29-30). 나는 방금 만난 동료 그리스도인과 즉각적으로 깊이 있는 관계를 경험할 때에 이 말씀을 생각한다.

만일 당신이 땅에서 자녀를 가질 수 없거나 아니면 자녀들과 사별했다 하더라도 하나님은 지금 그리고 이후에도 다른 사람을 안내하고 도와주며, 그들을 섬겨야 하는 당신의 필요들을 채워 줄 관계들을 당신에게 허락하실 것이다. 당신의 부모에 대한 갈망들도 채워질 것이다. 만일 신뢰할 만한 부모를 한 번도 가져본 적이 없다면 천국에서는 어디에서나 신뢰할 만한 부모들을 발견할 것이며 그들은 하나님 아버지를 당신에게 일깨워 줄 것이다. 그리고 당신은 이곳에서도 이러한 관계를 가지고 새롭게 시작할 수 있다.

그러므로 "천국에는 가족이 없다"는 말은 전혀 사실이 아니다. 반대로 그곳에는 하나의 대가족이 있을 것이며 우리 중 어느 누구도 거기에서 제외되지 않을 것이다. 우리가 누군가를 만날 때마다 그것은 가족의 재회가 될 것이다.

결혼과 가족이 있을 것인가?

종교 지도자들이었던 사두개인들은 천국에서의 결혼의 문제를 가지고 예수님을 시험하려고 했다. 그들은 죽은 자의 부활을 믿지 않았다. 주님을 어리석은 자로 만들기 위해 그들은 예수님에게 일곱 남편을 가졌으나 모두가 죽은 한 여인에 관해 이야기했다. 그들은 주님에게 물었다. "그런즉 그들이 다 그를 취하였으니 부활 때에 일곱 중의 누구의 아내가 되리이까"(마 22:28).

그리스도께서 대답하셨다. "부활 때에는 장가도 아니 가고 시집도 아니 가고 하늘에 있는 천사들과 같으니라"(마 22:30).

이 구절에 대해서는 서운함과 오해가 많다. 한 부인이 나에게 편지를 보냈다. "저는 천국에 결혼이 없다는 사실 때문에 고민하고 있습니다. 저는 정말로 그것을 그리워할 것이라고 믿습니다."

그러나 성경은 천국에 결혼이 없을 것이라고 가르치지 않는다. 사실 성경은 천국에서 결혼이 있을 것이라고 분명히 말한다. 성경이 말하는 바는 그리스도와 그분의 신부 사이에 결혼이 있을 것이라는 사실이다. 그리고 우리 모두는 그 결혼에 참여할 것이다. 바울은 인간의 결혼을 보다 더 지고한 실체와 연결시킨다. "그러므로 사람이 부모를 떠나 그의 아내와 합하여 그 둘이 한 육체가 될지니 이 비밀이 크도다. 나는 그리스도와 교회에 대하여 말하노라"(엡 5:31-32).

우리가 이 땅에서 알고 있는 한 몸을 이루는 결혼의 연합은 우리의 신랑 되신 그리스도와 우리의 관계를 가리키는 도로 표지판이다. 우리가 일단 목적지에 도착하면 그 표지판은 불필요하게 될 것이다. 그 결혼―우리와 그리스도의 결혼―은 너무나 완전한 만족을 가져다주기 때문에 땅에서 가장 멋진 결혼이라 할지라도 이와 같은 만족을 줄 수 없을 것이다.

땅에서의 결혼은 진실되고 궁극적인 결혼의 그림자이고, 모형이며 메아리이다. 어린 양의 혼인잔치에서 궁극적인 결혼식이 시작되면 이를 가리키는 모든 인간의 결혼은 자신의 숭고한 목적을 다하고 그들이 전조로 알렸던 그 하나의 위대한 결혼 속으로 흡수될 것이다. "결혼의 목적은 천국을 대체하는 것이 아니라 천국을 위해 우리를 준비시키는 것이다."[1]

여기 이 땅에서 우리는 완전한 결혼을 갈망한다. 그것이 바로 우리가 가지게 될 것, 즉 그리스도와의 완전한 결혼이다. 나의 아내 낸시는 그리스도 안에서 나의 가장 친한 친구이며 가장 가까운 자매이다. 우리는 새로운 세상에서 지금보다 더 거리감이 있겠는가? 물론 그렇지 않다. 우리는 더욱 가까워질 것이라고 나는 확신한다. "사람이 혼자 사는 것이 좋지 않다"(창 2:18)고 말씀하신 하나님은 우리의 관계를 허락하시고 축복하시는 분이다. 이 땅에서의 삶은 중요하다. 우리가 이곳에서 행하는 것은 모든 영원에 울려 퍼지는 줄을 건드린다. 그 어느 것도 낸시와 내가 이곳에서 결혼 파트너이며 우리가 함께 주를 섬기면서 서로의 삶에 너무나 많은 것들을 투자했다는 사실을 없애지 못할 것이다. 새 땅에서 하나님 이외에 낸시보다 나를 더 잘 이해하는 사람이 없을 것이며, 관계 가운데 낸시보다 내가 더 찾고 더 즐기는 사람은 없을 것이라고 생각한다.

결혼의 기쁨은 우리 신랑의 성품과 사랑으로 인해 더욱 클 것이다. 나는 낸시와 나에 대해 기뻐한다. 왜냐하면 우리 두 사람은 우주에서 가장 놀라운 분과 결혼을 하게 될 것이기 때문이다. 그분은 이미 우리가 가장 사랑하는 분이시며, 경쟁자가 없다. 이 땅에서도 우리가 그분께 가까이 가면 갈수록 우리는 서로에게 더욱 가까이 다가간다. 천국에서도 이것은 분명히 사실일 것이다. 우리로 하여금 새 땅에서 주님과의 삶을 미리 맛보도록 하시기 위해 이 옛 땅에서 서로를 위해 우리 두 사람을 하나님께서 택하셨음을 안다는 것은 얼마나 큰 영광이 되겠는가!

예수님께서는 인간의 결혼제도가 그 목적을 달성하면 끝나게 될 것이라고 말씀하셨다. 그러나 그는 결혼한 사람들간의 깊은 관계가 끝날 것이라고는 한 번도 말씀하신 적이 없다. 이생에서 두 사람은 사업 파트너, 테니스 파트너, 혹은 카드놀이 파트너가 될 수 있다. 그러나 그들이 더 이상 파트너가 아닐 때에 그렇다고 해서 그들의 우정이 끝나지는 않는다. 파트너십에서 형성된 관계는 종종 파트너십이 종식된다 할지라도 영원한 우정으로 계속해서 남는다. 이곳에서 서로의 곁에 있어줬던 가족들이나 친구들의 경우에도 새 땅에서 마찬가지일 것이라고 생각한다.

일반적으로 하나님은 자신이 본래 지으신 피조세계를 바꾸시지 않고, 바꾸시더라도 훨씬 더 좋은 것으로 바꾸시지 결코 더 못한 것으로 바꾸시지 않는다. 몰몬교도들은 사람들의 결혼을 영원히 매려고 시도하지만 그것은 그리스도께서 친히 하신 말씀을 무시하는 것이다. 그리스도와 결혼한다는 것은 궁극적인 전율(thrill)이 될 것이다.

우리의 자녀들은 어떤가? 내 딸들과 사위들 그리고 가장 친한 친구들은 어떤가? 우리가 이 땅에서 가졌던 관계들을 천국에도 그대로 가지고 올라갈 것이라고 믿을 만한 이유들이 너무나 많다. 우리는 새로운 많은 관계들을 맺겠지만 계속해서 옛날 관계들을 심화시킬 것이다. 나는 특별히 이 땅에서 어려운 고난의 시기를 직면했던 사람들을 만나서 "천국이 이렇게 놀라울 줄 상상이나 하셨나요?"라고 말하는 즐거움을 누릴 생각을 한다.

천국에서 누가 우리의 친구들이 될 것인가?

그의 생애의 마지막 즈음에 어거스틴은 다음처럼 말했다. "우리는 이 세상을 떠난 사랑하는 사람들을 잃어버린 것이 아니라 단지 그들을 우리보다 먼저 보냈을 뿐이다. 우리도 또한 이 세상을 떠나 저 세상으로 갈 것이며 그곳에서 우리는 그들을 이전보다 더 잘 알게 되기 때문에 이전보다 더 사랑하게 될 것이며 우리는 이별의 두려움 없이 그들을 사랑할 것이다."[2] 그는 또한 "하나님을 즐거워하는 우리 모두는 또한 그분 안에서 서로를 즐거워할 것이다"라고 말했다.[3]

당신에게 심오한 영향을 끼친 친한 친구가 있는가? 그가 당신과 같은 기숙사에 있거나 당신의 룸메이트가 된 것이 우연이라고 생각하는가? 당신의 책상이 그의 책상 옆에 놓였거나 아니면 그의 가족이 옆집에 살고 있거나 아니면 3학년 때에 당신의 아버지가 전근을 가서 당신이 그의 이웃이 된 것이 우연이라고 생각하는가? 하나님께서는 우리 삶의 지휘자이시다. "인류의 모든 족속을 한 혈통으로 만드사 온 땅에 살게 하시고 그들의 연대를 정하시며 거주의 경계를 한정하셨으니"(행 17:26).

하나님께서는 당신이 살 시간과 정확한 장소를 정하셨기 때문에 당신이 성장한 지역, 옆집에 사는 이웃, 함께 학교에 간 급우, 교회 청소년부의 구성원, 그리고 당신을 도와주고 당신을 위해 기도해준 사람들은 모두가 우연이 아니다. 우리의 관계들은 하나님께서 정하신 것이며 이 모든 것들이 천국에서도 계속될 것이라고 믿을 만한 이유는 얼마든지 있다.

하나님의 계획은 새 땅에서 멈추지 않으며 계속된다. 하나님께서는 그분의 목적들을 포기하지 않으셨고 그 계획들을 확대하고 성취하신다. 땅에서 시작된 우정은 천국에서 계속될 것이며 이전보다 더욱더 풍부해질 것이다.

어떤 친구는 다른 친구보다 더 가까울 것인가?

예수님께서도 다른 제자들보다 요한과 더 가까우셨으며, 나머지 12제자보다도 베드로, 야고보, 요한과 더 가까우셨고, 70인의 제자보다는 12제자와 더 가까우셨으며, 나머지 다른 제자들보다 70인의 제자들과 더 가까우셨다. 주님은 나사로와 마르다와 가까우셨으며, 그들의 누이 마리아와는 더 가까우셨다. 그분은 자기의 어머니와 너무나 가까우셔서 십자가에서 죽으실 때에 요한에게 자신이 죽은 뒤에 어머니를 보살펴 줄 것을 지시하셨다. 그리스도께서는 다른 이들보다 어떤 이들과 더 가까우셨기 때문에 분명히 거기에는 잘못된 것이 전혀 있을 수 없다.

천국에는 파당과 배타성, 교만, 뽐냄, 무시함 혹은 질투가 없을 것이다. 그러나 친구들이 특별히 서로의 교제를 즐길 때에 그들은 하나님의 섭리를 반영한다. 만일 당신이 새 예루살렘을 거닐고 있는데 아담과 이브가 손을 잡고서 생명나무를 쳐다보는 것을 목도할 경우에 그들의 특별한 우정을 시샘하겠는가?

어쩌면 당신은 당신이 사모했던 그런 우정을 한 번도 경험해 본 적이 없어서 실망할지도 모르겠다. 현재 알고 있는 사람들과 천국에서 더욱 친밀한 관계를 갖겠지만 또한 앞으로 만나서 가장 친하게 될 친구들을 아직까지 전혀 만나지 않은 것도 사실이다. 어떤 사람은 50살이 되어서야 가장 친한 친구를 만나는 것처럼 새 땅에서 살면서 수많은 우정의 기쁨을 누린 후에야 당신의 가장 친한 친구를 만나게 될지도 모른다. 아마도 당신의 가장 친한 친구는 성대한 첫 번째 잔치에서 당신 옆에 앉는 사람일 수도 있다. 결국 우정의 오케스트라를 지휘하시는 전능하신 하나님께서 자리 배치를 책임지실 것이다.

　새 땅에서 우리는 옛 관계의 친밀함의 기쁨을 누리고 또한 새로운 관계에서 발견의 기쁨을 누릴 것이다. 우리가 서로를 더 잘 알게 될수록 우리는 하나님을 더 잘 알게 될 것이다. 우리가 서로에게서 기쁨을 발견할 때에 우리는 그분 안에서 기쁨을 발견할 것이다. 어떤 인간관계도 우리와 하나님과의 관계를 어둡게 하지 않을 것이다. 모두가 그 관계를 증대시키는 데 이용될 것이다.

제33장 | 우리가 만날 사람들은 누구이며 우리가 함께 경험하는 것은 무엇이겠는가?

천국에서 우리는 성경과 교회사에 그들의 삶이 기록된 사람들과 시간을 보낼 것인가? 물론이다. 예수님께서는 우리가 아브라함과 이삭과 야곱과 함께 식탁에 앉을 것이라고 말씀하셨다(마 8:11). 우리가 그들과 함께 앉는다면 다른 이와도 앉을 것이다. 식탁에서 사람들은 무엇을 하는가? 중동의 문화에서 식사는 음식과 음료만 관련이 있는 것이 아니라 관계를 형성하고 서로 담소를 나누며 이야기를 하는 시간이다.

나는 마리아에게 예수님의 어린 시절에 관해 이야기해 달라고 하고 싶다. 나는 시므온, 안나, 엘리사벳, 세(침)례 요한과의 대화를 즐길 것이다. 나는 노아로부터 방주에서의 삶에 관한 이야기를 듣고 싶다. 또한 모세가 산에서 하나님과 함께 보낸 시간들에 관해 말하는 것을 정말 듣고 싶다. 나는 엘리야에게 불병거를 타고 승천한 사건에 관해 묻고 싶으며, 에녹(그리고 에녹의 부인)에게 하나님이 그를 데려가신 것에 대해 묻고 싶다.

나는 마리아, 마르다 그리고 그들의 오빠인 나사로와 이야기를 나누고 싶다. 나는 성경과 교회사의 공란에 위대한 이야기들을 채우기 위해 사람들에게 질문할 것이다. 나는 수많은 새로운 이야기들을 듣고 싶다. 물론 한 번에 하나씩 그리고 수천 년에 걸쳐 듣고 싶다. 나는 우리가 이 위대한 이야기들을 좋아하면서 질문을 던지고 함께 웃으며 놀라움에 우리의 머리를 흔들 것이라고 생각한다.

우리도 또한 우리 각 사람의 이야기를 들려 줄 것이며, 그들에게 더 뛰어난 기억력과 기술을 가지고 말할 것이다. 오늘 지금 이 순간 우리는 그때에 할 이야기들의 삶을 살고 있다. 우리는 마음속에 영원을 품고 살고 있는가? 우리는 새로운 이야기가 흘러나올 새 땅에서 새로운 모험들을 하게 될 것이지만 이생에서의 옛 이야기들도 언제나 우리의 관심이 될 것이라는 생각이 든다.

나는 나의 어머니와 아버지뿐만 아니라 많은 옛날 친구들과 다시 만날 것을 고대한다. 나는 씨. 에스. 루이스, 프란시스 쉐퍼, 에이. 더블유. 토저에게 그들의 책이 내 인생을 바꿔 놓은 것에 대해 감사할 날을 고대한다. 나는 윌리엄 캐리, 허드슨과 마리아 테일러, 에이미 카미카엘, 짐 엘리엇, 찰스 스펄전, 드와이트 엘. 무디, 헤리엇 비처 스토우, 아미스타드(Amistad) 노예들과 다른 수많은 사람들을 만날 것을 기대한다.

당신의 약속 리스트에는 누가 있는가?

당신도 다른 사람의 리스트에 들기 위해 오늘 어떻게 그리스도를 섬기고 있는가?

우리는 관계를 추구하고 발전시킬 것인가?

천국에서 내가 고대하는 것 중에 하나는 내가 전화나 이메일로만 알았던 사람들을 만나는 것이다. 나는 거의 이 사람들을 보지 못했지만 마침내 서로 만나 시간을 보내며 교제하게 될 것이다.

나는 내가 젊었을 때에 그리스도인으로서 나에게 영향을 준 사람들과 다시 시간을 보내고 싶다. 나는 내 조상 중에서 몇 명이나 그리스도인인지 모른다. 아마도 많지 않을 것이다. 그러나 나는 그들이 누구인지 너무나 만나고 싶고 그들의 이야기를 듣고 싶다.

나는 도미니카 공화국에서 우리 가족이 후원하는 젊은 여성들을 간절히 만나고 싶다. 또한 우리가 후원한 사역을 통해 성경을 받은 캄보디아의 목사들과 중국의 처소 교회 성도들과 이야기를 나누길 원한다. 우리 교회가 노예상태와 핍박으로부터 구원하는 일을 도운 수단(Sudan) 사람들을 만나고 싶어하는 것은 어떤가? 나는 그들의 믿음과 모범에 대해 그들에게 감사를 표하고 싶다.

나는 나의 장애인 친구들과 시간을 보내고 또한 그들이 새로운 몸과 마음의 자유를 즐기는 모습을 보고 싶다. 나는 치매를 가지고 이 땅에서 자신의 생애를 마친 사람들과 날카로운 지성을 교환하는 날을 고대한다. (나도 그 치매환자 중 한 사람이 될지도 모른다.)

나는 순교자들, 특히 내가 이야기를 읽어서 알고 있는 순교자들 몇 명과 시간을 보내고 싶다. 그들 대부분은 땅에서 서로를 알지 못했지만 계시록 6:9-11은 그들이 천국에서 하나로 친밀하게 연결되어 있음을 보여준다.

우리는 분명히 많은 새로운 관계들을 갖게 될 것이며, 어떤 관계들은 공통 관심사와 땅에서의 공통 경험과 경력을 토대로 맺게 될 것이다. 만일 1세기 로마에 관해 특별한 관심이 있다면 아마도 당신은 그 장소와 시간에 살았던 사람들과 관계 맺기를 즐거워할 것이다.

우리는 땅이 창조되는 모습과 그들의 동료들이 반역하는 모습을 지켜 본 천사들과도 이야기를 나눌 것이다. 우리는 우리가 땅에 있는 동안 우리를 지켜주고 섬겼던 천사들을 만날 것이다. 그들에게 질문을 하고 싶지 않은가?

우리의 대화가 땅의 과거에만 한정된다면 우리의 이야기는 5만 년이 지나면 바닥이 드러날지도 모른다. 그러나 천국은 땅에서 그리했던 것처럼 수많은 새로운 이야기들을 만들어 내기 때문에 결국에는 훨씬 더 많은 이야기가 생겨날 것이다. 우리는 생각하고 말할 거리가 떨어지는 일이 전혀 없을 것이다. 그 이야기의 샘은 마르지 않고 날마다 다시 채워져서 영원히 확장될 것이다.

우리의 사랑하는 이들이 지옥에 있다면 그로 인해 천국이 불행해지지 않겠는가?

그리스도를 모른 채 사랑하는 사람들을 잃은 사람들이 많다. 어떤 이들은 천국에 있는 사람들은 지옥이 존재한다는 것을 모를 것이라고 주장한다. 그러나 이것은 천국의 기쁨을 무지에 근거하도록 만드는 처사이며, 이런 가르침은 성경 어느 곳에도 없다.

그렇다면 우리는 어떻게 사랑하는 사람이 지옥에 있는 것을 알면서도 즐거워할 수 있는가? 제이. 아이. 패커는 난해하지만 성경적인 답을 제시한다.

> 성부 하나님(그분은 지금 그리스도의 죽음을 통해 모든 이를 위해 확보된 화해를 받아들이도록 인류에게 호소하고 계시다)과 성자 하나님(그분은 우리에게 임명된 재판관이시며, 예루살렘을 위해 우셨던 분이다)은 반역한 인간들에게 진노하시고 심판을 행하실 것이다. 이로 인해 하나님의 거룩한 의가 계시될 것이며, 하나님께서는 의를 행하시고 마침내 그분께 도전한 모든 자들에게 자신의 정당성을 입증하실 것이다…(마 25장; 요 5:22-29; 롬 2:5-16, 12:12; 살후 1:7-9; 계 18:1-19:3, 20:11-35을 읽고 이 사실을 분명히 알라.) 하나님께서는 공의로 심판하시며 모든 천사들과 성도들 그리고 순교자들은 그로 인해 그분을 찬양할 것이다. 따라서 그들과 함께 우리도 우리가 예전에 알고 사랑했던 사람들―반역자들―이 심판받는 것을 좋게 생각할 것 같다.[1]

천국에서 우리는 새롭고 훨씬 더 나은 관점에서 볼 것이다. 우리는 악인에 대한 하나님의 심판에 대해 온전히 동의할 것이다. 천국의 순교자들은 하나님께 땅에 있는 악한 자들을 심판해 달라고 청한다(계 6:9-11). 하나님께서 악한 바벨론 성을 심판하실 때에 천국의 사람들은 "하늘과 성도들과 사도들과 선지자들아, 그로 말미암아 즐거워하라. 하나님이 너희를 위하여 그에게 심판을 행하셨음이라"는 말씀을 듣는다(계 18:20).

지옥 자체는 하나님의 빛나는 영광과 측량할 수 없는 은혜에 대해 어두운 배경막이 될 수 있다. 조나단 에드워즈는 다음처럼 말하면서 이 사실을 입증한다. "그러므로 영광 가운데 있는 성도들은 정죄 받은 자들의 침울한 상태를 볼 때에 이를 통해 그들 자신의 상태가 복되다는 느낌이 얼마나 강화되겠는가!" 그는 나아가 다음처럼 덧붙인다. "그들은 정죄 받은 자들의 무시무시한 불행을 보고 자신들도 그와 동일한 불행을 당할 수밖에 없는 존재임을 생각하게 되고 또한 자신들이 정죄 받은 자들과 그렇게 다른 이유는 그 어떤 것도 아닌 바로 하나님의 주권적인 은혜라는 사실을 생각하게 될 것이다."[2]

우리는 하나님께서 어떻게 착한 사람들을 지옥에 보내셨는지 의아해하며 하나님의 공의에 대해 결단코 질문을 하지 않을 것이다. 오히려 우리는 그분의 은혜에 압도되어 그가 악한 자들을 천국에 보내시기 위해 행하신 일들에 대해 놀랄 것이다. (우리는 타락한 자들이 그리스도가 없이 선할 수 있다는 착각을 더 이상 하지 않을 것이다.)

천국에서 우리는 하나님께서 각 사람에게 자신을 계시하신 것과 또한 그분이 각 사람의 심령이나 양심에 그분을 찾고 응답할 기회를 주셨음을 분명히 알게 될 것이다(롬 1:18-2:16). 복음을 듣고 그리스도에게 응답할 기회를 더 많이 가졌던 사람들(롬 10:13-17)과 모든 불신자들은 죄로 인해 하나님을 거부하고 또한 만물, 양심, 또는 복음 가운데 그분이 계시하신 것을 거부하였다.

모든 이들은 지옥에 가기에 합당하다. 어느 누구도 천국에 합당하지 않다. 예수님께서는 모든 이에게 구원을 베푸시기 위해 십자가를 지셨다(요일 2:2). 하나님께서는 절대적인 주권자이시며 어느 누구도 멸망하길 원하지 않으신다(딤전 2:3-4; 벧후 3:9). 그러나 많은 사람들이 자신의 불신앙 때문에 멸망할 것이다(마 7:13).

우리는 하나님의 거룩함과 공의를 포용할 것이다. 우리는 그분의 선하심과 은혜로 인해 그분을 찬양할 것이다. 하나님은 우리의 기쁨의 근원이 되실 것이다. 지옥의 작고 먼 그림자는 그분 안에서 누리는 우리의 기쁨이나 하나님의 위대하심을 방해하지 못할 것이다. (이 모든 것으로 인해 우리는 그리스도의 복음을 가족, 친구, 이웃 그리고 온 세상에 전해야만 한다.)

결국 잔인하게 들리겠지만 나는 다음처럼 깊이 생각해 보았다. 어떤 의미에서 우리의 사랑하는 이들 가운데 어느 누구도 지옥에 있지 않을 것이다. 단지 한 때 우리가 사랑했던 사람들 중 어떤 이들만이 지옥에 있게 될 것이다. 천국에서의 우리 동료들에 대한 사랑은 우리의 사랑의 중심체이신 하나님과 직접 연결되어 있을 것이다. 우리는 그들 안에서 하나님을 볼 것이다. 우리는 지옥에 있는 사람들을 사랑하지 않을 것이다. 왜냐하면 예수님을 계신 모습 그대로 볼 때에 우리는 오직 그분을 기쁘시게 하며 영화롭게 하는 사람들과 대상들을 사랑할 뿐만 아니라 사랑하길 원할 것이다. 그리스도 없이 죽은 사람들 가운데 우리가 사랑했던 것은 우리가 예전에 그들 안에서 발견한 하나님의 아름다움이었다. 하나님께서 그들을 영원히 떠나셨을 때에 나는 그들이 더 이상 그분의 형상을 지니고 있지 않으며, 더 이상 그분의 아름다움을 반사하지 않는다고 생각한다. 여전히 그들은 동일한 사람들이지만 하나님이 없을 경우에 그들은 우리가 사랑한 모든 성질을 잃어버릴 것이다. 그러므로 역설적으로 어떤 의미에서 그들은 우리가 사랑한 사람들이 아닐 것이다.

나는 내가 방금 한 말을 성경적으로 입증할 수 없지만 그 생각이 무시무시하다 할지라도 사실처럼 들린다고 생각한다.

천국에서뿐만 아니라 이곳 땅에서도 여전히 우리 하나님은 "자비의 아버지시요 모든 위로의 하나님"이시다(고후 1:3). 지금 우리를 괴롭히는 어떤 슬픔도 새 땅에서는 빛이 비치면 어둠이 사라지듯이 그렇게 확실하게 사라질 것이다. "모든 눈물을 그 눈에서 닦아 주시니…애통하는 것이나 곡하는 것이나 아픈 것이 다시 있지 아니하리니"(계 21:4).

이것은 하나님의 약속이다. 그 안에서 우리가 안식을 누리자.

우리는 다음에 대해 절대적인 확신을 가질 수 있다. 지옥은 천국에 대해 아무런 영향력을 발휘하지 못할 것이며, 천국의 기쁨 중에서 그 어느 것도 지옥의 불행으로 인해 거부되지 않을 것이다.

우리는 함께 발견한 것들을 나누겠는가?

많은 경우에 우정은 경험을 공유할 때에 생긴다. 어떤 일들을 함께하면 우리는 하나가 된다. 이것은 새 땅에서도 마찬가지일 것이다. 우리는 하나님과 우주의 불가사의한 것들을 함께 발견하면서 하나가 될 것이다.

2주간의 장기 가족 휴가를 떠났다고 가정하자. 그런데 당신은 다른 가족들보다 4일 후에 휴가지에 도착한다. 가족들이 당신에게 "지난 목요일에 있었던 일몰을 봤어야만 했는데" 아니면 "바비큐 파티에 참석했어야만 했는데"라고 말한다. 그들은 해안에서 200피트 떨어진 곳에서 고래가 물 위로 튀어 오른 것을 이야기한다. "너도 그걸 꼭 봤어야만 했는데."

당신의 반응은 어떤가? 당신은 가족들이 즐거운 시간을 가져서 기쁘지만 무언가를 놓친 듯한 느낌을 받는다. 당신은 함께 경험함으로써 오는 일체감을 놓쳤다.

천국으로 함께, 그것도 동시에 여행을 한다면 엄청나지 않겠는가? 루이스와 클라크처럼 신세계의 불가사의들을 함께 발견한다면 멋지지 않겠는가? 사실 이것은 성경이 장차 일어날 일이라고 우리에게 말해주는 바로 그것이다. 우리는 죽으면 한 사람씩 중간 천국에 가지만 새 땅에는 우리 모두가 한꺼번에 같이 갈 것이다. 우리는 함께 부활하여 함께 새 땅에 발을 디딜 것이다.

우리는 다른 어떤 사람도 아직 보지 못한 것을 발견할 것이다. 우리는 우리가 발견한 것들을 함께 나누고 서로 손을 잡고서는 "예수님께서 만드신 것을 너는 믿을 수가 없을 거야. 저 동물은 내가 꿈에도 생각하지 못했던 거야. 너도 가서 그것을 봐야만 해"라고 말할 것이다.

우리는 스스로 새로운 것들을 발견할 뿐만 아니라 다른 사람들이 발견한 것을 즐거워할 것이다. 우리는 발견한 것에 대해 서로 나눌 것이다.

휴가지에 늦게 도착했다고 가정한 앞의 경험과 달리 당신은 새 땅의 시작을 전혀 놓치지 않을 것이다. 당신은 다른 모든 사람들과 함께 처음부터 그곳에 있게 될 것이다. 누군가가 "하나님께서 새 땅을 지으시고 새 예루살렘이 하늘에서 내려와서 그분이 우리를 위해 지으신 신세계에서 우리 가운데 거할 때를 기억하십니까?"라고 물으면 우리 모두는 고개를 끄덕이면서 "그렇고말고요. 기억합니다. 제가 어떻게 잊을 수 있겠습니까? 저도 그곳에 있었어요!"라고 말할 것이다.

몸이 약하고 나이가 많아서 죽은 사람들이 그들의 부활의 몸을 입고 첫발을 내딛었을 때에 그것은 어떨까? 씨. 에스. 루이스의 「최후의 전투」(The Last Battle)에서 디고리경은 천국에 들어서면서 자신과 레이디 폴리가 "젊어졌다"고 말한다.[3] 그는 덧붙여서 "우리가 늙었다는 생각이 더 이상 안 드네"라고 말한다. 나도 나의 어머니와 아버지가 다시 "젊어진" 모습을 보길 고대하며, 나 자신도 완전히 젊어진 모습을 보길 원한다!

증손자들과 할머니, 할아버지 그리고 이전에 서로 한 번도 알지 못했던 고손자들과 고조할머니, 고조할아버지가 새 땅의 도시와 들, 산 그리고 물가에서 다시 젊음을 즐기는 것은 얼마나 영광스럽겠는가! 우리는 함께 걷고 함께 발견하고 함께 놀라며, 또한 함께 예수님을 찬양할 것이다.

우리는 함께 하나님의 새 창조를 목격할 것인가?

「마술사의 조카」(The Magician's Nephew)에서 씨. 에스. 루이스는 두 명의 아이와 몇몇 어른 그리고 땅에서 미지의 곳으로 옮겨온 말 한 마리를 그린다. 나니아가 창조되기 전에는 어둠과 침묵이었다. 이 아름다운 신세계를 창조주인 사자(獅子) 아슬란이 노래를 통해 멋지게 창조하는 모습을 그들은 경외함 가운데 지켜본다.[4]

하나님께서는 욥에게 "내가 땅의 기초를 놓을 때에 네가 어디 있었느냐…그때에 새벽 별들이 기뻐 노래하며 하나님의 아들들이 다 기뻐 소리를 질렀느니라"라고 말씀하셨다(욥 38:4-7).

이 그림은 피조물인 천사가 하나님께서 첫 땅을 창조하시는 모습을 증거한 것에 관한 것이다. 나는 소설「마술사의 조카」에 나오는 등장인물들과 첫 땅의 창조를 목격한 실제 천사들이 경험한 특권을 우리도 누리게 될 것을 성경이 분명히 말하고 있다고 믿는다. 실제로 우리는 새 땅의 창조를 목격할 것이다.

환상 가운데 인간의 부활을 본 후에 요한은 다음처럼 말했다. "또 내가 새 하늘과 새 땅을 보니 처음 하늘과 처음 땅이 없어졌고 바다도 다시 있지 않더라…또 내가 보매 거룩한 성 새 예루살렘이 하나님께로부터 하늘에서 내려오니…"(계 21:1-2).

비록 성경이 이에 관해 언급하고 있지 않지만 새 땅의 창조도 옛 땅의 창조처럼 단계적으로 펼쳐질지 모른다. 첫 땅은 재료만 있었고 사람이 살 수 없었으며 어둡고 공허했다(창 1:2). 그런 뒤에 하나님께서는 빛을 창조하시고 계속해서 이어지는 날 동안 물, 하늘, 구름, 마른 땅, 식물, 씨 맺는 채소와 나무, 태양, 달, 별, 그리고 모든 하늘을 창조하셨다. 그리고 나서 그분은 바다의 생물들과 가축과 야생 동물들을 지으셨다. 마지막으로 그분은 사람을 지으셨다.

하나님께서는 새 땅의 지면을 옛 땅의 지면에서 직접 만드실지도 모른다. 그분은 옛 땅의 물을 가지고 새 땅의 물을 만드실지도 모른다. 로마서 8장은 주님이 우리의 옛 몸의 유전적 재료로부터 우리 부활의 몸을 만드실 것처럼 옛 땅에서 새 땅의 식물과 동물들을 만드실 것을 암시한다.

그러나 이번에 새 인류는 새 땅보다 먼저 존재한다. 그러나 아담과 이브에게 그리하셨던 것처럼 하나님께서는 우리가 새 땅에 발을 딛기 전에 먼저 우리를 위해 그곳을 준비하실 것이다. 아마도 새 창조의 여섯째 날에 문명을 시작하기 위해 흙으로 창조되기보다는 새 남자들과 여자들―이들은 새 창조를 목격한 자들이다―이 새 땅에 정착하기 위해 위대한 도시로 내려와서 하나님의 영광을 위해 문명을 계속 확대할 것이다.

아마도 우리는 하나님께서 또 다른 창조의 주간 동안 일하시는 모습을 목도하고, 그분이 하나씩 차례대로 경이로운 창조를 펼치시는 것을 목격할 것이다. 물론 새 땅의 형성은 옛 땅의 부활이며, 무로부터의 창조가 아니기 때문에 그 창조는 순간적으로 일어날 수 있다. 어느 경우이든 그것은 장관일 것이며 우리는 보면서 탄성과 박수를 연발할 것이다.

하나님께서 에덴 동산에서 아담에게 이브를 소개하셨던 것처럼 그분은 새 땅에서 그리스도의 신부를 두 번째 아담이신 그리스도에게 데리고 오실 것이다.

우리는 새 땅의 놀라운 창조를 목도할 것이다. 그리고 우리는 그곳으로 내려와 살면서 영원히 왕이신 예수님과 통치할 것이다.

제34장 | 우리는 서로와 어떤 관계를 맺을 것인가?

다른 사람들과의 관계는 천국에서 현재보다 그 가치의 중요성이 덜하겠는가? 우리가 어떤 관계를 중요시하는 이유가 죄와 저주로부터 온 것이라면 물론 우리는 그렇게 악한 방법으로 그 관계에 참여하길 원하지 않을 것이다. 그러나 새 땅에서 모든 관계들은 의에 뿌리를 둘 것이다. 이전보다 더 우리는 우리로 하여금 하나님께 다가가게 해주는 사람과의 관계들을 소중히 여길 것이다.

하나님께서는 우리에게 다른 사람들이 필요하도록 만드셨다. 우리는 그분의 형상을 따라 지음을 받았으며 그분 자신도 아버지와 아들과 성령님, 복수(plurality)이다. "하나님이 이르시되 우리의 형상을 따라 우리의 모양대로 우리가 사람을 만들고"(창 1:26). 성부, 성자, 성령 하나님은 서로의 교제를 기뻐하셨다. 예수님은 "성령으로 기뻐하시며" 아버지 하나님께 말씀하셨다(눅 10:21). 마찬가지로 하나님께서는 그분과의 교제와 상호간의 교제를 즐기도록 우리를 창조하셨다.

인간 사회를 의미 있게 연관시키지 않는 모든 내세의 비전은 인간이 다른 사람들과 함께하지 않는 것이 좋지 않다고 하신 하나님의 말씀을 부정한다. 또한 그것은 새 땅에서의 인간 사회를 분명하게 계시하고 있는 수많은 성경 말씀들을 부정한다(예를 들어, 계 21:24-26; 22:2). 아담과 이브가 서로를 필요로 했던 것처럼 새 땅에서 우리가 서로를 필요로 하는 것은 하나님의 계획이다.

우리는 서로를 어떻게 대할 것인가?

우리는 최고의 인간관계를 경험할 것이며 그 중에 나쁜 것은 하나도 없을 것이다. 인생의 짐과 비극은 우리에게서 걷힐 것이다. 우리는 하나님을 실망시키고 관계를 깨는 것으로부터 자유롭게 될 것이다. 낙태병원, 정신병동, 실종된 아이들, 강간이나 학대, 마약치유센터, 편협, 벼락공부, 살인은 사라질 것이다. 걱정, 우울, 경제적 침체도 없고 전쟁, 실업, 실패로 인한 고통이나 오해도 사라지고 위선적 행동이나 파벌, 감춰진 목적, 뒷거래, 배신, 비밀스러운 야망, 음모나 궤계도 없을 것이다.

이야기와 웃음으로 가득한 식사를 상상해 보라. 무정함, 부적절한 행동, 분노, 소문, 탐심, 질투, 상처받은 감정, 혹은 즐거움을 가리는 그 어떤 것에 대한 두려움도 없이 기쁨으로 가득한 식사를 상상해 보라. 그것이 바로 천국이다.

조나단 에드워즈는 천국에서 누릴 기쁨의 관계를 다음처럼 고대했다.

그 복된 나라의 거주자들 중 그 어느 누구도 자신이 사랑하는 자들에게 무시를 당한다거나 아니면 그들의 사랑이 온전히 그리고 다정하게 되돌아오지 않는다는 생각으로 슬퍼하는 일은 전혀 없을 것이다…그곳 천국에는 아첨이나 부정직과 같은 것은 없으며 오히려 완전한 성실함이 만물 가운데 통치할 것이다. 모든 사람들은 주님처럼 보이고 주님이 가지신 모든 사랑을 참으로 가질 것이다. 그곳은 정직한 것이 상대적으로 드물고 고백이 경박하고 의미가 없는 이 세상과 같지 않을 것이다. 그곳에서 모든 사랑의 표현은 마음 깊은 곳에서 우러나오며 모든 고백은 진실하고 참되다고 느껴질 것이다.[1]

모든 사람들은 평등할 것인가?

모든 사람들은 가치에 있어서 평등하지만 은사와 행동에 있어서는 다르다. 하나님은 다양성의 창조주이시며 다양성은 은사의 "불평등"을 의미한다(고전 12:14-20). 하나님은 이생에서의 그들의 믿음의 수준에 따라 다르게 상급을 주시겠다고 약속하셨기 때문에 우리는 천국에서 똑같은 소유와 직분을 기대해서는 안 된다.

모든 사람이 천국에서 모든 면에서 평등하다면 우리는 역할 모델이나 영웅, 혹은 우러러 볼 사람이 없게 되고 또한 우리가 깊이 존경하는 사람의 지혜로운 말을 듣는 감동이 없을 것이다. 나는 허드슨 테일러나 수잔 웨슬리, 조지 뮬러나 씨. 에스. 루이스와 같지 않다.

우리 모두의 키나 힘이 똑같거나 아니면 똑같은 은사와 달란트 혹은 지적 능력을 갖게 될 것이라고 믿을 이유가 없다. 우리 모두가 동일한 은사를 가진다면 그 은사는 특별하지 않을 것이다. 당신이 나보다 어떤 일을 더 잘할 수 있고 내가 당신보다 어떤 일을 더 잘할 수 있다면 우리는 서로에게 줄 것이 있을 것이다.

우리는 평등을 경배하는 문화 속에서 살고 있지만 평등을 획일로 바꾼다면 잘못된 것이다. 천국의 모든 사람들이 똑같은 능력으로 콘체르토를 작곡하고 다른 모든 사람들과 똑같이 공을 멀리 던질 수 있다고 생각하는 것은 비논리적이다. 완전한 세계에서 아담은 이브보다 더 크고 힘이 셌으며, 이브는 아담이 지니지 못한 미와 예민함의 능력을 소유했다. 다른 말로 하면 완전한 세계의 특징은 유사성이 아닌 다양성이다.

성경은 우리가 이생에서 우리가 신실하게 섬긴 것에 따라 천국에서 다른 보상과 다른 지위를 갖게 될 것을 분명히 말한다. 모든 사람들은 행복할 텐데 이러한 차이점의 특성은 무엇인가? 조나단 에드워즈는 "성도들은 행복의 바다에 던져진 여러 크기의 그릇들과 같다. 그 바다에서 모든 그릇들은 가득 채워진다. 채워진 것은 영생이며 모든 사람들은 자신의 그릇을 가득 채울 것이다. 그러나 결국 주권자이신 하나님 마음대로 하시는 것이며, 그릇의 크기를 결정하시는 것도 그분의 특권이다"라고 말했다.[2]

작은 그릇이나 큰 그릇 모두가 가득 찰 수 있지만 큰 그릇은 더 많이 담는다. 마찬가지로 천국에서 우리 모두는 기쁨으로 충만하지만 어떤 이들은 더 큰 용량의 기쁨을 누리며, 그것은 이 땅에서 그들이 하나님을 의지한 정도에 따라 달라질 것이다. 존 번연은 이를 잘 말해 주었다. "하나님의 품에 늘 가장 많이 안겼던 사람과 이 땅에서 그분을 위해 그렇게 행동한 사람, 바로 그 사람이 천국에서 하나님을 가장 많이 즐길 수 있는 사람일 것이다."

잃어버린 관계의 기회들을 다시 얻을 수 있겠는가?

당신이 더 많은 시간을 보냈으면 좋았을 뻔했다고 생각하는 가족과 친구들이 있는가? 천국에서 당신에게는 무제한의 시간이 있을 것이다. 나는 수년 전에 죽은 나의 어릴 적 친구인 제리와 함께 다시 시간을 보내길 간절히 원한다. 나는 천국에서 그를 만나 우리가 헤어졌던 바로 그 시점에서 다시 시작하길 고대한다.[3]

동유럽에서 사역하고 있는 한 선교사를 방문한 젊은 여자가 그녀에게 물었다. "당신의 [장성한] 자녀들과 이렇게 멀리 떨어져서 그들의 삶의 중요한 사건들을 놓치는 게 힘들지 않으세요?"

"물론 힘들죠"라고 그 선교사는 대답했다. "그러나 천국에서 우리는 우리가 원하는 모든 시간을 함께할 거예요. 지금은 해야만 하는 하나님 나라의 일이 있잖아요." 이 여인은 그녀의 진정한 집이 어디인지를 알고 있으며 그곳에서의 삶이 진정한 삶이며 하나님 백성들과의 관계가 우리가 지금 이곳에서 알고 있는 것보다 훨씬 더 나은 방법으로 재개될 것을 알고 있었다.

우리는 불성실 때문에 우리가 놓친 기회들을 다시 얻지 못할지 모른다. 그러나 나는 하나님을 충성스럽게 섬기기 위해 우리가 놓친 것은 모두가 다시 회복될 것이라고 믿는다. 예수님께서는 "지금 주린 자는 복이 있나니 너희가 배부름을 얻을 것임이요. 지금 우는 자는 복이 있나니 너희가 웃을 것임이요. 인자로 말미암아 사람들이 너희를 미워하며 멀리하고 욕하고 너희 이름을 악하다 하여 버릴 때에는 너희에게 복이 있도다. 그 날에 기뻐하고 뛰놀라 하늘에서 너희 상이 큼이라 그들의 조상들이 선지자들에게 이와 같이 하였느니라"라고 말씀하셨다(눅 6:21-23).

아마도 새 땅에서 아쿠아 인디언들에게 죽임을 당한 다섯 명의 선교사들의 부인들과 자녀들은 사랑하는 자들과 함께 "교제의 시간"을 가질 것이다. 자신의 믿음 때문에 감옥에서 고난을 받다가 죽은 수백만 명의 그리스도인들을 생각해 보라. 그들은 자신의 가족에게서 떨어져서 그들이 갈망했던 자녀들과 부모들, 그리고 배우자들을 만날 기회들을 빼앗겼다. 그들이 놓쳤던 바로 그것들을, 아니 그보다 훨씬 더 좋은 것들을 새 땅에서 다시 할 수 있도록 그들에게 보상해 주시는 것이 당연히 예수님답지 않은가? 이것은 살해당한 다섯 명의 선교사 가운데 한 사람이었던 짐 엘리엇이 한 말 "잃어버릴 수 없는 것을 얻기 위해 자신이 간직할 수 없는 것을 주는 자는 결코 바보가 아니다"와 일치한다.[4]

천국은 위로 이상의 것을 제공한다. 천국은 보상을 제공한다. 주린 자가 천국에서 배부르고 우는 자가 웃는 것과 똑같이 비극을 경험한 사람들도 승리의 보상을 받겠는가? 새 땅에서 아마도 내 친구 그래그는 담장의 말뚝에 찔려서 십대에 죽지 않았다면 그가 이 땅에서 누렸을 기쁨보다 더 크면서도 다르지 않은 형태의 기쁨을 경험하게 될 것이다. 아마도 우리 딸들이 어른이 되기 전에 나의 어머니는 돌아가셨기 때문에 어머니가 놓쳤던 모든 것은 천국에서 그녀의 것이 될 것이다. 어머니는 신실한 하나님의 종이었으며 손녀들을 사랑하셨고, 어머니가 돌아가셨을 때에 손녀들은 매우 어렸다. 나는 하나님께서 내 어머니에게 우리 딸들이 결혼해서 어머니가 되는 것을 보도록 허락하셨다고 생각하지만 언젠가 그녀는 손녀들을 보는 것 이상을 누릴 것이라고 생각한다. 나는 그들이 새 땅에서 함께 만났을 때에 어머니는 손녀들과 보내지 못했던 모든 시간들을 즐기며 그들도 어머니와 함께 보내지 못했던 시간들을 즐기게 될 것이라고 생각한다. 아마도 아이를 유산이나 병, 혹은 사건으로 잃은 자들도 신세계에서 그들과 잃어버린 시간을 보충할 시간을 얻게 될 것이다.

아버지가 딸의 결혼식 전에 죽었는데 그가 그리스도인이라면 그는 자기 딸의 궁극적인 결혼식인 그리스도와의 결혼식에 참석하기 위해 그곳에 있을 것이다. 아버지는 장수해서 옛 땅에서 경험했을 기쁨보다 훨씬 더 큰 기쁨을 새 땅에서 경험할 것이다. 딸이 노련한 피아니스트가 되기 전에 아버지가 죽었다면 그는 천국에서 자기 딸의 연주를 듣지만 새 땅에서는 훨씬 더 훌륭한 연주를 듣게 될 것이다. 그리고 그녀도 아버지가 자신을 지켜보는 것과 그의 얼굴에 퍼지는 기쁨을 보게 될 것이다. 만일 어떤 아버지는 살아생전에 한 번도 그의 믿는 아들이 농구하는 것을 본 적이 없다면 그는 아들이 새 땅에서 농구하는 것을 볼 뿐만 아니라 새 땅에서 그와 함께 농구를 할 것이다. 그리고 자녀들은 아버지의 얼굴에서…그리고 하나님 아버지의 얼굴에서 자신들을 완전히 인정하는 표정을 보고 즐거워할 것이다.

영화 "바베트의 만찬"에서 전쟁의 불행으로 인해 바베트는 자신이 고급 요리사였던 파리를 어쩔 수 없이 떠나야만 했다. 그녀는 두 여인의 하녀가 되는데 그들은 아주 엄격한 한 작은 신자들의 모임을 인도했다. 이들은 훌륭한 요리와 같은 세상의 것에 대해서조차도 인상을 찌푸렸다. 바베트는 우연히 거액의 돈을 얻게 되고 그녀가 사랑하게 된 나이 많은 두 자매를 위해 단 한 번의 파티를 열어 주는 데 전액을 쓴다. 이것은 하나님의 풍성한 은혜를 나타내는 그림이다. 바베트는 그녀가 결코 다시는 그와 같은 선물을 줄 수 없으며 그와 같은 음식을 준비할 수 없다는 것을 알았다. 바베트의 관대함에 감동을 받은 필리파—그녀 자신도 재능이 많은 가수이지만 자신의 재능을 개발할 기회를 거의 갖지 못했다—는 그녀를 위로한다. "바베트, 이것이 끝이 아니야. 나는 끝이 아니라고 확신해. 낙원에서 당신은 하나님께서 당신에게 의도하신 대로 위대한 예술가가 될 거야!…아, 천사들이 당신 때문에 얼마나 기뻐할까!"[5]

하나님을 아는 자들에게 이 말은 성경적이다. 그분은 잃어버린 기회들, 특히 신실하게 섬기다가 잃어버린 기회들을 구속하시는 하나님이다. 나는 저주가 걷히고 죽음이 영원히 사라지면 우리가 옛 땅에서 잃어버린 "했으면 좋았을 것"이라고 말한 많은 것들을 몸으로 다시 경험하게 될 것이라고 믿는다.

항상 어떤 장소를 가기를 꿈꿨지만 그 꿈을 결코 이루지 못했던 두 친구가 새 땅에서 바로 그 장소로 갈 수 있을 것이라고 나는 생각한다. 그리고 휠체어에서 나올 수 없어서 자기 아들과 함께 자전거를 탈 수 없었던 사람도 그런 기회를 다시는 놓치지 않을 것이다.

우리의 재회는 어떤 모습이겠는가?

「최후의 전투」에서 루이스는 새로운 나니아를 포함하는 아슬란의 나라에서의 놀라운 재회의 모습을 그린다. 앞서 나온 등장인물들—리피치프, 퍼들글럼, 릴리안, 카스피안, 프럼프킨, 미스터 툼니스, 그리고 수많은 다른 이들—이 차례로 재등장하며, 그들 중 많은 이들은 수백 년 전 혹은 백만 년 전에 마지막으로 보았던 자들이었다. 이들은 또 다시 함께하게 되었으며, 그들 중 많은 이들은 처음으로 만났다. 루시와 다른 자녀들도 이들 모두를 보고 전율하였다. 재회와 소개가 끊임없이 계속되었으며 그 누구도 그들이 멈추길 원하지 않는다. 죽음 때문에 이별한 모든 이들이 이전의 몸과 비슷한 부활의 몸을 가지고 이전의 세상과 비슷한 부활의 세상에서 그리고 그들이 사랑하는 아슬란 앞에 다시 살아날 때에 그 전율은 전염병처럼 번져간다.

우리의 경우에 궁극적인 재회 후에 함께하는 모험들이 끝없이 이어진다. 임시로 한 많은 이별들 뒤에는 결국 절대적으로 확실한 재회가 뒤따를 것 같다. 그러나 다시는 사망과 이별이 없고 고통과 슬픔도 없을 것이다. 결코 우리는 사랑하는 자들을 보지 못할까 다시는 의심하지 않을 것이다. 라일 주교는 그의 성도들에게 다음과 같은 말로 확신을 주었다. "많은 눈물을 흘리며 당신이 무덤에 장사한 사람들은 잘 보존되어 있습니다. 여러분은 그들을 기쁨으로 다시 만나게 될 것입니다. 이것을 믿고 생각하고, 이를 근거로 안식하십시오. 이것은 모두가 사실입니다."[6]

제35장 | 새 땅에서의 사회는 어떠할 것인가?

미술, 음악, 문학, 공예, 기술, 의복, 보석, 교육, 요리—이 모든 것들은 사회나 문화의 한 부분이며 하나님의 형상을 지닌 자들의 창의적인 작품들이다. 인간의 창작물들은 하나님 자신의 창조 역사의 연장이다. 왜냐하면 그분은 우리의 창조를 통해 그분을 드러내도록 우리를 지으셨기 때문이다.

인간은 하나님께서 무에서 창조하신 것을 취하여 그것을 인간의 선과 하나님의 영광을 위한 것으로 바꾼다. 천사들과 천국의 생물들을 포함한 전 우주는 우리의 창의력과 예술작품들을 보고서 그분의 형상을 지닌 우리 안에서 하나님을 발견한다. 지금도 그렇다면 하나님의 이름을 더럽히는 것이 우리 안에 하나도 없을 때에는 얼마나 더 그러하겠는가?

우리는 옛 땅의 사회적 역동 중에서 우리의 타락의 산물들이나 혹은 하나님께서 다르게 계시하시는 것들을 제외하고는 모두가 새 땅으로 옮겨질 것을 기대해야만 한다. 자동차 엔진 때문에 공해와 사망자들이 생겨난 것은 사실이다. 인쇄술과 출판과 더불어 경건하지 못한 책들과 잡지들이 나왔다. 텔레비전과 함께 부도덕과 물질주의가 미화되었다. 컴퓨터는 인터넷 포르노를 가져왔다. 원자의 분리와 함께 파괴적인 폭탄과 인명의 손실을 가져왔다. 의학의 발전과 더불어 낙태와 안락사가 생겨났다. 그럼에도 불구하고 이처럼 부정적인 부산물들 중에서 그 어느 것도 문화 자체의 진보의 본질은 아니다. 이러한 진보가 죄의 오염 없이 순수하게 의로운 목적을 위해서만 사용된다고 상상해 보라.

당신이 상상하는 것은 바로 새 땅이다.

우리는 인종적, 민족적 정체성을 가질 것인가?

신학자인 아브라함 카이퍼는 "우리는 천국에도 사회가 존재한다는 생각을 하기가 지극히 어렵다"고 말했다.¹ 카이퍼가 중간천국을 의미한다면 그의 말이 옳다. 성경도 우리에게 분명한 그림들과 암시들을 보여주지만 그게 다는 아니다. 그러나 그가 영원한 천국을 의미한다면 그의 말은 그르다.

새 땅에 있을 영원한 천국은 일하고, 먹고, 대화하고, 권세를 소유한 물리적 사람들이 사는 물리적 환경임을 성경은 우리에게 보여준다. 사람들은 도시 안팎에서 살고 서로의 집을 방문하며 함께 여행을 하고 예배한다. 열방의 지도자들은 서로 다른 문화들의 영광을 예수 그리스도께서 보좌에서 통치하시는 그 도시로 가져올 것이다. 이런 것들은 천국에서의 "사회"를 말해 주는 것 중에서 일부에 지나지 않는다.

우리는 인종적, 민족적 정체성을 가지겠는가? 그렇다. 부활하신 예수님은 유대인이신가? 당연히 그렇다. 우리는 주님이 유대인인 것을 알겠는가? 물론이다. 우리의 부활한 DNA는 무흠하여 하나님이 고안하신 우리의 유일성과 인종 그리고 다른 것들을 보존할 것이다.

장로들이 어린 양에게 찬송한다. "그 인봉을 떼기에 합당하시도다…각 족속과 방언과 백성과 나라 가운데에서 사람들을 피로 사서 하나님께 드리시고 그들로 우리 하나님 앞에서 나라와 제사장들을 삼으셨으니 그들이 땅에서 왕 노릇 하리로다"(계 5:9-10). 누가 새 땅의 왕과 제사장으로 섬기겠는가? 이전에 모든 족속과 방언과 민족과 나라에 속하였던 사람들이다. 그들의 상이점은 없어지지 않고 계속해서 중간천국과 영원한 천국으로 이어진다.

족속(tribe)이란 말은 한 개인의 가계도를 가리킨다. 민족(people)은 인종을 가리킨다. 나라(nation)는 국가적 정체성과 문화를 공유한 사람들을 가리킨다. 네덜란드의 신학자인 헤르만 바빙크는 새 땅에 관해 "모든 열방들은 각 나라의 국가적 개성에 따라 그들이 영광과 존귀로서 하나님께로부터 받은 모든 것들을 한 나라씩 새 예루살렘으로 가지고 들어온다"고 말했다.²

현재 땅에 있는 예루살렘처럼 새 예루살렘도 다양한 인종들의 용광로가 될 것이다. 그러나 현재의 도시와 달리 새 예루살렘에서의 인종들은 왕이신 예수님을 함께 예배함으로써 하나가 될 것이다. 그들은 서로의 차이점에 대해 기뻐하며 결코 그로 인해 두려워하거나 분개하지 않을 것이다.

불행하게도 저주 아래 있는 이 세상에는 인종과 나라 간의 적대감이 종종 있다. 사람들은 죄로 인해 나뉘고, 외모와 언어 그리고 문화의 차이를 용납하지 못한다. 유대인과 이방인들 사이의 인종적 분리에 관해 언급하면서 바울은 다음처럼 말한다. "그는 우리의 화평이신지라 둘로 하나를 만드사 원수 된 것 곧 중간에 막힌 담을 자기 육체로 허시고 법조문으로 된 계명의 율법을 폐하셨으니 이는 이 둘로 자기 안에서 한 새 사람을 지어 화평하게 하시고 또 십자가로 이 둘을 한 몸으로 하나님과 화목하게 하려 하심이라 원수 된 것을 십자가로 소멸하시고"(엡 2:14-16).

그리스도께서는 우리의 인종차별의 죄를 위해 죽으셨다. 인종차별은 그분의 십자가의 공로로 말미암아 죽었다. 인간과 땅의 구속은 인간관계의 구속과 더불어 그리스도 안에서 서로 다른 인종들이 연합되는 것을 말한다. 자칭 그리스도인이라고 하는 인종차별주의자들은 그리스도인과 반대되는 자들이다. 천국에는 인종적인 편견이 존재하지 않으며 인종적 혹은 국가적 우월감이나 국경분쟁과 같은 것은 전혀 없을 것이다.

어떤 학자들은 하나님의 형상은 단체적인 차원을 지니고 있다고 주장한다. "하나님의 형상에 담긴 모든 것을 온전히 지니거나 드러낼 수 있는 개인이나 그룹은 존재하지 않는다. 그러므로 어떤 의미에서 우리는 하나님의 형상을 단체적으로(collectively) 소유한다. 말하자면 하나님의 형상은 땅의 사람들 가운데 분배되었다. 서로 다른 개인들과 그룹들을 봄으로써 우리는 하나님의 온전한 형상의 여러 다른 면들을 들여다보게 된다."[3]

만일 이것이 사실이라면—그리고 나는 이것이 사실일 수 있다고 믿는다—인종 차별은 단순히 사람들에 대한 권리침해일 뿐만 아니라 하나님의 본성 그 자체를 거절하는 행위이다. 새 땅에서 우리는 결코 죄를 기뻐하지 않지만 성경적 의미의 다양성을 기뻐할 것이다. 우리는 결코 사람들을 배제시키지 않을 것이다. 우리는 그들을 환영하고 영접하며 모든 여행객들에게 친절을 베풀 것이다. 땅의 평화는 우리의 통치자이시며 왕이신 그리스도에게 그 뿌리를 둘 것이다. 오직 그분만이 "지극히 높은 곳에서는 하나님께 영광이요 땅에서는 하나님이 기뻐하신 사람들 중에 평화이다"(눅 2:14).

땅의 평화는 우리의 차이점들을 없앰으로써 달성되는 것이 아니라 왕이신 주님께 같은 마음으로 충성함으로써 가능해질 것이다. 그 충성은 차이를 초월하며 바로 그 차이로 인해 풍부해진다. 열방의 왕들과 지도자들은 왕이신 하나님의 의를 공유하기 때문에 하나가 될 것이며, 또한 하나님과 더불어 그들은 자신들의 차이점들을 하나님의 창조성과 다양한 성품을 드러내는 것으로서 즐거워할 것이다.

우리는 어떤 언어를 사용할 것인가?

천국에는 우리 모두가 말하고 이해하는 하나의 통일언어가 있겠는가? (내가 그리스도인 된 복음주의 언약 교회는 그 언어가 스웨덴어일 것이라고 주장했다.) 성경은 서로 다른 언어들을 사용하는 사람들이 "큰 소리로 외쳐 가로되"라고 말한다(계 7:10). 이 한 "목소리"는 공통의 언어를 암시한다.

이것은 무역언어로서 스와힐리어나 영어에 해당되는 천국의 언어일 수 있다. 이 언어는 제2의 외국어로서 많은 사람들이 자신의 모국어와 더불어 아는 언어이며, 그들의 의사소통을 가능하게 해준다. 아니면 그 공통 언어는 우리의 주언어일 수 있다. 그것은 우리가 배울 필요 없이 하나님께서 허락하신 보편언어일 수 있다. 언어를 사용하면서 그들의 어휘가 확장되긴 했지만 아담과 이브가 에덴의 언어를 배워야만 했다는 암시는 없다. 우리도 천국에서 이와 비슷한 경험을 할지 모른다.

하나님께서 여러 많은 나라들에 관해 "그들로 우리 하나님 앞에서 나라와 제사장들을 삼으셨으니"라고 말씀하신다(계 5:10). 한 나라, 한 세계, 한 정부가 있을 것이다. 이것은 하나의 공통 언어를 암시해 준다.

하나님께서는 우리가 모든 언어들을 다 말할 수 없지만 그것들을 이해할 수 있도록 해주실 수 있다. 그러나 성경은 그 이상의 것을 말하고 있는 것처럼 보인다. 바벨탑 이야기는 이상 사회에서의 공통 언어의 중요성에 대한 단서를 제공해 준다. "온 땅의 언어가 하나요 말이 하나였더라. 또 말하되 자, 성읍과 탑을 건설하여 그 탑 꼭대기를 하늘에 닿게 하여 우리 이름을 내고 온 지면에 흩어짐을 면하자 하였더니 여호와께서 이르시되 이 무리가 한 족속이요 언어도 하나이므로 이같이 시작하였으니 이 후로는 그 하고자 하는 일을 막을 수 없으리로다"(창 11:1, 4, 6).

당시에 하나님께서는 사람들의 언어를 혼잡하게 하시고 그들을 흩으셔서 그들의 위대한 도시는 미완성으로 끝났다. 최초로 모든 사람들이 하나의 언어를 말하고 이로 인해 그들이 협력하여 큰일을 이룰 수 있었던 것에 주목하라. 그러나 그들은 하나님을 영화롭게 하기보다는 자신들을 영화롭게 하려고 하나로 뭉쳤기 때문에 더 많은 반역과 자멸을 불러올 거짓 연합을 포용했다. 사람들이 하나님의 영광을 위해 땅을 다스리도록 하나님이 계획하신 목적을 중심으로 연합하지 않았기 때문에 하나님께서는 그들의 파괴적인 단결과 힘의 근원이었던 그들의 공통 언어를 제거하셨다.

저주를 없애실 때에 하나님께서는 바벨을 회복하실 것이다. 사람들이 자신들의 영광을 위해 도시를 건설하는 대신에 하나님께서는 그들을 위해 한 도시를 건설해 주시며 그분의 영광을 위해 그들을 연합시키실 것이다. 창세기 11장에서 사람들은 땅과 하늘을 연결하여 자신들의 도시를 통해 천국과 땅을 하나로 만들려고 했다.

인류가 의로워지고 새 땅의 관리가 인간에게 맡겨지면 하나님께서는 다시 공통 언어를 회복시키실 것 같다(아마도 바벨탑 사건 이전에 분명히 존재했던 에덴의 언어와 같은 언어일지 모른다). 그 이유는? 커뮤니케이션을 쉽게 하고 막히지 않게 하여 협동과 문화 달성을 증가시키기 위함이다.

이 공통 언어는 그 효과가 탁월하여 "그 하고자 하는 일을 막을 수 없을 것이다"(창 11:6). 인간의 마음이 악할 때 공통 언어는 악하지만 인간의 마음이 의로울 때에 그것은 선하다. 새 땅에서 우리가 도모하는 모든 것은 하나님의 영광과 우리의 유익을 위할 것이다. 하나님께서는 더 이상 우리를 우리 자신으로부터 보호하실 필요가 없을 것이다. 우리는 결코 파괴하거나 착취하기 위해 연합하지 않으며 오직 창조하고 좋게 하기 위해 연합할 것이다. 공통 언어는 우리를 능하게 하시는 하나님의 선물이 될 것 같다.

그럼에도 불구하고 공통 언어와 더불어 우리는 현재 우리가 사용하고 있는 언어를 간직할 것이다. 바벨에서의 언어의 혼잡은 본래 저주였지만 천국에서 모든 나라와 족속, 방언에서 나온 사람들이 함께 모인다는 것은 바벨에서 나뉜 사람들을 하나님께서 영원히 하나로 연합시키실 것을 보여주며, 그들의 차이점을 제거하는 대신에 죄와 의심 그리고 적대감을 제거함으로써 하나로 만드신다.

다른 언어들을 이해함으로써 우리는 하나님에 대한 우리의 관점의 폭을 넓힐 것이다. "천국에서 우리는 이 세상의 모든 언어에서 나온 모든 개념들을 담은 '예배'란 단어나 혹은 단어들을 사용할 수 있을까?"[4] 나는 그럴 수 있다고 생각한다.

언어의 다양성은 하나님을 영화롭게 하는 데 더 광범위한 기회를 제공해 준다. "우리가 다 우리의 각 언어로 하나님의 큰 일을 말함을 듣는도다"(행 2:11). 천국에서 우리는 사람들이 하나님의 성품을 설명하기 위해 자신의 언어에서 어떤 단어를 사용하는 것을 들을 때에 "그래, 맞아요. 제가 이해했던 것이 바로 그거예요!"라고 갑작스럽게 응답할지 모른다.

천국에서 캄보디아인은 인사할 때에 손을 합장하고 머리를 숙이겠는가? 케냐인은 그들의 독특한 북의 리듬에 맞춰 춤을 추겠는가? 아르헨티나인은 축구를 사랑하겠는가? 쿠바인은 스페인어로 말하고 영국인은 영어로 말하며 브라질인은 포르투갈어로 말하겠는가? 그들이 그러지 말라는 법이 어디 있는가?

우리는 전지하지 않기 때문에 우리가 모든 언어들을 다 알 것인가에 대해서는 의심스럽다. 그러나 분명히 우리는 언어들을 훨씬 더 빨리 배울 수 있을 것이다. 우리 가운데 언어에 본래 소질이 없는 사람들도 우리의 능력에 대해 놀랄지 모른다. 통역사를 포함해서 언어 전문가들은 그들의 기술이 그들이 중단했던 부분에서 다시 시작되어 전례 없는 속도로 발전하는 것을 보게 될 것이다. 그들은 그들이 원하는 모든 언어들을 배울 수 있는 영원의 시간을 가질 것이다.

새 땅에서 여러 다른 언어들이 섬기게 될 목적은 무엇이겠는가? 언어를 안다는 것은 사람을 이해하고 그들의 문화를 이해하는 것이다. 우리가 천국에서 새로운 우정을 만들 때에 우리는 사람들을 더 잘 알기 위해 그들의 제1의 언어를 배우는 즐거움을 누리게 될 것이다. 어쩌면 며칠 혹은 몇 주 내에 우리는 새로운 언어들을 배울 수 있을지 모르겠다. 아마도 저녁 식사의 대화를 통해 우리는 꾸준히 새로운 친구들의 언어를 터득하여 결속을 만들어 내고, 그들과 그들의 문화에 대해 우리 하나님께 감사할 것이다.

천국에는 모든 족속과 방언에서 나온 대표자들이 있겠는가?

족속들과 민족들 그리고 나라들은 모두가 새 예루살렘의 풍성한 삶에 그들 나름대로의 공헌을 하게 될 것이다(계 5:9; 7:9; 21:24-26). 다니엘은 메시아에게 "권세와 영광과 나라를 주고 모든 백성과 나라들과 다른 언어를 말하는 모든 자들이 그를 섬기게 하였으니"라고 예언하였다(단 7:14). 교회의 다양한 은사들이 서로에게 유익을 주듯이(고전 12:7-11) 우리의 다양성도 새 우주에서 모든 이에게 유익을 줄 것이다. 코넬리우스 베네마는 다음처럼 썼다. "나라와 민족 그리고 그들의 문화 산물, 언어, 예술, 과학, 문학, 기술의 다양함 중에서 그 어느 것—그들이 선하고 훌륭한 한—도 새 창조의 삶에서 잃지 않을 것이다."[5]

케냐의 마사이족, 수단의 딩카족, 몽족(the Hmong), 아싸바스크족(Athabaskans), 티베트인, 아우칸인, 아이슬란드인, 마케도니아인, 몰도반인, 모로코인, 페루인들을 보는 것이 어떨지 생각해 보라. 수많은 나라들과 수많은 민족들이 그리스도를 예배하기 위해 모일 것이다. 그리고 죄의 영향을 받지 않은 많은 나라와 문화들의 고유함이 계속해서 하나님의 영광을 찬양할 것이다.

하나님께서는 악을 통해서도 선을 이루신다. 바벨에 대한 그분의 심판은 다양한 나라들과 언어들을 창조하시는 선한 목적을 이루었으며, 이러한 다양성은 그리스도의 구속의 역사를 통하여 그분께 영광을 가져다주었다. "인류의 모든 족속을 한 혈통으로 만드사 온 땅에 살게 하시고 그들의 연대를 정하시며 거주의 경계를 한정하셨으니"(행 17:26). 모든 나라는 후에 생각해 내신 것이나 우연히 생긴 것이 아니다.

이스라엘은 하나님의 눈동자 같았지만 성경은 하나님께서 땅의 모든 나라들 가운데서 영광을 받길 갈망하셨음을 확실히 말해준다. 하나님께서는 아브라함을 "여러 민족의 아버지"로 만들겠다고 약속하시고서 그에게 "네 씨로 말미암아 천하 만민이 복을 받으리니"라고 말씀하셨다(창 17:4; 22:18). 학자들은 이스라엘과 교회에 관해 여러 가지 방법으로 신학적 구분을 짓지만 새 예루살렘은 "이스라엘의 12지파"를 포함하고(계 21:12) 또한 그리스도의 신부라고 불린다. 그리스도의 신부는 바로 교회이다(계 21:9). 바울은 갈라디아 교회에게 "오직 위에 있는 예루살렘은…곧 우리 어머니라"

고 말한다(갈 4:26). 하나님에게는 오직 하나의 신부가 있지만 그녀는 광범위하게 다양한 사람들로 구성되어 있고, 그들은 차별에서 치유를 받았지만 여전히 그들의 개성을 유지함으로써 그들의 창조주의 부요함을 증거한다.

일반 계시를 통해 하나님께서는 사람들과 문화들 가운데 자신의 임재를 알리셨다. "하나님이 지나간 세대에는 모든 민족으로 자기들의 길들을 가게 방임하셨으나 그러나 자기를 증언하지 아니하신 것이 아니니"(행 14:16-17). 하나님은 한 족속의 신이 아니시다. 그분은 모든 문화를 초월하시지만 그럼에도 불구하고 모든 문화 속에 나타나신다. 각 문화는 사람들이 하나님을 알았던 시대의 기억을 지니고 있다. 예를 들어 고대 중국어를 살펴보라. "창조하다"란 의미의 한자(創)는 "말하다" "먼지" "생명" "걷다"란 다른 한자들로 구성되어 있다. "마귀"를 의미하는 한자(魔)는 "비밀" "남자" 그리고 "정원"으로 이뤄져 있다. "선박"을 의미하는 한자(船)는 "탈 것" "여덟" "사람들"의 글자가 합쳐져서 만들어졌으며 노아의 방주를 암시한다. 중국의 신자들은 이 단어들과 다른 많은 예들을 들면서 5천 년 된 그들의 언어가 성경의 진리들이 잘 알려졌던 시대에까지 거슬러 올라간다고 생각한다.[6]

하나님께서 모든 족속과 방언에서 사람들을 구속하신다는 것은 그분께서 성경 번역 사역, 예수 영화의 광범위한 국제적 보급, 그리고 모든 선교의 노력, 특히 미전도 종족을 향한 선교에 특별한 관심이 있으시다는 것을 암시한다.

우리가 그리스도의 구속의 범위와 다양성을 알 때에 우리는 그분을 찬양할 것이다. 성경이 부활한 우주의 부활한 땅 위에 있을 부활한 민족, 나라, 문화에 관해 우리에게 말해 주는 것을 우리가 마음속에 그릴 때에 우리는 하나님을 더 크게 생각할 것이다.

새 땅에 고대 문화들이 부활할 것인가?

그리스도께서 재림하실 때에 땅은 죄의 상처로부터 치유를 받을 것이다. 이것은 단지 쓰레기와 화학적 오염뿐만 아니라 문화적, 도덕적 오염을 포함한다. 상처 치유에는 본래의 상태로의 회귀라는 의미가 내포되어 있다. 우리의 새로운 몸이 옛 몸과 같아서 인식이 가능하다면 새 땅도 우리가 인식할 수 있을 정도로 옛 땅처럼 보이지 않겠는가?

새롭게 된 우리가 여전히 우리인 것처럼 새 땅도 여전히 옛 땅과 같을 것이다. 우리 부활의 몸은 눈, 코, 귀, 입이 있을 것이다. 그리스도의 몸처럼 우리의 몸도 이와 같은 특징적 요소들을 유지할 것이다. 우리의 새 몸이 현재의 몸과 이처럼 밀접한 관계를 가졌다면 새 땅도 현재의 땅과 밀접한 관계를 가지지 않겠는가? 세인트 헬레나산과 히말라야산맥이 있는 것처럼 뉴 세인트 헬레나산과 뉴 히말라야산맥이 있지 않겠는가? 새로운 북극성과 뉴 알라스카도 있지 않겠는가? 뉴 버뮤다, 뉴 캐나다, 뉴 오스트레일리아도 있지 않겠는가?

내가 성경을 이해하기로는 새 땅은 지리학적 위치뿐만 아니라 문화도 부활할 것을 암시한다. 열방의 왕들이 자기의 영광을 가지고 새 예루살렘으로 들어올 것이다(계 21:24, 26). 단지 한 나라만이 있는 것이 아니라 많은 나라들이 있을 것이다. 이 구절은 옛 땅에서 가장 훌륭했던 문화와 역사, 예술, 음악 그리고 언어들이 구속함을 입고 정결하게 되어 새 땅으로 옮겨진다고 생각하도록 해주는 성경적 근거가 된다.

신학자 안토니 호케마는 다음처럼 주장한다. "그 당시의 왕들은 단지 정치적 통치자 이상이었다. 그들은 그들이 통치했던 나라들의 문화의 대표자였으며 전달자였다. 요한은 이곳에서 지금 여러 민족들이 가져오는 문화적 예술적 헌물들에 관해 말하고 있다. 그 헌물들은 새 예루살렘을 자기의 집으로 삼을 것이다…내세에서 여러 다양한 종류의 사람들이 그들만의 독특한 은사들(gifts)을 계속 간직할 것이다. 이 은사들은 죄가 없는 상태에서 성장 발전하여 새로운 문화적 산물들을 생산하는 데 사용되어 하나님의 이름에 영원한 영광을 돌릴 것이다."[7]

자신들의 "영광"을 신세계에 가져오는 이러한 왕들과 문화들은 분명히 무에서부터 다시 시작하지 않을 것이다. 그들은 신세계에 국가와 개인의 역사, 인종적 정체성, 풍부한 풍습과 예술, 그리고 지식을 가져올 것이다. 이 모든 것은 성결하게 되어 독특한 문화와 축제, 음식, 스포츠 그리고 많은 관습들을 만들어낼 수 있는 많은 가능성을 지닐 것이다.

호케마는 또한 말한다. "왕들뿐만 아니라 여러 나라들이 언급되었다는 사실은 여러 다양한 인종들이 다양하게 문화적으로 공헌함으로써 서로 더 이상 경쟁 관계에 있지 않으며 대신에 거룩한 도성(the Holy City)에서 조화 가운데 삶을 풍요롭게 할 것을 암시한다. 그 도성의 등불이신 그리스도께서는 그때에 이 모든 문화적 산물들을 아버지 하나님의 영광을 위해 섬기는 데 사용하실 것이다."[8]

이러한 이해는 메시아가 땅으로 재림하시는 모습을 본 다니엘의 환상과 완전하게 일치한다. "그에게 권세와 영광과 나라를 주고 모든 백성과 나라들과 다른 언어를 말하는 모든 자들이 그를 섬기게 하였으니 그의 권세는 소멸되지 아니하는 영원한 권세요 그의 나라는 멸망하지 아니할 것이니라"(단 7:14). 옛 땅의 왕국들과 하나님의 새 땅에서의 영원한 왕국 간에는 직접적인 연속성이 존재한다. 땅의 왕국들은 파괴되지 않고 하나님의 백성들에게 "붙인 바 될" 것이다. "나라와 권세와 온 천하 나라들의 위세가 지극히 높으신 이의 거룩한 백성에게 붙인 바 되리니"(단 7:27).

분명히 하나님의 백성들에게 넘겨질 열방들의 위대함은 그리스도의 재림시에 땅에 존재하는 나라들에만 국한될 수는 없다. 다니엘이 언급하고 있는 대부분의 나라들—바벨론, 메데 파사, 로마—은 이미 오래 전에 사라졌다. 그러나 그분의 구속 역사의 광범위함을 생각할 때에 나는 하나님께서 현대 국가들만 아니라 고대 국가, 예를 들어 바벨론이나 로마제국과 같은 나라들을 부활시키실 것이라고 믿는다. 나는 우리가 구속받은 고대 문명인들만 만나는 것이 아니라 구속받은 여러 문명들 가운데 걷게 될 것이라고 믿는다. 하나님의 구속받은 사람들 중에 고대 아수르인, 수메르인, 페니키아인, 바빌로니아인, 그리스인이 들어 있을까? 우리는 그들이 들어 있다는 것을 안다. 왜냐하면 현재든 과거든 어느 나라도 "각 나라와 족속과 백성과 방언"에서 제외되지 않기 때문이다(계 7:9). 천국에서 하나님께서는 모든 족속과 백성과 문화에서 온 대표들을 만나기로 이미 결정하셨다.

성경은 부활한 나라들이 새 땅을 차지하게 될 것을 우리에게 분명히 말해 주고 있기 때문에 나는 고대 아프리카, 남아메리카, 북아메리카, 오스트레일리아, 아시아, 유럽 그리고 현재 우리가 잘 모르는 작은 나라들의 모든 문화들이 부활할 것처럼 이집트, 로마, 인디아, 중국도 부활할 것이라고 믿는다.

나는 "각 나라와 족속과 백성과 방언"이란 말을 문자적으로 해석한다. 하나님께서는 심지어 가장 이교적인 나라들에서도 백성을 택하시고 남녀 선교사들이나 천사들을 보내시고 꿈과 환상을 보여 주심으로써 그들에게 다가가셨다. 새 땅에서 예배하는 백성들은 누구겠는가? 켈트족, 고트족, 훈족, 롬바르드족, 색슨족, 바이킹족, 세르비아인, 크로아트인, 슬로베니아인, 가나안족, 히타이트, 페니키아인, 수메르인, 아수르인, 페르시아인, 몽골인, 말레이시아인, 아즈텍인, 마야인, 잉카인들이 그들이다. 그리고 수많은 고대와 현대의 여러 문명들도 그러하다. 오늘날 더 이상 존재하지 않는 여러 나라들과 문화들도 부활하여 하나님의 영광을 드러낼 것이며 그들은 성결하게 되어 하나님을 기쁘시게 하고 그분을 기쁘시게 못하는 것은 무엇이든지 다 제외될 것이다.

이 말이 너무 사변적으로 들리는가? 나는 단지 성경의 말씀에 근거하여 이런 상상을 했을 뿐이다. 나의 관찰은 이곳과 그리고 이 책의 다른 부분에서 인용한 성경 본문들에 근거한 것이다. 나는 천국을 순전히 상상으로부터 시작하지 않았다. 오히려 정반대이다. 나는 천국에 관해 성경을 연구했다. 수년 동안 아니 수십 년의 세월이 지나면서 성경 말씀은 나의 생각에 상상력을 불어넣어 주었다.

나는 부활한 종족, 족속, 나라들이 새 땅에서 함께 사는 모습, 즉 우리가 상상하는 것 이상을 성경이 허락했다고 믿는다. 성경은 그렇게 할 것을 우리에게 명하고 있다. 눈을 감고 이러한 고대의 문명들을 상상해 보라. 단지 그들의 과거의 모습이 아니라 그들의 장차 이뤄질 모습을 말이다.

제11부 동물들은 어떤가?

제36장 · 동물들도 새 땅에 살 것인가?

제37장 · 우리의 애완동물을 포함해 동물들도 부활할 것인가?

제36장 | 동물들도 새 땅에 살 것인가?

이사야 11:6-9은 다가올 땅에서의 영광스러운 시대에 관해 말한다. "그때에 이리가 어린 양과 함께 살며 표범이 어린 염소와 함께 누우며 송아지와 어린 사자와 살진 짐승이 함께 있어 어린아이에게 끌리며 암소와 곰이 함께 먹으며 그것들의 새끼가 함께 엎드리며 사자가 소처럼 풀을 먹을 것이며 젖 먹는 아이가 독사의 구멍에서 장난하며 젖뗀 어린아이가 독사의 굴에 손을 넣을 것이라. 내 거룩한 산 모든 곳에서 해 됨도 없고 상함도 없을 것이니 이는 물이 바다를 덮음 같이 여호와를 아는 지식이 세상에 충만할 것임이니라."

어떤 주석가들은 이 구절이 천년왕국에만 해당된다고 주장한다. 그러나 우리가 이미 살펴본 것처럼 이사야는 땅 위에서의 영원한 하나님의 나라를 고대하고 있다. 이사야 65:17과 66:22은 구체적으로 새 땅에 관해 언급하고 있다. 이 두 구절 사이에 이사야 11장의 내용과 매우 유사한 구절이 있다. "이리와 어린 양이 함께 먹을 것이며 사자가 소처럼 짚을 먹을 것이며…나의 성산에서는 해함도 없겠고 상함도 없으리라 여호와께서 말씀하시니라"(65:25).

땅 위에서 언제 더 이상 해함이 없겠는가? 옛 땅이나 심지어 반역과 전쟁으로 끝날 천년왕국은 해당이 안 되며, 더 이상 죄와 사망, 고통이 없을 새 땅에서야 해함이 없을 것이다(계 21:4). 땅에서 평화롭게 거하는 동물들에 관한 이러한 모습은 옛 땅 위에 있을 천년왕국에도 적용될 수 있지만 이들이 가리키는 것은 인간과 동물이 구속받은 땅을 즐기는 하나님의 영원한 나라처럼 보인다.

동물들도 영혼이 있는가?

하나님께서 동물들을 지으실 때에 "땅의 짐승을 그 종류대로, 가축을 그 종류대로, 땅에 기는 모든 것을 그 종류대로 만드시니 하나님이 보시기에 좋았더라"(창

1:25). 에덴에서 동물들은 중요했다. 그러므로 상반되는 계시가 없다면 연속성의 원리에 따라 이들이 새 땅에서도 중요할 것이다.

"여호와 하나님이 흙으로 각종 들짐승과 공중의 각종 새를 지으시고"(창 2:19). 오직 인간과 동물만이 흙으로 만들어졌다. 하나님께서는 손으로 동물을 지으시고 그들을 땅과 인간과 연결시키셨다. 히브리 원문은 인간과 동물이 같은 방법으로 만들어졌음을 암시한다. "네페쉬"란 단어는 종종 "생령" 또는 "영혼"으로 번역된다. 하나님께서 흙으로 만든 아담의 몸속에 영을 불어 넣자 아담은 "네페쉬"(nephesh), 즉 "생령"(living being)이 되었다(창 2:7). 특이하게도 이 동일한 히브리어 "네페쉬"가 동물과 사람 모두에게 사용된다. 우리는 구체적으로 사람뿐만 아니라 동물들도 "기식 혹은 생기"(the breath of life)가 있다는 말을 듣는다(창 1:30; 2:7; 6:17; 7:15, 22). "네페쉬"는 하나님께서 동물과 사람의 몸에 넣으신 생기이다.

지금 나는 동물도 영혼이 있다고 주장한단 말인가? 분명히 그들은 사람과 같은 영혼을 가지고 있지 않다. 동물들은 하나님의 형상대로 창조되지 않았으며 어떤 의미에서도 인간과 같지 않다. 그럼에도 불구하고 동물들도 사람의 영혼이 아닌 다른 영혼을 가지고 있다는 강력한 성경적 근거가 있다. 나는 히브리어와 헬라어인 "네페쉬"와 "프쉬케"의 용법을 연구하기 전까지는 이를 심각하게 생각하지 않았다. 이 단어들은 사람을 가리킬 때에는 "영혼"(soul)으로 번역되었다. (70인역은 "네페쉬"를 "프쉬케"로 번역하였다.) 이 단어들이 종종 동물에게 사용된다는 사실은 이들이 인간과 다른 영혼을 지니고 있다는 강력한 증거가 된다. 또한 과거의 대부분의 그리스도인들은 이렇게 믿었다. 「죽음 너머에」(Beyond Death)라는 책에서 게리 하버마스와 제이. 피. 몰랜드는 다음과 같은 사실을 지적한다. "서구문명에서 동물의 영혼의 존재에 대한 의심은 17세기 계몽주의 이전에는 없었다. 교회사에서 생명체에 대한 고전적 이해는 인간과 마찬가지로 동물들도 영혼을 가지고 있다는 교리였다."[1]

인간과 동물은 서로 다르다. 인간은 죽음 이후에도 계속해서 존재하지만 동물들의 경우에는 그렇지 않을 수 있다. 그러나 성경을 공정하게 본다면 우리는 사람과 동물이 고유한 공통점을 가지고 있다는 사실을 인정해야만 한다. 그들은 살아 있는 존재들이다. 하나님께서는 인간과 동물 모두에 대해 장차 계획을 가지고 계시기 때문에 그분께서 동물에 대해서도 미래에 계획을 가지고 계심을 강력하게 시사한다.

왜 하나님께서는 대홍수로부터 동물들을 구원하셨는가?

하나님은 노아에게 명령하셨다. "혈육 있는 모든 생물을 너는 각기 암수 한 쌍씩 방주로 이끌어들여 너와 함께 생명을 보존하게 하되 새가 그 종류대로, 가축이 그 종류대로, 땅에 기는 모든 것이 그 종류대로 각기 둘씩 네게로 나아오리니 그 생명을 보존하게 하라"(창 6:19-20).

동물은 인류의 친구이며 동반자였다. 하나님은 대홍수로부터 동물들을 보존하셨다. 놀랍게도 하나님께서는 이 새 언약에 동물들도 포함시키셨다. 계속해서 동물을 반복 강조하는 것에 주의하라.

내가 내 언약을 너희와 너희 후손과 너희와 함께한 모든 생물 곧 너희와 함께한 새와 가축과 땅의 모든 생물에게 세우리니 방주에서 나온 모든 것 곧 땅의 모든 짐승에게니라…다시는 모든 생물을 홍수로 멸하지 아니할 것이라. 땅을 멸할 홍수가 다시 있지 아니하리라. 하나님이 이르시되 내가 나와 너희와 및 너희와 함께하는 모든 생물 사이에 대대로 영원히 세우는 언약의 증거는 이것이니라…내가 내 무지개를 구름 속에 두었나니 이것이 나와 세상 사이의 언약의 증거니라…내가 나와 너희와 및 육체를 가진 모든 생물 사이의 내 언약을 기억하리니 다시는 물이 모든 육체를 멸하는 홍수가 되지 아니할지라. 무지개가 구름 사이에 있으리니 내가 보고 나 하나님과 모든 육체를 가진 땅의 모든 생물 사이의 영원한 언약을 기억하리라. 하나님이 노아에게 또 이르시되 내가 나와 땅에 있는 모든 생물 사이에 세운 언약의 증거가 이것이라 하셨더라(창 9:9-17).

홍수 후에 새롭게 된 땅에 대한 하나님의 계획 속에 동물들도 들어 있었다. 장차 심판 후에 새롭게 될 땅에 대한 그분의 계획에도 마찬가지로 동물들이 들어 있을 것이라고 기대할 수 있지 않을까? 방주를 통해 인류를 구하는 것이 구속의 그림이라면 방주를 통해 동물들을 구하는 것도 하나님의 구속의 목적의 일부로서 동물들을 회복시키는 것이라고 기대해도 좋지 않을까?

베드로후서 3:5-7에서 우리는 과거에 하나님께서 물로 땅을 심판하신 것과 불로 장차 심판하실 것 사이에 직접적인 유사성이 있음을 보게 된다. 인류는 홍수를 통해 심판을 받았으며 인간 때문에 대부분의 동물들도 멸망하였다. 여덟 명만이 홍수로부터 구원을 받고 홍수 후의 새 땅에 살게 되었지만 하나님께서는 사람을 구원하시는 데서 그치지 않으셨다. 주님은 동물의 모든 종(種)의 대표들을 구원하셔서 새 땅을 채우도록 하셨다. 로마서 8장이 이를 강력하게 말해 준다―인간과 동물 그리고 모든 피조물들은 저주와 심판뿐만 아니라 축복과 구원에 있어서도 함께 연결되어 있다. 이들은 함께 새 땅에서 생명을 경험할 것이다.

택함을 입은 사람들과 동물들, 식물, 그리고 지형(산을 포함한)이 물로 심판하실 때에도 하나님의 보전하심을 입었다. 주님이 불로 심판하실 때에 같은 것을 기대해도 되지 않을까?

동물들은 하나님을 찬양하겠는가?

나는 정확히 동물들이 어떻게 하나님을 찬양하는지 모른다. 그러나 시편 148:10-13의 말씀을 상고해 보라. "짐승과 모든 가축과 기는 것과 나는 새며 세상의 왕들과 모든 백성들과 고관들과 땅의 모든 재판관들이며 총각과 처녀와 노인과 아이들아 여호와의 이름을 찬양할지어다. 그의 이름이 홀로 높으시며 그의 영광이 땅과 하늘 위에 뛰어나심이로다."

어떤 의미에서 한 때 온전했던 시절의 그림자인 타락한 동물들이 이 타락한 땅에서 하나님을 찬양할 수 있다면 그들이 새 땅에서는 얼마나 더 찬양하겠는가? "호흡이 있는 자마다 여호와를 찬양할지어다"(시 150:6). 동물들도 호흡이 있기 때문에 하나님께 찬양하라는 명령을 받은 자 가운데 그들도 포함된다.

"내가 또 들으니 하늘 위에와 땅 위에와 땅 아래와 바다 위에와 또 그 가운데 모든 피조물이 이르되 보좌에 앉으신 이와 어린 양에게 찬송과 존귀와 영광과 능력을 세세토록 돌릴지어다"(계 5:13).

여기서 "만물"이 무엇을 한다고 말하는가? 하나님을 예배하며 찬양한다고 말한다. 만일 "하늘과 땅의 모든 만물"에 동물들도 들어간다면 동물들도 하나님을 찬양한다.

성경 번역가들이 선택한 단어 때문에 천국에서 동물들이 하나님을 찬양하는 가장 놀라운 예를 종종 간과한다. 계시록에서 중간 천국에 있는 "생물"(living creatures)에 관한 언급이 여덟 번 나온다. "네 생물은…밤낮 쉬지 않고 이르기를 거룩하다 거룩하다 거룩하다 주 하나님 곧 전능하신 이여 전에도 계셨고 이제도 계시고 장차 오실 이시라 하고 그 생물들이 보좌에 앉으사 세세토록 살아 계시는 이에게 영광과 존귀와 감사를 돌릴 때에"(계 4:8-9).

"생물"이라고 번역된 원어는 준(zoon)이다. 신약 성경에서 대부분의 경우에 이 단어는 "짐승"(animal)으로 번역되었고 성전에서의 짐승의 제사와 비이성적인 야생의 동물을 가리킬 때에 사용되었다(히 13:11; 벧후 2:12; 유 1:10). 70인역 구약성경은 히브리어의 짐승이란 단어를 번역할 때 준(zoon)이란 말을 사용했고, 이는 바다의 "생물들"을 포함했다(창 1:21; 겔 47:9). 외경에서 준(zoon)은 일반적으로 보통 짐승을 가리키거나 이집트의 신을 나타내는 동물들과 피닉스와 같은 신화 속의 새에게 사용되었다(1 클레멘트 25:2-3). 성경에서 그리고 성경 밖에서 거의 모든 경우에 이 단어는 사람이나 천사를 의미하지 않고 동물을 의미한다.

킹 제임스 성경은 계시록에서 "준"(zoon)을 "짐승"으로 번역했지만 이 단어의 부정적 개념으로 인해 후세의 번역가들은 "생물들"(living creatures)이란 말로 대신했다. 가장 자연스러운 번역은 단순하게 "동물들"(animals)이란 말일 것이다. 하나님의 보좌 주변에서 하나님을 찬양하고 말을 하는 동물들을 독자들이 연상했을 때에 이 단어가 이상하게 들리지 않았다면 번역가들은 이 단어를 채택했을 것이다! 그 "생물들"은 사자, 송아지, 사람, 독수리처럼 보인다(계 4:7). 이들은 에스겔 1:5-14과 에스겔 10:10-14의 생물들과 서로 같고, 그룹이라 불리며, 천사들과 구별된다(계 15:7). 그룹은 창세기 3:24에서 에덴 동산을 지키는 자로 처음 언급된다. 이들의 이미지는 금으로 새겨서 언약궤 위에 올려졌으며, 이는 그들이 하나님과 가까움을 가리킨다.

어쨌든 우리는 "거룩하다, 거룩하다, 거룩하다"라고 외치는 이 "생물들"이 동물이라는 점을 간파하지 못했다. 이들은 살아서 숨쉬고 지성이 있으며 하나님의 존전에 거하며 그분을 예배하고 찬양하는 말을 하는 동물들이다. 이들은 우리가 현재 알고 있는 동물들보다 먼저 존재했고 더 위대하다. 아마도 그들은 천국의 피조물의 원형이며 그 원형을 따라 하나님께서 땅의 동물들을 지으셨을지도 모른다. 그러나 그들이 매우 지적이고 표현하는 존재라 할지라도 그들은 여전히 동물이다. 성경은 그들을 그렇게 부른다.

우리는 동물 속에서 하나님의 성품을 볼 것인가?

"창세로부터 그의 보이지 아니하는 것들 곧 그의 영원하신 능력과 신성이 그가 만드신 만물에 분명히 보여 알려졌나니 그러므로 그들이 핑계하지 못할지니라"(롬 1:20). 종종 우리는 이 구절이 별, 산, 호수, 그리고 자연의 불가사의들을 가리키는 것으로 이해한다. 그러나 우리는 인간 이외에 하나님의 최고의 피조물인 동물을 간과해서는 안 된다. 하나님의 보이지 않는 신성과 능력이 동물들 가운데도 보인다.

만일 이것이 지금도 사실이라면 새 땅에서는 얼마나 더 사실이겠는가? 사자들을 살펴보고, 그들을 연구하며 그들을 만져보고 그들의 힘과 고상함 그리고 위용을 보고 그 안에서 하나님을 보는 것은 어떻겠는가? 어린 양들을 보고 그들의 사랑스러운 온유함과 겸손함, 그리고 종의 모습을 보고 그들의 첫 언약에서의 희생제물의 역할을 깊이 상고하면서 그 안에서 하나님을 보는 것은 어떻겠는가?

욥기 39:19-22에서 하나님께서는 욥에게 물으신다. "말의 힘을 네가 주었느냐…네가 그것으로 메뚜기처럼 뛰게 하였느냐…그것이 골짜기에서 발굽질하고 힘 있음을 기뻐하며 앞으로 나아가서 군사들을 맞되 두려움을 모르고 겁내지 아니하며 칼을 대할지라도 물러나지 아니하니"(욥 39:19-22). 말의 힘과 용맹 그리고 단호함은 창조주 하나님의 성품을 증거한다.

새 땅에서 동물들 가운데 우리는 충성, 헌신, 창의성, 일편단심 중에서 어떤 성품들을 발견하겠는가? 쥐, 이구아나, 아르마딜로(armadillos)에게서 우리는 무엇을 배우겠는가? 분명히 우리는 하나님의 창의력과 유머로 인해 그분을 찬양할 것이다(호주의 오리너구리를 생각해 보라).

저주가 걷히면 우리는 우리가 지금까지 생각했던 것보다 더 많은 하나님의 성품을 동물들에게서 보게 될 것이다. 수달, 개, 그리고 수많은 다른 동물들에게서 보이는 것을 상고해 보라. 하나님의 노시는 모습. (당신은 인간이 스스로 놀이를 발명했다고 생각했는가?) 나는 내가 수년 동안 길렀던 개들 속에 있는 장난기와 풍부함, 사랑과 헌신으로 인해 하나님을 찬양했으며 그분께 가까이 나아갔다. 그들은 그들의 창조주 하나님의 아름다움을 전해 준다.

아담, 노아, 그리고 예수님은 세 종류 땅의 세 명의 대표이다. 아담이 창조되었을 때에 하나님께서는 그의 주변에 동물들을 두셨다. 노아가 홍수에서 구원함을 받았을 때에 하나님께서는 그의 주변에 동물들을 두셨다. 예수님께서 탄생하실 때에 하나님께서는 그분 주변에 동물들을 두셨다. 예수님께서 새롭게 된 남녀들과 함께 새롭게 된 땅을 세우실 때에 그분께서 그분의 주변에 새롭게 된 동물들을 두실 것이라는 생각이 들지 않는가?

제37장 | 우리의 애완동물을 포함해 동물들도 부활할 것인가?

그리스도께서는 보좌에서 새 땅에 대해 "보라 내가 만물을 새롭게 하노라"고 말씀하신다(계 21:5). 새롭게 되는 것은 사람뿐만 아니라 땅과 그 안에 있는 "만물"도 포함된다. "만물"에 동물도 포함되는가? 그렇다. 말, 고양이, 개, 사슴, 돌고래, 다람쥐 그리고 무생물도 그리스도의 죽으심과 부활의 혜택을 받을 것이다.

그리스도는 새로운 것들을 만드시는 것이 아니라 옛 것들을 새롭게 하실 것을 강조하신다. 그것은 낯선 것들을 고안해 내는 것이 아니라 친숙한 것들을 회복하고 발전시키는 것이다. 예수님께서는 마치 "내가 처음에 만든 것들, 즉 사람, 자연, 동물, 땅 그 자체를 취하여 불멸의 새로운 것들로 바꾸겠노라"고 말씀하시는 것처럼 보인다.

동물들은 우리의 부활과 얼마나 밀접한 관계가 있는가?

로마서 8:21-23은 말한다. "그 바라는 것은 피조물도 썩어짐의 종 노릇 한 데서 해방되어 하나님의 자녀들의 영광의 자유에 이르는 것이니라. 피조물이 다 이제까지 함께 탄식하며 함께 고통을 겪고 있는 것을 우리가 아느니라…우리까지도 속으로 탄식하여 양자 될 것 곧 우리 몸의 속량을 기다리느니라." 인류의 부활 후에 새 땅에서 이전에 고난을 받았던 동물들도 하나님의 자녀들과 함께 죽음과 썩어짐으로부터 하나님의 영광스러운 자유에 참여할 것이다.

만일 하나님께서 옛 땅에서 살았던 사람들을 부활시키기보다는 새 땅에서 새 인류를 창조하려 하셨다면 구속, 구원, 부활에 관한 로마서 8장의 약속이 성취되겠는가? 아니다. 왜 그런가? 8장의 의미가 통하려면 구속함을 받고 신세계에서 부활하는 사람들은 옛 땅에서 고난을 받은 사람들과 같은 사람들이어야만 한다. 만일 그렇지 않다면 그들이 구속에 대해 갈망한 것은 성취되지 않을 것이다. 인간이 가는 대로 동물은 따라간다. 인간의 탄식과 동물의 탄식 사이의 유사성에 대해 바울이 말한 논리를 따른다면 최소한 옛 땅에서 고통 받은 동물들 중 일부는 새 땅에서 온전해져야만 한다.

탄식하는 "동물"들은 추상적인 개념이 아니다. 탄식하며 부활의 갈망 속에 부르짖는 피조물들은 고통 받는 사람들뿐만 아니라 동물들도 포함한다. 이들은 다른 이들의 구원이 아니라 바로 자신들의 구원을 위해 부르짖는다. 나는 이 구절이 하나님께서 옛 땅에서 살았던 동물 중에서 일부를 재창조하실 것을 말해 준다고 믿는다.

멸종된 동물들도 새 땅에 살겠는가?

어떤 사람이 "제 아이들은 심지어 공룡과 같은 멸종된 동물들도 천국에 있기를 소망하고 있답니다"라는 내용의 편지를 나에게 보내왔다. 이것은 단지 어린아이의 상상에 불과한가? 나는 이것이 합리적인 결론에 근거한 질문이라고 생각한다. 공룡도 하나님의 본래 창조인 완전한 동물 세계의 일부였는가? 분명히 그렇다. 땅의 회복과 하나님의 피조물의 구속은 멸종된 동물들을 회복시킬 정도로 완전할 것인가? 멸종된 동물들도 그리스도께서 새롭게 하실 "만물" 가운데 포함될 것인가? 그렇게 생각할 수 있는 이유가 얼마든지 있으며 이에 반대되는 설득력 있는 주장은 없다고 생각한다. 멸종된 동물들과 식물들이 다시 살아날 것을 우리가 온전히 기대해야만 한다고 나는 생각한다. 하나님의 본래 창조세계를 부활시킴으로써 하나님께서는 죄와 사망을 이기신 그분의 승리의 완전성을 보이실 것이다.

동물들은 하나님의 영광을 위해 창조되었다. 티라노사우루스보다 주님의 놀라운 힘을 더 잘 말해 주는 것이 무엇인가? 욥에게 말씀하실 때에 하나님께서는 거대한 땅과 바다의 동물인 하마(behemoth)와 악어(leviathan) 가운데 계시된 하나님의 위대함을 가리키신다(욥 40-41장). 모든 사람들이 새 땅에서 이러한 하나님의 위대한 불가사의들을 즐길 기회를 갖지 말아야 할 이유가 무엇인가?

영화 "쥬라기 공원"(Jurassic Park)의 엄청난 위엄을 지녔지만 폭력성이나 적대감은 없는 거대한 동물들을 상상해 보라. 브론토사우루스를 타거나 아니면 익룡의 등에 타고 날아다닐 것을 상상해 보라. 하나님께서 이들을 창조하실 때에 실수로 그런 것이 아니라면―분명히 그분은 실수하지 않으셨다―그가 "만물을 새롭게 하실 때"에 이들을 포함시키시지 않을 이유가 무엇인가?

우리의 애완동물들은 새 땅에서 회복될 것인가?

유머 작가 윌 로저스는 "만일 천국에 개가 없다면 나는 죽어서 그들이 간 곳으로 가고 싶다"고 말했다. 물론 이 말은 신학에 근거한 것이 아니라 감상주의에 근거한 말이다. 그러나 이 말은 성경적이다. 그것은 하나님이 주신 동물에 대한 애정이다. 종종 나는 우리 집 개인 골든 리트리버에 대해 하나님께 감사를 드린다. 내가 소년이었을 때에 그 녀석은 내가 하늘의 별을 바라보면서 뒤뜰에 누워있을 때에 나의 슬리핑 백 속으로 기어 들어왔다. 당시에 나는 하나님을 알지 못했지만 그분은 그 개를 통해 나의 삶을 만지셨다. 낸시와 나는 동물들과 함께 웃음과 기쁨의 많은 시간들을 경험했다.

분명히 사람들은 동물들과의 관계에 있어서 불건전한 극단으로 치우칠 수 있다. 애완동물 심리학자(pet psychologist)들이 말이나 시암 고양이에게 유산을 물려주는 것에 대해 우리의 눈이 휘둥그레지는 것도 당연하지만 우리는 왜 그렇게 많은 사람들이 그들의 애완동물에게서 그런 교제와 위로와 기쁨을 발견하는지 자문해야만 한다. 이런 것이 죄 때문인가? 나는 하나님께서 동물과 우리를 그렇게 만드셨기 때문이라고 믿는다.

그래서 애완동물들이 천국에 있을지 아닐지에 대한 질문은 어떤 이들이 생각하는 것처럼 어리석지 않다. 동물들은 사람만큼 가치가 있지는 않지만 하나님께서 그들의 창조주이시고 그들을 통해 많은 사람들의 삶을 만지셨다. 하나님께서 원하신다면 하나님은 간단하게 천국에서 애완동물들을 재창조하실 것이다. 그분은 모든 좋은 선물들의 수여자이시지 약탈자가 아니시다. 애완동물을 새 땅에 회복시키는 것이 우리의 기쁨이 된다면 그것만으로도 충분한 이유가 될 것이다. 자녀들의 요구 때문에 애완견을 사준 부모를 생각해 보라. 하나님께서는 자기 자녀들에게 좋은 선물을 주시는 데 너무 능하시다(마 7:9-11). 만일 우리가 천국에 동물들이 있으면 행복하지 못할 것이라고 그들을 반대한다면 다시 말하지만 그것은 기독교 플라톤주의이다. 왜냐하면 하나님의 피조물에서 행복을 발견할 때에 우리는 그분 안에서 행복을 발견하기 때문이다.

우리는 새 땅에 동물들이 있을 것을 안다. 새 땅은 구속받고 새롭게 된 옛 땅이다. 사람들은 부활하여 이 땅에 거하게 될 것이다. 우리가 본 것처럼 로마서 8:21-23은 고통 받는 피조물들이 인간의 부활을 통한 구원을 간절히 기다리고 있다고 가정한다. 이것은 옛 땅에서 살면서 고통 받다가 죽었던 동물들 중 일부가 새 땅에서는 반드시 온전하게 되어야만 하는 것처럼 보인다. 그들 중에 우리의 애완동물도 포함될 수 있지 않을까?

하나님께서는 새 땅에서 세 가지 중 하나를 할 수 있으신 것 같다. ①완전히 새로운 동물들을 창조하신다. ②현재 세상에서 고통 받은 동물들을 다시 살리셔서 불멸의 몸을 허락하신다(이것은 재창조가 될 수 있지만 반드시 부활일 필요는 없다). ③완전히 새로운 동물들을 "무에서부터" 일부 창조하시고 동시에 옛 동물들 중에서 일부를 다시 살리신다.[1]

나는 신학적으로 오류가 있을까 두려워서 부활이란 용어를 피하였다. 이 용어는 사람과 동물 사이의 근본적인 차이점을 인정하지 않는 오류를 범할 수 있으며, "동물 권리 운동가들"은 이러한 오류를 범한다. 그러나 광범위한 의미에서 볼 때에 구속과 부활이란 단어는 인간에게 뿐만 아니라 땅, 식물, 동물에게도 정당하게 적용할 수 있다. 부활한 밭, 초장, 꽃, 혹은 동물들은 물론 어떤 의미에서도 부활한 인간과 견줄 수 없다. 이는 창조와 타락이 인간 때문에 이뤄진 것처럼 구속과 부활도 인간으로 말미암아 이뤄질 것이기 때문이다.

씨. 에스. 루이스는 그의 많은 저서에서 동물들의 미래에 관해 언급했다. 그는 다음과 같이 말했다. "어떤 동물들은 불멸할지 모른다. 그러나 그것은 그들 자신들 때문이 아니라 그들 주인의 불멸성 때문이다. 야성의 상태에서 자아(self)나 에고(ego)에 도달할 동물들은 정말 없다. 만일 있다 할지라도 그리고 그들이 다시 사는 것이 하나님의 선하심과 일치한다 할지라도 그들의 불멸성은 인간과 관련이 있을 것이다. 이번에는 주인 각 사람과 관련이 있는 것이 아니라 인류 전체와 관계가 있을 것이다."[2]

「천국과 지옥의 이혼」(*The Great Divorce*)에서 루이스는 땅에 사는 평범한 여인인 사라 스미스를 천국에서 위대한 여인으로 그렸다. 땅에서 그녀는 사람들과 동물들 모두를 사랑했다. 천국에서 그녀가 땅에서 돌본 바로 그 동물들이 그녀를 둘러싼다.

천국에 관한 탁월한 저서를 쓴 조니 에릭슨 타다는 말한다. "만일 하나님께서 애완동물들을 다시 살리신다 해도 나는 놀라지 않을 것이다. 그것은 너무나 그분답기 때문이다. 그것은 아끼지 않으시고 넘치도록 부으시는 그분의 성품과 완전히 일치하며 은혜 위에 은혜이다. 우리를 위해 천국에 간직된 모든 빛나는 발견과 황홀한 기쁨 중에서 스크래피(저자의 개 이름—역주)를 볼 수 있다는 것은 순전히 기발한 생각이요, 너무나 놀랍고 넘치는 기쁨일 것이다. 천국은 우리의 위대하신 하나님의 선하심과 기쁨을 가능한 한 다양한 방법으로 투영하고 반영하는 곳이 될 것이다. 하나님은 그분의 자녀들에게 사랑을 부어 주길 기뻐하신다."[3]

하나님께서는 동물에 대해 어떤 미래를 계획하고 계신가?

1781년 11월 30일에 말을 타고 오랜 세월을 보낸 존 웨슬리는 놀라운 메시지를 전했다. 그의 메시지는 하나님께서 가축과 새에게 먹을 것을 공급하신다는 성경 구절과 곡식을 떠는 소의 입에 망을 씌우지 말라는 성경 구절로 시작된다. 웨슬리는 묻는다. "만일 모든 생물의 창조주이시며 아버지이신 하나님께서 모든 생물에 대해 풍성한 자비를 보이신다면…지면을 덮고 있는 모든 종류의 불행은 어찌된 것입니까?…들의 모든 짐승들과 하늘을 나는 모든 새들은 낙원에서 아담과 함께 있었습니다. 그리고 의심의 여지없이 그들의 상태는 그 낙원에 적합했습니다. 그들은 낙원과 같은 삶을 살았고 완전히 행복했습니다."[4]

웨슬리는 땅에서 인간에게 부여된 역할과 더불어 또한 하나님께 대한 인간의 신실함으로 인해 동물들이 어떤 혜택을 누렸으며 인간의 반역으로 어떤 고통을 겪었는지를 설명하였다. "인간은 땅에서 하나님의 대리자요, 이 낮은 세상에서 왕자와 통치자였습니다. 하나님의 모든 축복은 인간을 통해 더 열등한 피조물들에게 흘러갔습니다. 인간은 창조주 하나님과 전 동물들 간의 전달의 통로였습니다…그러므로 인간이 이러한 축복을 전달해 줄 수 없게 되었을 때에 전달의 통로도 필연적으로 끊어지게 되었습니다."

웨슬리는 동물들도 본래는 지금보다 더 큰 이해력과 의지, 열정, 자유 그리고 선택권을 가지고 있었다고 주장했다. 그는 말했다. "지금도 여전히 남아 있는 것에서 볼 때에 우리는 그들이 얼마나 아름다웠을지 추측할 수 있습니다…아마도 그들이 많이 잃어버리긴 했어도 그들의 활력과 힘, 그리고 민첩함을 유지하고 있습니다. 그러나 그들이 그들의 이해력에 있어서 훨씬 더 많은 것을 잃어버렸다는 것은 확실합니다. 인간이 그의 완전함과 하나님께 순종하는 사랑스러움을 잃어버린 것처럼 짐승들도 그들의 완전함과 인간에게 순종하는 사랑스러움을 상실하였습니다."

웨슬리는 새 땅에서 동물의 왕국이 장엄하게 회복되는 모습을 그렸다. "그들의 아름다움과 함께 그들의 행복도 돌아올 것입니다…새 하늘에서 뿐만 아니라 새 땅에서도 그들에게 고통을 주는 것은 하나도 없고 대신에 행복을 주기 위해 하나님의 지혜와 선하심을 통해 창조하신 모든 것들만 존재할 것입니다. 그들[동물들]이 일전에 당한 고난에 대한 보상으로 그들은 그들의 상태에 맞는 행복을 순수하게 방해받지 않고 영원히 누리게 될 것입니다."

그런 뒤에 웨슬리는 비범한 생각을 했다. "그러므로 동물들을 보다 더 높은 수준의 존재로 격상시키는 것이 전지하시고 은혜로우신 창조주 하나님을 기쁘시게 한다면 어떻게 해야 하겠습니까? 동물들로 하여금 그들을 지으신 자를 알고, 사랑하고 즐거워할 수 있도록 하는 것이 그분을 기쁘시게 한다면 어떻게 해야 하겠습니까?"

어떤 동물들은 말을 할 수 있는가?

비아트릭스 포터, 씨. 에스 루이스의 아동 동화를 좋아하는 대부분의 사람들이나 혹은 동물이 말을 하는 작품을 쓴 다른 사람들이라 할지라도 아마도 에덴 동산에서 어떤 동물들이 실제로 말을 했을지도 모른다는 가능성과 그들이 새 땅에서 말을 할 수 있다는 가능성을 진지하게 생각하지는 않았을 것 같다.

우리는 에덴에서 "뱀은 여호와 하나님이 지으신 들짐승 중에 가장 간교하니라"라는 말을 듣는다(창 3:1). "가장 간교하니라"란 말은 다른 동물들도 간교했다는 것을 암시한다. 동물들은 지혜로웠으며, 아마도 우리가 생각하는 것보다 훨씬 더 지혜로웠던 것 같다. 우리가 주변에서 보는 동물들 중에서 가장 지혜로운 동물들은 일전에 완전했던 것들이 타락한 뒤에 남은 존재들이다. 뱀의 지성은 생각하는 것과 설득하는 말 속에 잘 나타나 있다.

하나님의 창조성으로 가득한 우주에서 말하는 동물이나 인간 이외의 지성—예를 들어, 말을 할 뿐만 아니라 경배하는 천사들과 "생물들"(living creatures)로 인해 우리가 놀라야만 하는가? 만일 사람들이 새 땅에서 더 머리가 좋아지고 더 능력이 많아진다면 동물들도 더 머리가 좋아지고 더 능력이 많아지는 것이 놀라운 일이겠는가? 넘어질 때(죄)나 일어설 때(부활) 그 어느 경우에도 인간이 가는 대로 피조물들도 간다는 사실을 기억하라.

씨. 에스. 루이스는 부활한 땅의 모습이 어떤 모습인지 우리에게 기발하게 보여준다. 「마술사의 조카」(The Magicain's Nephew)에서 아슬란 왕은 아담의 아들들과 이브의 딸들에게 이제 나니아에서의 첫날에 그들이 자기의 왕들과 왕비들이 될 것이라고 선포한다. 말을 하는 동물들이 첫째 왕과 첫째 왕비에게 왕관을 씌워주고 인간이 자신들을 다스릴 것을 기뻐한다.

이 장면을 보고 있던 동물 중 하나는 스트로베리라고 불리는 말이다. 그는 땅에 있을 때에 런던에서 마차를 끌던 자였다. 그는 수고했고 때때로 그의 착한 주인이며 마부였던 프랭크에게 빨리 가라고 채찍을 맞았다. 아슬란이 플레지라고 이름을 다시 지어준 스트로베리는 새 나니아에서 새롭게 왕이 된 프랭크를 보고 놀란다. "저의 옛 주인님이 제가 변한 것처럼 변하셨네요! 자 이제 그분은 저의 진정한 주인이십니다."[5]

후에 아슬란은 왕 프랭크와 왕비 헬렌에게 말한다. "의롭고 자비로우며 용감해라. 축복은 너희 위에 있단다."[6]

모든 사람들이 축제를 벌인다.

모든 동물들이 기뻐한다.

만군의 주인 아슬란도 기뻐한다.

제12부
우리는 천국에서 무엇을 할 것인가?

제38장 · 천국에서도 심심할 수 있겠는가?

제39장 · 예술, 엔터테인먼트, 스포츠가 있겠는가?

제40장 · 우리의 꿈들은 성취되고 이 세상에서 잃었던 기회들을 다시 얻을 수 있겠는가?

제41장 · 우리는 세공, 기술, 새로운 형태의 여행을 고안할 것인가?

제38장 | 천국에서도 심심할 수 있겠는가?

영원에 대한 일반적인 오해는 「스타 트렉: 넥스트 제너레이션」(Star Trek: The Next Generation)에 잘 나타난다. 불멸의 "Q 컨티넘"(continuum)의 한 사람이 자기의 존재를 끝내길 갈망한다. 왜 그런가? 왜냐하면 그가 불평하길 말하고 행할 수 있는 모든 것을 이미 사람들이 말했고 행했기 때문에 이제는 단지 반복과 극도의 지루함만이 있을 뿐이라는 것이다. 그는 "우리에게 있어서 그것은 불멸이라는 병이다"라고 말한다. 마침내 그는 자기의 존재를 끝내도록 허락을 받는다.

공상과학 소설가인 아이작 아시모프는 다음처럼 쓴다. "나는 내세를 믿지 않기 때문에 지옥을 두려워하거나 아니면 천국을 더 두려워하며 살 필요가 없다. 지옥의 고통이 무엇이든 간에 나는 천국의 지루함이 훨씬 더 나쁘다고 생각한다."

불행하게도 그리스도인들 가운데에도 천국은 지루한 곳이라는 신화가 팽배해 있다. 때로 우리는 하프를 켜거나 황금길을 광내는 것 이외에 다른 어떤 것도 마음속에 그리지 못한다. 우리도 "하나님을 향하여 비방하되 그의 이름과 그의 장막 곧 하늘에 사는 자들을 비방하는" 사단의 전략에 넘어갔다(계 13:6).

지루함을 피하기 위해 우리는 무엇을 하겠는가?

종종 사람들은 "나는 천국에서 지루하게 보내느니 차라리 지옥에서 좋은 시간을 보내겠다"고 말한다. 많은 사람들이 지옥을 우리가 어슬렁어슬렁 돌아다니면서 당구도 치고 친구들과 농담을 하는 곳으로 상상한다. 이런 일은 새 땅에서는 가능하지만 지옥에서는 불가능하다.

지옥은 고통과 고립의 장소이며, 그곳에는 우정이나 좋은 시간은 존재하지 않는다. 지옥은 완전히 지루하다. 선하고, 즐겁고, 신선하고, 매력적이며 재미있는 모든 것은 하나님께로부터 나온다. 하나님이 안 계시면 재미있는 일은 아무것도 없다. 다윗

왕은 "주의 앞에는 기쁨이 충만하고 주의 우편에는 영원한 즐거움이 있나이다"라고 썼다(시 16:11). 하나님 앞에는 기쁨 이외에 다른 것이 없다.

천국이 지루할 것이라는 믿음에는 하나님은 지루한 분이라는 이단적 생각이 들어 있다. 이보다 더 큰 난센스는 없다. 기쁨과 즐거움을 경험하고자 하는 우리의 갈망은 하나님의 손에서 나온 것이다. 그분은 우리의 혀의 미각과 아드레날린, 성적 욕망 그리고 쾌감을 두뇌에 전달해 주는 말초신경을 만드셨다. 마찬가지로 우리의 상상력과 기쁨과 쾌감을 느끼는 능력도 우리가 지루하다고 비난하는 그 하나님께서 만드신 것이다. 우리는 재미라는 개념은 인간이 만들어낸 것이라고 생각할 정도로 교만하지 않은가?

누군가가 "언제나 좋기만 해도 지루하지 않을까요?"라고 물었다. 죄는 흥분되고 의는 지루하다는 그의 전제를 조심하라. 우리는 마귀의 거짓에 속는다. 그의 가장 기본적인 전략은 아담과 이브에게 사용한 전략과 동일한데 그것은 죄는 만족감을 가져다준다고 우리로 믿도록 만드는 것이다. 그러나 실제로 죄는 우리에게서 만족감을 빼앗아 간다. 죄는 인생을 재미있게 해주기보다는 공허하게 만든다. 죄는 모험심이 생기게 하기보다는 그것을 죽인다. 죄는 생명을 확대하지 않고 오히려 그것을 축소시킨다. 죄의 공허함은 결국 지루함으로 이어진다. 만족감이 있고, 아름다움이 있을 때, 그리고 무한한 매력의 저수지이신 하나님을 실제 있는 모습 그대로 볼 때에 지루함은 불가능하다.

죄가 없으면 흥분되는 일도 존재할 수 없다고 믿는 사람들은 마음이 죄의 독에 물든 채 살아가는 자들이다. 마약 중독자들은 마약이 없으면 행복한 삶을 살 수 없다고 확신한다. 실제로―모든 사람들이 보아서 알듯이―마약은 사람들을 불행하게 만든다. 죄로부터의 자유란 하나님이 본래 의도하신 자유, 즉 모든 것에서 훨씬 더 큰 기쁨을 발견하는 자유를 의미한다. 시편 16:11에서 말한 대로 천국에서 우리는 기쁨과 영원한 즐거움으로 충만할 것이다.

사람들이 천국을 지루하게 생각하는 또 다른 이유는 그리스도인들의 삶이 지루하기 때문이다. 그것은 하나님의 잘못이 아니라 그리스도인들의 잘못이다. 하나님은 우리를 부르셔서 모험 중에 그분을 따르도록 하셨으며, 그 모험은 삶의 벼랑 끝으로 우리를 몰고 간다. 우리가 성령 하나님의 원기 왕성한 자극을 경험하고, 그분이 우리의 삶을 그분의 선하신 인도하심으로 채우실 것을 믿고, 또한 날마다 그분의 은혜로운 친절로 가득한 어린아이와 같은 기쁨을 경험한다면, 우리는 하나님께서 너무나 재미있는 분이시며 또한 천국이 즐거운 곳임을 알게 될 것이다. 이와 다른 것이 있을 수 있겠는가?

우리는 일을 할 것인가?

성경에서 부활한 사람들이 부활한 땅의 활력 넘치는 사회에서 일하는 모습을 다음의 말씀보다 더 확실히 보여주는 말씀은 없다. 우리는 하나님을 도와 우주를 경영할 것이다(눅 19:11-27). 우리가 맡을 일로서 다음은 어떤가? 하나님의 우주경영 보조하기(눅 19:11-27). 성경에서 부활한 사람들이 부활한 땅의 활력 넘치는 사회에서 일하는 모습을 이보다 더 확실하게 보여주는 말은 없다.

새 땅에서 하나님께서는 우리에게 새 마음과 놀라울 정도로 튼튼한 몸을 주실 것이다. 우리는 에너지와 비전으로 가득한 온전한 사람이 될 것이다. 제임스 캠벨은 말한다. "내세에서의 일은 어떤 일이든 간에 구체적으로 각 개인의 적성과 능력에 맞는 일일 것이다. 그 일은 그가 가장 잘 할 수 있는 일일 것이며 그 안에 있는 모든 잠재력을 최대한 발휘할 수 있는 일일 것이다."[1]

저주 아래에서도 우리는 일이 얼마나 사람들을 풍요롭게 해주고 얼마나 관계 형성에 도움을 주며, 얼마나 우리의 발전을 도모해 주는지 안다. 일을 통해 우리는 더욱 지혜롭고, 현명해지며 더 많은 만족감을 얻는다. 선한 일을 위해 우리를 창조하신 하나님께서는(엡 2:10) 우리를 부활시킨 후에 새 우주에 거하게 하실 때에 이 목적을 취소하지 않으실 것이다.

우리는 천국에서 하나님을 섬길 것이라는 말을 듣는다(계 7:15; 22:3). 섬김은 적극적이며 수동적이지 않다. 섬김이란 책임의 완수를 말하며 이를 수행할 때에 우리는 에너지를 소비한다. 천국에서의 일은 좌절감을 가져다주지 않고 열매 없는 일이 없다. 대신에 영원한 성취가 계속되며, 부패나 피로의 방해를 받지 않고, 무한한 자원의 공급으로 인해 고양된다. 우리는 우리가 좋아하는 스포츠나 취미생활을 할 때의 열정으로 일할 것이다.

천국에서 우리는 그리스도와 함께 통치하며 리더십과 권세를 사용하여 중요한 결정들을 내릴 것이다. 이것은 우리의 지도자들이 우리에게 구체적인 책임을 주며, 우리도 우리의 리더십 아래에 있는 자들에게 책임을 구체적으로 위임할 것을 암시한다(눅 19:17-19). 우리는 목표를 설정하고 계획을 수립하며, 아이디어를 나눌 것이다. 현재 이 땅에서의 가장 멋진 직장업무—이때에 만사가 우리의 계획보다 훨씬 더 나은 결과를 낳고, 모든 일이 정시에 이뤄지며, 모든 팀원들은 하나가 되어 서로를 즐긴다—라 할지라도 새 땅에서 일을 통해 우리가 경험하게 될 기쁨에 비하면 맛보기에 지나지 않는다.

몸이 없이 존재하면 지루하겠지만 부활의 몸이 있기 때문에 지루함은 사라진다. 동물학자들은 동물들을 연구하고 그들과 함께 놀며 원예가들은 꽃들을 연구하는 것을 상상해 보라. 탁월한 재주가 있는 천문학자들과 탐험가들은 한 별에서 다른 별로, 한 은하계에서 다른 은하계로 하나님의 창조의 경이를 탐구하기 위해 여행을 떠날지 모른다. 새 땅에서의 삶이 지루할 것이라고 생각한다면 우리는 아직 그 삶을 이해하지 못한 것이다. 하나님과 그분의 말씀을 자세히 살펴보라. 그럴 때에 그분 앞에서 우리가 지루할 것이라는 생각은 사라지고 만다.

삶에서 일이 계속되겠는가?

옛 땅과 새 땅 사이에는 연속성이 있기 때문에 옛 땅에서 시작했던 일을 계속할 가능성이 존재한다. 나는 우리가 죽기 전에 하던 일이나 꿈꾸던 일들을 계속 할 것이라고 믿는다. 물론 타락한 세상의 성품 때문에 생겼던 직종들—의사(쇠퇴), 경찰관(범죄), 장의사(죽음), 보험 설계사(장애) 등등—은 새 땅에서는 더 이상 존재하지 않고 천국에서 그들의 직종이 바뀌겠지만 그렇다고 해서 그들이 실업자가 된다는 뜻은 아니다. 현재 단지 흥미나 취미로 했던 것들이 그들의 중요한 직업이 될 수 있다. 그러나 어떤 이들은 그들이 지금 하고 있는 일—정원사, 엔지니어, 건축가, 예술가, 동물 조련사, 음악가, 과학자, 공예가, 그리고 수많은 다른 직업들—과 비슷한 일을 계속할지 모른다. 중요한 차이가 있다면 수고와 고통 그리고 죄의 장애물 없이 그들이 일을 할 것이라는 점이다.

작가인 빅터 위고(Victor Hugo)는 자신의 일생 동안의 작품을 회고하면서 천국에서 그가 할 일에 대한 기대감에 관해 심오한 말을 했다.

나는 내 안에서 미래의 삶을 느낀다. 나는 완전히 벌목당한 숲과 같다. 새로운 싹들은 더 강하고 더 밝다. 나는 내 삶의 종착지에 다다를수록 더욱더 분명하게 천국을 향해 올라가며, 나를 부르는 세계의 불멸의 오케스트라의 소리가 점점 더 분명하게 들려온다. 반세기 동안 나는 역사, 드라마, 철학, 로맨스, 전통, 풍자, 송가와 노래 같은 생각들을 산문과 문장으로 옮겨 왔다. 나는 이 모든 것을 시도해 보았다. 그러나 나는 내 안에 들어 있는 것의 천분의 일도 다 쏟아내지 못한 느낌이다. 내가 무덤으로 내려갈 때에 다른 사람들처럼 나도 "내 날의 일은 끝났다"고 말할 수 있다. 그러나 "내 인생은 끝났다"고 말할 수 없다. 내 일은 다음날 아침 새로이 시작될 것이다. 무덤은 막다른 골목이 아니라 통로이다. 그 통로는 황혼 때에 닫히지만 새벽 미명에 열린다.[2]

나는 위고가 옳다고 확신하며 또한 모든 그리스도인이 평생 동안 한 일이, 비록 언제나 그들의 일로 남아 있지는 않겠지만, 새 땅에서도 계속될 것이라고 확신한다. 결국 하나님을 영화롭게 하라는 우리의 소명은 결코 끝나지 않을 것이다. 그 소명이 지금 이곳에서 적용되었던 것처럼 그때 그곳에서도 적용되고 새로운 방법으로 뿐만 아니라 옛 방법으로도 성취될 것 같다.

「천국에 관한 성경의 교리」(*The Biblical Doctrine of Heaven*)에서 윌버 스미스는 "천국에서 우리는 땅에 있을 때에 꿈꿨지만 이룰 시간과 힘과 능력이 없어서 하지 못했던 가치 있는 많은 일들을 끝낼 수 있을 것이다"라고 주장한다.[3] 이런 생각은 힘이 된다. 그러므로 모든 일을 지금 해야만 한다는 미친 듯한 생각이나 혹은 시간, 돈, 힘의 제한으로 인해 그리고 우리가 사랑하는 어떤 일들을 하지 못하도록 하는 여러 의무들로 인해 절망 가운데 포기했던 일들에서 우리는 구원을 받는다.

제임스 캠벨도 위와 비슷한 생각으로 위로를 받았다.

이런 생각은 가장 왕성하게 능력을 발휘하는 순간에 갑자기 종말을 고하는 인생의 고통의 신비에 일종에 안도의 빛을 비춰준다. 이와 같은 비극 앞에서 우리는 본능적으로 다음과 같은 질문을 던진다. 왜 이런 낭비가 있어야만 한단 말인가? 이처럼 훌륭한 영혼이 받은 모든 훈련과 연단 그리고 교양을 잃어버려야만 한단 말인가? 그럴 수 없다. 하나님의 우주에서는 어떤 것도 잃지 않는다. 어떤 준비도 헛되지 않다. 저 위에서는 명철

한 머리와 따뜻한 가슴, 그리고 능숙한 손이 필요하다…한 가지 일이 끝나면 다른 일이 시작될 것이다. 한 가지 의무를 완수하면 다른 의무가 주어질 것이다. 위의 아버지 나라에서 더 높은 차원의 섬김에 대한 기쁨의 기대감이 이곳 아래에서 잃어버린 노고에 대한 서운함을 삼켜 버릴 것이다. 준비된 마음으로 기꺼이 섬기려는 일꾼들 모두는 이러한 기대감을 체험하게 될 것이다…그분은 하늘에서 탄생한 어떤 소망도 수치를 당하도록 하지 않으실 것이며 삶의 가장 밝은 비전들을 실현시켜 주실 것이다.⁴

우리가 하는 일이 영원히 계속될 것을 알고서 과업을 수행하고, 건설하고 창조한다는 것은 어떤 것일까? 가장 멋진 일들이 항상 우리 앞에 펼쳐지면서 기술을 습득하는 것은 어떤 것일까? 몸과 마음이 전혀 약해지지 않고 자원이나 기회도 고갈되지 않기 때문에 우리의 일은 퇴보하지 않을 것이다. 건설도 단지 50년으로 끝나지 않고 책도 단지 20년만 출판되는 것이 아니라 영원히 계속될 것이다.

문화 발전이 있을 것인가?

안토니 호케마는 말한다. "태초에 인간은 소위 문화 명령(cultural mandate)—땅을 통치하고 하나님을 영화롭게 하는 문화를 개발하라는 명령—을 받았다. 죄로 말미암은 인간의 타락으로 인해 이 문화 명령은 하나님께서 의도하신 대로 시행된 적이 한 번도 없었다. 이 명령은 죄가 없는 새 땅에서만 실현되며 오직 그때가 이르러야 우리는 땅을 바르게 통치할 수 있을 것이다."⁵

타락이 없었더라도 인간의 문화가 존재했겠는가? 물론이다. 문화는 인간이 피조세계를 통치할 수 있도록 하나님께서 재능을 주시고, 온전하게 하시고, 부르신 산물이다. 또한 이는 하나님의 본성에 맞는 산물이며 하나님께서 의도하신 것이다. 성경은 타락 후의 농업, 야금학, 그리고 악기 제작의 발달 상황을 설명한다(창 4:20-22). 만일 하나님께서 이러한 문화적 발전에 관심이 없으셨다면 그분은 이런 것들에 주목하지 않으셨을 것이다. 하나님께서 자기의 형상을 지닌 자들을 지으신 것은 그들의 창조적인 업적을 통해 영광을 받으시기 위함이며, 하나님은 이를 기뻐하신다.

인간의 역사 가운데 땅을 정복하라는 하나님의 명령의 성취가 어떤 것인지를 맛본 사람은 오직 아담과 이브 두 사람 뿐이었지만 그리 오래 가지 못했다. 하나님께서는 근시안을 가지셨기 때문에 그들의 타락을 예측하지 못하셨는가? 그분께서는 아담과 이브가 범죄한 후에 그들을 포기하셨는가? 그렇지 않다. 그분께서는 더 위대한 방법으로 그분의 본래 계획을 달성할 계획을 지니셨다. 부활한 문화는 어느 사회도 이제까지 보지 못한 무한의 수준에까지 도달할 것이다.

「미래의 약속」(The Promise of the Future)에서 신학자 코넬리우스 베네마는 다음처럼 쓰고 있다. "모든 인간 문화의 합법적이고 훌륭한 열매들은 새 창조의 삶의 영광으로 옮겨지고 이에 공헌할 것이다. 새 창조는 인간이 문화명령의 성취를 통해 얻은 고귀한 열매들을 완전히 다 버린 후에 완전히 새롭게 시작하기보다는 이러한 열매들의 유익을 누리고 이를 수용함으로써 엄청난 부요를 얻게 될 것이다."[6]

우리는 우리를 기다리고 있는 것에 대해 큰 비전을 가져야 한다. 하나님의 구속의 역사는 우리가 생각하는 것보다 훨씬 더 위대하다. 하나님은 우리가 상상하는 것보다 훨씬 더 위대하신 분이기 때문이다.

구조선 신학인가 아니면 방주 신학인가?

폴 마샬은 세상은 영원히 좌초되었다는 잘못 만연된 개념에 대해 말한다. 많은 사람들이 "지금 중요한 일은 난파선에서 사람들을 구조하는 것"이라고 생각한다고 그는 말한다.⁷ 그는 이를 "구조선 신학"이라고 부른다.

"피조세계는 마치 타이타닉호와 같다. 우리는 죄라는 빙산과 부딪혔기 때문에 구조선으로 탈출하는 것 이외에 우리가 할 수 있는 일은 아무것도 없다. 배는 급속히 침몰하고 있으며 하나님께서는 배를 포기하셨고 오직 그의 백성들의 생존만을 걱정하신다. 하나님의 피조세계를 구하려고 하는 어떤 노력도 갑판의 의자들을 재정돈하는 것과 같다. 어떤 이는 말하기를 우리의 유일한 임무는 구조선을 타고 바다 위에 뜨는 것이며 물에 빠져 죽어가고 있는 희생자들을 구조선에 태워 천국에 이를 때까지 항해하는 것이라고 한다. 그리고 천국에서 우리 모두는 잘 살 것이다."⁸

마샬은 이런 생각이 많은 복음주의 그리스도인들의 마음에 견인차 역할을 하는 가정과 관점이라고 말한다. 그는 구조선 신학의 대안을 제안하면서 이를 방주 신학이라고 부른다. "노아의 방주는 사람을 구원했을 뿐만 아니라 하나님의 다른 피조물들도 보존했다. 방주에서 노아는 도망칠 궁리를 하지 않고 땅으로 돌아가 다시 시작할 것을 궁리했다. 홍수가 물러가자 모든 사람과 만물은 땅을 회복하기 위해 다시 돌아가기로 되어 있었다."⁹

하나님께서 사람과 동물 그리고 땅을 보전하신 것은 그분이 자신의 피조물들을 포기하지 않으셨음을 보여준다. 사실 그분은 홍수 후에 아담과 이브에게 한 명령인 '땅에 충만하고 다스리라'는 동일한 명령을 노아에게 하셨다. 노아는 방주를 나와 포도나무를 심었으며(창 9:20), 인류는 다시 땅에서 일하기 시작했다.

우리의 재능과 관심사는 우연이 아니라 우리가 그렇게 만들어졌기 때문이다. 우리를 이렇게 만드신 분은 하나님이시다. 하나님의 영광을 독특한 방법으로 표현할 수 있도록 그분은 우리 각 사람을 정교하게 만드셨다. 새 땅에서 계속될 문화 창조의 역사에서 우리가 함께 번영할 때에 하나님은 기뻐하실 것이다.

우리의 창의력을 어떻게 표현하겠는가?

저주 아래 있는 이 세상에서도 인간의 상상력과 기술은 놀라운 작품들을 만들어 냈다. 이스터 아일랜드의 조각상. 스톤헨지. 셰익스피어의 연극. 베토벤의 9번 교향곡. 골든게이트 다리. 야구. 심장 이식. 출생전 수술. 마이크로웨이브 오븐. DVD. 우주 왕복선. 초콜릿 아이스크림. 피칸 파이. 스포츠 카. 그 목록은 끝이 없다.

하나님께서 새 땅에서 우리에게 풍성히 부어주실 자원들을 가지고 우리가 함께 성취할 수 있는 것들은 무엇일까? 이를 생각하면 우리는 크리스마스를 기다리는 어린 아이처럼 된다. 그 어린아이는 크리스마스 트리 아래에 무엇이 있는지 살피기 위해 침대에서 몰래 나온다.

창의력이 없다면 음악은 한낱 둔탁한 소리들의 연속일 뿐이다. 창의력이 없다면 책들도 생기가 없고 천박해서 우리의 마음과 생각을 끌지 못한다. 창의력이 없다면 그림도 생명력을 잃거나 아예 존재하지 않을 것이다. 집은 막사처럼 되고 건물들은 상자처럼 될 것이다. 하나님은 우리의 거처를 준비하고 계시며 그분의 영광을 위해 그곳을 개발하도록 하실 것이다.

나는 안토니 호케마가 다음처럼 말할 때에 그의 의견에 동의한다. "우리 앞에 떠오르는 가능성은 현기증이 날 정도다. 새 땅에는 베토벤보다 더 나은 음악가들, 렘브란트나 라파엘보다 더 나은 화가들이 있을까? 지금보다 더 훌륭한 시와 드라마, 산문이 있을까? 과학자들은 계속해서 기술 발전을 이룩하고, 지질학자들은 땅의 보화들을 발굴하고, 건축가들은 으리으리하고 매력적인 건물들을 계속해서 지을까? 우주여행 분야에서도 흥분되는 새로운 모험들이 있을까?…우리가 꿈꿀 수 있는 가장 기상천외한 꿈을 초월하는 그런 문화가 하나님을 영화롭게 할 것이다."[10]

갈릴레오, 다빈치, 에디슨, 아인슈타인이 저주의 영향을 받지 않고 천 년을 산다면 어떤 업적을 남길까? 부활의 마음과 부활의 몸을 가지고 영원히 함께 일한다면 무엇을 성취할까?

새 땅에서 하나님이 우리에게 주신 재능들은 나이나 죽음, 사소한 일이나 불안, 혹은 게으름으로 인해 없어지는 일이 결코 없을 것이다. 죄와 생존의 필요로 인해 산만해지지 않고 그 역량이 감소되지도 않는 상황에서 인류는 하나님의 영원한 영광을 위해 전례 없는 수준의 문화를 창조하고 혁신할 것이다.

우리는 새로운 형태의 문화들을 형성하겠는가?

원하시기만 했다면 하나님은 천사들에게 하나님이 만드신 세상을 그대로 보전하도록 하실 수 있었을 것이다. 그러나 땅을 개발하고, 확장하고 풍요하게 하는 일은 하나님의 형상을 닮은 자들에게 맡겨졌다. 그것이 바로 문화이다. 문화는 예술, 과학, 기술을 포함한다. 이러한 창조의 훈련이 영원에서도 계속될 것인지에 대한 질문의 답은 우리가 성경이 말하고 있는 바를 믿을 때에 나온다. 성경은 인간과 땅 모두가 계속해서 물리적 형태로 존재할 것이라고 말한다. 그렇다면 문화도 계속해서 존재해야만 한다.

예수님은 "내가 하나님의 이름과 하나님의 성 곧 하늘에서 내 하나님께로부터 내려오는 새 예루살렘의 이름과 나의 새 이름을 그이 위에 기록하리라"고 말씀하신다(계 3:12). 예수님은 자기의 이름과 사람, 건물, 문화가 있는 곳인 새 예루살렘의 이름을 우리 위에 기록하겠다고 말씀하신다. 하나님은 그분뿐만 아니라 그분의 장소를 가지고 우리에게 표하기로 결정하신다.

하나님은 창조주(a creator)이시며 그분은 우리를 창조자들(creators)로 만드셨다. 따라서 우리가 창조하는 것은 하나님의 창조의 연장(extension)이다. 그분은 우리의 창조를 인정하시고 수용하시며 기뻐하신다. 아담이 동물들에게 붙여준 이름을 기뻐하신 것처럼 말이다. 그분은 우리가 우리 자녀들의 창조성을 보고 기뻐하듯이 그렇게 우리를 기뻐하신다. 「천국 탐험」(Exploring Heaven)에서 아더 로버츠는 죄의 저주가 사라진 뒤에 삶의 모습을 다음처럼 그렸다.

> 인간의 도시는 다가올 영광을 모방했다. 문명은 건강과 안전을 가져다 주었다. 그리고 노역으로부터 우리를 해방시켰으며 수백만 명의 사람들에게 창조력의 기쁨들을 제공해 주었다. 죄의 저주가 없다면 문명은 얼마나 더 번영하겠는가! 천국에는 도시생활뿐만 아니라 전원생활도 있을 것이다…이미 인간의 도시는 우주를 탐구하고 있다. 그리고 이미 인간의 게놈 지도를 그렸다…죄의 저주가 사라지고, 계시록이 지나가면 분명히 천국의 인간은 사물과 개념의 우주를 완성, 확장하는 일에 있어서 주님의 적극적인 청지기가 될 것이다. 만물이 탄식하며 인류 구속의 때를 기다리고 있다고 바울은 말한다. 문명은 오래되지 않았고, 이제 겨우 시작했을 뿐이다![11]

제39장 | 예술, 엔터테인먼트, 스포츠가 있겠는가?

음악, 춤, 이야기, 미술, 오락, 드라마, 책은 인간 문화에 있어서 중요한 역할을 해왔다. 이들은 새 땅에서도 계속 우리의 삶 가운데 남아 있을까? 나는 그러리라 확신한다.

우리는 노래를 부르고 작곡을 할까?

너무나 멋진 음악 연주를 듣고 놀라서 아무 말도 못한 채 멍하니 앉아 있어본 적이 있는가? 만일 나와 같은 경험이 있다면 그 위대함의 현장을 떠나고 싶지 않을 것이다. 새 땅에서 우리는 결코 떠나지 않는다. 우리의 위대하신 하나님은 만유 위에 계시고, 만유 아래 계시며, 만유 가운데 계시다. 우리는 그분의 경이로움을 피조세계에서뿐만 아니라 인간이 이룬 모든 위업 가운데서도 볼 것이다.

"내가 평생토록 여호와께 노래하며 내가 살아 있는 동안 내 하나님을 찬양하리로다"(시 104:33). 이 땅에서 창조적이고 예술적이며 재능이 많은 사람들은 하나님을 영화롭게 하기 위해 노래도 하고, 악기도 연주한다. 사도 요한은 중간 천국에 나팔과 거문고가 있다고 말한다(계 8:7-13; 15:2). 우리가 부활하기 전에 악기를 가졌다면 새 땅에서 우리가 얼마나 더 악기를 가질지 기대해야만 하지 않을까?

성경은 노래와 악기를 통해 하나님을 찬양하는 사람들로 가득하다. 하나님의 임재를 나타내는 성전에서는 288명의 성가대원들이 찬양을 부르고 다양한 악기들을 연주했다(대상 25:1-8). 시편기자는 백성들에게 나팔, 비파, 수금, 소고, 현악과 퉁소 그리고 제금으로 하나님을 찬양하도록 명했다(시 150편). 히스기야는 "우리가 종신토록 여호와의 전에서 수금으로 나의 노래를 노래하리로다"라고 말했다(사 38:20). 예수님도 제자들과 함께 찬양을 부르셨으며(막 14:26), 사도 바울은 그리스도인들에게 주님께 노래하라고 명했다(엡 5:19). 야고보 사도는 "감사해야 할 이유가 있는 자들은 계속해서 주님을 찬양해야만 합니다"라고 말한다(약 5:13, NLT).

"땅에서 구속함을 얻은" 십사만사천은 하나님의 보좌 앞에서 "새 노래"를 부른다(계 14:2-3). 낙원의 사람들은 저주 받은 땅에서 지은 노래인 "모세의 노래"를 부른다. 이 노래는 출애굽기 15장에 나오는 유월절의 구속을 기뻐하는 바로 그 노래처럼 보인다. 이것은 우리가 땅에서 지은 옛 노래와 천국에서 지은 새 노래 모두를 부른다는 것을 말해준다. 이 노래들은 하나님의 위대하심, 공의, 진리, 거룩, 유일성을 강조한다(계 5:9-10).

성경의 노래들은 계속되지만 땅의 다른 음악들도 보전될 것이다. 헨델의 "메시아," 루터가 지은 "내 주는 강한 성이요," 흑인영가인 "날아오네 주님의 병거가," 아이작 왓츠의 "만왕의 왕 내 주께서"를 상고해 보라. 수많은 문화로부터 나온 수많은 찬송 대곡들과 찬양곡들은 어떤가? 한 번도 들어보지 못한 아름다운 언어로 외딴 벽지의 한 부족이 찬양하는 것을 상상해 보라.

음악은 초월적이어서 이 세상과 저 세상의 가교 역할을 한다. 그래서 사람들은 많은 부분을 음악에 투자하고 그 안에서 기쁨을 얻는다. 우리는 리듬이 풍부하고 하모니가 다양한 곡을 사랑한다. 천국에서 하나님은 우리의 창의력을 제안하지 않으시고 마음껏 발휘하도록 하실 것이다. 음악에 대해서는 초보자인 나도 바하 정도의 곡을 작곡할 수 있을 것이다. 그렇다면 바하는 어떤 종류의 곡을 작곡할지 상상해 보라.

우리는 춤을 추겠는가?

오랜 세월 동안 사람들은 이 땅에서 하나님의 영광을 위해 춤을 추었다(전 3:4; 렘 31:12-14). 홍해를 가른 후에 미리암과 이스라엘의 여인들은 소고를 치고 춤을 추면서 하나님을 찬양하였다(출 15:20-21). 다윗왕은 주님 앞에서 뛰놀며 춤을 추며 기뻐했다(삼하 6:16). 시편 기자는 "주께서 나의 슬픔이 변하여 내게 춤이 되게 하시며"라고 말한다(시 30:11). 탕자가 돌아왔을 때에 집에는 노랫소리와 춤추는 소리가 가득했다(눅 15:25). 그렇다면 새 땅에서는 얼마나 더 춤을 추겠는가?

땅에서 심고 열매를 거두는 기쁨을 누릴 때에 하나님은 음악과 춤을 허락하셨다. "처녀 이스라엘아 내가 다시 너를 세우리니 네가 세움을 입을 것이요 네가 다시 소고를 들고 즐거워하는 자들과 함께 춤추며 나오리라. 네가 다시 사마리아 산들에 포도나무들을 심되 심는 자가 그 열매를 따기 시작하리라"(렘 31:4-5).

우리로 춤을 추게 하는 분은 사단이 아니라 하나님이시다. 사단이 춤을 발명했다고 믿거나 아니면 춤이 본질적으로 죄악된 것이라고 믿는다면 당신은 하나님께 너무나 낮은 점수를 주고 사단에게 너무나 후한 점수를 주는 것이다. 음악이 찬양의 도구인 것처럼 춤도 그렇다. 어떤 음료나 음식, 기도, 종교적 활동들이 하나님을 모독하는 것처럼 어떤 춤도 하나님을 모독한다. 불행하게도 많은 춤들이 부도덕과 음란과 관련이 있다. 그러나 이러한 춤은 새 땅에는 당연히 존재하지 않는다.

우리가 웃겠는가?

"천국에서 웃을 수 없다면 나는 그곳에 가고 싶지 않다." 이 말을 한 사람은 마크 트웨인이 아니라 마틴 루터이다.

유머는 어디서 왔는가? 사람도, 천사도, 사단에게서도 아니다. 선한 유머와 더불어 모든 선한 것들은 다 하나님이 창조하신 것들이다. 하나님께서 유머가 없으시다면 그분의 형상을 닮은 우리도 그러할 것이다. 그분이 유머 감각이 있으시다는 사실은 그분의 피조물 가운데 분명히 드러난다. 아프리카의 땅돼지와 비비를 생각해 보라. 기린을 자세히 살펴보라. 웃음이 절로 나오지 않는가?

천국에서 나는 웃음이 터져 나올 때가 자주 있으리라 믿는다. 정당한 상황에서 웃음이 터져 나올 때에 하나님은 언제나 이를 기뻐하신다. 나는 그리스도께서도 우리와 함께 웃으실 것이라 믿으며, 주님의 재치와 즐거워하시는 성품은 끝없는 웃음을 가져다 주는 가장 큰 자원이 될 것이다.

사랑하는 친구들의 웃음과 같은 것은 없다. 종종 성경은 다가오는 하나님의 나라에서 우리가 식탁 주변에 모여 있는 모습을 그린다. 친구들이 모여서 먹고 대화를 나눌 때에 어떤 소리를 듣는가? 웃음소리이다. 내 아내 낸시는 미식축구를 좋아한다. 그녀는 월요일 저녁에 미식축구 게임을 할 때에는 가족들과 친구들에게 집을 개방한다. 우리 집에 오면 환호와 안타까움의 신음소리도 들리지만 매주 방안을 울리는 주된 소리는 웃음소리이다. 하나님은 우리로 웃고 웃음을 사랑하도록 만드셨다. 웃음에는 치유의 힘이 있다. 새 우주는 웃음으로 울릴 것이다.

지금 내가 웃음에 대해 추측만 하고 있는가? 아니다. 나는 외울 만한 가치가 있는 성경 구절들을 댈 수 있다. "지금 주린 자는 복이 있나니 너희가 배부름을 얻을 것임이요 지금 우는 자는 복이 있나니 너희가 웃을 것임이요"(눅 6:21). 당신은 웃을 것이다.

언제 만족할 것인가? 천국에서이다. 언제 웃을 것인가? 천국에서이다. 이를 확신할 수 있는가? 그렇다. 예수님은 이 약속이 성취될 때에 대해 우리에게 분명히 말씀하신다. "그 날에 기뻐하고 뛰놀라 하늘에서 너희 상이 큼이라 그들의 조상들이 선지자들에게 이와 같이 하였느니라"(눅 6:23).

예수님께서 천국에서 상급으로 만족감을 주시겠다고 약속하시는 것처럼 또한 상급으로 웃음을 주실 것을 약속하고 계시다. 장차 웃음을 기대하면서 예수님은 우리가 지금 "기뻐하며 뛰놀아야 한다"고 말씀하신다. 웃지 않고 완전한 침묵 가운데 기뻐하며 뛰노는 사람을 상상할 수 있는가? 즐거워하는 사람들을 자세히 살펴보라. 무슨 소리가 들리는가? 웃음이다. 포옹을 하고, 등을 두드려 주며, 장난으로 레슬링을 하고, 노래하며, 이야기를 나누기도 한다. 그러나 그곳에는 언제나 웃음이 있다. 웃음은 인간에게 주신 하나님의 선물이며, 우리의 몸이 부활한 이후에는 새로운 차원으로 격상될 선물이다.

우는 자는 후에 웃을 것이다. 누가복음 6장과 같은 말씀을 통해 초대 교인들은 "천국을 땅에서 잃은 특권들에 대한 보상으로 이해하고" 핍박을 견딜 수 있었다.[1] 그리스의 초대 교회 전통에서 부활 주간의 월요일은 "기쁨과 웃음의 날"로서 밝은 월요일(Bright Monday)이라 불렸다.[2] 오직 그리스도의 제자들만이 핍박과 죽음에 직면하고서도 웃을 수 있다. 그들은 현재의 고난이 전부가 아님을 잘 알고 있기 때문이다. 그들은 어느 날 모든 것이 정상으로 회복되어 기뻐할 것을 안다.

하나님의 은혜로 우리는 지금 사망의 음침한 골짜기인 땅에서도 웃을 수 있다. 예수님은 "너희가 울면 땅에서 만사가 곧 잘 풀려서 너희는 웃게 될 것이다"라고 말씀하지 않으신다. 땅에서 만사가 항상 잘 풀리지는 않는다. 병, 손해, 슬픔, 사망이 우리에게 잦아든다. 우리의 상급을 천국에서 받듯이 웃음(상급 중의 하나임)도 현재의 슬픔에 대한 보상으로 천국에서 받는다. 하나님은 우리의 모든 눈물을 닦아 주실 뿐만 아니라 우리의 마음을 기쁨으로 우리의 입을 웃음으로 채우실 것이다.

사단이 하는 새빨간 거짓말 중에 하나는 하나님과 선은 재미가 없고 유머도 없는 반면에 사단과 악은 기쁨과 만족을 가져다 준다는 것이다. 사실 유머가 없는 쪽은 사단이다. 죄는 그에게 기쁨을 가져다 주지 않고 영원히 그에게서 기쁨을 빼앗아 갔다. 반대로 제자들과 함께 계신 예수님을 보라. 만일 그분이 제자들과 장난을 치며 웃는 모습을 그리지 못한다면 당신은 성육신에 관한 이해를 다시 점검해야만 한다. 축하와 자발적인 웃음으로 가득한 영원을 준비하기 위해 우리는 성경에 나타난 유머의 신학이 필요하다.

씨. 에스. 루이스는 그의 소설 속의 인물들이 새 나니아에서 감격적인 재회를 하는 모습 속에서 천국의 웃음을 그리고 있다. "인사를 나누고 키스와 악수를 하면서 옛 농담들을 나눴다"(오륙백 년 동안 쉰 후에 옛날 농담을 다시 한다면 어떻게 들릴지 당신은 상상할 수 있는가?)[3]

우주에서 가장 지적이고 창조적이며, 위트가 넘치고 즐거운 사람은 누구인가? 예수 그리스도이시다. 새 땅에서 누구의 웃음이 가장 크고 전염성이 가장 강하겠는가? 예수 그리스도의 웃음이다.

이 세상에서 어려움과 낙담되는 일을 만날 때에 우리는 우리의 눈을 기쁨의 근원되시는 분에게 고정시켜야만 한다. "지금 우는 자는 복이 있나니 너희가 웃을 것임이요"라는 말씀을 꼭 기억하라(눅 6:21).

우리는 놀겠는가?

어렸을 때에 우리는 다른 어린아이들, 강아지, 고양이, 개구리와 함께 놀았다. 우리는 술래잡기, 나무타기, 썰매타기, 눈싸움, 야구공놀이를 즐겼다. 우리는 쉬지 않고 놀았으며, 생계를 위해 돈을 벌어야 할 필요가 전혀 없었다. 우리는 단지 재미있어서 놀았다. 하나님께서 이를 기뻐하실까? 그렇다. 그분은 어린아이의 마음을 지으시고 귀하게 여기시기 때문이다(막 10:14-15).

어린아이들이 진흙탕에서 노는 것이 재미있고, 새 땅에서 우리가 어린아이들처럼 될 것이라고 한다면 우리가 진흙탕에서 놀 것이라고 생각하는 것은 너무 지나친 상상일까? 당신 마음에 새 땅에 진흙이 없다는 생각이 들면 그런 생각은 기독교 플라톤주의이다. 계시록 22장은 강이 흐르고, 강가 양편에는 생명나무가 자란다고 말한다. 그렇다면 강이 둑방의 흙과 만나는 강가에는 무엇이 있다고 생각하는가? 진흙이다!

한 어머니가 나에게 자기 아들의 질문을 적어 보냈다. "천국에는 장난감이 있나요?" 나는 있다고 믿는다. 결국 우리는 여전히 인간이다. 그러므로 우리가 물건들을 즐기는 능력과 인성이 없어질 이유가 무엇인가? 장난감이 죄인가? 아니다. 인간의 창의력의 산물로서 장난감이 타락하지 않은 세상에 존재할 수 있겠는가? 물론이다.

스포츠가 있겠는가?

새 땅에서 예술, 드라마, 음악과 같은 문화를 기대하는 것처럼 우리는 또한 그곳에서 스포츠를 즐길 것이라 생각된다. 연속성의 원리에 따르면 새 땅의 것들이 이 땅의 것과 친숙할(그렇지만 타락하지 않을) 것으로 기대된다. 성경은 그리스도인의 삶을 운동 경기에 비한다(고전 9:24, 27; 딤후 2:5). 본래 스포츠는 죄가 아니기 때문에 이 땅에서 우리가 즐기는 동일한 운동, 게임, 기술, 관심사가 새 땅에서도 이어질 것이며 우리가 생각하지 못한 많은 새로운 것들을 지닐 것이다. (천국에서 당신이 가장 좋아하는 스포츠는 이제까지 한 번도 들어보지 못했거나 아니면 아직 발명되지 않은 것일지 모른다.) 스포츠와 이를 즐기는 마음은 타락의 결과가 아니다. 사람이 죄를 범하지 않았더라도 스포츠를 발명해 내었고, 아마도 오늘날 우리가 가지고 있는 것보다 훨씬 더 다양한 스포츠를 발명해 냈을 것이다. 스포츠는 하나님이 만드신 인간의 표현 방법의 한 가지이다.

새 땅에서는 어떤 종류의 새로운 스포츠와 활동들이 있을까? 그 가능성은 무궁무진하다. 아마도 한 때 너무 위험하다고 생각했던 스포츠를 할지도 모른다. 우리가 천국에서 신학자들과 저자들과 고무적인 대화를 나누는 것처럼 우리가 가장 좋아하는 스포츠의 영웅들과 경기를 가질지도 모른다. 부활의 몸으로 패인 스튜어트(Payne Stewart)와 골프를 치고 데이비드 로빈슨(David Robinson)과 농구를 하면 어떤가? 앤디

패티트(Andy Pettitte)와 공놀이를 하고 제시 오웬즈(Jesse Owens)나 에릭 리델(Eric Liddell)과 달리기를 하면 어떤가?

사람들은 나에게 "그런데 경쟁은 사람들 속에 있는 악한 것을 끄집어내기 때문에 천국에는 운동 경기가 있을 수가 없습니다"라고 말한다. 운동 경기를 하다가 일부 사람들이 죄를 드러내는 경우가 있는 것은 사실이다. 그러나 천국에서는 우리 안에 드러낼 악이 없다. 사람들은 나아가 다음과 같은 반대의견을 말한다. "그러나 스포츠에서는 누군가가 져야만 합니다. 천국에서는 아무도 질 수 없습니다." 누가 그렇게 말하는가? 나는 경기에 지고서도 수많은 테니스 경기와 10킬로미터 마라톤을 무척이나 즐겼다. 경기에 지는 것은 악이 아니다. 그것은 저주의 일부분도 아니다. "천국에서는 모든 사람이 이겨야만 한다"고 말하는 것은 부활한 인간의 성격을 제대로 이해하지 못한 것이다.

예술, 드라마, 오락이 있겠는가?

하나님은 발명가이시며 펼쳐지는 구속 드라마의 감독이시다. 그분은 우주를 창조하시고 나서 역사 가운데 가장 위대한 이야기의 각본을 쓰시고 감독과 주연을 맡으셨다. 우리 삶의 드라마를 살면서 하나님의 삶에 참여할 뿐만 아니라 이 드라마를 통해 삶이 부요해진 우리는 새 우주에서 그 가치를 인정해야만 한다. 이 드라마는 그 질이 앞으로 훨씬 더 좋아질 것이다. 새 땅에서 새 마음과 새 몸이 우리로 어떻게 예배하고, 어떻게 대화하며, 어떻게 행동하고 창조하게 할지 한 번 상상해 보라.

하나님을 찬양하기 위해 드라마, 그림, 조각, 음악 등과 같은 예술을 사용하겠는가? 부활한 사람들을 위해 오락이 존재하겠는가? 물론이다. 예술은 새 우주에서 보다 높은 차원으로 승화될 것이다.

현재의 땅이 새 땅보다 더 위대하다고 믿지 않는다면 분명히 가장 위대한 책, 드라마, 시는 아직 쓰여지지 않았다. 저자들은 새로운 통찰력과 정보 그리고 관점들을 가질 것이다. 나는 하나님의 성품과 그분의 우주의 불가사의들을 묘사한 비소설 분야의 책들을 읽기를 기대한다. 강력한 구속의 이야기들을 통해 우리의 마음을 감동시킴으로 하나님을 경배하게 하는 새로운 전기(傳記)와 소설을 읽고 싶다.

제40장 | 우리의 꿈들은 성취되고 이 세상에서 잃었던 기회들을 다시 얻을 수 있겠는가?

많은 사람들은 이 세상이 전부라고 믿는다. 그러기에 그들의 철학은? "한 번 사는 이 세상, 당신이 잡을 수 있는 것은 무엇이든 잡으라"이다.

당신이 하나님의 자녀라면 이 땅에서 "한 번만 살지" 않는다. 당신의 이 땅에서의 삶은 한 번이 아니다. 또 한 번의 삶이 있는데 훨씬 더 좋고 끝이 없다. 당신은 새 땅에서 산다! 당신이 사모하는 하나님과 당신이 사랑하는 사람들과 함께 죽지 않는 몸으로 죽지 않는 땅에서 당신은 산다. 지옥에 가는 사람들만이 이 땅에서 오직 한 번만 사는 자들이다.

우리는 "영생"(eternal life)이란 말을 사용할 때에 그 말의 의미를 생각하지 않고 사용한다. "생명"(life)이란 말은 땅에서의 삶이며, 그 안에는 일하고, 쉬고, 놀고, 다른 사람들과 관계를 맺는 것과 문화의 세련됨과 기쁨이 담겨 있다. 그럼에도 불구하고 우리는 영생을 마땅히 삶으로 알고 있는 성질들을 제외한 천상의 삶을 의미하는 것으로 바꿔버렸다. 영생이란 최상의 땅의 삶과 본래 의도된 땅의 삶을 영원히 즐기는 것이다. 마침내 천국에서 최고의 삶을 경험할 것이기 때문에 현재의 삶을 내세(afterlife)로 이어지는 삶으로 부르기보다는 전세(beforelife)라고 부르는 것이 더 정확할 것이다.

이루지 못한 꿈들이 천국에서 이뤄질 것인가?

영원의 관점이 없거나 최고의 것들이 아직 오지 않았다는 사실을 이해하지 못할 경우에 우리는 요절한 사람들, 장애우들, 건강하지 못한 사람들, 결혼을 못한 사람들, 혹은 _____ (빈칸을 채우라)한 사람들은 결국 가장 멋진 인생이 줄 수 있는 것들을 경험하지 못했다고 생각한다. 그러나 이러한 가정의 근간을 이루는 신학은 치명적인 결점이 있다. 우리는 지금의 땅, 몸, 문화, 관계, 삶이 새 땅의 것보다 더 낫다고 생각한다.

도대체 무슨 생각을 하고 있는가?

나는 새 땅에서 우리가 원했지만 결코 얻지 못했던 기회들을 갖게 될 것이라고 믿는다. 하나님의 본래 계획은 인간이 땅에서 행복하고 만족스러운 삶을 살도록 하시는 것이었다. 우리의 현재 삶이 우리의 유일한 기회라면 하나님의 계획은 좌절되었다. 불공평한 경우들을 생각해 보라. 정직하고, 신실한 많은 사람들이 결코 만족스럽지 못한 삶을 사는 반면에 부정직하고 불성실한 사람들은 훨씬 더 잘 사는 것처럼 보인다.

그러나 하나님은 불의하지 않으시며, 땅에서의 우리의 기회는 한 번뿐이 아니다. 새 땅의 가르침이 이를 분명히 보여준다. 이를 뒷받침해 주는 성경적 지지는 없는가? 나는 있다고 믿는다. 누가복음 6:20-23에서 예수님은 말씀하신다. "예수께서 눈을 들어 제자들을 보시고 이르시되 가난한 자는 복이 있나니 하나님의 나라가 너희 것임이요 지금 주린 자는 복이 있나니 너희가 배부름을 얻을 것임이요 지금 우는 자는 복이 있나니 너희가 웃을 것임이요 인자로 말미암아 사람들이 너희를 미워하며 멀리 하고 욕하고 너희 이름을 악하다 하여 버릴 때에는 너희에게 복이 있도다 그 날에 기뻐하고 뛰놀라 하늘에서 너희 상이 큼이라 그들의 조상들이 선지자들에게 이와 같이 하였느니라."

예수님은 굶주린 자들에게 배부를 것이라고 말씀하신다. 눈물로 눈이 부은 자들은 웃을 것이다. 핍박을 받는 자들은 지금 기뻐 뛰어야 한다. 왜 그런가? 그들이 후에 천국에서 받을 상급이 크기 때문이다.

천국은 어디인가? 마태복음 5:3-5에서 예수님은 말씀하신다. "심령이 가난한 자는 복이 있나니 천국이 그들의 것임이요 애통하는 자는 복이 있나니 그들이 위로를 받을 것임이요 온유한 자는 복이 있나니 그들이 땅을 기업으로 받을 것임이요"(마 5:3-5). 땅은 하나님께서 궁극적으로 위로하고 삶의 불공평과 비극을 역전시키시는 곳이다. 우리는 우리가 유업으로 받을 곳인 땅에서 산다. 예수님께서 약속하신 모든 축복들은 우리가 살게 될 새 땅에서 우리의 것이 된다.

우리가 옛 땅에서 경험하지 못한 것을 새 땅에서 경험하게 될 것이라고 내가 믿는 이유가 바로 이 때문이다. 하나님은 이 땅의 무너진 가슴들에게 보상하겠다고 약속하신다.

우리는 별천지에서 별종으로 살길 원하지 않는다. 우리가 원하는 것은 죄가 없고 건강한 사람들이 땅에서 전쟁, 갈등, 질병, 실망, 죽음이 없이 사는 것이다. 우리는 우리의 꿈과 우리 마음의 갈망들이 정말로 실현되는 그런 세계에서 살고 싶어한다.

하나님의 말씀이 우리에게 약속하신 것이 바로 이것이다.

이를 이해하지 못하면 우리는 수없이 상처를 받는다. 우리가 장애를 입었을 경우에 초장에서 달리는 기쁨이나 수영의 즐거움을 결코 알지 못할 것이라고 생각함으로써 낙망한다. 결혼을 하지 못했을 경우에 혹은 결혼 생활이 원만하지 않을 경우에 우리는 결코 결혼의 기쁨을 모를 것이라고 생각한다.

새 땅에서 완전한 몸을 가지고 우리는 초장을 달리고 호수에서 수영을 할 것이다. 우리는 역사상 가장 흥분되고 만족스러운 결혼을 하게 될 것이다. 그 결혼은 너무나 영광스럽고 완전해서 다른 사람을 원하지 않을 것이다. 바로 예수님이 우리의 신랑이 되신다!

이 세상에서 하나님이 창조하신 사람 가운데 가장 머리가 좋은 사람이라 할지라도 기회가 없어서 글 읽는 법을 배우지 못할 수 있다. 음악적으로 가장 타고난 사람이라도 한번도 악기를 만져보지 못할 수 있다. 가장 위대한 운동선수라 할지라도 한 경기도 해보지 못할 수 있다. 당신이 가장 잘하는 스포츠를 아직 한 번도 해보지 않았을 수 있으며, 당신이 한 번도 생각해 본 적이 없는 취미가 당신이 가장 좋아하는 취미가 될 수도 있다. 저주 아래 산다는 것은 수많은 기회들을 놓친다는 것을 의미한다. 저주가 걷히고 우리의 몸과 우리의 땅이 부활한다는 것은 우리가 잃은 기회들을 다시 얻고 더 많은 것들을 보너스로 받는다는 것을 의미한다.

새로운 기회를 통해 어떤 기쁨들을 발견하겠는가?

조니 에릭슨 타다는 그녀의 휠체어를 타고서 글을 썼다. "나는 속지 않았다. 나는 완전한 사람이 될 것이다. 이제 40년만 더 기다리면 되고, 그 동안 하나님은 나와 함께하신다. '영화롭게 된다' 는 것의 의미를 이제 나는 안다. 내가 이곳에서 죽은 후에 내 발로 춤을 출 때가 바로 그때이다."[1]

피터 튠은 우리가 종종 느끼는 실망감과 우리가 가질 수 있는 소망에 대해 다음처럼 표현했다.

> 인간의 가장 큰 비극은 금생의 만물에서 발견한 기쁨이 아무리 좋더라도 항상 우리를 떠난다는 사실이다. 사람들이 애써 얻은 것들이 기대만큼 만족스러운 경우가 거의 없지만 간혹 있다 할지라도 곧 사라져 버린다…그리스도인은 자신의 주변 세상에서 힐끔힐끔 보이는 부분적이고 깨어지고 사라지는 이 모든 완전성을 하나님의 절대 아름다움 가운데서 다시 완전하게 발견할 것이다.[2]

하나님은 너무나 크신 분이어서 당신의 꿈을 충족시켜 주실 뿐만 아니라 천국을 기대하는 만큼 그 꿈들을 키워 주신다. 이 땅에서 하나님을 신실하게 섬기면서 실망과 손실을 보았다면 그 손실이 일시적인 것임을 기억하라. 그러나 유익(gain)은 영원할 것이다. 새 땅에서는 가장 중요한 꿈들을 실행할 기회가 매일 새로이 제공될 것이다.

분명 우리 꿈 가운데 어떤 것들은 무가치해서 망각될 것이다. 그러나 하나님이 기뻐하시는 꿈이지만 옛 땅에서 이뤄지지 않은 꿈들은 새 땅에서 이뤄질 것이라고 믿는다. 어린 소녀가 죽으면 그녀가 살았을 경우에 땅에서 누릴 수 있었던 재미와 의미 있는 일들은 놓치고 마는가? 이에 대한 일반 대답은 "예수님과 함께 있는 것이 훨씬 좋다"라는 말이다. 그러나 이 대답은 맞긴 하지만 완전하지는 않다. 왜 그런가? 왜냐하면 하나님은 단지 중간천국에서만 우리의 미래를 준비하고 계신 것이 아니라 새 땅에서 부활한 사람으로서 우리의 미래를 준비하고 계시기 때문이다.

젊었을 때에 우리는 우주비행사, 프로 운동선수, 혹은 위대한 음악가가 되기를 꿈꾼다. 나이가 들면서 우리의 꿈은 사그라지고 "현실"이 잦아든다. 우리는 우리 꿈의 대부분을 성취할 수 없게 된다. 이상주의가 죽으면서 우리는 젊음과 생기를 빼앗긴다. 우리는 냉소적이 되거나 아니면 이전에 꿈이 심어주었던 경외감을 잃어버린다.

그러나 하나님께서 우리를 부르신 것은 우리가 어린아이처럼 되도록 하시기 위함이며, 또한 우리에게 새로운 우주와 무한한 시간을 주신다는 사실을 알게 될 때에 우리는 갑자기 "꿈을 꾼다." 우리는 우리의 꿈을 성취할 기회가 다시 옴을 안다. 사실 우리는 우리가 지금까지 가졌던 것보다 더 큰 꿈들을 꾸고 그 꿈들을 이룰 것이다. 우리의 꿈들은 점점 커지며 줄어들지 않는다. 저주가 걷히면 사그라진 꿈들이 되살아나고 강화될 것이다. 천국에서 어린아이처럼 되고 어린아이와 같은 천진난만함이 필요한 이유는 바로 이 때문일 것이다. 어린이들은 환멸을 느끼지 않고, 소망을 잃거나 냉소적이지 않다. 그들의 꿈은 웅대하고 광대하다. 그들은 자신들의 꿈이 이뤄질 수 없는 백 가지의 이유를 달지 않는다. 그들의 꿈은 그들의 상상력에 불을 지피고, 그들에게 기쁨을 가져다준다. 그리고 새 땅에서의 영생은 모든 가치 있는 꿈이 성취될 수 있는 기회를 의미한다.

피터 잭슨의 영화 "왕의 귀환"(The Return of the King)에서 빌보 바긴스—그는 심히 나이가 많아 노쇠하고 마음이 약하다—는 중간 땅(the Middle Earth)에서 발리노(Valinor)로 항해하는 엘벤(Elven)호에 승선하도록 초청을 받는다. 그는 미소를 짓는다. 젊은이의 에너지가 그의 눈에 다시 번뜩인다. 그리고 그는 말한다. "이제 다시 한 번 더 모험을 할 수 있을 것 같군."

그리스도인에게 죽음은 모험의 끝이 아니라 꿈과 모험이 사그라진 세상에서 꿈과 모험이 영원히 확장되는 세상으로 향하는 길이다.

우리는 새 땅의 미래를 향해 나아가지만 이 땅에서는 시간과 수많은 기회들을 잃어버릴 것이다. 그러나 그곳에서 그 기회들을 다시 찾는다. 지금 이곳에서 우리의 시간과 기회를 하나님의 영광을 위해 잘 사용하면 할수록 그곳에서 우리는 더 많은 기회들을 얻게 될 것이다(눅 16:11-12; 19:17).

최선은 아직도 오지 않았는가?

로버트 브라우닝의 시 "랍비 벤 에즈라"(Rabbi Ben Ezra)의 첫 시행은 많은 사람들의 심금을 울린다.

나와 함께 늙어 가시오!
최선은 아직 오지 않았다오
인생의 마지막, 이를 위해 인생의 처음이 시작됐다오.

불행하게도 나이 많은 부부에게 이 축복의 말이 공허하게 들릴 시간이 다가온다. 질병, 노쇠, 무기력, 사고를 피할 수 없으며, 결국 죽음에 이른다. 죽음에 이르면 사랑하는 자와 이별을 하고 가슴앓이를 멈춘다. 그때에 브라우닝의 사랑스러운 말이 우리 주위를 맴돈다. 노년과 "인생의 마지막"은 시에서는 낭만적으로 들리지만, 그것은 잔인하고 파괴적이며 슬프고 외로울 수 있다.

낸시와 나는 우리의 사랑하는 어머니들의 죽음을 지켜보았다. 그리고 우리의 아버지들이 늙어서 허약해져 가는 모습을 어쩔 수 없이 바라보았다. 인간의 관점에서 무기력함을 느꼈는데, 이는 이미 오래 전에 그들의 신체적 정신적 황금기가 지나버렸으며, 그들이 할 수 있는 것이란 단지 미끄럼을 타고 내려가는 것뿐이기 때문이었다. 그러나 성경적인 관점에서 보면 모든 것이 달라진다. 성경은 하나님께서 우리 부모님들을 위해 목적을 가지고 계시며, 잠시 동안의 쇠퇴기를 지난 후에는 천국에서 곧바로 그들의 고난에서 해방된다는 사실을 우리에게 상기시켜 주었다. 그리고 어느 날 하나님은 그들을 살리시고, 그들은 새 마음과 몸을 가지고 새 땅에서 새로운 삶을 새롭게 시작할 것이다.

신자들의 경우에 더 정확한 시행은 다음과 같을 것이다.

최선은 아직 오지 않았다오.
인생의 처음은 다음 인생을 위해 시작됐다오.

우리가 죽기 전에 우리 인생의 마지막은 실제로 우리 인생의 마지막이 아니다! 우리는 다른 곳에서 계속해서 살 것이다. 어느 날 부활할 때에 우리는 땅에서 다시 살며, 그 삶은 너무나 부요하고 기쁨으로 충만하여 지금의 삶은 상대적으로 너무나 초라해 보일 것이다. 지금부터 수억 년 동안 우리는 여전히 젊을 것이다.

우리 사회에서 많은 사람들은 무너져 내리는 몸을 리모델링하고 수리하기 위해 성형수술, 이식수술에 눈을 돌린다. 우리는 젊음을 애써 붙들려 하지만 모두가 허사이다. 그러나 복음은 하나님과 우리의 영적 가족 앞에서 우리에게 영원한 젊음과 건강, 아름다움, 행복을 약속한다. 아직은 우리의 것이 안됐지만 죽은 자의 부활 때에 우리의 것이 될 것이다.

우리의 황금기를 지났는가?

다음의 도표는 그리스도를 아는 자들에게 해당되는 성서적 미래관을 보여 준다. 도표에서 현재 땅의 삶을 나타내는 부분에서만 직선이 하향한다. 이 부분은 노년시절의 신체적, 정신적 쇠퇴를 나타내며 저주 아래서 너무나 많은 사람들이 이를 겪고 있다. 그러나 죽음의 시점에서 급격한 상승작용이 뒤따르는데 이때에 신자들은 곧바로 중간천국으로 가서 그리스도와 함께한다. 그러나 상당부분 개선되긴 했지만 아직 신자의 황금기는 아니다. 결국 우리는 부활하여 부활한 땅에서 산다. 분명히 우리의 지식과 삶의 경험, 그리고 우리의 기술과 힘은 계속해서 발전할 것이다. 다른 말로 하면 우리는 결코 절정에 다다르지 못할 것이다.

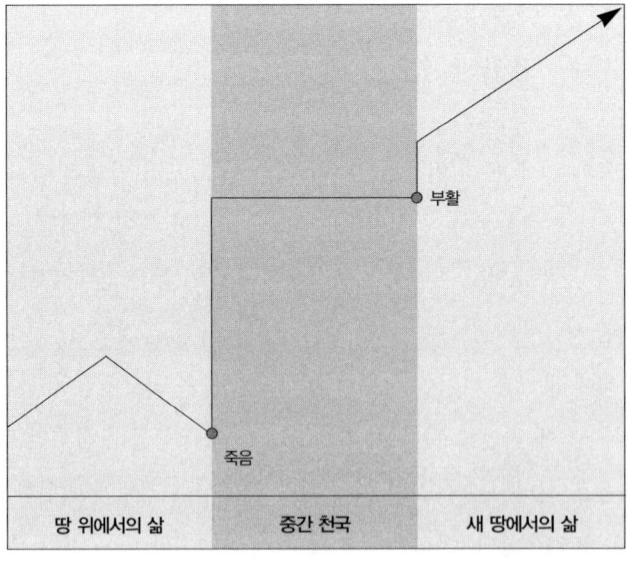

땅 위에서의 삶, 중간 천국, 새 땅에서의 삶

내가 이 땅에 있을 날이 그리 많지 않다는 것을 잘 인식하면서 나는 이 책을 쓰고 있다. 아마 앞으로 30년은 더 살지도 모른다. 그러나 그 날은 20년, 10년, 5년, 1년이 될 수도 있고, 1년, 하루, 한 시간이 될 수도 있다. 이 책이 출판될 즈음에 나는 중간 천국의 거주자로서 중간 천국의 전문가가 될 수도 있다. 당신이 이 책을 읽는 즈음에 나는 이미 수년 전에 죽었을지도 모른다. 이곳에서의 시간은 짧다. 그러나 "이곳"이 저주 아래에 있고 "저곳"은 저주로부터 자유롭다는 것을 생각할 때에 정상적인 생각을 가진 사람이라면 이곳보다 저곳에 있기를 더 원하지 않겠는가?

이 책을 쓰는 이 순간에 아내 낸시의 사랑하는 아버지는 죽어가고 있으며, 건강한 마음과 몸의 황금기에서 점점 더 멀어져 가고 있다. 나는 낸시가 전화상에서 누군가에게 "이제 사실 날이 얼마 남지 않았어요. 하지만 그분은 제대로 가고 계세요"라고 말하는 것을 들었다. 이 말은 역설적이지 않은가? 그러나 사실이 그렇다. 우리가 이 땅의 황금기에서 멀어지면 질수록 우리는 중간 천국에 더 가까워지고 종국에는 새 땅과 그만큼 더 가까워진다. 그리스도인에게 있어서 죽음은 사망을 이기셨고 사망을 삼키실 그리스도께로 가는 길이다. 그러므로 죽음으로 향하는 것은 제대로 가고 있는 것이다.

우리의 황금기가 금생에서 아직 오지 않았다는 사실을 이해하면 쇠약해져가는 건강에 대한 견해에 급격한 변화가 생긴다. 이를 이해하지 못할 경우에 그것은 실망과 후회, 분노, 시기, 그리고 분함을 자아낼 것이다. 노인들은 젊은이들이 할 수 있는 일 때문에 그들을 시기하거나 분개할 수 있다. 날 때부터 장애를 갖고 태어난 사람들은 다른 사람들이 할 수 있는 일로 인해 그들을 시기하거나 분개할 수 있다. 그러나 노인들과 장애우들이 새 땅에서 지금 이 땅에서 그 어느 누가 경험한 것보다 훨씬 더 좋은 것들을 경험한다는 것을 알게 되면 기대감, 만족, 위로를 누리고, 또한 젊고 건강한 자들의 활동을 시기나 회한 없이 온전한 기쁨으로 바라보게 된다.

그리스도가 없는 사람들은 기껏해야 결코 다시 얻을 수 없는 자신들의 황금기를 회고할 뿐이다. 그들이 가진 것이라고는 추억뿐이며 그 추억들도 아련히 사라진다. 그러나 노년의 그리스도인들이나 병상에 누워 있는 그리스도인들은 자신들의 황금기를 뒤돌아보지 않는다. 그들은 "미래"를 바라본다.

우리가 휠체어에 앉아 있거나 병상에 누워 있거나 아니면 몸의 기능이 정지되어 가고 있는 그리스도인이라면 "나는 아직도 황금기를 지나지 않았다. 아직 그 근처에도 가지 못했다. 지금까지 내가 느낀 것 중에 가장 힘 있고 건강했던 것들은 새 땅에서 부활의 몸을 가지고 내가 느낄 것의 맛보기에 지나지 않는다"는 사실을 스스로에게 일깨우자.

이것은 단지 그랬으면 하는 바람이 아니다. 이것은 하나님의 분명한 약속이다. 요한복음 3:16과 다른 성경 구절이 우리에게 말하는 바대로 이것은 진리이다.

시각 장애인이면서 찬송가 작사자였던 패니 크로스비(Fanny Crosby)가 "우리가 그분의 영광을 보리라"(His glory we shall see)와 "우리의 눈이 그 도성을 볼 때"(When our eyes behold the city)라는 시행을 썼을 때에 그녀의 생각은 더욱더 의미심장하다. 왜냐하면 그녀의 두 눈은 아무것도 본 적이 없기 때문이다. 그녀는 자신에게 미안할 필요가 없다고 말할 것이다. 왜냐하면 그녀가 처음 보게 될 얼굴은 그리스도의 얼굴이기 때문이다. 그녀가 죽어 이 세상을 떠났을 때에 그녀의 시력은 영원히 회복되었다.

나는 C. C. C.의 창시자인 빌 브라이트가 죽기 6개월 전에 그와 2시간 동안 함께하는 특권을 누렸다. 산소탱크에 튜브를 연결한 채 앉아 있던 그가 천국과 그가 사랑하는 하나님 이야기를 나누자 그의 의자에서 거의 점프하듯이 벌떡 일어났다. 그는 황금기를 지난 사람이 아니라 황금기를 향해 가고 있는 사람이었다. "의인의 길은 돋는

햇살 같아서 크게 빛나 한낮의 광명에 이르거니와"(잠 4:18). 빌 브라이트도 이에 해당되었다. 그날 아침 그와 아침식사를 했을 때에 그는 죽음에 더욱 가까웠으나 그의 눈과 미소는 초자연적으로 젊어 보였다.

달라스 윌라드는 「하나님의 모략」(The Divine Conspiracy)에서 다음처럼 말한다.

> 나는 믿음이 있음에도 불구하고 자신의 삶의 결과에 대해 깊이 실망스러워하는 신실한 그리스도인들을 많이 만났다. 때때로 그것은 노화를 경험하는 문제에 지나지 않았지만 그들은 더 이상 미래가 없다고 해석하였다. 주변 환경이나 잘못된 결정 그리고 다른 사람들의 행동 때문에 그들은 인생에서 달성하고자 했던 것을 성취하지 못했다. 그들은 자신들이 저지른 잘못에 대해 그리고 하나님이 정말로 그들과 함께하셨는지에 대해 고통스러울 정도로 곤욕스러워했다.
>
> 이런 선량한 사람들의 고민의 대부분은 자신의 인생이 그들 앞에 펼쳐져 있다는 사실을 인식하지 못한 데서 온다. 현재의 삶, 즉 "육체 안의" 삶이 끝난다 하더라도 그것은 그리 중요하지 않다. 중요한 것은 그들이 어떤 사람이 되었는가 하는 것이다. 주변 환경과 사람들은 한 개인의 성품이나 하나님 나라에서 우리 앞에 끝없이 펼쳐지는 삶을 간섭하지 못한다.[3]

내가 테니스를 치지 못하고, 자전거를 타지 못하며, 운전도 하지 못하고, 책도 쓸 수 없고 읽을 수도 없는 때가 올 것이다. 죽기 전에 나는 심한 고통을 겪을지도 모른다. 어느 날 아내와 딸들이 내 침상 곁에 앉아 내가 생각했던 것들을 사랑스럽게 다시 내게 확증해 줄지 모른다. 나는 그것을 바라보지 않고 그것 너머를 바라본다. 먼저 나는 나의 예수님과 함께하는 것을 바라보고, 두 번째로 사랑하는 자들과 함께하는 모습을 바라보고, 세 번째로 그리스도의 재림과 몸의 부활을 바라보며, 네 번째로 나의 영원한 집인 새 땅에 발을 들여 놓는 모습을 바라본다. 그것을 생각만 해도 나는 소리쳐 웃고 싶어진다.

쇠약해져 가는 시간들은 아내와 딸들이 나를 보는 마지막이 아니다. 나는 다시 그들과 함께하며 어느 날 우리 모두는 지금까지 이 땅에서 알았던 그 어느 것보다 훌륭한 몸과 마음을 가지게 된다.

나는 향수에 젖어 내 인생의 놀라운 순간들을 되돌아보지 않으며, 탐나는 듯이 지나간 황금기들을 생각하지 않는다. 나는 그 순간들을 더 좋은 영원의 맛보기로 여긴다. 금생의 가장 위대한 순간들의 싹은 시들거나 죽지 않는다. 그들은 더 위대한 순간들로 피어나며, 각각은 소중히 보전되고 하나도 잃지 않는다. 하나님을 의지하고 행한 모든 일은 영원히 열매를 맺는다. 이 땅에서의 삶도 버려지지 않는다. 그리스도를 위한 아주 사소하고 종종 눈에 띄지 않는 섬김을 통해서도 우리는 금생을 영원에 투자할 수 있으며 오늘 하루의 신실함은 영원한 부요함으로 돌아온다.

우리의 보물이 이 땅에 있다면 이생에서 살면 살수록 우리는 우리의 보물에서 멀어져 갈 것이다. 그러나 우리의 보물이 하늘에 있다면 이 땅에서 살면 살수록, 죽음에 가까이가면 갈수록 우리는 우리의 보물을 향하여 나아갈 것이다.

"아직 최선이 오지 않아서 감사해요, 주님." 이것이 나의 기도이다. 건설업자가 새로운 건물을 짓기 위해 잔해를 치우듯이 그렇게 확실하게 하나님은 어느 날 죄와 사망 그리고 슬픔을 치우실 것이다.

새로운 기회들을 기대하면 어떤 변화가 올 수 있는가?

콜럼버스가 신세계를 발견한 후에 스페인은 라틴어로 "플러스 울트라"(Plus Ultra)라는 슬로건을 동전에 새겼다. 그 의미는 "더 넘어"(More Beyond)이다. 이것은 언제나 자신이 알고 있는 세계가 전부라고 믿었던 사람들에게 지평을 열어주는 메시지였다.

플러스 울트라—우리 하나님을 발견할 때에는 언제나 발견할 것들이 더 있을 것이다. 그분의 새 우주에는 "언제나" 더 많은 것들이 있을 것이다.

하나님은 자신의 새 우주를 기뻐하실 것이며 우리는 그분의 기쁨에 동참할 것이다. 우리는 결코 마르지 않는 하나님의 존재의 저수지로부터 물을 긷기 때문에 우리의 열정과 기쁨은 결코 고갈되지 않을 것이다. 하나님의 피조세계는 창조주의 아름다움을 나타내는 데 결코 고갈되지 않을 것이다.

2002년 11월 19일 새벽 2시 30분. 나는 집 현관에 나와 밤하늘을 올려다보았다. 내 위에서 레오니드 별똥이 떨어지고 있었다. 그것은 2096년까지는 볼 수 없는 하늘의 불꽃놀이 중 가장 아름다운 장면이었다. 어렸을 때부터 별똥 쇼를 즐긴 사람에게 있어서 이 하늘의 사건은 일평생에 한 번 있는 사건이었다. 그러나 한 가지 문제가 있었다. 구름이 오리건 주의 하늘을 덮어 버린 것이었다. 내 위에서 수많은 별똥들이 하늘을 가르며 떨어지고 있었지만 나는 단 한 개도 볼 수 없었다. 나는 "당신은 생애에서 가장 멋진 석양을 지금 놓치고 계시는군요. 다시는 이와 같은 석양을 보지 못할 겁니다"라는 말을 듣는 소경처럼 느껴졌다.

내가 실망했겠는가? 물론이다. 하늘의 벌어진 조그만 틈새를 바라보았지만 허사였다. 그래서 나는 안으로 들어와 지금 이 문장을 쓴다. 나는 실망했지만 환멸감을 느끼진 않았다. 왜? 왜냐하면 일생에 한 번 있을까 말까한 하늘의 사건을 놓치지 않았기 때문이다.

내 일생은 영원하다. 나의 거주지는 지금보다 훨씬 더 많은 하늘의 경이로 가득한 새 우주가 될 것이고, 또한 나는 구름을 꿰뚫어 보거나 구름 위로 오를 수 있는 능력을 가지게 될 것이다.

몇 년 전에 장엄한 별똥 쇼를 보기 위해 집 현관에 서서 맑은 하늘을 쳐다보았다. 하늘을 쳐다보는 이웃들이 탄성을 연발하는 소리를 듣는 것도 재미의 일부였다. 이러한 탄성에 수억 배를 곱하라. 그러면 그것이 바로 새 땅에서 위로 새 하늘을 바라볼 때에 우리 아버지 하나님께서 행하실 일에 대해 우리가 보내는 응답이 될 것이다.

우리는 우리의 황금기를 지나지 않았다. 지구, 행성들, 별들 그리고 은하계들도 그들의 황금기를 지나지 않았다. 그들은 지금 죽어가고 있는 불사조이지만 보다 더 위대한 것, 즉 결코 죽지 않는 것으로 부활할 것이다.

나는 정말로 새 우주의 위대한 별똥 쇼들과 장엄한 혜성들, 성단들, 은하계들을 보고 싶다. 예전에 땅에서 항상 듣기만 하고 보지 못했던 시각장애를 가진 친구들 곁에서 이것들을 보고 싶다. 이전에 그들 중 어떤 이들은 자신들이 결코 보지 못할 것이라 믿고서 자신들의 인지 능력 밖의 생의 이미지들과 사건들을 아쉬워했던 자들이다. 그 숨겨졌던 아름다움들이 그들과 그리고 우리에게 드러날 것이다.

플러스 울트라―저 너머에 더 있다. 우리가 예수님을 안다면 결코 황금기를 지나지 못할 당신과 나, 우리는 그곳에 서서 하나님의 영광을 나타내는 자연의 끝없는 경이로운 계시를 보게 될 것이다…우리의 시야를 가리는 것이 하나도 없이 말이다.

제41장 | 우리는 세공, 기술, 새로운 형태의 여행을 고안할 것인가?

하나님은 우리를 위해 새롭게 된 우주와 옛 땅의 최고 문화를 지닌 새 도시를 허락하실 것이다. 그러나 문명은 어떤 방향으로 나아갈까? 그것은 우리 손에 달려 있다. 하나님께서 아담과 이브를 부르신 것처럼 하나님은 우리를 부르셔서 그리스도가 기뻐하시는 문화를 개발하고 그분의 영광을 위하여 세상을 다스리도록 하실 것이다.

하나님은 장인정신(craftsmanship)을 귀하게 여기시는가?

성경에서 최초로 "성령 충만하다"고 말한 사람은 선지자나 제사장이 아니었다. 그는 장인(匠人)이었다. "여호와께서 모세에게 말씀하여 이르시되 내가…브살렐을 지명하여 부르고 하나님의 영을 그에게 충만하게 하여 지혜와 총명과 지식과 여러 가지 재주로 정교한 일을 연구하여 금과 은과 놋으로 만들게 하며 보석을 깎아 물리며 여러 가지 기술로 나무를 새겨 만들게 하리라 내가 또 단 지파 아히사막의 아들 오홀리압을 세워 그와 함께하게 하며 지혜로운 마음이 있는 모든 자에게 내가 지혜를 주어 그들이 내가 명령한 것을 다 만들게 할지니"(출 31:1-6).

하나님은 브살렐을 하나님을 영화롭게 하는 예술가, 장인의 두목으로 부르셔서 재능을 부어 주셨다. 브살렐과 오홀리압은 예술품만을 만들 뿐 아니라 견습공들로 이 일을 감당하도록 훈련시켰다. 재능과 부르심은 하나님께로부터 왔다. "지혜로운 마음을 그들에게 충만하게 하사 여러 가지 일을 하게 하시되 조각하는 일과 세공하는 일과 청색 자색 홍색 실과 가는 베 실로 수놓는 일과 짜는 일과 그 외에 여러 가지 일을 하게 하시고 정교한 일을 고안하게 하셨느니라"(출 35:35).

장인정신이 새 땅의 중요한 부분임을 믿지 않는다면 출애굽기 25-40장을 읽어 보라. 하나님은 자기 백성들에게 어떻게 바느질을 하고, 무슨 색깔을 사용하며, 증거궤와 성막을 위해 가구를 어떻게 만들어야 하는지, 그리고 대제사장의 흉패에 어떤 보석을 넣어야 하는지 등 너무나 자세하게 말씀하신다.

마스터 디자이너이신 하나님은 성막을 만들 때에도 상세하게 설명하신다. 휘장, 막, 증거궤, 탁자, 진설병상, 등잔대, 번제단, 뜰, 분향단, 물두멍, 제사장 의복. 이러한 물건들의 디자인과 정밀도 그리고 아름다움은 하나님, 우리 자신, 그리고 새 땅의 문화에 대해 말해준다. 영적인 것은 기술, 창의력, 문화 발전과 같은 것과 상관없고 초월적이고 눈에 보이지 않는 것이라고만 생각하는 사람들은 성경을 이해하지 못한다. 하나님께서 작업 지시를 하시고 이런 작업을 할 수 있도록 사람들에게 재능을 부여하시길 기뻐하시는 모습은 우리가 천국에서 무엇을 기대할지를 분명히 말해준다. 즉 천국에는 죄와 사망의 영향을 받지 않은 더 위대한 장인정신으로 만든 물품들과 건물들이 있을 것이다.

예수님이 목수의 집안에 태어나신 것은 우연이 아니다. 목수는 장인이다. 하나님도 장인이시다. 그분은 결단코 장인이기를 멈추시지 않는다. 하나님은 자기의 형상을 따라 우리로 장인이 되도록 지으셨다. 우리도 결코 장인이기를 멈추지 않을 것이다. 우리가 죽을 때에 창의성을 버리는 것이 아니라 단지 우리가 창조한 것에서 하나님을 경외하는 데 방해가 되는 것들만을 버릴 것이다.

장사와 사업이 있을까?

물론 지금 우리가 이를 하는 이유와 같은 이유로는 아니겠지만 나는 천국에 장사와 사업이 있으리라고 믿는다. 음식을 차리거나 지붕을 고치는 일은 좋긴 하지만 장사와 사업에는 그 이상의 의미가 있다. 사업은 죄의 결과가 아니라 인간의 상호의존성과 창의력, 그리고 다양성의 결과이다. 새 땅에서는 돈, 상품, 서비스가 필요하지 않을 것이라고 말한다고 해서 토론이 끝나지 않는다. 우리에게 집, 음식, 음료가 필요하지 않을지 모르지만 그럼에도 불구하고 우리는 그것들을 즐길 것이다.

열국의 왕들이 보물을 예루살렘으로 가져올 때에 그 목적이 왕이신 주님께 헌물을 드리는 것과 또한 다른 사람들과 보물을 교환하는 것은 아닐까? 그렇다면 그들은 다른 나라들의 발견품과 발명품 등 문화의 영광을 자기 백성들에게로 가지고 돌아가지 않을까? 지금도 정직한 거래는 양쪽에게 유익과 기쁨을 가져다준다.

사람들은 생존 이외의 다른 이유들로 거래를 하고 사업을 한다. 우리가 현재 알고 있는 사업은 창조 후에 주고받는 사회 구조로 바뀔 수 있다. 그리스도께서 자신을 거저 주신 것처럼 예술가도 멋진 작품을 창조한 후에 단지 다른 사람의 기쁨을 위해 준다. 예수님은 "주는 것이 받는 것보다 복이 있다"고 말씀하셨다(행 20:35). 그러므로 다른 사람에게 문화의 보물을 주는 기쁨은 받는 기쁨보다 훨씬 더 클 것이다.

서점, 빵집, 학교 등 어디에서 일하든 간에 다른 사람들을 돕고 기쁘게 하기 위해 당신의 지식, 기술, 봉사, 물건을 사용할 때에 기쁘지 않은가? 물론 기쁘다. 돈을 버는 것은 좋고 필요한 일이지만 궁극적인 기쁨은 아니다. 우리가 새 땅에서 사업과 상업의 가능성을 배제한다면 우리는 잘못된 메시지를 보낼 수 있다. 즉 사업과 상업은 저주에 속한 것이고 본질적으로 영적이지 않으며 하나님께 중요하지 않다는 메시지이다. 오히려 하나님의 말씀은 우리에게 다음처럼 말한다. "무슨 일을 하든지 마음을 다하여 주께 하듯 하고 사람에게 하듯 하지 말라 이는 기업의 상을 주께 받을 줄 아나니 너희는 주 그리스도를 섬기느니라"(골 3:23-24). 우리는 지금 이 땅에서 주님을 위해 일하며, 또한 새 땅에서도 주님을 위해 일할 것이다.

기술과 기계가 있을까?

기술은 하나님이 주신 인간의 능력으로서 이는 우리로 세상을 다스리라는 하나님의 명령을 수행하도록 만들어준다. 앞서 살펴본 것처럼 우리는 중간천국에 비파, 나팔, 그리고 인간이 만든 다른 물건들이 있음을 본다. 새 땅에서는 어떤 것들을 보게 될까? 식탁, 의자, 선반, 마차, 기계, 교통수단, 스포츠 용품 등등. 하나님께서 나팔을 기뻐하시고 나팔을 통해 영광을 받으시지만 책상, 컴퓨터, 야구방망이를 통해서는 그러지 않으신다고 생각하는 것은 하나님과 인간에 대한 편견이다. 새로운 발명품들이 있을까? 옛 발명품들을 다시 정교하게 만든 것은 어떤가? 이들이 없을 이유가 뭔가? 우리는 부활한 몸으로 부활한 땅에서 살게 된다. 사람들에게 창의력을 주신 하나님이 그것을 다시 빼앗으실까? 하나님의 은사와 부르심에는 후회하심이 없다(롬 11:29).

하나님이 에덴 동산을 아담과 이브에게 주셨을 때에 그분은 그들이 에덴 동산을 개발하길 기대하셨다. 하나님은 우리에게 새 땅을 주시고 우리에게서 동일한 것을 기대하실 것이다. 그러나 이번에는 성공할 것이다! 이번에는 어떠한 인간의 성취, 문화적 명품, 기술 달성도 죄와 사망으로 인해 훼손되지 않을 것이다. 모든 것이 온전히 하나님의 목적을 섬기는 데 사용되고 그분께 영광을 돌릴 것이다.

이 땅에서 우리는 안락을 찾고 안락을 얻기 위한 방법들을 고안해 낸다. 새 땅에서 안락이 우리를 찾을 것이다. 안락함은 환경 속에 내재되어 있어서 우리는 다른 관심사에 힘을 사용할 수 있다. 물론 우리에게는 환경을 다스릴 기술이 있어서 우리 자신을 더 안락하게 만들 수 있다면 그렇게 할 것이다.

인간의 성품 중에는 기계를 가지고 창조하고, 부서뜨리고, 실험하는 것을 좋아하는 무엇인가가 있다. 이것은 근대에 형성된 것이 아니다. 고대인들도 마찬가지로 그랬다. 그것은 피조세계를 다스린다는 본성 속에 내재되어 있는 것이다.

인간이 죄를 범하지 않았더라도 바퀴를 발명하고 기계를 만들었을까? 그렇다. 새 땅에서 인간의 유익과 하나님의 영광을 위해 만들어진 기계가 있을 것이라고 기대해서는 안 되는가? 새 땅에서 사람들은 새 은하수의 끝으로, 다른 은하계와 그 너머로 우리를 데려갈 기계를 만들 수 있다. 왜 안 된단 말인가? 이 개념이 대양을 항해하는 배, 세계를 나는 비행기 혹은 달에 착륙한 우주선을 상상하는 것보다 더 생각하기 어려운가? 이 타락한 세상에 사는 사람들도 현재의 지구 너머로 그 영역을 넓혔다면 새 땅의 사람들도 그리스도를 높이기 위해 새 우주로 그 영역을 확장하지 않겠는가?

여행의 모습은 어떨까?

많은 사람들이 새 땅에서 부활한 몸으로 어떻게 여행할지를 물었다. 그들은 우리가 그리스께서 부활한 몸으로 하신 것처럼 우리도 그렇게 할 수 있을지 궁금해 한다(요 20:24-26). 우리의 몸은 우리의 의로운 의지를 따라 움직이며 의지가 지시하는 내용을 수행하는 종이 될 수 있을까? 아니면 생각하거나 원하기만 해도 원하는 곳으로 이동할 수 있을까? 아마도 그럴 수 있을 것이다. 그러나 비록 우리 몸이 그리스도의 몸과 같이 된다 하더라도 시공을 초월하고 하늘로 오르는 능력은 그분의 신성에만 해당될 수도 있다. 이 점에 있어 우리는 잘 모른다.

우리가 아는 것은 새 예루살렘에는 전통적인 여행 방법을 상징하는 도로와 성문이 있다는 사실이다. 도시의 시민들이 단지 걷기만 한다면 오솔길만으로도 충분했을 것이다. 그러나 도로란 말은 말이 끄는 마차 혹은 더 발전된 어떤 것의 사용을 암시한다. 자전거를 탈까 아니면 동력으로 움직이는 운송수단을 탈까? 예루살렘 밖에 있는 곳으로 갈 때에는 비행기를 탈까? 우리는 모른다. 그러나 우리는 "왜 안 되는지" 그 이유를 물어야만 한다. 바퀴와 자동차에 죄가 되는 것이 있는가? 당신이 기독교 플라톤주의자가 아니라면 그 답이 '죄 없음'임을 잘 안다. 그러므로 새 땅에서 최첨단의 여행을 즐기지 않을 것이라고 가정해서는 안 된다.

새 땅은 발명, 운송수단, 기술과 같은 문화를 포기한다는 의미에서 에덴으로의 회복이 아님을 기억하라. 새 땅은 더 머리가 좋고 더 훌륭한 발명품을 만들 수 있는 부활한 사람들이 사는 부활한 땅이다. 지능이 뛰어난 사람들이 온전히 협력하면서 놀라운 기술 혁신을 이룩하는 데 얼마나 걸리겠는가? 우주 왕복선이 얼마나 빨리 건설이 될지 상상해 보라.

우리는 우주 여행을 하고 우주 탐사를 할까?

하나님은 새 땅뿐만 아니라 "새 하늘"도 만들겠다고 약속하신다(사 65:17; 66:22; 벧후 3:13). "하늘"로 번역된 헬라어와 히브리어는 별, 행성, 그리고 소위 우주공간을 다 포함한다. 하나님은 옛 땅과 옛 예루살렘을 부활시켜 이 둘을 새롭게 변화시키실 것이다. 그렇다면 땅과 우리를 그 본래의 형태에 가깝게 부활시키실 것처럼 "새 하늘"이란 말을 은하계, 성운, 별, 행성, 달을 그 본래의 형태에 가깝게 부활시키시려는 하나님의 의도의 표현으로 이해해야만 하지 않을까?

하나님은 셀 수 없는 수백억의 은하계를 만드셨고, 그 은하계에는 아마도 수조 개의 성운, 행성, 달이 있을 것이다. 인간 역사에서 수천 개 이상의 별을 본 사람은 많지 않으며 그것도 하늘의 점으로 보았을 뿐이다. 지금 하늘이 하나님의 영광을 선포하고 우리도 영원히 하나님의 영광을 선포한다면 새 하늘을 탐사하고 그들을 다스리는 것이 하나님의 계획의 일부일 것 같은 생각이 들지 않는가?

12살 때에 나는 처음으로 망원경을 통해 수백억 개의 별들과 알 수 없는 행성들로 이뤄져 있고 지구로부터 거의 3백만 광년 떨어진 안드로메다 성운을 보았다. 나는 최면에 걸린 듯 매료되었다. 그리고 이유를 모른 채 울었다. 나는 우주의 크기에 압도되어 내 자신이 너무 작고 외롭다고 느꼈다. 몇 년 후에 나는 처음으로 복음을 들었다. 내가 그리스도인이 된 후에 망원경을 통한 천체 관측은 기쁨의 예배 행위가 되었다.

내가 처음 안드로메다 성운을 본 그날 밤부터 나는 그곳에 가고 싶었다. 지금도 나는 가고 싶다.

이 땅에서 여행을 즐기는 사람들이 우리 중에 많다. 새 땅과 새 우주 모두를 여행하는 것은 어떤 모습일까? 사람들은 죄 때문에 대양을 건너거나 우주공간으로 감히 여행하려 하지 않았다. 그렇게 한 사람들은 하나님께서 탐사하고자 하는 갈망을 우리 안에 두셨고 또한 그 갈망을 실현시킬 창의력을 우리에게 주셨기 때문이다. 너무나 놀라운 여행을 한 사람들의 이야기를 들으면서 당신도 동일한 여행을 하기 위해 시간, 돈, 용기, 건강을 가지고 싶다는 생각이 든 적이 없는가? 새 우주에서는 이런 조건 중에 그 어느 것도 우리의 발목을 잡지 못한다.

우리의 뒷마당이며, 놀이터인 우주는 언제나 우리에게 우리 주님의 부요를 탐사하라고 손짓할 것이다. 찬송가의 가사처럼 경이의 하나님은 우리의 은하계를 넘으신다.

우리는 다른 세계에서 새로운 존재들을 발견할까?

성경의 어느 구절에도 하나님께서 지성이 있는 새로운 종족을 새 땅에서나 혹은 새 우주에 퍼져 있는 다른 행성에 만드시겠다는 말씀이 없다. 별과 행성이 있는 새 하늘의 우주가 있을 것이라는 말은 추측이 아니다. 성경은 이 점에 관해 분명히 말한다. "새 하늘"이란 이런 뜻이다. 하나님께서 새 하늘에 새로운 생명체를 살게 하실지는 입증할 수 없지만 분명 가능한 일이다. 하나님은 창조주이시다. 그분은 창조주이시기를 결코 멈추시지 않을 것이다. 우리는 하나님의 영광을 선포하는 놀랍고 새로운 피조물을 기대해야만 한다. 그것은 하나님이 그분의 창조의 자원을 소진하지 않으셨기 때문이다.

어떤 사람들은 "하나님이 새로운 생명체로 하여금 새 세계에 살도록 하신다는 생각은 공상과학소설에나 나올 법한 이야기다"라고 말할 것이다. 우리는 반대로 생각할 수 있다. 공상과학소설은 인간의 모험심과 경외감, 그리고 인간의 창의력과 상상력의 산물이며, 이 모든 것은 하나님이 주신 것들이다. 이들은 하나님의 형상으로 만들어졌기 때문에 흘러나오는 것들이다. 죄악된 인간이 행한 다른 모든 것처럼 종종 공상과학소설도 인간을 자랑하고 하나님을 무시하는 잘못된 철학과 가정으로 구멍이 숭숭 뚫려 있다. 그러나 그렇다고 해서 무한한 창조력을 지니신 하나님이 광대한 새 하늘과 새 땅에서 창조하실 것들의 전조를 보여 주는 것을 거부해서는 안 된다. 하나님의 상상력이 그분의 형상을 닮은 인간보다 못하단 말인가? 아니면 인간의 최고의 상상력이 하나님의 무한한 창조의 마음의 일부를 나타내는가?

"스타 트렉"(Star Trek)이나 "스타 워즈"(Star Wars), "E. T."와 같은 세계는 공상의 세계이지만 이런 세계들은 오랜 역사를 통해 신화나 판타지, 공상과학소설 등을 통해 그려져 왔다. 그러나 하나님의 형상대로 창조되고 하나님의 창의력을 부여받은 인간이 이러한 공상 속의 외계인을 만들어내고 열정적으로 그들을 깊이 생각하는 것을 볼 때에, 만일 이러한 공상과학소설과 판타지, 신화가 단지 하나님께서 창조하실 본체의 그림자에 불과하다는 사실을 알게 되면 놀라지 않겠는가?

우리가 톨킨의 「반지의 제왕」 3부작이나 루이스의 「나니아 연대기」와 같은 작품을 읽으면서 흥분할 때에 그 흥분을 자아내는 것은 우리의 죄에서 연유된 것이 아니다. 그것은 하나님이 주신 것으로서 모험과 새로운 세상, 새로운 존재, 새로운 아름다움, 새로운 지식에 대한 굶주림에서 나온 것이다. 하나님은 우리에게 새로운 세계에 대한 갈망을 주셨다.

화가들에게 한 방 가득하게 캔버스를 줘보라. 그러면 그들은 그림을 그릴 것이다. 왜 그런가? 왜냐하면 그들은 화가이기 때문이다. 그것이 그들의 본성이다. 창조주 하나님이 새 하늘을 지으실 때에ㅡ우리는 그분이 그렇게 하실 것이라는 말씀을 듣는다—그분이 무슨 일을 하시든지 간에 그것은 그분의 본성과 일치할 것이다. 별, 행성과 같은 광물보다는 사람이나 천사같이 지능을 가진 생명체가 하나님에게 더 큰 찬양과 영광을 드리는 것을 생각하면 하나님이 다른 지능을 가진 생명체를 창조하실 수 있다는 생각은 무리한 생각이 아니다.

예술가들의 창의력의 근원이신 창조주께서 첫 세대보다 다가올 세대에서 그분의 창조력을 덜 나타내실 것으로 기대해야만 하는가? 아니다. 나는 하나님께서 우리에게 자신을 더 계시하시기 위해 창조하시는 것을 보고 발견하면서 영원을 기쁨으로 보내게 될 것을 기대한다.

우리는 시간을 여행할 것인가?

하나님은 시간의 제약을 받지 않으시기 때문에 과거의 사건들을 마치 현재 일어나고 있는 사건처럼 보여주실 수 있다. 우리는 맨 앞자리에 앉아서 역사 공부를 할 수 있을지도 모른다. 아마도 옛 땅에 살았던 우리의 영적 조상들의 삶을 볼 수 있는 기회가 있을 것이다.

보통 우리는 하나님께서 우리의 기도에 즉각 응답하시는 모습을 보지 못한다. 그러나 천국에서 하나님은 그분이 우리의 기도에 응답하실 때에 영적 세계에서 어떤 일이 벌어졌는지 보여주실 수 있다. 구약성경에서 천사가 다니엘 선지자에게 와서는 그의 기도 응답으로 무슨 일이 벌어졌는지 말해 준다. "곧 네가 기도를 시작할 즈음에 명령이 내렸으므로 이제 네게 알리러 왔느니라"(단 9:23).

하나님께서는 옛 땅에서 우리에게 일어났던 일들을 보여주실까? 만일 우리가 그때에 다른 결정을 내렸다면 어떻게 되었는지 우리를 시간을 거슬러 데리고 가셔서 보여주실까? 아마도 그러실 것이다. 뇌성마비 자녀를 둔 아버지가 만일 그의 가족을 버리고 싶은 유혹을 따랐다면 어떤 일이 벌어졌을지 볼 수 있을까? 지난밤에 고속도로에서 출구를 잘못 빠져 나와서 교통사고를 어떻게 면하게 되었는지 볼 수 있을까? 지난주에 식품점에 늦게 도착해서 아내가 치명적인 사고를 어떻게 면하게 되었는지 알 수 있을까? 하나님께서 우리를 구원하시기 위해 사용하신 바로 그 상황들에 대해 우리는 얼마나 많이 푸념하고 신음했던가? 우리가 하나님께 그리스도의 형상을 닮게 해달라고 기도하고서는 우리를 그리스도의 형상으로 만드시기 위해 보내신 바로 그 일들에서 놓이게 해달라고 얼마나 많이 간구했던가? 하나님이 우리의 부르짖음을 듣지 않으신다고 우리가 생각할 때에 하나님은 얼마나 많이 우리의 부르짖음을 들으셨던가? 만일 우리의 기도를 허락하셨다면 우리가 해를 당하고 선한 것을 빼앗겼을 것이기에 그분이 얼마나 많이 우리의 기도에 응답하지 않으셨던가?

아마도 우리는 우리의 작은 믿음과 순종의 행위가 일으킨 파급효과를 보게 될 것이다. 「크리스마스 캐럴」(A Christmas Carol)의 스크루지처럼, 「놀라운 인생」(It's a Wonderful Life)의 조지 베일리처럼 아마도 우리는 우리가 다른 사람들에게 얼마나 큰 영향을 미쳤으며 우리가 남과 다르게 삶을 산 것이 다른 사람들에게 어떤 영향을 미쳤는지를 보게 될 것이다. (하나님께서 우리에게 이것을 지금 볼 수 있게 해주셔서 우리가 아직 살아 있을 동안에 우리의 삶을 교정할 수 있도록 해주시길 기도한다.)

우리가 하나님의 절대주권을 믿는다면 우리가 인간 역사를 더욱 잘 이해함으로써 하나님을 영화롭게 할 수 있음을 믿어야만 한다. 우리는 더 이상 "하나님을 사랑하는 자 곧 그 뜻대로 부르심을 입은 자들에게는 모든 것이 합력하여 선을 이루느니라"(롬 8:28)라는 말씀을 믿음을 사용하여 붙들 필요가 없다. 우리는 그 당시의 모습을 있는 그대로 정확하게 역사로 볼 것이기 때문이다.

이러한 토론이 당신에게는 다소 기괴하게 보이는가? 조금만 더 깊이 생각해 보

자. 분명히 당신은 하나님께서 시간의 커튼을 뒤로 젖히시고 사람들을 그곳으로 보내셔서 과거를 보도록 하실 수 있다는 데 동의할 것이다. 그렇다면 문제는 그분께서 그렇게 하실 충분한 이유가 있는가 하는 것이다. 한 가지 이유는 우리에게 우리의 삶과 다른 사람들의 삶 가운데 나타난 그분의 섭리와 은혜 그리고 선하심을 보여주시려는 것이다. 그럴 때에 그것은 하나님께 영광이 되지 않겠는가? 그로 인해 우리는 그분의 절대적인 은혜에 대해 그분을 찬양하고 높이지 않겠는가? 분명히 이것은 고귀하고 하나님을 영화롭게 하는 반응이다. 이 또한 그분이 계시하신 목적, 즉 "이는 그리스도 예수 안에서 우리에게 자비하심으로써 그 은혜의 지극히 풍성함을 오는 여러 세대에 나타내려 하심이라"(엡 2:7)는 목적과 부합되지 않는가?

씨. 에스. 루이스는 다음처럼 썼다. "내가 부활의 몸을 언급할 때에 그것은 단지 복되게 죽은 자들이 땅에서의 기분 좋은 경험들을 다시 다 기억할 것이라는 의미가 아니다. 내가 의미하는 바는 반대이다. 우리가 지금 알고 있는 기억은 우리의 영혼, 아니 우리의 영혼 안에 계신 그리스도께서…내세에서 행하실 능력의 맛보기요, 신기루이다. 이제 그것은 더 이상 그 일이 일어난 영혼만의 비밀이 아니다. 지금 나는 당신에게 나의 어린 시절에 뛰놀던 들판—그 들판은 지금 택지가 되었다—에 대해 불완전하게 말로 밖에 설명하지 못한다. 그러나 그 날이 다가오고 있는데 아마도 그 날에 나는 당신을 그곳으로 데려가 당신과 함께 그곳을 산책할 수 있을 것이다."[1]

하나님은 우리가 상상하는 것보다 더 많은 것을 하실까?

방금 내가 한 말 중에 많은 부분은 물론 추측이다. 그러나 성경은 부활과 영원에서의 땅의 문화에 대해 분명한 그림을 그려주고 있기 때문에 나는 성경이 열어 준 상상의 문을 통과해 걸어갔다. 이 모든 것들이 당신의 상상보다 더 심해 보인다면 단순히 그렇다는 이유만으로 이것을 거부하지 말도록 권면하고 싶다. 결국 우리 하나님은 "우리가 구하거나 생각하는 모든 것에 더 넘치도록 능히 하실 이"(엡 3:20)이시다. 그 다음 구절은 우리의 생각보다 더 넘치도록 행하시는 이러한 하나님을 찬양한다. "교회 안에서와 그리스도 예수 안에서 영광이 대대로 영원무궁하기를 원하노라 아멘."

Part 3
천국의 빛 가운데 살기

- 제42장 천국을 우리의 집으로 삼기 위한 재오리엔테이션
- 제43장 위대한 모험을 기대하며

제42장 | 천국을 우리의 집으로 삼기 위한 재오리엔테이션

> 죽기 전에는 결코 발견하지 못할 나의 진정한 고국에 대한 열정을 나는 내 속에 계속해서 생생하게 간직해야만 한다. 난 절대로 그 나라가 눈에 덮이거나 곁길로 빠지지 않도록 해야만 한다. 저곳에 있는 그 나라를 향해 달음박질하고 다른 사람들도 그리하도록 하는 것이 내 인생의 주목적이어야만 한다.
>
> — 씨. 에스. 루이스

수족관에서 대양의 물고기들을 보면 즐겁게 보긴 하지만 뭔가 잘못된 느낌이 든다. 그들은 이곳에 어울리지 않는다. 그들의 집은 여기가 아니다. 그 물고기들은 작은 유리 상자를 위해 만들어지지 않았다. 그들은 거대한 대양을 위해 만들어졌다.

물고기는 이 사실을 전혀 모른다고 생각한다. 하지만 그들의 본능이 그들에게 그들의 진짜 집은 다른 곳에 있다는 것을 말하지 않을까 하는 생각이 든다. 우리의 본능은 우리에게 이 타락한 세상이 우리의 집이 아니라고 말한다는 것을 난 안다. 우리는 훨씬 더 나은 그 어떤 곳을 위해 만들어졌다. 우리가 이미 살펴본 것처럼 성경은 계속해서 이 본능을 확증해 준다.

그리스도인 노예들은 "집으로 돌아가 하나님과 함께 살 것"(goin' home to live with God)과 "자기를 집으로 데려가기 위해 온 마차"(chariot comin' fo' to carry me home)를 노래했다. 그리스도인은 언제나 천국에 가는 것을 집에 가는 것으로 생각했다. 예수님께서 우리를 위해 처소를 준비하러 가신다고 말씀하셨을 때에 주님은 우리를 위해 집을 짓겠다고 말씀하셨다. 그러므로 천국을 고대하기 위해서 우리는 집의 의미를 이해해야만 한다.

집이란 무엇과 같은가?

여행에서 모든 사람이 아프고 모든 것이 엉망이 되어 고생해 본 적이 있는가? 그때 당신이 가장 원했던 것은 무엇인가? 집에 가는 것이다. 푹신한 침대와 집에서 만든 맛있는 음식을 머릿속으로 상상하고, 벽난로 앞에서 가족, 친구들과 함께 만나 여행 중에 잘못된 이야기를 하면서 웃으며 교제하는 모습을 그릴 것이다.

집에 갈 수 있음을 알기 때문에 우리는 계속 여행을 한다. 천국도 마찬가지이다. 천국도 우리로 계속해서 여행하도록 만든다. 왜냐하면 그곳은 우리의 영원한 집이며, 우리를 기다리며 우리의 이름을 부르는 환영의 피난처이기 때문이다.

집은 친구가 방문하러 오는 곳이다. 그곳에서 우리는 어슬렁거리고, 정원을 가꾸며, 가장 좋아하는 책을 읽고, 즐기는 음악을 듣는다. 집은 향기로운 모닝커피를 마시는 곳이며, 아내가 멋진 음식과 정말 맛있는 애플파이를 만들어 주는 곳이다.

내가 집을 너무 낭만적으로 말한다는 것을 안다. 집에서 끔찍한 경험을 한 사람들이 많다는 것도 안다. 그러나 천국에 있는 우리의 진짜 집은 땅에 있는 집의 좋은 점들을 다 가지고 있으며, 거기에 수만 배를 곱해야 하지만 나쁜 것은 전혀 없다.

세상 사람들은 "다시는 집에 결코 갈 수 없다"고 말한다. 이 말은 나간 사이에 집이 변하고 우리도 변한다는 뜻이다. 우리의 옛 집은 무너지거나 팔릴 수도 있고, 수리가 될 수도 있고 황폐해질 수도 있다. 그러나 인생이 끝나고 특히 우리가 새 땅에 도착했을 때에 하나님의 자녀들은 진정한 의미에서 처음으로 집에 가게 된다. 천국의 집은 불에 타거나 홍수가 나거나 혹은 바람에 날아가 버리지 않기 때문에 우리가 돌아왔을 때에 그 집이 그대로 있을까 의아해할 필요가 없다. 새 하늘과 새 땅은 결코 사라지지 않는다. 그들은 "집"이란 말에 영원한 의미를 부여할 것이다.

우리의 영원한 집 이야기가 나올 때에 우리는 종종 두 가지 면에서 성경적으로 생각하지 못한다. 첫째, 우리는 우리가 그곳에서 온전히 인간이 아니며 우리의 궁극적인 집도 물리적이지 않고 땅의 것과 같지 않을 것이라고 생각한다. 둘째, 우리는 지금 저주 아래 있는 이 세상을 우리의 궁극적인 집으로 생각한다. 씨. 에스. 루이스는 "우리 아버지 하나님은 여행 중에 우리에게 변화를 주시기 위해 안락한 여관에 들르게 하시지만 그곳을 집으로 착각하길 원하지 않으신다"라고 썼다.[1]

만일 천국이 정말 우리 집이라면 우리는 그곳이 집과 연관된 성질들을 가지고 있을 것으로 기대해야만 한다. 천국에서 "집"이란 용어는 단순한 은유가 아니다. 그것은 실재하는 물리적 장소를 말하며, 우리 신랑께서 지어 주겠다고 약속하신 곳이다. 우리는 그곳에서 사랑하는 자들과 공간을 함께 쓰며, 그곳에는 우리가 좋아하는 친숙함과 안락함, 휴식이 있다. 그곳에는 너무나 멋진 향기와 맛있는 음식, 그리고 멋진 대화가 있다. 또한 하나님께서 우리에게 주신 은사와 열정을 생각하고, 상호반응하며 이들을 표현하는 곳이다. 그곳은 예전에 없었던 자유와 모험의 장소가 될 것이다.

파티에 가기

누군가가 당신을 파티에 데려간다고 상상해 보라. 몇몇 친구들이 와 있고 약간의 즐거운 대화를 나누며, 약간 웃다가 맛있는 애피타이저를 먹는다. 파티는 괜찮았지만 좀더 멋진 파티였으면 하는 생각이 계속 든다. 아마도 한 시간 정도 지나면 더 좋아질 것 같다. 갑자기 친구가 "당신 집에 갑시다"라고 말한다.

지금?

당신은 실망스럽지만—어느 누구도 파티를 벌써 떠나길 원하지 않는다—그곳을 나오고, 친구는 당신을 당신의 집까지 데려다 준다. 문쪽으로 걸어가면서 당신은 외로움과 당신 자신에 대해 슬픔을 느낀다. 문을 열고 전등을 켜기 위해 스위치를 누르려

할 때에 누군가가 그곳에 있는 것처럼 느껴진다. 긴장되어 목젖이 꼴깍거린다. 전등 스위치를 누른다.

"서프라이즈!"(surprise) 웃는 사람들과 친숙한 얼굴들이 집에 가득하다.

그것은 당신을 위한 파티이다. 당신이 제일 좋아하는 갈비와 피칸 파이를 갓 오븐에서 구워낸다. 식탁이 음식으로 가득하다. 하객들을 보니 오랜 만에 보는 사람들이다. 그런 뒤에 다른 파티에서 당신이 가장 즐거운 시간을 가졌던 사람들이 한 사람씩 웃으면서 당신 집에 나타난다. 조금 전의 파티에 당신이 더 머물렀더라면 당신은 이 진짜 파티에 있지 못하고 다른 곳에 멀리 떨어져 있었을 것이다.

불치의 병에 걸리거나 임박한 죽음을 앞둔 그리스도인들은 종종 파티가 끝나지도 않았는데 떠난다고 느낀다. 그들은 일찍 집에 가야만 한다. 그들은 자신들이 떠날 때에 놓치게 될 모든 것들을 생각하면서 실망한다. 그러나 사실 진짜 파티는 집에서 진행중이다. 바로 그가 돌아가는 그곳에서 말이다. 파티를 놓치는 자들은 그들이 아니라 뒤에 남아 있는 우리이다. (다행히도 우리가 예수님을 안다면 우리는 결국 그곳에 가게 된다.)

한 사람씩, 어떤 때는 한꺼번에 여러 사람이 이 세상에서 사라진다. 뒤에 남겨진 사람들은 사랑하는 자들이 집을 떠나서 슬퍼한다. 그러나 실상은 신자인 그들이 집을 떠나는 것이 아니라 집으로 돌아가는 것이다. 그들은 우리보다 먼저 집에 간다. 우리는 단지 파티에 조금 늦게 도착할 뿐이다.

예수님께서 하신 말씀을 기억하라. "이제 우는 자는 복이 있나니 너희가 웃을 것임이요"(눅 6:21). 주님은 "이와 같이 죄인 한 사람이 회개하면 하나님의 사자들 앞에 기쁨이 되느니라"고 말씀하셨다(눅 15:10). 웃음과 기쁨—파티가 우리를 기다린다. 당신도 참석하고 싶지 않은가? 그러나 중간 천국의 이 파티는 예비축제일 뿐이다. 이는 마치 결혼식을 위해 집에 온 여인을 공항에 마중 나가는 것과 같다. 그녀는 지금 집에

와서 기쁘긴 하지만 그녀가 진정으로 고대하는 것은 결혼식과 피로연이다. 그런 뒤에 그녀는 그녀의 사랑하는 신랑과 함께 새 보금자리로 이사한다.

부활한 땅에서 부활한 몸으로 부활한 친구들과 우정을 나누고 부활하신 예수님과 부활한 문화를 즐기는 것, 그것이 바로 궁극적인 파티이다! 모든 사람들은 하나님께서 본래 의도하신 대로 될 것이며 우리 중 어느 누구도 고통을 받거나 다시 죽지 않는다. 그리스도인으로서 내가 죽는 날은 내가 지금까지 살았던 날 중에 가장 좋은 날이다. 그러나 이 날은 내가 앞으로 살 날 중에서 가장 좋은 날은 아니다. 부활의 날은 훨씬 더 좋은 날이다. 그리고 새 땅에서의 첫 날, 그 날은 인류에게 있어 커다란 도약의 날이며, 하나님의 영광을 위해서도 거대한 도약의 날이 될 것이다.

부활을 사모함

나는 한 번도 천국에 가본 적이 없지만 그곳을 그리워한다. 에덴 동산은 내 핏속에 흐른다. 인생의 최고의 것들은 에덴의 기념물이며 또한 새 땅의 애피타이저이다. 그것들은 우리로 계속 여정을 가도록 하기에 충분하지만 우리는 현재 이 세상의 모습과 우리 자신의 모습에 결코 만족하지 못한다. 우리는 에덴 동산과 새 땅 사이에 끼여 살며 이전의 과거와 다가올 미래가 우리를 서로 잡아당긴다.

그리스도인으로서 우리는 너무나 심오해서 이해할 수 없는 방법으로 천국과 연결되어 있다. 에베소서 2:6에 의하면 어쨌든 간에 우리는 이미 그리스도와 함께 천국에 앉아 있다. 그러므로 우리는 천국보다 못한 것으로 만족할 수 없다.

갈망(desire)은 천국을 가리키는 이정표이다. 더 나은 건강의 사모는 새 땅을 사모하는 것이다. 로맨스에 대한 모든 사모는 궁극적인 그리스도와의 로맨스를 사모하는 것이다. 친밀감에 대한 모든 사모는 그리스도에 대한 갈망이다. 아름다움에 대한 모든 갈증은 그리스도에 대한 갈증이다. 기쁨의 모든 맛은 지금 땅에서 발견되는 기쁨보다 훨씬 더 생생한 기쁨의 맛보기이다.

그래서 우리는 천국에 대한 사랑을 배양하는 데 우리의 삶을 사용해야만 한다. 또한 우리는 천국에 관해 성경이 말하는 것을 묵상하고, 천국에 관한 책을 읽고, 성경 공부를 하며, 사람들을 가르치고, 천국에 관한 설교를 해야만 한다. 우리 자녀들에게도 천국에 관해 이야기해야만 한다. 우리가 캠핑, 등산, 운전을 할 때, 방문관에 들르거나 스포츠 게임을 할 때, 혹은 놀이공원에서도 우리는 우리 주변의 것들을 새 땅으로 향한 이정표로 보고 이에 관해 이야기해야만 한다.

우리가 천국을 땅의 개념으로 생각하지 않을 때에 우리의 현재 삶은 영적이지 않고 중요해 보이지도 않는다. 우리가 새 땅의 실재를 이해할 때에 우리의 현재 땅의 삶은 갑자기 중요해진다. 사랑하는 자들과의 대화와 맛있는 음식, 그리고 일, 휴식, 지적 자극 모두가 중요해진다. 강, 나무, 꽃도 중요하고, 웃음, 섬김도 중요해진다. 왜? 왜냐하면 이 모든 것들은 영원하기 때문이다.

땅 위의 삶이 중요한 이유는 그것이 우리의 유일한 삶이기 때문이 아니라, 유일한 삶이 아니기 때문이다. 그것은 영원히 계속될 삶의 시작일 뿐이며 새 땅에서 삶의 전조일 뿐이다. 영생은 우리가 죽을 때에 시작되지 않고 이미 시작되었다. 맥베스(Macbeth)가 생각한 것처럼 인생은 "소리와 분노로 가득한 바보가 말한 무의미한 이야기"가 아니다. 창조와 구속, 부활과 새 땅의 교리를 알게 될 때에 우리의 현재의 삶은 더욱 중요해지고 우리에게 목적을 심어준다. 천국을 이해한다는 것은 우리에게 단지 해야 할 "무엇"을 말해 주는 것이 아니라 "왜"라는 이유를 말해준다. 하나님께서 우리의 미래에 관해 이야기해 주실 때에 우리는 우리의 과거를 해석하고 우리의 현재에서 그분을 섬길 수 있게 된다.

"내일 죽을 테니 먹고 마시고 즐기자"라는 옛 속담을 생각해 보라. 이 말은 우리가 즐길 이 땅의 유일한 기쁨은 반드시 지금 얻어야만 함을 전제로 한다. 그리스도인으로서 우리는 하나님의 영광을 위해 먹고 마시고 즐거워해야 하지만 또한 희생하고, 고난을 받고, 죽어야만 한다. 이렇게 함으로써 우리는 영생을 준비하고, 우리는 영원히 먹고, 마시고, 즐거워할 것이며 결코 죽지 않을 것이다. 그러므로 금생은 먹고 마시고 즐길 수 있는 우리의 마지막 기회가 아니다. 오히려 그것은 먹고 마시고 즐기는 일이 죄와 사망, 저주로 더럽혀지는 마지막 기회이다.

우리는 천국이 신화인 것처럼, 불가능한 꿈인 것처럼, 무자비하게 지루한 모임인 것처럼, 혹은 진짜 삶과 동떨어진 중요하지 않은 기분전환인 것처럼 행동하지 말아야 한다. 우리는 천국을 있는 그대로, 즉 우리를 위해 만들어진 세계로 봐야만 한다. 그렇게 할 때에 우리는 전염성이 있는 웃음, 흥분, 기대감을 가지고 천국을 안을 것이다.

천국 : 우리의 낙관주의의 근원

세속적인 낙관론자들은 공상가들이다. 현세에서 낙관주의가 주는 유익을 알아내고서 그들은 세미나를 개최하고 적극적 사고방식에 대한 책들을 저술한다. 때때로 그들은 낙관주의를 이용하여 부자가 되고 유명인사가 되기도 한다. 그러나 무슨 일이 일어나는가? 결국 그들은 늙고 병들어 죽은 후에 영원히 지옥으로 간다. 낙관주의는 영원을 고려하지 않기 때문에 환상에 불과하다.

낙관주의의 타당한 근거는 오직 예수 그리스도의 구속의 역사뿐이다. 다른 기초는 모두 바위가 아니라 모래이다. 그것들은 우리의 영원의 무게를 견디지 못한다.

그러나 우리가 삶의 기초를 그리스도의 구속의 역사에 두고 산다면 우리 모두는 낙관론자들이 되어야만 한다. 왜 그런가? 왜냐하면 삶에서 가장 고통스러운 경험이라

할지라도 일시적인 퇴행에 불과하지 않기 때문이다. 우리의 고통과 고난은 이 세상의 삶에서 없어질 수도 있고 그렇지 않을 수도 있지만 내세에서는 반드시 없어진다. 더 이상 사망이나 고통이 없을 것이라는 약속은 그리스도께서 하신 것이다. 주님은 우리의 모든 눈물을 닦아 주실 것이다. 주님께서 친히 우리의 고통을 지신 것은 언젠가 우리에게서 모든 고통을 제거하시기 위함이다. 이것이야말로 우리가 취해야 할 성경이 말하는 낙관주의이다. 어느 그리스도인도 염세주의자가 되어서는 안 된다. 우리는 전능하시고 은혜로우신 하나님을 섬기고 있다는 실제(reality)에 초점을 맞춘 현실주의자(realist)가 되어야 한다. 그리스도께서 희생을 치르신 후에 하신 약속이 "실제"하기 때문에 성경적 현실주의는 "낙관주의"이다.

우리의 고난이 끝날 것을 안다고 해서 고난이 가벼워지지 않지만 참을 만하게 된다. 이로 인해 고난 중에서 기뻐할 수 있다. 예수님은 말씀하셨다. "…사람들이 너희를 미워하며 멀리하고 욕하고 너희 이름을 악하다 하여 버릴 때에는 너희에게 복이 있도다 그 날에 기뻐하고 뛰놀라 하늘에서 너희 상이 큼이라…"(눅 6:22-23). 바울은 "나는 이제 너희를 위하여 받는 괴로움을 기뻐한다"고 말했으며(골 1:24), 야고보는 "내 형제들아 너희가 여러 가지 시험을 당하거든 온전히 기쁘게 여기라"(약 1:2)고 말했다. 사도들은 고난을 즐기지 않았지만 그 가운데에서도 기뻐했다. 왜냐하면 그들은 하나님의 주권적 계획을 신뢰했고 그리스도의 재림과 몸의 부활 그리고 만물의 구속을 바라보았기 때문이었다.

그리스도께서 많은 고난을 받은 제자들에게 "너희 이름이 하늘에 기록된 것으로 기뻐하라"고 말씀하셨다(눅 10:20). 우리의 낙관주의는 하나님이 지금 이곳에서 우리에게 고난을 면제해 주신다는 "기복 신앙"의 복음이 아니다. 베드로는 "오히려 너희가 그리스도의 고난에 참여하는 것으로 즐거워하라 이는 그의 영광을 나타내실 때에 너희로 즐거워하고 기뻐하게 하려 함이라"(벧전 4:13)고 말한다. 우리가 참여할 미래의 그리스도의 영광은 고통 가운데서도 지금 우리가 기뻐해야 할 이유이다.

천국을 소망한다고 해서 고통이 없는 것은 아니지만 그로 인해 고통이 완화되며 관점이 생긴다. 천국을 묵상하는 것은 매우 훌륭한 진통제이다. 천국을 묵상할 때에 우리는 고통과 사망이 일시적인 것임을 기억한다. 우리의 존재는 고통과 사망 가운데 끝나지 않는다. 고통과 사망은 우리가 영원한 기쁨의 영생으로 들어가는 문이다. 성경이 말하는 천국의 가르침은 미래에 관한 것이지만 지금 이곳에서도 놀라운 유익을 지닌다. 우리가 이를 붙들기만 하면 우리의 무게 중심이 이동하고 인생의 관점에 급격한 변화가 온다. 성경이 말하는 "소망"이 바로 이것이며, 로마서 8:20-25에서 이 단어가 6번씩이나 사용되었다. 여기서 바울은 모든 피조물이 우리의 부활과 다가오는 세상의 구속을 기다린다고 말한다.

당신의 소망을 좋은 환경에 두지 말라. 그런 환경은 영원할 수도 없고 영원하지도 못한다. 당신의 소망을 그리스도와 그분의 약속에 두라. 주님은 재림하시고 우리는 새 땅에서 생명으로 부활할 것이다. 그곳에서 우리는 하나님의 얼굴을 뵙고 그분을 영원히 즐거워할 것이다.

문을 통하여

5살의 에밀리 킴벨은 병원에 입원하고서 곧 죽을 것이라는 말을 들었을 때에 울기 시작했다. 그 아이는 예수님을 사랑했고 주님과 함께 있기를 원했지만 사랑하는 가족을 떠나고 싶지 않았다. 그때에 그녀의 어머니가 기발한 생각을 해냈다. 그녀는 에밀리에게 문을 통해 다른 방으로 들어간 뒤에 문을 닫도록 했다. 한꺼번에 온 가족이 문을 통해 그녀와 합세하기 시작했다. 그녀의 어머니는 이것이 무엇인지를 설명해 주었다. 에밀리는 천국에 먼저 가고 나머지 가족들이 뒤를 이어 갈 것이다. 에밀리는 이해했다. 그녀는 죽음의 문을 통해 제일 먼저 가고 나머지 가족들이 그 뒤를 따르며, 아마도 한 사람씩 저쪽 편에서 그녀를 만날 것이다.

에밀리가 들어선 방에서 예수님을 상징하는 누군가와 이미 작고한 사랑하는 사람들이나 성경의 인물들과 천사들이 함께 그녀를 맞이한다면 이 비유는 더 완벽할 것이다. 또한 그녀가 들어간 방이 숨이 막힐 정도로 아름답거나 광대한 미지의 새 땅의 그림들이 있다면 더 도움이 될 것이다. 그 새 땅에서 에밀리와 그녀의 가족들 그리고 친구들이 어느 날 예수님과 함께 영원히 살게 될 것이다.

이 책을 읽는 모든 사람들은 지금도 죽어가고 있다. 아마 곧 죽을 것이라고 믿을 만한 이유가 있는 사람도 있을 것이다. 고통 가운데 불확실해 하거나 곧 죽음에 임박한 사람들도 있을지 모른다. 예수 그리스도와의 관계를 분명히 하라. 당신 자신을 구원하기 위해 오직 그분만을 신뢰하도록 하라. 다른 어떤 이도, 다른 어떤 것도, 그리고 당신이 행한 그 어떤 선행도 당신을 구원하지 못한다. 그리고 죽음의 문 저편에 있는 것을 생각하고 기대하도록 하라.

종종 장례식 예배에서 나는 다음처럼 신자의 죽음을 묘사하는 것을 듣는다.

나는 지금 해변에 서 있다. 내 옆에 있던 배 한 척이 아침 미풍에 흰 돛을 펴고 푸른 대양을 향해 출발한다. 배는 아름다움과 힘의 대상이며 나는 서서 그 배를 계속 지켜보았다. 마침내 그 배는 바다와 하늘이 서로 만나 섞이는 곳에서 하나의 작은 흰 구름으로 찍은 점처럼 보였다. 그때에 나는 내 곁의 누군가가 "저기 좀 봐. 사라져버렸네"라고 말하는 소리를 듣는다.

어디로 사라졌단 말인가? 단지 내 시야에서만 사라졌을 뿐이다. 그 배는 내 곁을 떠났을 때와 똑같은 크기의 돛과 몸체를 가지고 있다. 그리고 여전히 목적지를 향해 화물을 싣고 견딜 수 있다. 그 배가 작게 보이는 것은 단지 내 안에서 일 뿐이다.

내 곁의 누군가가 "저기 좀 봐. 사라져버렸네"라고 말하는 바로 그 순간에 그 배가 다가오는 것을 바라보는 다른 눈들이 있으며, 다른 목소리들은 "배가 온다!"라고 기쁜 소리를 외치려 한다.
이것이 바로 죽음이다.[2]

우리의 도착지는 일시적이긴 하지만 아름다운 곳이며, 그곳에서 우리는 역사의 절정, 곧 우리를 부활시키실 부활하신 예수님의 재림을 기다릴 것이다. 그분의 천 년 왕국이 끝난 뒤에(그것이 비문자적으로 현재 진행되는 통치이든 아니면 문자적으로 미래에 있을 천 년 동안의 통치이든 간에 상관없이) 우리는 그분과 함께 죄와 저주가 없는 새 땅을 통치할 것이다.

우리는 죽음이 벽이 아니라 회전문임을 인식할 때에 인생을 다르게 보게 된다. 그것은 위대한 시작을 알리는 작은 장애물이다. 캘빈 밀러는 죽음을 다음처럼 아름답게 노래했다.

예전엔 무서운 죽음의 생각을 다 조소했지요.
그때에 죽음은 그저 박동과 호흡의 정지일 뿐이었지요.
그러나 이제는 내 눈이 고통 너머에 나의 소유를 기다리는
한 세상이 있음을 보았답니다.
거룩하신 창조주시여, 이제 나로 떠나게 하소서.
왜냐하면 인생은 너무나도 짧은 예술입니다.
그리고 죽음은 단지 하나님으로 옷을 입는 것이기에
우리의 무덤은 단지 뗏장으로 덮인 출입구일 뿐입니다.[3]

제43장 | 위대한 모험을 기대하며

> 바람 속에서 탄식을 들을 수 있는가? 산속의 무거운 적막을 느낄 수 있는가? 바다의 불안한 갈망을 느낄 수 있는가? 짐승의 눈에서 그것을 볼 수 있는가? 무엇인가가 다가오고 있다…더 좋은 무엇인가가.
> — 조니 에릭슨 타다

에이치. 에스. 레어드의 아버지는 그리스도를 사랑하는 사람이었지만 죽어가고 있었다. 그의 아들은 침상 곁에 앉아 물었다. "아버지, 어떠세요?"

아버지가 대답했다. "아들아, 난 크리스마스 이브의 어린 꼬마 같은 느낌이란다."[1]

크리스마스가 다가오고 있다. 우리는 첫 크리스마스와 두 번째 크리스마스 사이에 살고 있다. 우리는 에덴과 새 땅 사이의 시끄러운 땅을 걷고 있지만 양쪽에서 그리 멀지 않다. 그 소음은 곧 사라질 것이다. 그리스도는 영원히 이 우주를 다스릴 것이다. 그리고 우리도 그분과 함께 다스릴 것이다.

위대한 이야기의 제1장

나니아 연대기의 마지막 책인 「최후의 전투」(The Last Battle)에서 씨. 에스. 루이스는 영원한 천국을 아름답게 그린다. 책의 앞부분에서 질(Jill)과 유스테이스(Eustace)는 기차를 타고 여행 중이다. 그때에 갑자기 그들은 나니아로 떨어진다. 그리고 이 어린이들이 기쁨과 경이의 나니아를 경험한 후에 위대한 사자인 아슬란 앞에 서면서 그들의 모험이 끝나자 다시 지구로 돌려 보내질까봐 두려워한다.

그리고 나서 "안녕 쉐도우랜드여"(Farewell to Shadowlands)라는 섹션에서 아슬란은 어린이들에게 기쁜 소식을 전한다. "실제로 열차 사고가 있었단다"라고 아슬란이 부드럽게 말했다. "너희 아빠, 엄마와 너희 모두는 죽었단다. 쉐도우랜드에서는 죽었다고 부르지. 이제 수업은 끝나고 방학이 시작되었단다. 꿈도 끝나고 이제는 아침이란다."

그리고 나서 루이스는 모든 문학작품 중에서 내가 가장 좋아하는 구절로 이 이야기를 맺는다.

그가 말할 때에 그는 더 이상 사자처럼 보이지 않았다. 그 이후에 일어난 일들은 너무나 위대하고 아름다워서 글로 표현할 수가 없다. 우리들에게 이것은 모든 이야기의 끝이며, 그들이 그 이후로 모두가 행복하게 살았음은 더 말할 나위가 없다. 그러나 그들에게 그것은 진짜 이야기의 시작일 뿐이었다. 이 세상에서의 그들의 삶과 나니아에서의 그들의 모든 모험은 책의 겉표지와 제목일 뿐이다. 이제 마침내 그들은 땅 위의 어떤 이도 들어보지 못한 위대한 이야기의 제1장을 시작했다. 그 이야기는 영원히 지속되며 모든 장들은 앞장보다 훨씬 더 좋다.²

「최후의 전투」의 종결부에서 루이스가 동화의 끝부분에 나오는 "그 이후에 그들 모두는 행복하게 살았다"라는 말을 언급했을 때에 어떤 독자들은 "동화는 사실이 아니다"라고 반응하고플지 모른다. 그러나 성경은 동화가 아니다. 그것은 철저히 현실적이며 죄와 고통을 처절하게 묘사하고, 전혀 천진난만하지도 않다. 성경 어디에서도 우리는 감상적인 소망을 찾아볼 수 없다. 우리가 보는 것은 하나님을 떠난 인간의 참상과 끝없는 어린 양들의 희생의 죽음, 그리스도의 고통스러운 힘겨운 구속의 역사, 눈으로 목도한 주님의 부활, 다가올 심판의 약속이다. 마침내 하나님의 이상적인 우주가 회복되어 영원전 그분의 계획이 성취되고 우리는 부활한 땅에서 주님과 부활한 사람들과 함께 역사의 절정을 보게 된다. 그때에 그리고 오직 그때부터 우리는 "그 이후에 아주 행복하게 살 것"이다.

그리고 정말로 그 이후부터 아주 행복하게 살 것이다!

하나님의 은혜로 말미암아 나는 그분 앞에서 영원히 우리를 기다리고 있는 것이 너무나 장엄한 것임을 알기에 지금도 그것을 생각하면 숨이 멈출 것 같다. 욥은 이런 감정을 가장 간단하게 말했다. "나의 이 가죽…내가…육체 밖에서 하나님을 보리라…내 눈으로 그를 보기를 외인처럼 하지 않을 것이라…"(욥 19:26-27). 하나님을 보게 될 것이라는 기대가 욥의 모든 아픔을 가렸다. 분명히 그것은 당신과 나의 아픔도 가릴 수 있다. 행복을 실은 배는 오늘 오지 않을지 모른다. 그러나 그 배는 반드시 오게 되어 있다. 그리스도께서 값 주고 사신 행복에 대해 소유권을 주장할 때에 오늘 우리는 기쁨을 맛보게 된다.

죽음이 우리에게 무엇을 할 수 있단 말인가?

"죽는다는 것은 정말로 멋진 모험일거야"라고 피터 팬이 말한다.[3] 그러나 그리스도의 피로 가리심을 받은 사람들에게만 놀랍고 멋진 모험이 되지 예수님이 없는 사람들은 무서운 비극을 겪게 된다.

물론 죽음은 실제로 모험이 아니다. 죽음은 단지 영생으로 들어가는 문일 뿐이다. 모험은 죽음 다음에 오며 그리스도 앞에 있다. 나치에 의해 교수형을 당하기 바로 직전에 디트리히 본회퍼는 큰 소리로 기도했다. "오, 하나님. 이제 끝입니다. 그러나 저에게는 이제 시작일 뿐입니다." 하나님의 약속을 신뢰한 그는 죽음을 대면하는 자리에서도 당당할 수 있었다.

우리는 죽음을 자랑하거나 혹은 낭만적으로 표현해서도 안 된다. 예수님은 그렇게 하지 않으셨다. 그는 죽음을 보고 우셨다(요 11:35). 평안하게 영원으로 들어가는 사람들의 아름다운 이야기 뒤에는 또한 혼돈스럽고, 쭈그러진 사람들의 다른 이야기들이 있다. 그들은 정신적으로 신체적으로 소진되고, 지치고 혼란스럽고 슬픔으로 가득한 사랑하는 이들을 뒤로 하고 떠난다. 나는 종종 죽음이 클로즈업되는 것을 보았다. 그리스도께서 우리의 일생 동안에 재림하시지 않는다면 나와 내가 사랑하는 모든 사람들에게는 분명히 죽음이 기다리고 있다.

죽음은 고통스럽고 우리의 원수이다. 그러나 예수님을 아는 자들에게 있어서 죽음은 마지막 고통이요, 마지막 원수이다. "그가 모든 원수를 그 발 아래에 둘 때까지 반드시 왕 노릇 하시리니 맨 나중에 멸망 받을 원수는 사망이니라"(고전 15:25-26).

죽음의 멸망은 이미 오래 전에 예언되었다. "또 이 산에서 모든 민족의 얼굴을 가린 가리개와 열방 위에 덮인 덮개를 제하시며 사망을 영원히 멸하실 것이라 주 여호와께서 모든 얼굴에서 눈물을 씻기시며 자기 백성의 수치를 온 천하에서 제하시리라 여호와께서 이같이 말씀하셨느니라"(사 25:7-8).

사도 바울도 이사야의 말씀을 말한다. "이 썩을 것이 썩지 아니함을 입고 이 죽을 것이 죽지 아니함을 입을 때에는 사망을 삼키고 이기리라고 기록된 말씀이 이루어지리라 사망아 너의 승리가 어디 있느냐 사망아 네가 쏘는 것이 어디 있느냐"(고전 15:54-55).

우리를 기다리고 있는 죽음에 대한 하나님의 관점을 알고 싶은가? 앞서 언급한 세 말씀을 다시 읽어보라. 큰소리로 읽고 암송하라. 스스로에게 "사망이 내게 할 수 있는 최악의 것은 무엇인가?"라고 자문해 보라. 로마서 8:35, 38-39을 생각해 보라. "누가 우리를 그리스도의 사랑에서 끊으리요…환난이나 곤고나 박해나 기근이나 적신이나 위험이나 칼이랴…내가 확신하노니 사망이나 생명이나 천사들이나 권세자들이나 현재 일이나 장래 일이나 능력이나 높음이나 깊음이나 다른 어떤 피조물이라도 우리를 우리 주 그리스도 예수 안에 있는 하나님의 사랑에서 끊을 수 없으리라."

죽음은 우리를 그리스도로부터 끊을 수 없을 뿐만 아니라 실제로 그분 앞으로 우리를 인도한다. 마지막 부활 때에 그리스도는 죽음을 바꾸어 영원히 죽은 것처럼 보이는 것을 영원히 살리심으로써 그분의 전능하심을 입증하실 것이다.

이것을 믿는다면 이 세상의 삶에 그렇게 필사적으로 집착할 필요가 없다. 당신은 팔을 벌리고 더 위대한 내세의 생명을 맞이할 것이다. 그것은 얼마나 놀라운 세계이겠는가! 단지 생각만 해도 압도된다. 얼마나 위대한 하나님을 우리가 영원히 즐거워하고 섬기겠는가! 그곳에서 우리는 얼마나 멋진 시간을 함께 보내겠는가! 나는 예수님을 아는 모든 독자들을 만나길 기대한다. 대부분은 처음 만나는 사람들일 테지만 내가 지금 이 땅에서 알았던 사람들과 함께 연합할 것이다. 나는 우리가 그리스도와 함께 그리고 우리 이웃들과 함께 경험하게 될 위대한 모험들 때문에 흥분한다.

그리스도께서 우리를 위해 준비하고 계신 그 새 세상을 기대하지 않고서는 하루도 그냥 보내지 말라.

우울증에 걸린 자들에게 주는 권면

천국이 놀라운 곳이라는 사실 때문에 그곳으로 가는 지름길을 택하고 싶은 유혹을 받아서는 안 된다. 만일 당신이 우울증에 걸렸다면 당신의 인생에는 목적이 없다고 생각할지 모른다. 그러나 그것보다 잘못된 생각은 없다.

하나님께서 이곳 땅에 당신을 살려 두신 것은 바로 그분이 당신이 이곳에 있길 원하셨기 때문이다. 그분은 당신을 위해 또 다른 세상을 준비하고 계시다. 주님은 자신이 무엇을 하고 있는지 너무나 정확히 알고 계신 분이다. 당신의 고난, 어려움, 우울증을 통해 그분은 영원한 기쁨을 누릴 당신의 능력을 키우고 계신 것이다. 이 땅에서의 우리의 삶은 천국을 준비시키는 훈련소이다.

나는 우울증이 힘들다는 것을 안다. 경건한 사람들 가운데 많은 자들이 우울증에 걸렸었다. 그러나 자살을 생각하고 있다면 그것이 마귀의 유혹임을 깨달으라. 예수님은 사단을 거짓말쟁이요 살인자라고 말씀하셨다(요 8:44). 그는 당신이 멸망하길 원하기 때문에 거짓을 말한다(벧전 5:8). 거짓말쟁이의 말을 듣지 말라. 진리를 말씀하시는 예수님의 말씀을 들으라(요 8:32; 14:6). 당신의 삶의 이야기를 비참하게 끝내지 말고 이 땅에서 하나님이 허락하신 길을 다가서 끝내라. 그분이 준비를 마치시면—그전에는 아니다—그분은 당신을 그분의 시간과 방법에 따라 집으로 데려가실 것이다. 그 동안에 하나님은 여기 이 땅에서 당신을 향해 목적을 가지고 계시다. 당신의 위치를 떠나지 말라. (그리고 어떤 희생을 치르더라도 그리스도 중심이면서 성경을 믿는 교회에 나가서 지혜로운 그리스도인 상담가의 도움을 구하라.)

그리스도를 모른다면 당신의 죄를 고백하고 당신을 위해 행하신 그분의 죽으심과 부활하심을 받아들이라. 주님을 안다면 당신의 목적지의 관점에서 날마다 결정을 내리라. 자신에게 오늘, 다음 주, 내년, 그리고 지금부터 십 년 후에 무엇을 할 수 있는지 자문하고 당신의 인생 이야기에 가장 멋진 종말을 적어 보라. 그 이야기는 새 우주에서 영광 가운데 계속될 것이다.

하나님의 은혜로 현재 이 땅에서 남은 시간을 당신을 위해 새 땅에 쌓고, 그분의 영광을 위해 그리스도의 발 앞에 내려놓으라(계 4:10). 그리고 나서 천국에서 예수님과 또한 그리스도를 높이고자 한 당신의 선택의 손길을 경험한 사람들을 만날 것을 고대하라.

이 세상은 끝나고 새 하늘과 새 땅으로 부활할 것이라는 사실을 알면, 그것은 우리의 일상의 행동에 심오한 영향을 미친다. "…거룩한 행실과 경건함으로 하나님의 날이 임하기를 바라보고 간절히 사모하라…우리는 그의 약속대로 의가 있는 곳인 새 하늘과 새 땅을 바라보도다 그러므로 사랑하는 자들아 너희가 이것을 바라보나니 주 앞에서 점도 없고 흠도 없이 평강 가운데서 나타나기를 힘쓰라"(벧후 3:11-14).

"새 하늘과 새 땅"의 의미를 이해한다면 우리는 그것을 바라볼 것이다. (우리가 그것을 바라보지 않는다면 우리는 아직 그 의미를 이해하지 못했다.) 귀향에 대한 기대는 지금 이곳에서 우리로 흠 없는 삶을 살고자 하는 동기를 부여해 준다. 부활한 땅에서의 장차 우리의 삶을 인식하면 어려운 결혼생활을 지속할 수 있고, 병든 부모님이나 자녀를 돌보는 어려운 임무를 인내할 수 있으며, 업무량이 많은 직장에서도 버틸 수 있다. 모세는 하나님께 충성했다. "이는 상 주심을 바라보았기 때문이었다"(히 11:26).

우리가 어디로 가는지 그리고 그리스도를 섬김으로써 그곳에서 우리가 받을 상급이 무엇인지를 알면 오늘날 우리가 그리스도를 중심으로 의롭게 사는 삶은 직접적인 영향을 받는다. 결국 우리가 진정으로 우리에게 기쁨을 주시는 그리스도가 중심이 된 세상에서 영원히 살 것을 믿고, 또한 의롭게 사는 삶이 모든 이에게 행복을 의미함을 믿는다면, 지금 이곳에서 그리스도 중심의 의로운 삶을 삶으로써 천국의 삶을 미리 살기로 왜 작정하지 않겠는가?

우리를 준비시켜 주는 삶

"주를 향하여 이 소망을 가진 자마다 그의 깨끗하심과 같이 자기를 깨끗하게 하느니라"(요일 3:3). 결혼식 날짜가 달력에 표시되어 있고 내가 결혼을 할 사람이라고 가정할 때에 나는 쉽게 성적 유혹의 표적이 되지 않는다. 마찬가지로 내가 천국을 묵상할 때에 죄는 정말로 매력이 없다. 죄가 매력적으로 보일 때는 내 생각이 천국에서 멀어질 때이다. 천국을 생각하면 필연적으로 거룩을 추구하게 되어 있다. 우리가 죄를 쉽게 용납하는 것은 우리가 천국에 대한 준비를 실패했음을 증거한다.

우리의 움직임과 야망, 우리의 오락과 우정, 그리고 돈과 시간의 사용법은 천국의 영향을 받아야만 한다. 내가 영원을 끝없는 아름다움과 모험의 세계에서 보낼 것이라고 믿는다면 모든 저녁 시간을 텔레비전의 스포츠와 시트콤을 보면서 만족하겠는가? 내가 계속해서 부정한 것들에서 내 눈을 뗀다면 중요하지 않는 것들에 얼마만큼의 시간을 사용하길 원하겠는가?

그리스도를 따른다는 것은 금욕주의로의 부르심이 아니라 만족을 뒤로 미루는 것이다. 이 세상의 것들 가운데서 기쁨을 찾기보다는 오히려 그리스도 안에서 우리의 기쁨을 찾는 것이다. 우리의 영원한 만족과 성취의 보증인 천국은 우리의 북극성이 되어 우리에게 위치와 가는 방향을 일깨워 주어야 한다.

하나님 앞에서 우리를 기다리고 있는 기쁨들을 인식할 때에 우리는 지금 하찮은 기쁨들 없이도 살아갈 수 있다. 천국에서 우리를 기다리고 있는 재물이 무엇인지를 안다면 우리는 이 땅에서 재물을 포기하고 천국에 보물을 쌓을 것이다. 하나님의 나라의 통치자로서 우리에게 주신 권세, 지금은 사용할 수 없지만 그때에는 겸손과 자비로 사용할 그 권세를 안다면 우리는 이곳에서 권력을 추구하지 않고서도 살 수 있다.

천국 중심으로 산다는 것은 가장 좋은 의미에서 목표 지향적으로 산다는 것을 의미한다. 바울은 말한다. "형제들아 나는 아직 내가 잡은 줄로 여기지 아니하고 오직 한 일 즉 뒤에 있는 것은 잊어버리고 앞에 있는 것을 잡으려고 푯대를 향하여 그리스도 예수 안에서 하나님이 위에서 부르신 부름의 상을 위하여 달려가노라"(빌 3:13-14).

천국을 생각하면 우리는 날마다 하나님께 깊은 감사를 드리며 살게 된다. "그러므로 우리가 흔들리지 않는 나라를 받았은즉 은혜를 받자 이로 말미암아 경건함과 두려움으로 하나님을 기쁘시게 섬길지니"(히 12:28).

씨. 에스. 루이스가 쓴 「페레란드라」(*Perelandra*)에서 주인공은 최근에 다른 행성에서 돌아온 그의 친구 랜섬에 관해 "다른 세계에 있었던 사람은 변화되지 않고 돌아올 수 없다"고 말한다.[4] 다른 세계, 즉 그리스도가 계신 천국과 우리가 영원히 주님과 함께 살게 될 부활한 땅에 대해 계속해서 생각한 사람도 변화되지 않은 채 그냥 있지 못한다. 그는 새 사람이 된다. 그는 더 이상 말라빠진 음식 찌꺼기와 더러운 부엌 바닥에 떨어진 부스러기로 배를 채우지 않는다. 그는 자기를 위해 준비된 잔치 음식의 냄새를 맡는다. 그는 자기 입맛을 버리지 않는다. 그는 자기 입에 침이 왜 고이는지를 안다.

새롭게 된 만물

낸시와 나는 크리스마스나 휴가 때 혹은 저녁 후에 거실에서 우리 가족, 친구들과 함께 즐거운 시간을 보내면서 "이보다 더 좋을 순 없다"라는 매혹적인 말을 했다.

당신의 인생이 아무리 힘들더라도 좋은 순간에는 위와 같은 말을 했을 것이다. 최근에 그럴 수도 있고 오래 전에 그렇게 말했을 수도 있다. 혹은 그런 기억이 거의 없을지도 모르겠다. "이보다 더 좋을 순 없다." 당신이 인생에서 아주 일순간이라 할지라도 이 말이 사실인 것처럼 보였던 때를 한 번이라도 생각해 낼 수 있는가?

글쎄, 실제 이 말은 사실이 아니다.

새 땅에서 가장 일상적인 순간도 금생에서 가장 완전한 순간들—너무 좋아서 병에 담거나 매달리고 싶지만 그렇게 할 수 없는 그런 순간들 말이다—보다 훨씬 더 좋다. 이보다 얼마든지 더 좋을 수 있으며 또 그럴 것이다. 새 땅에서의 삶은 가족, 친구들과 함께 벽난로 앞에 앉아 온기를 쬐며 크게 웃고, 다가올 모험들을 꿈꾼 뒤에 나가서 그 모험들을 함께 경험하는 것과 같을 것이다. 생명이 끝날 것이라는 두려움이나 비극이 먹구름처럼 내려앉을지 모른다는 두려움은 없다. 그리고 꿈이 사라지고 관계가 깨질 것이라는 두려움도 없다.

이 책에 제시된 개념들이 단지 내 상상력의 산물에 지나지 않는다면 그것들은 무의미할 것이다. 그러나 사도 요한은 성경의 마지막 부분에서 다음처럼 기록하였다.

또 내가 새 하늘과 새 땅을 보니…내가 들으니 보좌에서 큰 음성이 나서 이르되 보라 하나님의 장막이 사람들과 함께 있으매 하나님이 그들과 함께 계시리니 그들은 하나님의 백성이 되고 하나님은 친히 그들과 함께 계셔서 모든 눈물을 그 눈에서 닦아 주시니 다시는 사망이 없고 애통하는 것이나 곡하는 것이나 아픈 것이 다시 있지 아니하리니 처음 것들이 다 지나갔음이러라 보좌에 앉으신 이가 이르시되 보라 내가 만물을 새롭게 하노라 하시고 또 이르시되 이 말은 신실하고 참되니 기록하라 하시고(계 21:1, 3-5).

이 말씀은 왕이신 예수님의 말씀이다. 이 말씀을 의지하라. 이 말씀을 마음에 담으라. 날마다 이 말씀의 빛 가운데 살라. 그리스도께서 분명히 약속하신 이 빛 가운데 모든 결정을 하라.

우리 모두는 어떤 인격과 장소를 위해 지음을 받았다. 예수님은 인격이시다. 천국은 장소이다.

당신이 예수님을 안다면 부활한 땅에서 당신과 나는 함께 있을 것이다. 우리가 사랑하는 주님과 우리가 그리워하는 친구들과 함께 우리는 우리의 탐사와 통치를 기다리고 있는 장엄한 새 우주에서 궁극적인 모험의 여행을 떠날 것이다. 예수님께서는 만물의 중심이 되시고 기쁨은 우리가 숨쉬는 공기가 될 것이다.

"이보다 더 좋을 순 없다"라고 생각하는 그 순간은 바로 그때가 될 것이다.

후주

들어가는 글: 천국이라는 주제

1. J. Sidow Boxter, *The Other Side of Death: What the Bible Teaches about Heaven and Hell*(Grand Rapids: Kregel, 1987), 237.
2. Harvey Minkoff, *The Book of Heaven*(Owings Mills, Md.: Ottenheimer, 2001). 87.
3. Edward Donnelly, *Biblical Teaching on the Doctrines of Heaven and Hell*(Edinburgh: Banner of Truth, 2001), 64.
4. Don Richardson, *Eternity in Their Hearts*, rev. ed.(Ventura, Calif.: Regal, 1984).
5. Spiros Zodhiates, *Life after Death*(Chattanooga: AMG, 1977), 100-101.
6. Ulrich Simon, *Heaven in the Christian Tradition*(London: Wyman and Sons, 1958), 218.
7. Aristides, *Apology*, 15.
8. Cyprian, *Mortality*, chap. 26.
9. C. J. Mahaney, "Loving the Church"(taped message, Covenant Life Church, Gaithersburg, Md., n.d.); read the story of Florence Chadwick at http://www.vanguard.edu/vision2010.

1. 당신은 천국을 고대하는가?

1. Ola Elizabeth Winslow, *Jonathan Edwards: Basic Writings*(New York: New American Library, 1966), 142.
2. Jonathan Edwards, "The Resolutions of Jonathan Edwards(1722-23)," JonathanEdwards.com,http://www.jonathanedwards.com/text/Personal/resolut.htm; see also Stephen Nichols, ed., *Jonathan Edwards' Resolutions and Advice to Young Converts*(Phillipsburg, N.J.: Presbyterian and Reformed, 2001).
3. Blaise Pascal, *Pensées*, trans. W. F. Trotter, Christian Classics Ethereal Library, http://www.ccel.org/p/pascal/pensees/cache/pensees.pdf, section VII, article 425.
4. Barry Morrow, *Heaven Observed*(Colorado Springs: NavPress, 2001), 89.
5. John Eldredge, *The Journey of Desire: Searching for the Life We've Only Dreamed Of* (Nashville: Nelson, 2000), 111.
6. Mark Twain, *The Adventures of Huckleberry Finn*(New York: Fawcett Columbine, 1996), 6.
7. J. C. Ryle, *Heaven*(Ross-shire, UK: Christian Focus Publications, 2000), 19.

8. W. G. T. Shedd, *Dogmatic Theology*, 3 vols.(Grand Rapids: Zondervan, n.d.).
9. D. Martyn Lloyd-Jones, Great Doctrines of the Bible, vol. 3, *The Church and the Last Things*(Wheaton, Ill.: Crossway, 2003), 246-48.
10. A. J. Conyers, *The Eclipse of Heaven*(Downer Grove, Ill.: InterVarsity, 1992), 21.
11. Ibid,. 58.

2. 천국은 우리의 상상을 초월하는가?
1. Alister E. McGrath, *A Brief History of Heaven*(Malden, Mass: Blackwell, 2003), 5.
2. Gerhard Kittel and Gerhard Friedrich, eds., Geoffrey W. Bromiley, trans, and ed., *Theological Dictionary of the New Testament*(Grand Rapids: Eerdmans, 1964-76), 2:288.
3. C. S. Lewis, *Mere Christianity*(New York: Collier Books, 1960), 118.
4. C. S. Lewis, "Bluspels and Flalanspheres: A Semantic Nightmare," quoted in Walter Hooper, ed., *Selected Literary Essays*(Cambridge: Cambridge University Press, 1969).
5. Francis Schaeffer, *Art and the Bible*(Downers Grove, Ill.: InterVarsity, 1973), 61.

3. 우리의 정해진 운명은 천국인가 아니면 지옥인가?
1. K. Connie Kang, "Next Stop, the Pearly Gates... or Hell?" *Los Angeles Times*, October 24, 2003.
2. Dante Alighieri, *Inferno*, canto 3, line 9.
3. Dorothy Sayers, *A Matter of Eternity*, ed. Rosamond Kent Sprague(Grand Rapids: Eerdmans, 1973), 86.
4. C. S. Lewis, *The Problem of Pain*(New York: Macmillan, 1962), 118.

4. 당신이 천국에 갈 것을 알 수 있는가?
1. Ruthanna C. Metzgar, from her story "It's Not in the Book!" copyright ⓒ 1988 by Ruthanna C. Metzgar. Used by permission. For the full story in Ruthanna's own words, see Eternal Perspective Ministries, http://www.epm.org/articles/metzgar.html.
2. C. S. Lewis, *The Problem of Pain*(New York: Macmillan, 1962), 147.

5. 중간 천국의 성격은 무엇인가?

1. Wayne Grudem, *Systematic Theology: An Introduction to Biblical Doctrine* (Grand Rapids: Zondervan, 1994), 1158.
2. Anthony A. Hoekema, "Heaven: Not Just an Eternal Day Off," *Christianity Today*(June 6, 2003), http://www.christianitytoday.com/ct/2003/54.0.html.
3. "Sight Unseen," *World*(November 8, 2003): 13; see the article "One Unseen Divinity? Ridiculous! Billions of Unseen Universes? Sure, Why Not?" discussed at "Easterblogg," *The New Republic Online*, http://www.tnr.com/easterbrook.mhtml?week=2003-10-21.
4. Grudem, *Systematic Theology*, 1159.

8. 이 세상은 우리의 집인가, 아닌가?

1. Douglas Connelly, *The Promise of Heaven: Discovering Our Eternal Home*(Downers Grove, Ill.: InterVarsity, 2000), 120.
2. Ibid., 121.
3. Paul Marshall with Lela Gilbert, *Heaven Is Not My Home: Learning to Live in God's Creation*(Nashville: Word, 1988), 11.
4. Gary Moon, *Homesick for Eden*(Ann Arbor, Mich.: Servant Publication, 1997).
5. Ibid., 104-5.
6. Millard Erickson, *Christian Theology*(Grand Rapids: Baker, 1998), 1232.
7. Donald Guthrie, *New Testament Theology*(Downers Grove, Ill.: InterVarsity, 1981), 880.
8. Walton J. Brown, *Home at Last*(Washington, D.C.: Review and Herald, 1983), 145.
9. Marshall with Gilbert, *Heaven Is Not My Home*, 247, 249.

9. 땅의 구속이 왜 하나님의 계획에 그리 중요한가?

1. C. S. Lewis, *Christian Reflections*, ed. Walter Hooper(Grand Rapids: Eerdmans, 1967), 33.
2. Albert M. Wolters, *Creation Regained: Biblical Basics for a Reformational Worldview*(Grand Rapids: Eerdmans, 1985), 58.
3. Philip P. Bliss, "Hallelujah, What a Savior!" *International Lessons Monthly*, 1875.
4. Wolters, *Creation Regained*, 62.

5. Ibid, 58-59.
6. Gerhard Kittel and Gerhard Friedrich, eds., Geoffrey W. Bromiley, trans. and ed., *Theological Dictionary of the New Testament*(Grand Rapids: Eerdmans, 1964-76), 1:686.
7. David Chilton, *Paradise Restored*(Fort Worth: Dominion Press, 1987), 23, 25.
8. The Westminster Shorter Catechism may be viewed online: "Westminster Shorter Catechism with Proof Texts," Center for Reformed Theology and Apologetics, http://www.reformed.org/documents/WSC_frames.html?wsc_text=WSC.html.
9. In my summary of Isaiah 60, I am indebted to Richard Mouw's *When the Kings Come Marching In*(Grand Rapids: Eerdmans, 1983).
10. Mouw, *When the Kings Come*, 5-21.
11. Ibid., 12-15.
12. A. A. Hodge, *Evangelical Theology: A Course of Popular Lectures*(Edinburgh: Banner of Truth, 1976), 399-402.

10. 저주가 걷혔다는 의미는 무엇인가?

1. Anthony A. Hoekema, *The Bible and the Future*(Grand Rapids: Eerdmans, 1979), 277.
2. Albert M. Wolters, *Creation Regained: Biblical Basics for a Reformational Worldview*(Grand Rapids: Eerdmans, 1985), 64, 71.

11. 왜 부활은 그렇게도 중요한가?

1. *Time*(March 31, 1997): 55, quoted in Paul Marshall with Lela Gilbert, *Heaven Is Not My Home: Learning to Live in God's Creation*(Nashville: Word, 1998), 234.
2. R. A. Torrey, *Heaven or Hell*(New Kensington, Pa.: Whitaker House, 1985), 68-69.
3. Anthony A. Hoekema, "Heaven: Not Just an Eternal Day Off," *Christianity Today*(June 6, 2003), http://www.christianitytoday.com/ct/2003/122/54.0.html.
4. Herman Bavinck, *The Last Things: Hope for This World and the Next*, ed. John Bolt, trans. John Vriend(Grand Rapids: Baker, 1996), 157.
5. Anthony A. Hoekema, *The Bible and the Future*(Grand Rapids: Eerdmans, 1979), 251.
6. Hank Hanegraaff, *Resurrection*(Nashville: Word, 2000), 68-69.
7. Peter Toon, *Longing for Heaven: A Devotional Look at the Life after Death*(New York:

Macmillan, 1986), 141.

8. The Westminster Confession of Faith, Chap. XXXI, "Of Synods and Councils," Presbyterian Church in America, http://www.pcanet.org/general/cof_chapxxxi-xxxiii.htm.

9. Joni Eareckson Tada, *Heaven: Your Real Home*(Grand Rapids: Zondervan, 1995), 39.

12. 왜 모든 피조물은 우리의 부활을 기다리는가?

1. Albert M. Wolters, *Creation Regained: Biblical Basics for a Reformational Worldview*(Grand Rapids: Eerdmans, 1985), 11.

2. Cornelius P. Venema, *The Promise of the Future*(Trowbridge, UK: Banner of Truth, 2000), 461.

3. Wolters, *Creation Regained*, 59.

4. Frank S. Mead, ed., *Encyclopedia of Religious Quotations*(London: Peter Davies, 1965), 379.

5. John Calvin, *Commentary on Romans*, Romans 8:19-22, Christian Classics Ethereal Library, http://www.ccel.org/ccel/calvin/calcom38.all.htm1#xii.

6. Erich Sauer, *The King of the Earth*(Grand Rapids: Eerdmans, 1962), 97.

7. John Piper, *Future Grace*(Sisters, Ore.: Multnomah, 1995), 377-78.

14. 옛 땅은 파괴될 것인가 아니면 새롭게 될 것인가?

1. Wayne Grudem, *Systematic Theology: An Introduction to Biblical Doctrine*(Grand Rapids: Zondervan, 1994), 1160-61.

2. John Piper, *Future Grace*(Sisters, Ore.: Multnomah, 1995), 371, 376.

3. Cornelius P. Venema, *The Promise of the Future*(Trowbridge, UK: Banner of Truth, 2000), 468.

4. Albert M. Wolters, quoted in Venema, *Promise of the Future*, 468.

5. Venema, *The Promise of the Future*, 469.

6. E. J. Fortman, *Everlasting Life after Death*(New York: Alba House, 1976), 304.

7. Walter Bauer, *The Greek-English Lexicon of the New Testament and Other Early Christian Literature*, ed. Frederick W. Danker, 3rd ed.(Chicago: University of Chicago

Press, 2000).

8. Greg K. Beale, "The Eschatological Conception of New Testament Theology," *Eschatology in Bible and Theology*, ed. Kent E. Brower and Mark W. Elliott(Downers Grove, Ill.: InterVarsity, 1997), 44.

9. Ibid, 50.

10. Ibid, 21-22.

15. 새 땅은 집처럼 편안할 것인가?

1. Paul Marshall with Lela Gilbert, *Heaven Is Not My Home: Learning to Live in God's Creation*(Nashville: Word, 1998), 32-33.

2. C. S. Lewis, *Mere Christianity*(New York: Collier Books, 1960), 120.

3. C. S. Lewis, *The Problem of Pain*(New York: Macmillan, 1962), 115.

4. G. K. Chesterton, *Orthodoxy*(Chicago: Thomas More Association, 1985), 99-100.

16. 하나님을 본다는 것은 무슨 의미인가?

1. Jonathan Edwards, *Misc.* 777, quoted in John Gerstner, *Jonathan Edwards on Heaven and Hell*(Grand Rapisd: Baker, 1980), 48.

2. Herman Bavinck, *The Last Things: Hope for This World and the Next*, ed. John Bolt, trans. John Vriend(Grand Rapisd: Baker, 1996), 162.

3. Jonathan Edwards, *The Sermons of Jonathan Edwards: A Reader*, ed. Wilson H. Kimnach, Kenneth P. Minkema, and Douglas A. Sweeney(New Haven, Conn: Yale University Press, 1999), 74-75.

4. Augustine, *The City of God*, 22, 30 and *Confessions* 1, 1, quoted in John E. Rotelle, *Augustine Day by Day*(New York: Catholic Book Publishing, 1986).

5. Sam Storms, "Joy's Eternal Increase," an unpublished manuscript on Jonathan Edwards's view of Heaven.

6. Augustine, *The City of God*, chap. 29, "Of the Beatific Vision," Christian Classics Ethereal Library, http://www.ccel.org/fathers/NPNF1-02/Augustine/cog/t127.htm.

7. Augustine, *The City of God*, quoted in Alister E. McGrath, *A Brief History of Heaven*(Malden, Mass.: BlackWell, 2003), 182-83.

17. 하나님께서 우리 가운데 거하신다는 것은 무슨 의미인가?

1. Steven J. Lawson, *Heaven Help Us!*(Colorado Springs: NavPress, 1995), 142.
2. J. Boudreau, *The Happiness of Heaven*(Rockford, Ill.: Tan Books, 1984), 95-96.
3. Teresa of Avila, *The Way of Perfection*, chap. 28, par. 2, Christian Classics Ethereal Library, http://www.ccel.org/t/teresa/way/chapter28.html.
4. John Milton, quoted in James M. Campbell, *Heaven Opened: A Book of Comfort and Hope*(New York: Revell, 1942), 75.
5. Samuel Rutherford, quoted in Charles H. Spurgeon, *Morning and Evening*, January 17, morning reading.
6. Martin Luther, quoted in James M. Campbell, *Heaven Opened: A Book of Comfort and Hope*(New York: Revell, 1924), 148.

18. 우리는 어떻게 하나님을 경배할 것인가?

1. Cornelius P. Venema, *The Promise of the Future*(Trowbridge, UK: Banner of Truth, 2000), 478.
2. John G. Elliot, "The Praise Goes On and On" (Grapevine, Tex.: Galestorm Music, n.d.).
3. Jonathan Edwards, *The Works of Jonathan Edwards*, ed. Perry Miller, vol. 13, *The Miscellanies*, ed. Thomas A. Schafer(New Haven, Conn.: Yale University Press, 1994), 105, 275-76.

19. 하나님의 영원한 나라는 무엇과 관련이 있는가?

1. David Chilton, *Paradise Restored: A Biblical Theology of Dominion*(Fort Worth: Dominion Press, 1987), 49.
2. R. L. Harris, *Theological Wordbook of the Old Testament*(Chicago: Moody, 1980), 60.
3. Herman Ridderbos, *Paul and Jesus: Origin and General Character of Paul's Preaching of Christ*, trans. David H. Freeman(Philadelphia: Presbyterian and Reformed, 1958), 77.
4. Anthony A. Hoekema, *The Bible and the Future*(Grand Rapids: Eerdmans, 1979), 33.
5. Bruce Milne, *The Message of Heaven and Hell*(Downers Grove, Ill.: InterVarsity, 2002), 321.

20. 실제로 우리는 그리스도와 함께 통치할 것인가?

1. Richard Mouw, *When the Kings Come Marching In*(Grand Rapids: Eerdmans, 1983), 30.
2. Dallas Willard, *The Divine Conspiracy: Rediscovering Our Hidden Life in God*(San Francisco: HarperSanFrancisco, 1998), 378.

21. 우리는 하나님의 나라를 어떻게 다스릴 것인가?

1. Jonathan Edwards, "The End for which God Created the World," *The Works of Jonathan Edwards*(Edinburgh: Banner of Truth, 1974), 2:210.
2. Erich Sauer, *The King of the Earth*(Grand Rapids: Eerdmans, 1962), 80-81.
3. Dallas Willard, *The Divine Conspiracy: Rediscovering Our Life in God*(San Francisco: HarperSanFrancisco, 1998), 398.

22. 새 땅은 에덴의 낙원일 것인가?

1. Anthony A. Hoekema, *The Bible and the Future*(Grand Rapids: Eerdmans, 1979), 276.
2. Alister E. McGrath, *A Brief History of Heaven*(Malden, Mass.: Blackwell, 2003), 70.
3. Edward Thurneysen, quoted in J. A. Schep, *The Nature of the Resurrection Body*(Grand Rapids: Eerdmans, 1964), 218-19.
4. C. S. Lewis, *The Last Battle*(New York: Collier Books, 1956), 168-71.
5. Ibid, 181.

24. 공간과 시간이 있겠는가?

1. David Winter, *Hereafter: What Happens after Death?*(Wheaton, Ill.: Harold Shaw, 1973), 67.
2. René Pache, *The Future Life*(Chicago: Moody, 1971), 357.
3. Salem Kirban, *What Is Heaven Like?*(Huntingdon Valley, Pa.: Second Coming, 1991), 35.
4. John Newton, "Amazing Grace," *Olney Hymns*(London: W. Oliver, 1779).

25. 우리는 우리 자신일 것인가?

1. Adapted from Charles Dickens, *A Christmas Carol*, part 3, st. 1.
2. C. S. Lewis, *The Problem of Pain*(New York: Macmillan, 1962), 147.

3. Bruce Milne, *The Message of Heaven and Hell*(Downers Grove, Ill.: InterVarsity, 2002), 194.
4. C. S. Lewis, *Mere Christianity*(New York: Macmillan, 1972), 190.

26. 우리의 몸은 어떠할 것인가?
1. Augustine, *The City of God*, 22:19, 2; 22:20, 3(PL 41:781.783).
2. Joni Eareckson Tada, *Heaven: Your Real Home*(Grand Rapids: Zondervan, 1995), 53.
3. Arthur E. Travis, *Where on Earth Is Heaven?*(Nashville: Broadman, 1974), 24.
4. Ibid., 30.
5. James M. Campbell, *Heaven Opened*(New York: Revell, 1942), 169.
6. Alister E. McGrath, *A Brief History of Heaven*(Malden, Mass.: Blackwell, 2003), 37-38.
7. Hank Hanergraaff, *Resurrection*(Nashville: Word, 2000), 133-34).
8. C. S, Lewis, *The Great Divorce*(New York: Macmillan, 1946), 29-30.
9. Jonathan Edwards, quoted in John Gerstner, *Jonathan Edwards on Heaven and Hell*(Grand Rapids: Baker, 1980), 39.

27. 우리는 새 땅에서 먹고 마실 것인가?
1. Wayne Grudem, *Systematic Theology: An Introduction to Biblical Doctrine*(Grand Rapids: Zondervan, 1994), 1161.

28. 우리는 죄를 지을 수 있겠는가?
1. Paul Helm, *The Last Things*(Carlisle, Pa.: Banner of Truth, 1989), 92.

29. 우리는 무엇을 알고 배우겠는가?
1. Wayne Grudem, *Systematic Theology: An Introduction to Biblical Doctrine*(Grand Rapids: Zondervan, 1994), endnote on 1162.
2. Gerhard Kittel and Gerhard Friedrich, eds., Geoffrey W. Bromiley, trans. and ed., *Theological Dictionary of the New Testament*(Grand Rapids: Eerdmans, 1964-76), 1:692.
3. Dave Hunt, *Whatever Happened to Heaven?*(Eugene, Ore.: Harvest House, 1988), 238.
4. Colleen McDannell and Bernhard Lang, *Heaven: A History*(New York: Vintage Books,

1988), 307.
5. Jonathan Edwards, *The Works of Jonathan Edwards*, ed. Perry Miller, vol. 13, *The Miscellanies*, ed. Thomas A. Schafer(New Haven, Conn.: Yale University Press, 1994), 483.
6. Ibid., 275; I'm indebted to Andrew McClellan for several citations from his seminary paper "Jonathan Edwards's View of Heaven," August 15, 2003.
7. William Shakespeare, *Hamlet*, act 3, scene 1, line 87.
8. Jonathan Edwards, quoted in John Gerstner, *Jonathan Edwards on Heaven and Hell*(Grand Rapids: Baker, 1980), 24.
9. Ibid., 26.
10. Jonathan Edwards, "The End for which God Created the World," quoted in John Piper, *God's Passion for His Glory*(Wheaton, Ill.: Crossway, 1998), 37.
11. Ibid., 160.
12. Ibid., 251.
13. J. Boudreau, *The Happiness of Heaven*(Rockford, Ill.: Tan Books, 1984), 12-22.
14. Philip Melanchthon, quoted in W. Robertson Nicoll, *Reunion in Eternity*(New York: George H. Doran, 1919), 117-18.

30. 우리의 일상생활은 어떠할 것인가?

1. J. Boudreau, *The Happiness of Heaven*(Rockford, Ill.: Tan Books, 1984), 107-8.
2. Charles Spurgeon, "Foretastes of the Heavenly Life" (1857), quoted in *Spurgeon's Expository Encyclopedia*(Grand Rapids: Baker, 1951), 8:424.
3. Donald A. Carson, *The Gospel According to John*(Grand Rapids: Eerdmans, 1991), 489.
4. Joseph M. Stowell, *Eternity*(Chicago, 1995), 239.

31. 우리는 하나님 외에 다른 이와의 관계를 원할 것인가?

1. Bede, a sermon Preached on All Saint's Day ca. 710, quoted in William Jennings Bryan, ed., *The World's Famous Orations*(New York: Funk and Wagnalls, 1906).
2. Richard Baxter, *The Practical Works of Richard Baxter*(Grand Rapids: Baker, 1981), 97.
3. Salem Kirban, *What Is Heaven Like?*(Huntingdon Valley, Pa.: Second Coming, 1991), 8.

4. J. Boudreau, *The Happiness of Heaven*(Rockford, Ill.: Tan Books and Publishers, 1984), 117.

5. George MacDonald, quoted in Herbert Lockyer, *Death and the Life Hereafter*(Grand Rapids: Baker, 1975), 65.

6. J. C. Ryle, *Heaven*(Ross-shire, UK: Christian Focus Publications, 2000), 34-35.

7. Amy Carmichael, *Thou Givest . . . They Gather*, quoted in *Images of Heaven: Reflections on Glory*, comp. Lil Copan and Anna Trimiew(Wheaton, Ill.: Harold Shaw, 1996), 111.

32. 결혼, 가족, 우정 같은 것이 있겠는가?

1. Dracke W. Whitchurch, *Waking from Earth: Seeking Heaven, the Heart's True Home*(Kearney, Neb.: Morris, 1999), 95.

2. Ibid., 60.

3. Augustine, *On the Christian Doctrine*, 1:32-33.

33. 우리가 만날 사람들은 누구이며 우리가 함께 경험하는 것은 무엇이겠는가?

1. J. I. Packer, "Hell's Final Enigma," *Christianity Today*(April 22, 2002): 84.

2. Jonathan Edwards, "The End of the Wicked Contemplated by the Righteous," *The Works of Jonathan Edwards*(Edinburgh: Banner of Truth, 1974), 2:207-12, emphasis added.

3. C. S. Lewis, *The Last Battle*(New York: Collier Books, 1956), 139.

4. C. S. Lewis, *The Magician's Nephew*(New York: Collier Books, 1978), 98-116.

34. 우리는 서로와 어떤 관계를 맺을 것인가?

1. Jonathan Edwards, *Heaven: A World of Love*(Amityville, N.Y.: Calvary Press, 1999), 27-29.

2. Jonathan Edwards, quoted in John Gerstner, *Jonathan Edwards on Heaven and Hell*(Grand Rapids: Baker, 1980), 21-22.

3. I wrote about my relationship with Jerry in the nonfiction companion to my novels that deal with Heaven. See *In Light of Eternity*(Colorado Springs: WaterBrook, 1999), 66-72.

4. Elisabeth Elliot, *Through Gates of Splendor*(Wheaton, Ill.: Tyndale, 1981).

5. *Babette's Feast*, directed by Gabriel Axel(Panorama Film, 1987).

6. J. C. Ryle, *Heaven*(Ross-shire, UK: Christian Focus Publications, 2000), 84.

35. 새 땅에서의 사회는 어떠할 것인가?

1. Abraham Kuyper, *The Revelation of St. John*, trans. John H. de Vries(Grand Rapids: Eerdmans, 1963), 122.
2. Herman Bavinck, *The Last Things: Hope for This World and the Next*, ed. John Bolt, trans. John Vriend(Grand Rapids: Baker, 1996), 160.
3. Richard Mouw, *When the Kings Comes Marching In*(Grand Rapids: Eermans, 1983), 47.
4. Dave Hunt, *Whatever Happened to Heaven?*(Eugene, Ore.: Harvest House, 1988), 236.
5. Cornelius P. Venema, *The Promise of the Future*(Trowbridge, UK: Banner of Truth, 2000), 481.
6. See discussion at Eternal Perspective Ministries, http://www.epm.org/articles/characters.html.
7. Anthony A. Hoekema, "Heaven: Not Just an Eternal Day Off," *Christianity Today*(June 6, 2003), http://www.christianitytoday.com/ct/2003/122/54.0.html.
8. Ibid.

36. 동물들도 새 땅에 살 것인가?

1. Gary, R. Habermas and J. P. Moreland, *Beyond Death: Exploring the Evidence for Immortality*(Wheaton, Ill.: Crossway, 1998), 106.

37. 우리의 애완동물을 포함해 동물들도 부활할 것인가?

1. Steven Wolberg, *Will My Pet Go to Heaven?*(Enumclaw, Wash.: WinePress, 2002), 57.
2. C. S. Lewis, *The Problem of Pain*(New York: Macmillan, 1962), 139-41.
3. Joni Eareckson Tada, *Holiness in Hidden Places*(Nashville: J. Countryman, 1999), 133.
4. This and subsequent quotations in this section from John Wesley's sermon "The General Deliverance, Sermon 60" can be found, with comments by Randy Alcorn, at Eternal Perspective Ministries, http://www.epm.org/articles/wesleysermon.html.
5. C. S. Lewis, *The Magician's Nephew*(New York: Collier Books, 1978), 167.
6. Ibid, 172.

38. 천국에서도 심심할 수 있겠는가?

1. James M. Campbell, *Heaven Opened*(New York: Revell, 1924), 123.
2. Victor Hugo, "The Future Life," quoted in Dave Wilkinson, "And I Shall Dwell," sermon preached at Moorpark Presbyterian Church, February 18, 2001, "Sermons from Moorpark Presbyterian Chuch," Moorpark Presbyterian Church, http://www.moorparkpres.org/sermons/2001/021801.htm.
3. Wilbur M. Smith, *The Biblical Doctrine of Heaven*(Chicago, Moody, 1968), 195.
4. Campbell, *Heaven Opened*, 123-24, 190.
5. Anthony A. Hoekema, "Heaven: Not Just an Eternal Day Off," *Christianity Today*(June 6, 2003), http://www.christianitytoday.com/ct/2003/122/54.0.html.
6. Cornelius P. Venema, *The Promise of the Future*(Trowbridge, Uk: Banner of Truth, 2000), 481.
7. Paul Marshall with Lela Gilbert, *Heaven Is Not My Home: Learning to Live in God's Creation.*(Nashville: Word, 1998), 30.
8. Ibid.
9. *Ibid. 30-31.*
10. Hoekema, "Eternal Day Off."
11. Arthur O. Roberts, *Exploring Heaven*(San Francisco: HarperSanFrancisco, 2003), 148.

39. 예술, 엔터테인먼트, 스포츠가 있겠는가?

1. Colleen McDannell and Bernhard Lang, *Heaven: A History*(New York: Vintage Books, 1998), 47.
2. John Gilmore, *Probing Heaven*(Grand Rapids: Baker, 1991), 252.
3. C. S. Lewis, *The Last Battle*(New York: Collier Books, 1956), 179.

40. 우리의 꿈들은 성취되고 이 세상에서 잃었던 기회들을 다시 얻을 수 있겠는가?

1. Joni Eareckson Tada, quoted in Douglas J. Rumford, *What about Heaven and Hell?*(Wheaton, Ill.: Tyndale, 2000), 31.
2. Peter Toon, *Heaven and Hell: A Biblical and Theological Overview*(Nashville: Nelson, 1986), 204.

3. Dallas Willard, *The Divine Conspiracy: Rediscovering Our Hidden Life in God*(San Francisco: HarperSanFrancisco, 1998), 376.

41. 우리는 세공, 기술, 새로운 형태의 여행을 고안할 것인가?
1. C. S. Lewis, *Letters to Malcolm: Chiefly on Prayer*(New York: Harcourt Brace Jovanovich, 1963), 121-22.

42. 천국을 우리의 집으로 삼기 위한 재오리엔테이션
1. C. S. Lewis, *The Problem of Pain*(New York: Macmillan, 1962), 115.
2. Variously attributed to Henry Scott Holland and Henry Van Dyke; source uncertain.
3. Calvin Miller, *The Divine Symphony*(Minneapolis: Bethany, 2000), 139.

43. 위대한 모험을 기대하며
1. Jack MacArthur, *Exploring in the Next World*(Minneapolis: Dimension Books, 1967), 16.
2. C. S. Lewis, *The Last Battle*(New York: HarperTrophy, 1994), 228.
3. Sir James M. Barrie, *Peter Pan, in Peter Pan, and Other Plays*(New York: AMS Press, 1975), 94.
4. C. S. Lewis, *Perelandra*(New York: Simon & Schuster, 1996), 10.

요단 사역정신

"그러므로 너희는 가서 모든 민족을 제자로 삼아 아버지와 아들과 성령의 이름으로 침(세)례를 베풀고 내가 너희에게 분부한 모든 것을 가르쳐 지키게 하라 볼지어다 내가 세상 끝날까지 너희와 항상 함께 있으리라 하시니라"

1. **For God and Church**
   하나님의 영광과 그의 몸 된 교회의 영적 성장과 성숙을 위한 도서를 엄선하여 출판한다.

2. **Prayer-focused Ministry**
   기획 · 편집 · 제작 · 보급의 전 과정을 기도 가운데 진행한다.

3. **Path to Church Growth**
   건강한 교회를 세우는 축복의 통로로 섬긴다.

4. **Good Stewardship and Professionalism**
   선한 청지기와 프로정신으로 문서 사역에 임한다.

5. **Creating a Culture of Christianity by Developing Contents**
   각종 문화 컨텐츠를 개발함으로 기독교 문화 창달에 기여한다.